连锁企业管理

制度与表格规范大全

为连锁企业量身定做的行政规范化管理实务全书

赵 涛 李金水◎主编

台海出版社

图书在版编目（CIP）数据

连锁企业管理制度与表格规范大全 / 赵涛, 李金水主编.

-- 北京 : 台海出版社, 2017.9

ISBN 978-7-5168-1536-6

Ⅰ.①连… Ⅱ.①赵… ②李… Ⅲ.①连锁企业—企

业管理制度 Ⅳ.①F717.6

中国版本图书馆CIP数据核字（2017）第221322号

连锁企业管理制度与表格规范大全

主　　编：赵　涛　李金水

责任编辑：高惠娟　　　　　　　装帧设计：久品轩

版式设计：阎万霞　　　　　　　责任印制：蔡　旭

出版发行：台海出版社

地　　址：北京市东城区景山东街20号　　邮政编码：100009

电　　话：010—64041652（发行，邮购）

传　　真：010—84045799（总编室）

网　　址：www.taimeng.org.cn/thcbs/default.htm

E－mail：thcbs@126.com

经　　销：全国各地新华书店

印　　刷：天津嘉杰印务有限公司

本书如有破损、缺页、装订错误，请与本社联系调换

开　　本：787×1092　1/16

字　　数：634千字　　　　　　　印　张：27

版　　次：2018年1月第1版　　　印　次：2018年1月第1次印刷

书　　号：ISBN 978-7-5168-1536-6

定　　价：68.00元

前言

PREFACE

　　沃尔玛、家乐福、7-Eleven、宜家家居、麦当劳、肯德基、国美、苏宁、如家、7天……不管是国内还是国外,不管是餐饮业还是零售业、酒店业……连锁企业充斥在我们生活的方方面面,数不胜数。仿佛是一夜之间,连锁经营成为新兴服务企业扩张的一个重要武器,它不再是零售巨头的唯一法宝。

　　毋庸置疑,中国发展连锁经营的时机正在成熟,中国也是世界上最大、最富有潜力的连锁经营市场。连锁行业蕴涵巨大的市场空间和投资回报率,高成长性的连锁企业更成为投资者竞相追逐的目标。每个行业的优秀企业,都在积极探索连锁经营的奥秘:加盟还是直营? 如何管理众多的直营店与加盟店? 直营店的人才如何培养?

　　成功的企业源于卓越的管理,卓越的管理源于优异的制度。因此,建立一套体系完备、规范化的管理制度和操作表格在现代连锁业管理实务中就显得尤为重要。为此,我们总结了许多成功连锁企业的先进管理经验与做法,借鉴了同类书籍的相关知识,在此基础上,编写了本书。

　　本书是一本实用性很强的连锁企业管理工具书。目的是为连锁企业经营管理者提供一些基础的理论依据以及一些简单实用的工具表格。可以给使用者提供最直接、最快速的搜索栏目,为其在实用方面提供一些帮助。读者可以根据具体情况进行适当修改或重新设计,使之更适用于自己的企业,从而及时地开展连锁经营与管理工作,提高工作效率。

本书摒弃了以往那些空洞的说教及花哨的前沿管理理论,而是以管理实务、管理制度、工作规范、岗位职责与管理表格等实用工具的形式,全面而具体地阐述了连锁企业规范化管理要点,这使本书具有非常高的实用价值与参考价值,是相关行业从业人员和连锁企业经营管理人员必不可少的案头参考工具。本书具有如下特点:

1. **实用性、操作性强**。本书内容紧密结合连锁企业管理各项实际工作。读者可以根据自己企业的实际情况,以本书为参考,进行有针对性的学习并灵活运用到管理实践中,以迅速解决和处理各种问题。

2. **使用方便,效果显著**。通过借鉴本书的内容,您无需花大量时间和精力,只要对相关模板和量表直接或使用根据自身情况适当修改,就可以方便快捷地使用。因此本书具有很强的便利性。

3. **随查随用的工具书**。本书所列的各种文书、制度、方案、表格、范本等都与财务管理的日常工作紧密结合,因此,当您在实际工作中遇到问题时,可以随时查阅本书相关的知识点,以有效、迅速地解决问题。作为一套实务性工具书,本书具有较高的参考价值。

翻开本书,它将为连锁企业日常管理工作提供指引与参考,告诉你如何让复杂的工作变得更有条理,让连锁企业经营管理变得更有效率。

编者

目　录
CONTENTS

第二篇
连锁企业门店管理

第三篇

连锁商品采购管理

第四篇

连锁企业连锁配送管理

第五篇

连锁企业经营策略管理

第六篇

连锁企业财务管理

第一篇

连锁企业总部管理

第1章 连锁企业总部管理规范

第一节 连锁企业品牌管理

一、商品自有品牌及其实施方式

品牌是一个品称、术语、标记、符号、图案,或这些因素的组合。品牌可用来辨识卖者或卖者集团的产品或劳务,与竞争者的产品或劳务相区别。自有品牌属于零售商品牌,是商业零售企业自己创意并用于所经营商品的品牌。自有品牌营销战略是商业企业通过收集、整理、分析消费者对某类商品的需求特点的信息,提出新产品的开发设计要求,选择合适的生产企业进行开发生产或自行设厂生产制造,最终在本企业内以自有品牌进行销售的战略。

自有品牌在国外已有几十年的历史,目前日益受到商业企业的重视,尤其是大型零售企业的重视。欧美的大型超级市场、连锁商店、百货商店几乎都出售标有自有品牌的商品。例如,美国最大的零售集团公司沃尔玛拥有20 000个供货商,其中较大的制造商有500个。这些制造商必须根据沃尔玛公司设计的造型、装潢、质量要求进行产品生产,生产出的产品印上沃尔玛的自有品牌。据日本有关调查,在百货店中,有40%开发自有品牌,连锁经营系统中自有品牌比例高达60%。

连锁企业品牌的实践分为定牌委托生产和自行设计加工两种方式。这两种方式各有优缺点,商家宜根据自身情况采用。

(1)委托定牌生产。连锁企业拥有品牌的所有权,而把生产加工权转让给所选定的厂家,厂家按其提供的信息进行加工的生产方式称为"委托定牌生产"。这种方式优点在于避免了自行设厂的巨大投资,为连锁企业的资金运转减轻了压力。同时,被选定的厂家一般会按合同要求,严格把关,产品质量相对较高。缺点在于这种合作关系较为松散,双方难以保持良好的沟通,不能形成真正的利益共同体。

(2)自行设厂。"自行设厂"是整个生产全部由连锁企业自行运作的方式。其优点在于零售商从商品流通跨入生产领域,实现多元化经营,能降低经营风险,获取更大的利润。在这种方式中,连锁企业与生产厂家因隶属同一企业,能充分形成协调合作关系,在企业的统一调配下,商品流通过程趋向简化,从而降低流通费用及消耗,在价格上,更易掌握主动。缺点在于连锁企业一次性投资较大,多元化经营具有一定风险。

二、自有品牌营销战略优势

与生产者(制造商)品牌相比,自有品牌营销战略有其竞争优势。

1. 信誉优势

敢于使用自有品牌的零售商业企业往往有良好的声誉和企业形象。

零售商品牌的魅力来自于零售企业的良好商誉,商誉恰恰是商业企业的一笔巨大的无形资产,在商业竞争激烈的时代,好的商誉是吸引消费者众心所向的金字招牌。消费者往往会根据自己的经验或他人的介绍选择自己感觉满意称心的购物场所,因而形成了生意越红火顾客越多的局面,即马太效应。而此时商家推出自有品牌,以自己的良好商誉为号召,对于广大消费者的吸引力可想而知。

零售商品牌之所以脱颖而出,一个重要原因在于市场上假冒伪劣商品混杂,消费者不易选择。零售商开发自有品牌,在生产、流通过程中,原则上可杜绝假冒伪劣,保证商品纯正,从而更易赢得消费者信任。这种优势是单纯生产企业无法比拟的。

2. 价格优势

零售商品牌战略的成功,最大优势在于可掌握商品的自主定价权,使商品价格大大低于同档次商品的生产企业的产品价格。从西方发达国家的实践看,零售商品牌要比一般厂家同类商品价格低20%~30%,有些商品的价格还要更低,因而在价格上很有号召力,原因在于:

(1)零售商掌握从生产到销售的全部环节,省略了中间环节,简化了流通程序,从而降低了流通成本。

(2)零售商品牌大多采用与零销商同名策略,借助其商誉提高品牌影响力,从而省去广告宣传费用。

(3)大多数零售连锁店往往是大批量进货,易形成规模效应,从而进一步降低成本。

3. 特色优势

使用制造商品牌的商品,通常各零售企业都可以经营,这使得各零售商业企业在所经营的产品品牌上的差异日趋缩小。走一家店等于走百家店,从而造成零售企业经营上雷同有加而特色不足,加剧了竞争的激烈程度,甚至出现了过度竞争。而实施自有品牌营销战略,大型零售企业首先要对其品牌进行准确的市场定位。企业要根据自身的实力状况、竞争者的市场地位、目标市场的需求特点来确定自有品牌商品在市场中的地位。品牌定位一旦明确,企业的经营特色自然水到渠成。另外,零售企业的自有品牌与制造商品牌的最显著区别在于零售企业的自有品牌只能运用于开发商品的企业内部,其他企业不能使用,因此,使用自有品牌也就把本企业的经营特色体现了出来,以特色经营赢得顾客。

4. 领先优势

市场营销的核心是把握、满足消费者的需求。零售商业企业直接面对广大的消费者,能比较准确地把握市场需求特点及其变动趋势,从而能根据消费需求特点来设计、开发、生产、组织商品,这样就使自有品牌的商品比制造商品牌的商品更能快捷地体现市场需求,领先一步,在市场竞争中处于先发制人的有利地位,掌握竞争的主动权。

三、企业品牌的打造

1. 品牌设计

(1)采用具有深刻内涵的品牌标志。

(2)品牌的名字、字体具有特色。

(3)企业理念:创造良好的购物环境,给客人一个愉快的消费过程,提供营养健康的产品。

(4)经营理念:市场导向服务至上。

(5)工作理念:创新,协作,双赢,卓越。

(6)企业宗旨:为企业创效益,为社会做贡献。

(7)对外广告词:为您生活添光彩。

(8)设计活泼可爱的吉祥物。

2. 广告宣传

(1)通过新闻媒体宣传报道,提高企业知名度。

(2)通过广告促销及优惠活动,介绍产品特色吸引顾客。

(3)通过赞助、扶贫等有关社会活动,积极参与公益事业来树立企业形象。

3. 门店建设

(1)以统一装修标准、统一结构、统一资源配置、统一形象,强化视觉冲击。

(2)合理选择网点位置,合理布局,方便顾客,亲近消费者,赢得声誉,扩大市场占有率。

(3)通过统一管理,连锁运作,形成规模效应,根植人心。

(4)通过电脑网络化、规范化,信息共享配置,提高效率和水平。

(5)通过统一着装、统一服务,提高影响力、树立良好的口碑。

(6)通过统一人事管理、统一财务管理、统一价格销售、统一产品质量、统一服务形象,打造品牌知名度。

4. 质量

(1)推出放心消费系列制度,如"包退包换,过期销毁"制度等。

(2)推出"优质优价,保质保量"等承诺。

(3)努力争取更多民间或政府颁发的荣誉奖牌、证书,通过规范管理、标准化运作提高信任度,如"ISO 9001 质量体系"、"消费者信得过单位"、"诚信单位"等。

5. 创新

创新是保持品牌经久不衰的法宝,只有善于把握、追踪和超越时代,不断突破与丰富自己的品牌,才能拥有旺盛和强大的生命力。连锁行业是充满挑战的行业,没有创新精神是无法立足的,一个有生命力的企业品牌,其内在精神首先是永恒不变的创新精神。

(1)产品创新,"换换口味"是人的一种生理需求,另外只有创新,才能激发顾客购买欲,重复消费。

(2)管理创新,制度创新,更重要的是观念创新,服务创新,管理标准化,服务人性化,观念超前化,制度现代化。干部人员聘任制,责权利一体化,重视人才,鼓励竞争,严格考核,按功取酬。

6. 企业文化

企业竞争已进入品牌竞争时代,价格、质量的竞争在经济发展到一定程度时,已经是次要的竞争要素,培养企业差异性也体现在文化内涵中。而且品牌价值无法被复制也是其文化性。

(1)产品设计上:开发一些带有文化特色的产品。

(2)广告活动上:多参与一些带有文化主题的活动,如饮食健康咨询、宣传活动、媒体撰稿等。

(3)企业管理、员工培训教育中:把文化性品牌概念和做法让全体员工达成共识,贯彻执行,充分理解公司的宗旨、理念、定位,形成人人以市场为导向、以顾客为中心的思想,一切以顾客的满意为我们服务的目的、工作原则,充分发挥每个人的主动性、积极性,这才是品牌的灵魂、核心。

7. 品牌忠诚度

品牌忠诚是消费者通过对某种产品的长期反复消费,逐步建立起来的对品牌产品的认同和充分信赖,从而使消费者在这一消费领域只选择这一品牌。一个品牌一旦拥有广大的忠诚顾客,其品牌地位便可经久不衰。

(1)企业要有好的产品,从满足顾客的需要。

(2)与顾客的沟通交流,主动介绍新产品、新信息给顾客,通过问卷调查、设立意见箱、投诉电话、顾客回访等手段,拉近与顾客的距离,改进服务。

第二节 总部组织的构建与人员配置

一、总部组织架构的构建

总部组织架构的方式可以根据不同的需要进行选择,常见的有以下两种。

1. 以机能划分为基础的组织

(1)按照机能划分是最普遍的一种设计组织架构的方式,尤其在大型连锁企业内。其方法是将性质与目的类似的事务集中到一起,交由专门的人负责处理。例如,一般常见的业务部、财务部、生产部门等。

(2)这种类型组织的优点在于能对专业进行分工,也使各部门更清楚自己的目标。同时组织资源的分配因各部门按机能成立而得以平均分配,可尽量避免因某种极端的策略而受到影响。

(3)这种类型组织的缺点在于造成各机能部门之间的本位主义;部门间的协调需要投入更多时间;决策速度受制于部门间的牵制。此外,由于各机能间的交流较少,而导致缺乏创新。

2. 以区域划分为基础的组织

(1)当需要在某个特定地区内提供产品或服务时,组织应依据地理位置不同分割成数个部分,每个部分自成机能齐备的独立单位,至于范围,则要看业务性质。若以地理区位作为组织结构的基础,那么首要之事莫过于了解当地实际状况及需求。

(2)这种类型组织所具有的优点是:能充分掌握当地的需求特色,就近提供最完备的产品及服务;分支单位拥有某种程度的自主性,能加速决策及反应力,同时更能提高员工的工作满足感;可以雇用当地人才;在连锁店里,可以接触各种不同问题,这将有利于全方位管理人才的培育。

(3)这种类型的组织也存在着不足之处,例如各分店所负责的区域范围通常难以界定,与各区域单位间必须维持密切联系,分支单位与中央决策者的距离较远,因不利于沟通而造成组织内部的分歧,而且在地区发展的人员不易得到组织母体的认同。

二、特许连锁经营组织的构建

发展特许经营是连锁企业迅速扩展自己经营规模的一个好途径。建立特许组织一般包括以下几个步骤。

1. 建立经营试点

在建立任何一个特许经营企业之前,最好先进行尝试,以确定真正的市场需求状况。一般特许人在将确定的经验提供给受许人之前,必须在不同的地点做试验,有必要使试点经营的期限超过一年,这样经营中的季节因素可被完整地考虑进去。

2. 开发特许权组合

成功的试点经营是制定特许权组合的基础。试点业务的建立与经营中的经验为特许权组合的内容提供了根基。在特许权组合中,经营业务所涉及的各方面因素,以一种可转交的方式反映了特许人的全部经营经验。在实际执行中,可考虑聘请一家专业咨询公司协助完成此项工作。

3. 吸引潜在受许人

特许人将其特许权市场化的最好方法是展示其成功。如果在试点经营中,特许人有能力展示其成功,那么这本身就是一种最好的营销。

通过试点经营的成功并展示给潜在受许人后,特许人就可以通过特许的方式进行营销活动了。这里的关键是谨慎选择早期受许人和他们的特许区域。无论如何,特许经营要避免一个失败的开始。成功的早期受许人对后继者是最有效的展示范例。

4. 接纳受许人

特许人开发出一套营销特许权的程序时,必须考虑是否适合潜在受许人。特许人应向受许人仔细解释合同的条款。为培训受许人及其员工,特许人还应建立培训时间表和培训设施,应明确受许人及其员工的培训要求、课程的长度及培训的内容。

5. 编制操作手册

在实际经营中,受许人第一次接触操作手册是在培训时,而后把手册作为以后业务经营的指导。手册中包含以书面形式提供的经营特许业务的详细方法,也可作为日常经营业务所需的各个细节方面的指导资料。

三、连锁企业总部人员的配置

1. 市场开发部

市场开发部的职责包括连锁经营发展规划的制定,商圈调查,选址标准的确定,店铺的投资评估,店铺租、购,店铺工程设计审核、工程招标、监督、验收,新店开店流程安排与进度控制,店铺平面规划,店铺设备采购、维修、保养等。快速开店的连锁企业(如1～2个月开一家新店)配置2～3人;一般速度开店(如3～4个月开一家分店)配置1～2人。

2. 经营部

经营部的职责包括营业目标拟订及督促执行,《营业手册》制定及督导执行,督导人员管理,门店经营业务情况监督与指导,营业人员调配和工作分配。一般而言,每3～6个门店配置1名督导人员,督导人员须熟悉公司规章,熟悉营业手册,责任心强等。

3. 企划部

企划部的职责包括营销策略、形象策略、竞争策略策划,长中短期经营计划的拟订,经营分析与建议,EOS、POS作业规划与推进,新市场计划的拟订,促销方案的拟订与实施。根据其职责,需配置2～3人,所配置的人员需熟悉流通业务,具有经营管理知识等。

4. 商品部

商品部的职责包括商品组合策略的拟订与执行,商品配置表的拟订、监督与执行,新商品开发及滞销品淘汰,货源的掌握与开发,仓储、配送作业的规划与执行,竞争店商品的调查与分析,商品销售分析、毛利分析等。根据其职责,每类品种各配备1名采购员、1名助理采购员,并根据工作量调整,按规模配备仓储人员及配送人员。

5. 行政部

行政部的职责包括企业组织制度的确定,各种契约范本的起草与执行,公司权益的法律维护,与政府管理部门公共关系的建立,各种工作会议的组织与安排,其他各类管理制度的拟订与执行。根据其职责,需配置主管1名,文秘1名,保安若干名,公关人员、法律人员可专职,也可暂由上述人员兼任。

6. 人力资源部

人力资源部的职责包括人事制度的制定与执行,员工工资福利的制定与执行,人力资源规划与人才招聘,员工培训计划的制订与执行。根据其职责,需配置主管1名,人事助理1名,培训讲师2～3名。

7. 财务部

财务部的职责包括资金的规划、筹集、使用及调度,财务合并报表编制,财务分析,账务处理,各种费用审核,供货商贷款与付款,每日现金收支,发票管理,税务申报,年度决算,门店会计指导,内部审计,财务管理,会计电算化作业与管理。根据其职责,需配置主管1人(兼主管会计),出纳1人,计算机信息系统人员2～3人。各门店各种凭证如在财务部处理,可再配备财会人员2~3名。

第三节　连锁企业总部的集权与分权

一、总部集权管理

1. 总部集权管理的优势

(1) 总部具有较强的控制性

企业运作的主要决定权统一由总部主控决定,总部指挥力强。

(2) 有助于降低商品的采购成本

各店商品由总部统一议价、采购,因采购量大,欲争取进入本系统的厂商也相对较多,所以总部谈判力较强,对厂商议价空间大,可降低商品进货成本。

(3) 有助于增加企业的收益

总部统筹运作,可因连锁店数增加,使得连锁系统的品牌力、管理力、销售推展力,成为供应厂商或与本企业客户层相同的厂商进行新品上市测试、广告、传单的发放场所,这样就可以增加本连锁门店的广告收入及其他收入。

(4) 有助于各门店服务水平的一致

因服务与运作皆由总部制定标准化的作业系统,并确实要求各店落实执行,将促使各单店的服务流程一致,作业系统一致,达成整体一致的服务品质。

(5) 有助于降低总部的人力招聘成本

因连锁企业经营标准化、系统化,将作业与流程简化,所以门店运作流程明确,新进人员只要经过职前训练与短时间在职训练合格后,即可上岗,且难度较高的作业事项与掌握营销市场动态,都由总部具有经验者担任,所以虽任用无经验者,仍可维系门店的正常运作与整体管理。

(6) 有助于降低营销成本

有关连锁企业的营销造势与促销运作事项,由总部统一规划(如广宣造势、促销、客户组织等),依其所得的整体与广告宣传效益,各店分摊较低的促销成本。

2. 总部集权管理的劣势

(1) 总部管理事务繁杂

因所有运作管理事项都要经由总部,所以各门店不论正常与特别事项都需汇报,再经过总部各分层管理部门的决策,从而影响经营效率。

(2) 总部人力成本较高

连锁企业的整体运作与各作业事项都应该经由总部规划后,再由门店实施,所以总部需编制较多企划与执行人员,必须负担较高的人力成本。

(3) 决策时间较长

由总部统一决策时,由于事项繁多需由较多层次的人员分层负责,所以若不及时充分反应或者及时理出应变之道,如果遇到强大对手,将可能使整体连锁系统处于挨打局面,还可能导致连锁经营失败。

（4）容易导致组织僵化

因总部经营事项繁多,核定时间自然较为费时,所以门店汇报事项容易层层节制而难以及时推行。

（5）门店经营企划能力不足

由于所有运作规划事项,一般都由总部统筹,门店人员只负责执行即可,导致门店人员的规划能力较弱。

二、分权管理

1. 分权管理的优势

（1）总部事务较少

有关事项大多由各门店自行规划处理,自主空间大,总部管理事项较少。

（2）总部人力成本较低

因管理事项较少,所以组织相对简化,人力配置少,薪资成本也较低。

（3）门店管理能力较强

有关门店运作事项,如促销、人员招募、营运管理等,皆由各店主管或区主管来规划运作,所以各店主管必须具备门店营运规划与执行能力,形成门店主管能力较强的现象。

（4）各门店应变能力强

由于门店自行运作商品开发组合、商品管理、促销活动管理等,所以各门店运作弹性与应变力较集权管理者强。

2. 完全分权管理的缺点

（1）总部控制能力不强

由各门店自行掌握经营运作,总部主控力相对减弱。

（2）统一执行能力不强

由各门店自行规划运作的结果,可能形成整体市场面的经验不足。

（3）服务标准不一致

因各门店依其主管经验或商圈特性自订策略,导致各门店运作系统不同,例如各店商品价格或服务的不一致,往往造成客户在同一个连锁系统中,买不到相同的商品而产生抱怨。

（4）门店人力培训成本较高

由于各门店主管负责事项繁多,需要强而有力的商店主管与较多的门店人力编制,所以培训时间也较长,且培训期间因其错误决策所造成的浪费与损失也很可能发生,因而形成较高的人力费用。

（5）商品采购成本较高

因各门店自行采购进货,故进货量未经整合,议价空间缩小,容易造成进货价格较高。

（6）促销费用较高

由各门店自行规划促销的结果,可能效果难以掌握,而且整体优势也会被分散,使得促销费用占营业额的比例较高。

三、授权考虑因素

（1）政策性连锁企业阶段性运作，如果因未达经营规模或运作系统未成熟时，政策性授权给门店主管或加盟业主处理，较符合运作成本和高效益的需求。

（2）接受能力

若未能授权门店主管或加盟业主处理时，必须考虑其反弹因素及结果。

（3）成本

授权给门店主管或加盟业主处理时，必须衡量总部与门店运作之间，如何达成成本最低而效益最高的可能方式。

（4）时效

因时效因素，若授权给门店主管或加盟业主处理时，可缩短处理时间与管理成本。

（5）成本率

如果授权给门店主管或加盟业主处理时，考虑如何达成运作成本最低、效果最高的管理目标。

（6）一致性

如果授权给门店主管或加盟业主处理，可能导致商品价格和服务不一致，所以要确定此举不会影响企业定位与服务品质。

（7）执行力

如果没有授权给门店主管或加盟业主处理，其运作执行力必然打折扣，这时可能造成若干风险损失。

四、授权操作规范

1. 企业定位

（1）功能层面

因为有关企业整体形象经营理念，所以需要由总部统筹运作才能确保其一致性，而门店部分则以配合执行与贯彻落实总部的策略为主。如果授权给各门店或加盟店自主运作，则容易造成消费客户对连锁系统的混淆，无法达成连锁店整体的品牌效益。

（2）成本层面与整体效益

由企业总部整体规划实施时，必须考虑其成本最低、整体效益最高的可能性评估。

2. 连锁店布点管理

（1）功能层面

连锁企业发展网点，应由总部进行统筹调查及运作评估，但已加盟者或者愿意加盟的，可向总部提出申请，由总部告知欲布点的区域地段，由加盟者协助寻找店址。新发展连锁商店的装潢规划由总部统一订立标准并施工发包，也可以由加盟者熟悉的厂商来执行，但验收则需由总部进行，方可维持一致的门店形象与品质。

（2）成本层面与整体效益

上述布点由总部规划较佳，但店面取得方式则以加盟者自行寻找店址，然后再经总部评估较佳，这样可避免店与店之间的商圈重叠，又可达到店与店之间的商圈共鸣效应，使连锁系统的相关门店业绩与知名度获得整体提高。

3. 广告公关管理

（1）功能层面

有关企业整体的广告公关规划，应由总部统筹运作，有关门店公关则由直营店主管或加盟店主配合执行，能达到整体性与面面俱到。

（2）成本面与整体效益面

广告宣传部分如上所述，由总部统一规划执行者，各门店平均成本较低，而整体效益最高，但加盟店主却常常抱怨总部所做广告宣传对门店没有助益而不愿付费，因此有关广告宣传运作的费用收取，建议以每月定额转入月费中计算或于供应商品时，转加固定的百分比，也可由促销活动中收取，如此才能获得加盟店主的接受与配合。

4. 商品管理

（1）功能层面

有关连锁企业店内销售的商品或服务、新商品开发、淘汰与定价决定权等，可集中在总部处理，而销售商品数、续订、库存量、陈列量等，则可以由加盟店或各级主管依各店销售差异自行决定，这样可使进货成本降低，又能符合各门店商圈与特性的不同，较能确保整体性与运作弹性。

（2）成本层面与整体效益面

按上述方式运作，可免去门店主管或加盟业主费时处理的成本，例如商品议价、评估与商品合适与否等。但门店与加盟店若能适时反映市场动态与各商品在该店的销售建议，可有效协助总部降低进货成本，还能兼顾各店的经营效益。

5. 财物管理

（1）功能层面

有关门店收银作业、备用金、找零金管理与费用控制等管理，直营店由总部统筹依各店营业额的差异订立运作执行，直营店经营现金每日汇入指定账户。而加盟店则自行管理，但总部需确立双方的核账、对账日与往来账汇款日，其余各项资金管理事项由总部传授其运作方法后，由加盟店自行运作管理。

（2）成本层面与整体效益面

对资金调度与运用效益而言，所有门店如果能将每日营业收入汇回总部，由总部统筹运用调度，其所产生的资金运用效益最高。

6. 服务管理

（1）功能层面

连锁企业门店对客户的服务事项，可由总部统一建立标准，要求直营店与加盟店落实执行，以确立一致的企业形象与客户服务。

（2）成本层面与整体效益面

如上述由总部统一建立标准，而各店能确实运作实施，可使企业建立一致的服务品质,并能使企业的整体性受到客户认同,获得好的口碑与回馈,使连锁系统整体获益。

7. 人员管理

（1）功能层面

有关连锁企业总部与门店人员间的招募、任用、考核、薪资、人员轮调事宜,直营店可以根据人员的职别授权门店各级主管进行处理;加盟店则可由加盟者自行处理,而升迁、训练部分可以由总部订立明确一致的运作办法,使人力资源达到充分调度与一致管理,并建立整体向心力。

（2）成本层面与整体效益

以上述区分方式来运作与实施,可使人力征聘、训练培育成本降低,提高经营效益。

第四节　连锁企业特许合同管理规范

一、特许合同审核管理

1. 权益审核

（1）特许经营的最大特点是:总部准许加盟者利用本身已建立的商誉及业务运作上所需要的知识产权,包括商标或服务商标、版权、专利权等。由于加盟店业务的成功在某种程度上依赖总部的产权,为保障自身的权益,在洽商过程中投资者应认真核对总部将赋予的产权,包括服务和品质控制、保留产权运用和发展等。加盟者在核对总部的产权时,要特别注意总部商标,专利的专有性、时间性、地域性及法律状态等。

◎专有性是指依法注册、申请的商标与专利具有专有性,也就是权利人独占或垄断知识产权的专有权利受国家法律的保护,任何人不得非法侵占。

◎时间性是指商标、专利的法律有效时间。我国注册商标的有效期是 10 年,每申请续展一次可延长 10 年有效期。发明专利的有效期为 20 年,实用新型和外观设计专利权的有效期为 10 年,均自申请之日算起,专利权不可续展。

◎地域性是指注册的商标及专利受法律保护的地理范围。在我国注册、申请的商标受我国的法律保护,未在我国注册、申请的商标和专利不受我国法律保护。

◎法律状态是指受法律保护的情况。我国商标法规定商标需在期满前申请续展,否则注销其商标。我国专利法规定专利须缴纳年费,没有按规定缴纳年费的,专利权在期满时终止。此外,专利权可以因为丧失新颖性而被宣告无效。

（2）在签订合约时,加盟者要了解总部授予的商标、专利是否属总部的专有权,是否有国家颁发的证书;该商标、专利是否在法律规定的有效期内;若是引进国外特许经营项目,应了解该商标、专利是否在该国申请了法律保护;该商标、专利的法律状况如何;是否因未交续展费或年费而被终止,或专利因丧失新颖性而被宣告无效等。

2. 地域审核

为确保投资利益,加盟者应享有独家地域权,以避免恶性竞争带来的不良后果。所以,合约中应明确指出在加盟者区域内不再指定其他投资者或特许人自己经营该业务,也不能将其制造的产品或商标交于第三方使用。

对连锁企业总部来说,如果地域权过大,则会影响其业务的发展速度。为平衡双方要求,双方通常会先为该地域预订业绩目标,作为日后更改地域权的依据。

3. 加盟费用

加盟费是一个十分敏感的问题,合同不仅应明确费用标准,还应明确收费的内容和收费方法,特别是后续费用,是按年收取,还是按季或月收取,以及在什么日期收费。

4. 合作年限

合约中应注明合作的有效期,基本上特许经营业务合作应该是长期的,但国内的情况,一般商业租约都不超过 5 年,所以合作期限都不能过长。以加盟者的立场分析,该合作年限应足够他把这项投资收回来,并可实现预期的目标。在理想的情况下,加盟者应享有续约的权利和改变加盟方向的权利。

二、特许合同签订管理

1. 特许人应该注意的问题

(1)时间。签约时间在合同有效期范围之外,或者没有注明签约时间,很可能会引起纠纷。

(2)地点。特许人经常会在合同中把其企业所在地注明为签约地,这通常会引起双方的争议。选择双方之外的第三地是一个折中的办法。

(3)有效期限。合同的有效期限一般为 1 ~ 3 年。个别行业较长的,合同中应明确规定有效期。但值得注意的是有效期过短,对受许人来讲,刚刚入门到刚刚掌握其中的规律,就被终止经营,这样损失较大。

(4)期满续约。有两个问题要注意,一是续约的优先权。同等条件下,现在的受许人应享有续约的优先权。二是现在的受许人续约的加盟费。特许人的知名度上升,加盟费可能提高,也可能特许人会给予部分减免。这两个问题应该在合同中写明。

(5)授权范围。要在合同中清晰注明在什么地方、什么时间按照什么形式使用什么内容,宣传、促销活动中如何使用,超越授权范围使用的罚则如何等。

(6)准备好工商税务登记资料及法定代表人的个人资料。

(7)准备好商标的注册资料、委托资料、国家专利证书复印件(若有)。

(8)条件许可的情况下,在中国连锁经营协会备案。要说明的是特许经营备案管理并不是强制执行,因此特许人可以不备案。

(9)准备好各种营运管理手册。营运管理手册一般包括建店手册、店铺管理手册、培训手册等。在正式签约之前,特许人一般无须将各种营运管理手册交给受许人,但受许人会要求查看其是否存在。

(10)加盟费用。即明确加盟费的内容及收缴的时间、方式等事项。

(11)其他费用。即特许人根据特许加盟合同为受许人提供相关服务而向受许人收取的费用,受许人在做投资预算的时候一定要把这笔费用计算进去,并预先做好打算。

(12)保证金。为确保受许者履行特许加盟合同,特许人可要求受许人交付一定的合同执行保证金。合同期满后,受许人没有违约行为,特许人应把保证金在一定时间内全额退还给受许人。

(13)仲裁、诉讼。发生纠纷时,选择仲裁就意味着放弃诉讼。

(14)适用法律。不论是国内还是国外的特许人,只要在中国执行,就必须适用中国法律。

2. 受许人应该注意的问题

(1)审查特许人的工商税务登记资料、法定代表人的个人资料。

(2)审查商标的注册资料、委托资料。

(3)审查国家专利证书复印件(若有)。

(4)审查是否具备发展特许连锁的资格。

(5)审查各种手册。正式签约之前,受许人看到的是《招商手册》,但受许人应要求查看各种营运管理手册是否存在,可以在短时间内粗略浏览。

(6)对连锁加盟店进行实地查访。正式签约之前,一定要对加盟店进行实地查访。考察《招商手册》中所讲的与实际是否一致,其服务、货品是否有独到之处,其形象是否醒目、吸引人。此外,要主动和店员交谈、和顾客交谈、和目标顾客交谈、和加盟店店主交谈。

(7)考察所在行业的历史与发展前景。一个行业若是夕阳行业,该行业已有运作规范庞大的连锁网络且呈现过度竞争状态,这种行业不适合连锁经营,受许人应慎重考虑是否进入。

(8)通过资信机构调查特许人的资信情况。对一些较大的长期性特许人,尽可能通过资信机构调查特许人的资信状况,尤其是国外的特许人或其代理人在国内开始发展特许加盟时。

(9)请律师、审计师、会计师等专业人士参与。单个受许人专业知识毕竟有限,条件允许的话,请专业人士如律师、审计师、会计师、特许经营专家等参与考察、谈判过程。

(10)要防备过于宽松的合同,那有可能是个圈套。当受许人感到合同宽松得不合常理时,要注意自己的加盟费。

(11)要清楚地核算出投资、回报与风险,不要超出自己的资金能力所能承受的范围。受许人应在《招商手册》中提出的投资与回报预算基础上充分考虑可能出现的投资情况,清楚地核算出投资、回报与风险。应落实自己可靠的资金来源,并注意不要超出自己所能承受的资金范围。

(12)不要超出自己的经营能力。虽然特许人会给予培训,仍要衡量自己的经营管理能力是否适合。尤其是对需要一定专业技能的加盟项目,更应详加考虑。

(13)受许人尽可能接触特许人的各级管理人员,并和他们多沟通、交流。一是可以对项目有更多了解;二是可以考察特许人的经营管理能力。这对于投资者做出加盟与否的决定,以及以后的运作极有好处。

三、合同中法律问题的理解

1. 履行内容

在特许经营合同中,总部一般负有为加盟店提供相关业务指导的义务,以便加盟店在开业时和开业后顺利地运用总部定下的经营模式。因此,加盟者应预先了解总部在这方面的义务。另外,加盟者也要了解自己应该履行的义务,以确保自己也同样地遵守合同要求。这是由于法律上要求:任何一方无权单方改变指定的义务和责任,无论其他代替品或方式是否与指定的一样好或比指定的更好。

2. 履行时间

在一般特许经营合同中,指定履行承诺时限的条款都是合约的注明要素,当事人应在时限内履行自己的义务和责任。一般情况下,法律不会强加履行合约的时间为要素,合同内并没有协定时间是一要素,或没有指定时间时,法院只会要求当事人在合理时间内履行其合同上的义务及责任。特许经营合同中,有些承诺是先决条件的,有些承诺是需要同时进行的,在这种情况下,除非其中一方足以履行或愿意并有能力履行,否则无权要求对方履行合同上的条款。还有,总部为加盟店提供货品及广告等服务的责任与加盟者缴付货款及服务费的责任,是应该同时履行的条款,另有协议的除外。

其他承诺,一般被视为独立的条款,但也要依规定时限履行。如果在指定的时限内或其后的一段时间(如时间并非要素),没有履行合约,除非无辜者能证明这一事故给他带来不可弥补的后果或损失,否则他无权把延迟履行当作解除合约处理,但他仍有权要求合理的赔偿。

3. 履行地点

合同内一般都指定履行义务的地点。在特许经营合同上,都要求总部定期到加盟店提供各方面的技术援助或指示等。另外,加盟者也要派员工到总部的培训中心受训等,这些条款都应把履行责任的地点说明。

第2章 连锁企业总部管理制度与表格

第一节　连锁企业总部人员岗位职责

一、总部管理部职责

(1)负责企业管理体制和经营机制的研究和制定,经批准后组织执行。

(2)负责制定企业经营管理的有关规章制度,推行现代化企业管理,提高企业经营管理水平。

(3)负责企业的经营目标管理,建立目标管理体系,负责营业收入、投诉、人均利润率等指标的考核,定期提出经营活动分析报告。

(4)负责企业本部业务部门经营活动的管理、协调和监督。协调企业下属加盟店的经营业务。

(5)组织制定企业本部各业务部经营目标责任制,经批准后组织实施。

(6)负责企业的全面质量管理工作,协调、监督各下属企业质管部门的工作。

(7)负责企业的信息管理,做好统计工作,按规定及时编制上报统计报表,负责对外统计资料交流。

(8)负责企业本部业务项目拓展的开发研究,负责前期筹建工作。

(9)负责组建、管理公司计算机网络,以国际互联网为依托,逐步发展企业的网络业务。负责维护企业本部的计算机网络,发挥网络优势,促进业务拓展。

(10)负责组织企业经营活动分析会,为下属企业经营管理活动提供指导和服务。

(11)完成领导交办的其他工作。

二、总经理(总裁)岗位职责

(1)主持企业的经营管理工作,组织实施董事会决议。

(2)组织制订企业年度经营计划,经董事长办公会议批准后负责组织实施。

(3)拟订企业内部管理机构设置方案。

(4)拟订企业基本管理制度和制定公司的具体规章制度。

(5)主持企业经营班子日常各项经营管理工作。

(6)全面执行和检查落实董事长办公会议所做出的有关经营班子的各项工作决定。

(7)负责召集主持总经理办公会议,检查、督促和协调各部门的工作进展。

(8)提请聘任或者解聘公司各部门经理。

（9）签署日常行政、业务文件。

（10）负责处理公司重大突发事件。

（11）负责对各部门经理工作布置、指导、检查监督、评价和考核管理工作。

（12）行使企业章程和董事会授予的其他职权。

三、副总经理岗位职责

（1）副总经理是总经理的高级助手，协助总经理工作。

（2）负责分管企业特定范围的管理职能，在分管职能上有较大的自主决策权。

（3）参加企业常务办公会议，发表工作意见和行使表决权。

（4）在总经理缺席时，受委托代行总经理职务。

（5）常务副总经理协助总经理协调全面工作。

（6）总经理临时授权的其他工作任务。

四、总经理助理岗位职责

（1）总经理助理为总经理助手，辅助总经理工作。

（2）主要在总经理授权下完成交办的日常或专项任务。

（3）对临时授权任务具有相应的权利和责任，而在该任务完成后相应的权利和责任自动消失。

（4）参加企业的办公会议，发表意见和行使表决权。

五、财务总监岗位职责

（1）在董事会和总经理领导下，总管企业会计、报表、预算工作。

（2）负责制订企业的利润计划、资本投资、财务规划、销售前景、开支预算或成本标准。

（3）制定和管理税收政策方案及程序。

（4）建立健全企业内部核算的组织、指导和数据管理体系，以及核算和财务管理的规章制度。

（5）组织企业有关部门开展经济活动分析，组织编制公司财务计划、成本计划，努力降低成本、增收节支、提高效益。

（6）监督企业遵守国家财经法令、纪律，以及董事会决议。

六、总经济师岗位职责

（1）在总经理领导下，主管公司技术工作。

（2）负责为公司制定经营决策，组织市场调查和市场预测，提供有关资料或提出初步方案。

(3)协助总经理制订公司长期、中期、近期的生产经营计划。

(4)负责领导计划、劳动和销售等职能部门工作。

(5)对生产、技术、销售和财务等业务管理进行协调,以共同实现公司经营目标。

七、法律顾问岗位职责

(1)协助企业领导正确执行国家法律、法规,对企业重大经营决策活动提供法律意见。

(2)参与起草、审核企业重要的规章制度,对企业规章制度及其条款的合法性负责。

(3)审核企业各种技术、经济、服务合同,参加重大合同的起草、谈判工作,协助财务部门管理合同,监督合同履约。

(4)参与企业的兼并、收购、分立、破产、反兼并、投资、租赁、资产转让及招标、投标等重要经济活动,提出法律意见,处理有关法律事务。

(5)主持或协助办理企业工商登记、变更、商标注册、专利申请、技术发明创造、技术贸易等有关法律事务,为企业知识产权保护提出法律建议。

(6)开展与企业生产经营有关的法律咨询,整理汇编企业业务需要的各种法律、法规和规章等。

(7)配合企业有关部门对员工进行法制宣传教育,在企业内普及法律知识,增强员工的法制观念。

(8)负责与企业外聘律师(事务所)的选择、联络及相关工作。

(9)参加或列席企业召开的某些会议,就所议内容提供法律意见;负责审查内部各项指示、决定、决议、计划的规范性和合法性;为公司内劳动争议、民事调解提供法律援助。

(10)接受企业法定代表委托,代理企业参加诉讼和非诉讼活动,帮助公司运用法律手段解决经济纠纷,维护企业合法权益。

(11)参加和配合与企业有关的财务、税收、环保、劳动用工、安全生产、合同管理等执法检查,为企业提供法律意见;参与重大事故和危机处置活动,协助有关部门进行善后处理。

(12)在所审核的经济合同、拟订的法律文书和出具的法律意见书上签字,对上述业务及办理的其他法律事务的合法性负责。

(13)完成领导临时交办的其他法律任务。

八、内务岗位职责

(1)负责企业办公设备的管理,计算机、传真机、长途电话、复印机的具体使用和登记,名片印制等工作。

(2)负责低值易耗办公用品的发放、使用登记和离职时的缴回。

(3)负责各类办公用品、固定资产的保养、维修,仓库保管,每月清点,年终盘存统计,做到入库有验收、出库有手续,保证账实相符。

(4)按标准定额,做好添购办公用品、器具的计划编制和申购手续工作,做到既不脱档又不长期积存。

（5）负责考勤登记和就餐人数统计。

（6）负责来宾具体接待、日程和参观内容的安排，以及食宿地点、车辆安排和车船机票代购等事宜。

（7）协助安排企业总部每天的派车用车计划、确保公司公务用车需要。

（8）负责办公场所清洁卫生和室内外绿化、盆景状况的检查监督，保证舒适良好的工作氛围。

（9）完成行政部长临时交办的其他任务。

九、外勤岗位职责

（1）负责各类办公用品、器具与设备、卫生用品、车用材料和节日礼品及实物福利品的采购工作。

（2）根据批准的采购计划，按时按量购进货品，要求货比三家、降低成本、秉公办事、不谋私利。

（3）负责企业信纸、信封、名片、业务礼品和企业形象所需印刷品的定制工作，确保质量和时间要求。

（4）对购进物品保存质保书、保修单，对使用中的问题负责，并及时与厂商联系解决。

（5）对购进物品做好移交验收工作，提供合法齐全的原始发票及附有的技术说明书。

（6）主办或协办向有关政府部门的项目申报、年检、申领各类证照，完成批文手续及出境手续等事宜。

（7）具体办理来宾食宿安排、购票和迎送事宜，以及企业重大活动和联谊活动的后勤总务保障。

（8）必要时充任临时驾驶员，完成紧急用车任务。

（9）完成行政部部长临时交办的其他任务。

十、计算机工程师岗位职责

（1）在部长领导下，按照企业计算机管理制度有关规定，负责拟订企业具体计算机管理实施细则，在上级批准后组织执行。

（2）负责管理企业的中心机房，制定统一的计算机使用操作程序和规范。

（3）主持或协助、指导综合或专业性信息系统的总体设计、功能划分、软件开发、运行、验收全过程的监督、管理工作。

（4）能够开发中小型管理软件，追踪计算机科技动态，提出软硬件升级换代的建议方案，在批准后组织实施。

（5）负责保障现有企业计算机运行能满足业务要求。

（6）负责制定企业计算机与国际互联网连通、网址注册、网页设计和制作、网上信息广告发布，以及员工上网管理监控等方案。

（7）负责对企业全体员工进行计算机知识和操作技能的培训，提高企业计算机应用水平和普及面。

(8)负责各计算机资料的管理,包括登记、分类、存储、备份、转录,不得泄露企业机密,不得擅自修改、复制或让无关人员阅读。

(9)密切关注计算机病毒发展动态,提出切实可行的预防措施,谨防外带磁盘和网络上的病毒侵袭。

(10)协助有关人员做好计算机易耗品领用登记、保管和使用工作,提出采购建议。

(11)做好计算机机房的清洁管理工作,确保良好运行环境和上机者身心健康。

(12)完成信息部主管临时交办的其他任务。

十一、行政部部长岗位职责

(1)负责发挥行政部的参谋、协调和综合管理职能,直接处理尚未分清职能的公司事务。

(2)负责行政会议和例会的组织工作,参加或列席会议并做好会议记录,视情况整理出会议纪要或办理文件下发事宜。对会议讨论的重大问题,组织调研并提出报告。

(3)根据总经理指示,编排工作活动日程表,做好重大活动的组织和接待工作。

(4)负责抓好企业重要文稿的起草工作,包括月、季、半年、年度工作计划和总结报告。根据工作计划和目标责任指标,定期组织检查落实情况,及时向企业领导和其他部门反馈信息。

(5)及时处理重要来往文电信函的审阅、分送,督促检查领导批示、审核和修改以企业名义签发的有关文件,抓好文书归档和用印管理工作。

(6)协助各部门制定部门、岗位职责和各类规章的实施细则,配合公司协调各部门和下属企业的工作关系。

(7)严格控制行政办公经费的支出,加强办公财产和车辆的管理。

(8)负责指导、管理、监督行政部其他人员的业务工作,改善工作质量和服务态度,做好下属人员的绩效考核和奖励惩罚工作。

(9)完成总经理临时交办的工作。

十二、资料员岗位职责

(1)在信息部部长领导下,按照企业信息管理制度的有关规定,负责拟订具体管理实施细则和公司实用信息分类编码体系,在上级批准后组织执行。

(2)负责对每日收到的图书资料、报刊进行分类、登录、上架。

(3)负责图书资料保管、借阅、催还、整理、修补、合订装帧和淘汰处理。

(4)负责按领导和部门的委托要求进行剪报、文摘、建档、上网查询等信息搜集、汇编等方面的工作。

(5)负责国外新技术资料的翻译、涉外来往信函的拟稿互译工作,或参与外商业务洽谈的翻译工作。

(6)协助部长做好部门内务工作,完成信息部主管临时交办的其他任务。

十三、驾驶员岗位职责

（1）认真完成企业的派车任务要求，服从派车调度人员指挥。

（2）坚持行车安全检查，每次行车前检查车辆，发现问题及时排除，确保车辆正常运行。

（3）安全驾驶，正确执行驾驶操作规程，听从交通管理人员的指挥，行车时集中精力驾驶，严禁酒后开车，不开"英雄车""赌气车"。

（4）每次出车回来后，如实填写行车记录，向派车主管简要汇报出车情况。

（5）车辆用毕后，车辆停在指定位置，锁好方向盘、门窗等。

（6）做好车辆的维护、保养工作，保持车辆常年整洁和车况良好。

（7）认真填写车辆档案，对车辆事故、违章、损坏等异常情况及时汇报，写好情况书面报告。对车辆运行里程和耗油情况进行统计分析，提出降低成本的合理化建议。

（8）驾驶员确保良好的休息、足够的睡眠，以充沛的精力和体力保证安全行车。

（9）驾驶员应有敬业精神，熟悉交通法规、路况和车辆性能，不断提高自己的技术水平和积累行车经验。

（10）驾驶员要衣着整洁、礼貌待人、热情服务，不藐视公司其他普通员工。

（11）单独为企业领导出车时，兼有驾驶员和警卫员、服务员职责。

（12）出车送达时，未经乘车人允许不得离开车辆，应听从乘车人安排。

（13）驾驶员在工作中不该听的不听，不该看的不看，不该说的不说，不散播消息，保守机密，守口如瓶。

（14）完成行政部部长临时交办的其他任务。

十四、前台岗位职责

（1）负责对进入企业办公场所的所有不定期客人的招呼、接待、登记、导引，对无关人员、上门推销和无理取闹者，应拒绝其进入企业办公场所或协助保安人员加以处理。

（2）负责企业邮件的收取、分发工作。

（3）负责企业电话总机的接线工作。对来往电话接听准确及时、声音清晰、态度和蔼，恰当使用礼貌用语；对未能联络上的记录在案并及时转告；对紧急电话设法接通，未通者速报行政部领导处理。

（4）定期维护、保养电话机，并保持前台环境清洁、安静。

（5）协助打字员、文秘兼做部分计算机打字、复印等行政工作。

（6）完成行政部部长临时交办的其他任务。

十五、拓展部的主要职责

（1）负责执行连锁企业制定的各项战略方针、规划及各类综合性计划。

（2）负责企业新店开发方面管理工作，完成公司下达的项目指标及管理目标。

(3)负责建立完善严密系统的新店开发管理制度,规范工作流程、工作规范及各项评估衡量标准,并监督检查执行情况。

(4)负责制订本部门(年、季、月、周)阶段性工作计划及各个专项工作计划并组织实施。

(5)负责组织实施企业的规模发展战略,做好新店扩张工程(调研、规划、选址、立项、设计、招标、施工、验收交付、开张等),并负责各工程项目资金使用计划及管理工作,组织工程预、决算审核,必要时负责企业上市筹备工作。

(6)定期召开部门例会,检查督促各岗位工作职责的执行情况及工作计划完成情况,最大限度地避免、减少因规划不当、选址失误、监督不力等因素造成的各种显性或隐性损失。

(7)定期评估考核部门工作人员业绩及业务素质,定期安排新店开发工程管理等方面的培训。

(8)负责企业工程装修费用、设备购置安装费用及本部门各项业务、办公费用的控制。

(9)负责企业各新店工程等方面资料档案的管理工作。

(10)负责处理本部门发生的各类突发事件。

十六、拓展经理岗位职责

(1)在副总经理的领导下,全面负责企业新店开发方面的管理工作。

(2)负责组织实施企业的规模发展战略,做好新店扩张工程(调研、规划、选址、立项、设计、招标、施工、验收交付、开张等),并负责各工程项目资金使用计划及管理工作,组织工程预、决算审核。

(3)定期召开部门例会,检查督促各岗位工作职责的执行情况及工作计划完成情况,最大限度地避免、减少因规划不当、选址失误、监督不力等因素造成的各种显性或隐性损失。

(4)定期评估考核部门工作人员业绩及业务素质,定期安排新店开发工程管理等方面的培训。

(5)负责企业装修费用、设备购置费用及本部门各项业务、办公费用的控制。

(6)负责企业指导各新店工程方面资料档案的管理工作。

(7)负责协调与其他部门之间的工作、业务关系。

(8)负责处理本部门发生的各类突发事件。

(9)定期向副总经理汇报工作。

(10)完成副总经理交办的其他工作。

十七、开发部主任岗位职责

(1)在企业总经理的领导下,全面负责与企业发展相关的新项目、计划、规划等各项工作的管理。

（2）根据企业发展方向及趋势,负责本部门的工作计划并组织实施。

（3）合理安排部门中各个岗位的职责,理顺内部工作流程,协调部门各成员之间的关系。

（4）协助部门经理对本部门人员进行专业知识培训、考核,定期检查部门成员的工作情况。

（5）负责所辖部门日常工作安排及协调与其他部门配合的工作。

（6）了解市场动态,及时向决策层提供正确信息。

（7）完成经理交办的其他工作。

十八、开发管理人员岗位职责

（1）在开发部主任的领导下,负责连锁企业发展计划及实施执行工作。

（2）负责了解市场动态、提供准确的发展信息。

（3）负责协调企划主任的安排及其他部门配合的工作。

（4）完成主任（开发）交办的其他工作。

十九、业务部职责

（1）了解连锁行业的经营情况。

（2）了解客户的基本情况及与本企业有关的数据资料。

（3）调查本企业产品在市场的销售状况。

（4）做好售前、售后服务。

（5）积极开拓业务渠道,制定行之有效的市场营销策略。

（6）努力完成企业下达的业务指标及其他各项工作任务。

（7）及时反映、反馈市场动态及业务中出现的情况,避免业务中出现失误。

（8）坚持信誉第一、守法经营的作风,不隐瞒、欺骗客户,不损害客户利益。对于业务中出现的各种情况应及时处理、解决,做好解释和善后工作。

（9）不得泄露公司业务机密,不得随意向外界透露企业的经营计划、资金财务状况、订单合同及效益、债务等内部资料。

（10）不得在经营洽谈过程中向客户提出索取回扣,或以降低条件甚至损害企业利益等而获得个人好处。

（11）不得假公济私,利用企业业务的名义及便利在外私自进行以牟取私利为目的的经营交易活动。

（12）联系客户、订货、催款。

（13）参加合同条款的讨论和签约。

（14）协调客户。

（15）公关广告宣传活动,联系潜在客户,促销活动,塑造企业形象。

第二节　连锁企业总部管理制度

一、总部授权管理制度

1. 授权考虑因素

（1）成本效益性

授权给单店主管或加盟业主处理，必须衡量总部与连锁店运作之间，如何达成成本最低而效益最高的可能方式。

（2）时效性

因时效因素，若授权给单店主管或加盟业主处理时，可缩短处理时间与减少管理成本。

（3）政策性连锁企业阶段性运作，若因未达到一定的经营规模或运作系统未成熟时，政策性授权给单店主管或加盟业主处理，较符合运作成本和高效益的需求。

（4）接受力

若未能授权单店主管或加盟业主处理时，必须考虑其反弹因素及结果。

（5）执行力

若未授权给单店主管或加盟业主处理，其运作执行必然打折扣，这时可能造成若干风险损失。

（6）成本率

如果授权给单店主管或加盟业主处理时，考虑如何达成运作成本最低、效果最高的管理目标。

（7）整体一致性

虽授权给单店主管或加盟业主处理，而且也考虑到低成本、高效益的事实，但仍必须加以确定此举不会影响企业定位与服务品质。

（8）未来性

未来可能授权给单店主管或加盟业主处理事情时，需准备先期导入运作的各种事情。

2. 最佳授权方式与原则

（1）因商圈不同而服务差异扩大时，授权度也必须越大。

（2）商品供应区域成本差异较低时，授权度越大。

（3）店数或经营规模越大时，授权度越强。

（4）在企业内已建立系统化运作时，授权度应该相对高一些。

（5）集中处理比分散处理还要费时，授权度应该较高一些。

（6）对企业不致产生不良影响的决策事项，可以加以授权。

二、考勤管理制度

（1）为加强企业员工考勤管理，特制定本规定。

（2）本规定适用于企业总部，各下属加盟连锁店或参照执行或另行规定，各企业自定的考勤管理规定需由总公司规范化管理委员会审核签发。

（3）员工正常工作时间为每天8小时，如上午8时30分至12时，下午1时至5时30分，因季节变化需调整工作时间时由总裁办公室另行通知。

（4）企业员工一律实行上下班打卡登记制度。

（5）所有员工上下班均需亲自打卡，任何人不得代理他人或由他人代理打卡，违犯此条规定者，代理人和被代理人均给予记过一次的处分。

（6）企业每天安排人员监督员工上下班打卡，并负责将员工出勤情况报告值班领导，由值班领导报至劳资部，劳资部据此核发全勤奖金及填报员工考核表。

（7）所有人员需先到企业打卡报到后，方能外出办理各项业务。特殊情况需经主管领导签卡批准，不办理批准手续者，按迟到或旷工处理。

（8）上班时间开始后5分钟至30分钟内到班的，按迟到论处；超过30分钟以上者，按旷工半日论处。提前30分钟以内下班者按早退论处；超过30分钟者按旷工半天论处。

（9）员工外出办理业务前需向本部门负责人（或其授权人）申明外出原因及返回时间，否则按外出办私事处理。

（10）上班时间外出办私事者，一经发现，即扣除当月全勤奖，并给予警告一次的处分。

（11）员工一个月内迟到、早退累计达3次者扣发全勤奖50%，达5次者扣发100%全勤奖，并给予一次警告处分。

（12）员工无故旷工半日的，扣发当月全勤奖，并给予一次警告处分；每月累计3天旷工的，扣除当月工资，并给予记过一次处分；无故旷工达一个星期以上者，给予除名处分。

（13）员工因公出差，需事先填写出差登记表，副经理以下人员由部门经理批准；各部门经理出差由主管领导批准；高层管理人员出差需报经总裁或董事长批准，工作紧急无法向总裁或董事长请假时，需在董事长秘书室备案，到达出差地后应及时与公司取得联系。出差人员应于出差前先办理出差登记手续并交至劳动工资部备案。对于过期或未填写出差登记表者不再补发全勤奖，不予报销出差费用，特殊情况需报总经理审批。

（14）当月全勤的员工，发给全勤奖金。

三、行政办公纪律管理制度

（1）企业员工要佩戴员工卡上班。

（2）上班时间员工要坚守工作岗位，不能串岗。

（3）上班时间不能看报纸、玩电脑游戏、打瞌睡或做与工作无关的事情。

（4）办公桌上应保持整洁，并注意办公室的安静。

（5）上班时穿西装或职业装，不能穿超短裙与无袖上衣及休闲装，不能在办公室化妆。

（6）接待来访和业务洽谈应在会议室进行。

（7）不能因私事长时间占用电话，不能因私事拨打长途电话。

（8）未经批准不得随意上网，不得在电脑上发送私人邮件或上网聊天。未经允许，不要使用其他部门的电脑。

（9）所有电子邮件的发出，必须经部门经理批准，以企业名义发出的邮件需经总经理批准。

（10）未经总经理批准和部门经理授意，不能索取、打印、复印其他部门的资料。

（11）不能迟到、早退，否则酌情罚款。

（12）请假须经部门经理、分管副总经理或经理书面批准，到办公室备案；如假条未在办公室及时备案，以旷工论处，扣减工资。

（13）加班必须预先由部门经理批准后再向办公室申报，凡加班后申报的，办公室将不予认可，不发加班费。

（14）不论任何原因不得代他人刷卡，否则将被开除。

（15）因工作原因未及时打卡，必须及时请部门经理签字后于次日报办公室补签，否则作旷工处理。

（16）在月末统计考勤时，办公室对任何空白考勤不予补签，如因故未打卡，要到办公室及时办理。

（17）吸烟应该在卫生间或其他规定的场所，否则将被罚款。

（18）请病假如无医院证明，一律认同为事假，请假条应于事前交办公室，否则将视为旷工。

（19）因当日外勤而不能回企业打卡的员工，请部门第一负责人在当日 8 时 30 分以前统计出名单，由办公室经办人打卡。

（20）对于出远勤达 1 天以上的员工，需先填报经领导批准的出差证明单。

（21）因故临时外出，必须请示部门经理；各部门全体外出，必须向总经理办公室请假。

（22）不得将烟灰缸、茶杯、文具和其他公物带回家私用。

（23）无工作需要不要进入总经理办公室、计算机房、客户服务中心、档案室、打字室、财务部及会议室、接待室。

四、办公室档案管理制度

1. 档案资料是指连锁企业各部门及个人在从事公务活动时所形成的具有保存价值的各种文字、图像、声像等不同形式的历史记录。

2. 企业需要进行归档处理的资料主要有：基建工程项目档案、文书档案、财务档案、销售业务档案等。根据有关档案法规规定，各业务档案由各职能部门整理、立卷保管，涉及企业全局性的、综合性的文书和档案资料由总经理室立卷归档。具体内容包括：

（1）企业及各部门召开的专业会议和研讨会，包括会议筹备、召开的时间、地点、出席人员、文件资料、会议程序、领导讲话、简报总结等。

（2）各部门专题研究报告、调研资料等。

（3）以企业名义的发文。

（4）上级主管单位和行政管理机关的文件。

（5）各种基建施工图纸、合同。

（6）重要的照片、录音资料、题字、题词等。

3. 企业档案工作实行集中统一管理、分级负责保管的原则,由总经理办公室主管企业档案工作,对企业档案实行统筹管理,统一调度,并对其他职能部门的档案管理工作进行监督和指导。

4. 立卷按永久、长期、短期分别组卷。卷内文件要把正文和底稿、文件和附件、请示和批复一起存放。卷内页号位置统一。

5. 案卷厚度要适中,一般在2厘米左右,超过者可立分卷。

6. 根据卷内文件之间的联系,进行系统排列,编号,抄写案卷题目和案卷封面,确定保管期限,装订案卷,编制案卷目录等。

7. 案卷按年份、机构排列,永久与长、短期案卷分开保管。保管箱上要编上顺序号及证明存放案卷年号与卷号。

8. 准确做好文件索引,以方便查找。

9. 档案资料的收集、立卷和保管工作由各部门秘书或资料员负责。每天要及时将文件和资料归档,以免散失、积压。

10. 确保档案安全。每年清理一次档案资料,对档案材料的数量和保管情况进行检查,发现问题及时采取措施补救。

11. 清查档案时,对已经失效的档案按规定进行销毁。销毁档案必须严格把握,慎重对待,具体要点如下:

（1）销毁档案前要经过认真鉴定,确定要销毁的档案要列册登记。

（2）提出销毁报告,报企业主管领导审批。

（3）销毁档案材料要严格执行保密规定。

（4）销毁档案材料时,必须指派专人监督,以防泄密。

12. 档案管理人员必须认真贯彻有关档案管理工作的政策、方针、法规。忠于职守,严守机密,做好档案管理工作。对有下列行为之一的,根据情节轻重给予相应的处罚。

（1）将属于企业所有的档案据为己有或拒绝将应归档的文件资料上交归档。

（2）损毁、丢失或者擅自销毁应保存的档案。

（3）擅自提供、抄录、公布企业档案及应当保密的档案。

（4）涂改、伪造档案。

（5）玩忽职守,造成档案损失。

五、档案文件借阅管理制度

（1）借阅档案者,必须先履行登记手续,保密级档案文件必须经企业主管领导批准方能借阅。

（2）案卷只能在档案室查阅,不能借出,未立卷的文件及资料可以借出。可借出的文件、资料借阅期限不超过两个星期,到期必须归还,如需再借,应办理续借手续。

（3）借阅档案的人员必须爱护档案,要保证档案的安全与完整,对档案内容要保密,不得擅自涂改、勾画、剪裁、拆散、摘抄、翻印、复印、摄影、转借或损坏,否则按违反保密法追究当事人的责任。

（4）借阅的档案交还时，必须当面点交清楚，如发现遗失或损坏，应及时报告。

（5）外单位借阅档案，应持有单位介绍信，并经总经理批准后方能借阅，但不能带离档案室。

（6）外单位摘抄卷内档案，应经总经理同意，对摘抄的材料要进行审核才能带出。

六、文件管理制度

1. 行文工作制度

（1）企业内部应注意上下行文的规范化，具体行文要求如下：

◎文字表述准确、简练、通顺，标点使用正确。

◎专题专用，内容明确。

◎符合行文格式要求，行文文号、题目、主管领导批示、内容书写要符合规范。

（2）以企业名义的行文，先由部门承办人认真领会领导要求，按照行文规范拟稿。经部门经理审阅后，送总经理办公室核稿并请总经理签发。

（3）文件签发后，由总经理办公室统一编发文号。

（4）按需要进行打印、复印。打印时应做到无错漏、文本清晰、排列整齐，打印完毕应通知起草人校对。复印企业资料，应注意有关保密规定，密级文件需经主管领导签字批准。

（5）将打印文件盖章，留一份与原文稿一起存档。

2. 收文工作制度

（1）主管部门发来的文件、各部门参加会议带回来的文件均属于收文范围。属企业领导亲收的收文，由总经理室签收登记，并交收件人亲自拆封。

（2）收到文件后应于当日在收文本上登记，写明文件编号、收文日期、份数、内容提要、来文单位等。

（3）填写文件传阅单，附在文件上。

（4）将文件放入文件夹传阅，并交总经理办公室主任。

（5）办公室主任审阅后，在文件传阅单上写明建议并签字，再请领导批阅。

（6）急件或重要文件，需在第一时间送办公室主任审阅并签字，再请领导批阅。

（7）密级文件须交企业高层管理人员传阅，并做好记录，注意密级文件不得携离办公室。

（8）文件返回后要翻阅每份文件传阅单，检查高层领导是否有批示。

（9）有批示的按批示办理，并在传阅单上注明处理结果及日期，做到传阅及时，催办有效，防止积压误事。

（10）对于无批示的文件按类别归档。

（11）上级主管部门要求回收的文件需在指定时间交回，并办理相应手续。

3. 发文工作制度

（1）以企业名义上报下发的文件，企业高级管理层发出的信函均属于发文范围。

（2）将需发出的文件在发文登记本上登记，注明时间、发往单位、内容提要及份数。

（3）检查文件是否加盖了公章，负责人是否已经签字。

（4）文件经领导签发后，须在两天内发出。

（5）急件用"航空"发出，重要文件须挂号发出。

（6）底稿、正式文稿、批件归档，年终统一立卷。

七、印章管理制度

1. 企业印章的使用应该由总经理室负责进行统一管理。

2. 印章刻制。企业刻制新印章需报主管部门批准；内部各部门刻制新印章，要写出书面报告，并附上新印章的名称、式样、规格，报总经理批准后，方可到有关部门刻制。使用新印章，应确定好时间，并提前向有关单位发出正式启用新印章的通知。

3. 印章使用管理。印章使用要求是：严格手续、认真审阅、详细登记、盖章正规。

（1）使用印章要履行审批手续，以企业名义对外行文、签署合同、协议书等需有主管高层领导签字方可盖印，介绍信、各类报表、信件需经申请部门经理填写请印单并由办公室主任审核后方可盖印；员工因私开具各种证明，加盖企业印章，必须书面提出申请并附上有关材料，经部门经理审批后报总经理办公室批准。

（2）盖印时要注意印迹清晰、位置合乎要求。

（3）印章使用完毕要做好印章使用记录，要在印鉴使用登记表上记录使用项目、内容、时间、经办人等。

4. 印章保管。企业印章（包括行政印章、总经理印章等）由总经理办公室专人保管。各部门印章也要指定专人专管。所有印章均应保管于保险柜内，以保证安全。未经主管领导批准，印章保管人不得委托他人代管，也不能擅自把印章带出办公室使用。

5. 印章停用。印章因故停用要按规定进行清理，同时将所有停用印章交到办公室统一保管，并办好移交手续，经报总经理批准后，将停用印章存档或销毁。

八、介绍信使用管理制度

1. 介绍信使用管理统一由总经理室负责。

2. 介绍信种类有：

（1）信笺介绍信：在空白信笺上书写有关内容。

（2）存根介绍信：主要是介绍某人到别处办事的凭证。存根要归档，保存5年。

（3）证明信：以零售企业名义证明某人身份、经历的专用书信。

3. 开具介绍信要严格履行审批手续。重要事宜由部门领导签署意见后，报主管高层领导审批；一般事宜应由部门或个人提出申请，由部门领导审阅同意后，由办公室主任审批。

4. 介绍信写好后，应按有关规定加盖公章，并做好记录。介绍信上字迹要清晰，公章清晰并盖在指定位置。

5. 严禁开出空白介绍信，如特殊情况需要，须经企业高层主管领导批准。

九、员工保密纪律制度

1. 保密工作是指对可能发生的泄密和窃取活动采取的系列防范措施。

2. 保密工作原则:积极防范,突出重点,严肃纪律。

3. 全体员工应做到:不该看的不看、不该问的不问、不该说的不说。

4. 文件和资料保密

(1)拟稿

文稿的拟订者应准确定出文稿的密级。

(2)印制

文件统一由行政管理部印制。

(3)复印

复印秘密文件和资料,须由主管批准。

(4)递送

携带秘密文件外出,由两人同行,并包装密封。

(5)保管

秘密文件由行政管理部统一保管,个人不得保存。如需借阅,由主管批准,并于当天收回。

(6)归档

没有解密的文件和资料存档时要在扉页上注明原定密级,并按有关规定执行。

(7)销毁

按档案管理的有关规定执行。

5. 对外披露信息,按公司规定执行,按下列程序办理:由部门经理、主管、法律事务处会签。

6. 保密内容按以下三级划分:

(1)绝密级

◎集团领导的电传、传真、书信。

◎非公开的规章制度、计划、报表及重要文件。

◎集团领导个人情况。

◎正在研究的经营计划与具体方案。

(2)机密级

◎集团电传、传真、合同。

◎生产工艺及指导生产的技术性文件和资料。

◎员工档案。

◎组织状况,人员编制。

◎人员任免。

(3)秘密级

集团的经营数据、策划方案及有损于集团利益的其他事项。

十、凭证管理规定

凭证包括介绍信、工作证、发票等票证。凭证管理,有两层意思:

1. 未盖公章或专用章的空白凭证,虽然还不具备生效的条件,但仍应严格保管好,不得丢失外流。

2. 加盖公章并已具有效力的凭证,更应严格保管和使用。

对于凭证的管理,要做到:

(1)严格履行验收手续。

(2)建立凭证文书登记。

(3)选择保密的地点和坚固的箱柜,有条不紊地入库保存。

(4)定期进行检查,若发现异常情况,要随时提出处理意见。

(5)严格出库登记。对于有价证券和其他主要凭证,应参照国家规定的管理办法进行管理。

同时,凭证文书具有很高的查考价值,大多需要永久保存。因此,一切有关凭证的原件、抄件、存根、复写件及文稿、草图、签发、资料,都应该及时整理,妥善保存,并按立卷归档的规定,随时分类入卷,定期整理归档,不得随意丢失,更不准自行销毁。

十一、公章使用制度

1. 企业可以对外使用的公章

企业章、企业业务专用章(办公室章、人事部章、财务部章、合同专用章等)。

2. 企业印章的使用范围

(1)以企业名义上报总公司的报告和其他文件。

(2)以企业名义向上级国家机关,各省、市、自治区党政机关发出的重要公函和文件。

(3)以企业名义与有关同级单位的业务往来、公函文件和联合发文等。

3. 企业业务专用章使用范围

(1)办公室章。以办公室名义向公司外发出的公函和其他文件、联系工作介绍信、刻制印章证明。

(2)人事部章。就有关人事、劳资等方面业务代表公司用章。

(3)财务部章。就有关计划、财务等方面业务代表公司用章。

(4)合同专用章。以公司名义签订的协议、合同和有关会议纪要等。

4. 企业印章使用手续

(1)企业章、财务章、合同专用章必须经总经理、副总经理或总经理助理批准方可使用。

(2)办公室章由办公室主任批准后使用。

(3)使用公章必须事先履行登记手续。

十二、会议管理要点

1. 提高会议成效的要点

(1)要严格遵守会议的开始时间。

(2)要在开头就议题的要旨作简洁的说明。

(3)要把会议事项的进行顺序与时间的分配预先告知与会者。

(4)在会议进行中要注意的事项。

◎发言内容是否偏离了议题?

◎发言内容是否出于个人的利害?

◎是否全体人员都专心聆听发言?

◎是否发言者过于集中于某些人?

◎是否有从头到尾都没有发过言的人?

◎是否某个人的发言过于冗长?

◎发言的内容是否朝着结论推进?

(5)应当引导在预定时间内做出结论。

(6)在必须延长会议时间时,应取得大家的同意,并确定延长的时间。

(7)应当把整理出来的结论交给全体人员表决确认。

(8)应当把决议付诸实行的程序理出,加以确认。

2. 会议禁忌事项

(1)发言时不可长篇大论,滔滔不绝。

(2)不可从头到尾沉默到底。

(3)不可采用不正确的资料。

(4)不要尽谈些期待性的预测。

(5)不可进行人身攻击。

(6)不可打断他人的发言。

(7)不可不懂装懂,胡言乱语。

(8)发言不要抽象化或概念化。

(9)不可对发言者吹毛求疵。

(10)不要中途离席。

十三、会议管理制度

1. 企业级会议:企业员工大会、企业技术人员会及各种代表大会,应报请总经理办公室批准后,由各部门分别负责组织召开。

2. 专业会议:即全公司性的技术、业务综合会(如经营活动分析会、质量分析会、生产技术准备会、生产调度会、安全工作会等),由分管副总经理批准,主管业务部门负责组织。

3. 系统和部门工作会议：各部门召开的工作会议，由各部门主管决定召开并负责组织。

4. 班组会：由各班组长决定并主持召开。

5. 上级企业或外单位在我企业召开的会议或业务会，一律由总经理办公室受理安排，有关业务对口部门协助做好会务工作。

6. 例会的安排。为避免会议过多或重复，公司正常性的会议一律纳入例会制，原则上要按例行规定的时间、地点、内容组织召开。例行会议安排如下：

(1)行政技术会议。

◎总经理办公会。研究、部署行政工作，讨论决定公司行政工作重大问题。

◎行政事务会。总结评价当月生产、行政工作情况，安排布置下月工作任务。

◎班组长以上经营管理大会。总结上期工作情况，部署本期工作任务。

◎经营活动分析会。汇报、分析公司计划执行情况和经营活动成果，评价各方面的工作情况，肯定成绩，指出失误，提出改进措施，不断提高公司经济效益。

◎质量分析会。汇报、总结上月产品质量情况，讨论分析质量事故，研究决定质量改进措施。

◎安全工作会。汇报、总结前期安全生产、治安、消防工作情况，分析处理事故，检查分析事故隐患，研究确定安全防范措施。

◎技术工作会。汇报、总结当月的技术改造、新产品开发、科研、技术和日常生产技术准备工作计划及其完成情况，布置下月的技术工作任务，研究确定解决有关技术问题的措施方案。

◎生产调度会。调度、平衡生产进度，研究解决各部门不能自行解决的重大问题。

◎部门事务会。检查、总结、布置工作。

◎班组会。检查、总结、布置工作。

(2)各类代表大会。

◎员工代表大会。

◎部门员工大会。

◎企业会员代表大会。

(3)民主管理会议。

◎企业管理委员会议。

◎总经理、工会主席联席会。

◎生产管理委员会议。

◎生活福利委员会议。

7. 其他会议的安排。凡涉及多个部门主管参加的各种会议，均须在会议召开前10天经分管副总经理批准后，分别报分管副总经理和总经理处汇总，并由总经理办公室统一安排，方可召开。

(1)总经理办公室每周应将公司例会和各种临时会议，统一平衡并编制会议计划，分发到公司主要管理人员及有关服务人员。

(2)凡总经理办公室已列入会议计划的会议，如需改期或遇特殊情况需安排其他会议时,召集单位应提前两天报请总经理办公室调整会议计划。未经总经理办公室同意,任何人不得随便打乱正常会议计划。

(3)对于准备不充分、重复性或无多大作用的会议,总经理办公室有权拒绝安排。

(4)对于参加人员相同、内容接近、时间相近的几个会议,总经理办公室有权安排合并召开。

(5)各部门会议的会期必须服从公司统一安排,各部门小会不应与公司例会同期召开,应坚持小会服从大会、局部服从整体的原则。

8. 会议主持人和与会人员都应分别做好有关准备工作(包括拟好会议议程、提案、汇报总结提纲、发言要点、工作计划草案、决议决定草案,落实会场,安排好座位,备好茶具茶水、奖品、纪念品,通知与会者等)。

9. 参加企业办公例会的人员无特殊原因不能请假,如请假须经主管领导批准。

10. 有以下原因,副总裁以上的高层管理人员可提议临时或提前召开公司办公例会:

(1)有重要事项需提交企业办公例会讨论决定。

(2)各部门重要业务管理人员的录用及辞退。

11. 会议纪要属企业内部重要文件,具有一定范围的保密性,未经批准不得外传。

12. 与会人员应知无不言、集思广益,一经会议决定之事,应按期完成。

13. 与会人员必须严格遵守会议纪律,不得随意走动,不得使用手机。

十四、办公用品管理制度

1. 办公用品

(1)购买办公用品,由各部门月底提出申请,报办公室审核,经总经理批准后,由办公室统一购买、发放。

(2)办公用品保管人应详细填写领用记录。

(3)个人领用的耐用办公用品,如计算器、手机、工具书等,需妥善保管,正确使用,因使用者人为因素造成的损坏、丢失,需照价赔偿,如从公司离职,需向办公室办理移交手续。

(4)办公用品只能用于办公,不得挪作他用或私用,所有员工对办公用品必须爱护,勤俭节约,杜绝浪费。

2. 电话、传真

(1)公司员工因业务需要使用长途电话及传真,需经主管部门经理批准。

(2)为节约开支及时间,使用中应做到长话短说。

(3)使用前需到办公室登记时间、事由。

(4)正确使用传真机,不用传真机来复印资料。

3. 复印

(1)复印机由办公室指派专人管理,任何人未经许可不得擅动。

(2)各部门复印文件,需经部门经理批准。

(3)对于使用过程中,如有疑问,请询问办公室人员。

(4)使用后应立即如实登记。

4. 电脑

（1）办公室电脑一般应该由总台负责使用管理。

（2）正确使用电脑,安全关机、操作。

（3）电脑上网要注意放弃,离开电脑前要下网。

（4）私事不使用电脑,离开电脑要关机。

（5）打印纸双面使用。

5. 空调、照明,注意空调、照明的科学正确、合理使用。

十五、车辆管理制度

（1）车辆由办公室统一调度管理。

（2）各部门因工作需要必须使用车辆时,应事先向办公室提出用车申请,填写派车单。

（3）公司车辆一律停放在指定的地点,未经许可,驾驶员不得私自开车外出或将车交给他人驾驶。

（4）驾驶员应认真、自觉地做好车辆的维修保养。及时检查车况,确保行车任务的安全完成。

（5）各部门和个人应该本着节约的原则,尽量减少用车次数并缩短用车时间。

（6）对于跨市区用车和外单位借车的情况,须上报公司领导批准。

（7）驾驶员要爱护车辆,保持车子干净、无损,严格控制油料消耗,做到节约用油。

第三节　连锁企业总部常用管理表格

一、总经理日程安排表

时间\日期	星期一	星期二	星期三	星期四	星期五	星期六	星期日
8:30							
10:00							
11:00							
12:00							
13:00							
14:00							
15:00							
16:00							
17:00							
18:00							
19:00							

二、公文送件登记表

日　　期	发送部门、单位	发文类型	件　数	文　号	发件机关或收件人	收件人盖章

三、收文登记表

日　　期	收文号	文件标题	来文单位	来文号	密　级	份　数	处理情况

四、发文登记表

文件号	文件标题	签发人	拟稿部门	密　级	印　数	余　存	登记日期	发出日期	备　注

五、文件登记表

文件类别	文件编号	文件名称	版　本	页　数	日　期	备　注

六、重要文件收发记录表

序 号	收文字号	来文单位	类 别	事 由	附 件	收文日期	处理说明

七、员工休假情况表

姓 名	是否在班	是否紧急	休假时间(含出差)	休假地点	备 注

八、年度例行事务会议安排表

活动名称	日 期	内 容	承办部门负责人	联系人
年初致辞				
新年聚会				
创立纪念日				
新员工计划				
就职典礼				
新员工培训				
团体活动				
员工旅游				
年度计划				

备注事项:

九、使用会议室申请表

日　期	时　间	会议名称	主持人	地　点	人　数	备　注

申　请　部　门			管　理　部　门		
名　称	填表人	主　管	责任人	事务主管	副经理

十、会议登记表

会议名称	时　间	地　点	主　席	与会人数	会　次	主要讨论事项

十一、会议通知单

召开部门		召集人	
开会日期		时　间	
会议地点			
会议内容			
参加人员			
拟交费用			
准备资料			
备　注			

十二、会议议程表

××会议讨论进程				年 月 日
序 号	程 序	主持人	时间情况	备 注
1				
2				
3				
4				
5				

十三、会议记录表

时 间：
地 点：
名 称：
主持人：
参会人员：
记 录：
出席人员：
主持人报告：
讨论事项及结论：
备 注：

十四、会议决议事项实施管理表

决定事项			是否同意	
单 位	执行负责人	实 施 目 标		评 价
实施部门每月执行检查表				

月	实施目标	评 价	月	实施目标	评 价
1			7		
2			8		
3			9		
4			10		
5			11		
6			12		

十五、员工奖惩情况登记表

员工编号	姓 名	奖惩事项及文号	统 计					
			警 告	记 过	记大过	奖 励	记 功	记大功

十六、交办事项登记簿

交 办		编号	交办项目	交办主管	经办部门	完 成				逾期原因	处理结果	其他事项内容及编号
日	月					预 定		实 际				
						月	日	月	日			

十七、内部业务往来便笺

□指示　　□通知　　□协调

□请求　　□报告　　□协办

发出部门：	日期　　年　　月　　日
接收部门：	□请回复　　　□请归档
标　题：	
内　容：	
1.	
2.	
3.	
4.	
5.	

十八、内部复印文件登记表

序号	日期	文件名称	原稿页数	纸　张					复印人	使用部门	备　注
				A3	A4	B4	B5	合计			

十九、内部机密文件保管登记表

存档日期	文件编号	内容概要	经手部门	档　号	预定保存期限	份　数		备　注
						副本	影本	

二十、报废文件处理记录表

序　号	文件名称	份　数	页　数	文件原本编号	编　号

二十一、存档文件登记表

序　号	文件名称	文件编号	份　数	页　数	存档时间	文件版本编码	备　注

二十二、内部文件借阅登记表

序　号	文件名称	文件编号	借阅人	数　量	借阅时间	归还时间	归还人

第二篇

连锁企业门店管理

连锁店选址规划管理规范

第一节　开店市场调查与分析

一、开店计划

一个企业必定有其基本经营方针及长、短期经营计划,零售企业的经营也不例外,尤其是大型连锁企业,在开店之前更需要有一套完善的计划。

（1）基础性调查

其内容包括市场调查与店铺选址调查,其结果虽然不是提供作为设店可能性的直接判断,但可作为具体计划立案时有关投资内容的建议。

（2）制订初步计划

其内容包括经营位置及建设计划,同时要注意两方面相互的关联性,对投资的内容要具体化,要以严密、客观的立场,为决策提供依据。

（3）确定意向

就是根据基础调查及基本计划的结果,由决策者决定设店与否的阶段。在作决策时,除了对个别计划的内容加以判断外,还要针对全面经营可能产生的影响进行详细研讨,各项客观情报也应作为决策时的参考。

（4）确定具体计划

根据决策所定项目,为达到一定的实施要求,而将基本计划作更具体的立案,使基本设计、施工设计、建设费估算及与经营有关各项业务的具体计划,均配合基本方针、基本目标等做详尽的规划。

（5）实施计划

在实施之际对工作的进度要随时加以研究,力求与计划充分配合,讲求实施的成效。

（6）开店实施

整体开店业务的完成阶段,其重点在于开店时各项行政管理业务准备,以配合开店的需要。

二、市场调查的基本内容

1. 消费者情况

（1）人口结构

除了对目前人口的结构进行调查之外,有关过去人口集聚、膨胀的速度及将来人口结构的变迁也要加以预测,同时将人口结构依行业、年龄、教育程度等进行分类整理,以便深入分析。

（2）家庭构成

家庭户数构成是人口结构的基本资料之一,可据此对家庭户数变动的情形及家庭人数、成员状况、人员变化趋势进行了解,进而可以由人员构成的比率,洞悉城市化的发展与生活形态的关系。

（3）收入情况

通过收入水平的资料,可以了解消费的可能性,进而利用家庭、人口的资料,得知每人或每一家庭的收入水平,并将所得资料与其他城市、其他地域相比较,从而做进一步的分析。

（4）消费能力

这方面资料是地区内消费活动的直接指标,对零售业者来说也是最重要的指标。据此可以了解每人或每一家庭的消费情形,并针对消费内容依商品类别划分,得知其商品类别的消费支出额,同时也可以知悉商圈内消费购买力的概况。

（5）购买行为

对于消费者购买行为的分析,可以从消费者购买商品时的活动范围及经常在哪个商店购买哪种商品予以了解。研究消费者购买行为的目的:一是可以得悉消费者购物活动的范围;二是可以知道消费者选择商品的标准,以便对该地区的消费意识做深入研讨。

2. 城市情况

通过对地域内实际生活的空间,包括中心地带及周围区域城市结构机能的调查,了解该地域内设施、交通、活动空间等环境的现状及将来的发展计划。

（1）城市规划

除了城市结构的现状外,有关将来发展的方向,如交通网的开发计划、社区发展计划及商业区的建设计划等,均是设店时在地点因素上所必须考虑的因素。

（2）地势情况

对于地域内地形状况调查,尤其有关平地的广阔度及腹地的大小要了解,对气候的特殊性也要深入了解,因为零售店与气候因素有相当的关系。

（3）交通情况

一般而言,零售店的位置以位于交通要道比较好,因为交通网密布的地方,往往是人口容易集中或流量特别大的地方,自然是设店的理想地点。所以调查时对交通路线及车辆往来的班次、载送量等均要作为考虑的重点,有时对停车空间也要调查。

（4）繁华地点的位置、形态

在繁华的地段,往往是商店容易集中之处,所以零售店选择热闹地段设店是理所当然的,但繁华地段的地价和租金较高,因此在投资成本提高的情况下,如何做有利的运用及将来可能变动的方向,都成为在繁华地段设店的考虑要素。

（5）各项城市机能

一般设店位置若在行政、经济、文化活动等密集的地方,则整个城市机能易于发挥出来,如行政管理、经济流通、娱乐服务、商品销售等机能,自然成为人流集中的焦点,因此流动的人口究竟是以公务人口为主体还是以购物、社交、娱乐的流动人口为主体,也应作为调查的事项。

3. 零售业结构

（1）区域销售动向

针对营业面积、从业人数、年营业额等项目做调查，尤其要对营业面积及营业额总量和过去的增长状况作了解，同时针对城市中心地域及周边地域的销售额密度及商圈范围作比较。

（2）大型连锁企业的动向

因为大型零售企业的动向对于地区内的竞争情况多少有影响，所以无论大小型商店的设立，对于现有大型店的规模、营业额、商品构成、商品设施等资料均必须加以调查，以作为设店时的参考。

（3）区域竞争情况

针对各地区间有关商品构成内容及顾客阶层作比较分析，以便深入得悉其间的竞争情形，并据此分析各地区间的特性。

三、市场调查的基本方法

1. 消费者调查

（1）消费倾向调查

◎调查目的：对于居住地消费者有关年龄、职业、收入、购买倾向的把握，以调查可能的商圈范围。

◎调查对象：以学校或各种家庭为对象，或依据居住地点以抽样的方式进行家庭抽样调查。

◎调查方法：采用邮寄调查表的方式或直接访问均可。

◎调查项目：居住地名、家庭构成、户主年龄、职业、工作地点、购物倾向。

◎调查优缺点：居住地购物倾向与设店预定地的评价易于比较，但调查费用较高。

（2）消费动向调查

◎调查目的：设店预定地实际消费购买动向的把握，以调查零售业的商业力。

◎调查对象：设店预定地通行人数的抽样调查，或是百货店主力顾客的调查。

◎调查方法：在调查地点通过的行人，在一定时间采取面谈方式，时间以十分钟以内为佳。

◎调查项目：居住地、年龄、职业、上街目的、使用交通工具、上街频率、购买动向。

◎调查优缺点：调查费用较低，但对于居住地与设店预定地购物依存度较难明确把握。

（3）客流量调查

将对设店预定地客流量的调查分析结果，作为确立营业体制的参考。

（4）其他调查

可以利用各种座谈会的机会，或利用公、私场合进行各项有关资料的收集与调查。

2. 竞争店调查

（1）竞争店商品构成调查

◎调查目的：针对前项调查再予以附加商品组成细目的调查，以作为新店铺商品类别构成的参考。

◎调查对象：与前项调查竞争店相同，着重于主力商品更深入的调查。

◎调查方法：主力商品方面，由销售人员、采购人员与销售促进人员同行，着重于商品量的调查。

（2）竞争店价格线调查

◎调查目的：对于常备商品的价格线与价值进行调查，以作为新店铺的参考。

◎调查对象：与前项调查竞争店相同，对于常备商品，在一定营业额或毛利额以上的商品进行调查。

◎调查方法：采购人员与销售人员共同进行，对于陈列商品的价格、数量进行调查，尤其是年节繁忙期间的调查更为必要。

（3）竞争店营业场所构成调查

◎调查目的：竞争店楼别构成调查，以作为新店铺楼别构成的参考。

◎调查对象：设店预定地商圈内竞争店的主力销售场所及特征销售场所的调查。

◎调查方法：销售人员与销售促进人员同行，针对营业面积、场所、销售体制的调查，以便共同研讨。

（4）竞争店客流量调查

◎调查目的：对于竞争店出入客数的调查，以作为新店铺营业体制的参考。

◎调查对象：针对竞争店出入的 15 岁以上的顾客。

◎调查方法：在竞争店现场记录出入店客数，以了解竞争店时间别、日期别的出入店客数，尤其注意特殊日期或各楼别流动量的调查。

第二节　商圈的界定管理

一、商圈的特征与层次

商圈又称商势圈，它是指企业吸引顾客的空间范围，即商店能吸引多远距离的顾客来店购物。这一顾客到商店的距离范围，就称为该企业的商圈。日本一位商圈研究的专家指出："所谓商圈就是现代市场中，企业市场活动的空间范围，并且是一种直接或间接地与消费者空间范围相重叠的空间范围。"

因此，我们可以把商圈定义为：在现代市场中，零售企业进行销售活动的空间范围，它是由消费者的购买行为和连锁企业的经营能力所决定的。

连锁店的商圈具有以下特征。

1. 区域性

连锁店的商圈指的是一个具体的区域空间，这个区域空间是由每一个商店的特有的地理环境作为基础而决定的。对于商店经营者来说，它的商圈即是其进行市场营销活动的空间范围。在这一空间中,零售店向消费者提供他们所需要的商品与服务,也正是由于连锁企业采取积极的营销活动,才创造出各自独特的商圈。这个商圈对于消费者来说,则是他们进行购物活动的行为空间。

2. 层次性

连锁店的商圈一般具有比较明显的层次性特征。区域性的零售店的商圈大小由消费者居住状况及人口分布、交通状况及距离、市场竞争状况等决定。根据日本的理论与实践研究,把大型连锁店的商圈划分为四种类型。

(1)徒步圈。指步行可忍受的商圈半径,也可称为连锁店的第一商圈,单程以10分钟为限度,商圈半径为500m以内。

(2)自行车圈。指骑自行车方便可及的范围,也称第二商圈,单程为1.5km。

(3)汽车(机动车)圈。指开车或乘车能及的范围,也称第三商圈,以购物为目的,距离5km左右,单程为10分钟。

(4)捷运圈、铁路圈、高速公路圈。指搭乘捷运、铁路或经由高速公路来此购物的顾客范围,属于连锁店的边际商圈。

以上几个商圈又可区分为:

(1)小商圈。范围最小的商圈,如徒步圈、自行车圈。此种商圈消费习惯是以生活必需品的高频率购买为主。小商圈是零售业的起源,多半分布在大都市的住宅区及郊外的住宅区。

(2)中商圈。以自行车圈、汽车(机动车圈)为主,主要以购买选购品为主,供周末假日全家一次性消费购物。

(3)大商圈。以机动车圈为主,顾客可以经10km左右车程至此商圈消费,属于连锁店的边际商圈。

特大连锁店还可形成更大的辐射商圈,即由高速公路、铁路等能形成的幅员广大的商圈。根据我国市场状况,一般把连锁店的商圈划分为三个层次,即主要商圈、次要商圈和边际商圈。主要商圈是指最接近连锁店并拥有高密度顾客群的区域,某个连锁店的客流量大约有50%~70%来自主要商圈;次要商圈位于主要商圈之外,顾客光顾率较低,一般这一区域的顾客约占商场客流量的15%~30%;边际商圈位于次要商圈之外围,属于某些商场的辐射商圈,在此商圈内顾客购物比率更低,一般连锁店的顾客有10%左右来自边际商圈。大、中城市内处于市级商业中心的大型商场(如北京的王府井百货大楼、西单商场、上海的上海第一百货和华联商厦),由于其所处的地理位置决定其市场辐射范围为全市的消费者,因而一般不形成具体的区域性商圈。本章进行商圈分析的对象主要指的是位于大、中城市区域性商业中心的商场,比如北京的当代商城、蓝岛大厦、城乡贸易中心等商场。

3. 不规则性

实际的商圈并非真正是同心圆状,而是不规则的图形。其原因在于商圈要受到零售店周边地理环境、交通状况、居民人口分布和购买力及竞争者分布等因素的影响,因而各个商店的实际商圈都是不规则图形的区域。

二、测定商圈的意义

(1)科学测定商圈是企业进行科学选址的基础。选址是关系连锁企业生存发展的根本方略,而企业选址必须以商圈的测定作为前提条件。如北京某公司在进行商业选址决策时,由于未对周围商圈进行深入调查和可行性论证,凭感觉即草草地将某印刷厂厂房开发、改造为现代化的大型商厦。这个商厦改造投资几亿元,具有一流的设施与设备,但开业后始终吸引不了更多的客流,导致零售企业的经营亏损,最后不得不关门停业。

(2)通过商圈分析,可以具体了解商圈内消费者的构成及其特点,从而为企业进行目标市场定位、确定经营方针和进行经营预测打下良好的基础。

(3)可以深入了解本企业的地理环境和交通状况。

(4)可以决定怎样进一步开设分店和连锁店。本企业所开分店和连锁店一般不应同自身的商圈范围相交叉重复,以免互相影响,相互掣肘。

三、商圈的层次

从商圈的形成及其构造的理论分析,可以将连锁企业与商圈的关系分解为点、线、面、流四个层次。

(1)点指的是商圈区域的圆心点或核心点,具有商圈的中心性特征。

(2)线指的是商圈核心区对周围居住区的吸引力,它具有商圈吸引性的特征。

(3)面指的是商圈的辐射范围和广度,亦即商圈核心区通过自身的信誉和经营实力所能辐射的范围,它具有辐射性特征。

(4)流指的是商圈的形成后产生的人流、车流、客流,最终实现为物流和商流、信息流。

如果深入分析,我们可以发现,商圈的"点"即都市的中心和区域性中心,它具有市场集结性核心的功能。"线"是指市场所具有的吸引性,人们是按照对都市核心点的依存度来决定其居住区域的。把居住区与都市中心点(或区域性中心)连接起来,即商圈的线亦即商圈的购物半径。

四、影响商圈形成的因素

影响商圈形成的因素是多方面的,主要可归纳为企业外部环境因素和内部因素。

1. 外部环境因素

(1)家庭与人口因素。企业所处外部环境的人口密度、收入水平、职业构成、性别、年龄结构、家庭构成、生活习惯、文化水平、消费水平,以及流动人口数量与构成等,对企业商圈的形成具有决定性意义。

(2)产业结构。一个企业的外部环境是工业区还是农业区,是市区还是郊区,对商圈的形成有着重要意义。如果一个农业区域发现了丰富的矿藏,将要开发成一个新兴的工业区时,有利于扩大企业的商圈领域。

（3）交通状况。交通状况对于商圈形成十分重要。要考虑道路状况,是否有公共汽车或电车停车站,是否有地铁站连接等。

（4）城市规划。城市连锁店的规划建设要受到城市整体规划的制约。如果企业选址在城市的市级商业中心规划区,其商圈范围大,可能涉及全市;如果企业选址在区域性商业中心,则商圈范围为区域性的地域。

（5）商店聚集状况及商业区的形成。连锁企业的聚集状况可分为以下两种情况:

◎一是不同业态零售企业的聚集。比如商场同专业店、超级市场等的聚集。这种聚集,企业之间一般不会产生直接的竞争,而会产生一定的聚集效应,产生更大的市场吸引力。

◎二是同种业态商店的聚集。比如在同一商圈内有多个商场的聚集,如王府井大街的北京百货大楼和新东安市场;海淀四通桥的当代商城和双安商场等。这是同种业态、同等规模的商店聚集在同一商业区,其结果使这一商业区商店之间既产生竞争,又产生一定的集聚效应。一方面,使消费者能在同类型商店进行商品质量、价格、款式及服务的比较,从而加剧了企业之间的竞争性;另一方面,由于同类型商店的聚集,又会产生集聚放大效应,吸引更多的消费者来商业区购物,从而有效地扩大了企业的销售商圈。

2. 企业内部因素

（1）连锁店规模。连锁店规模一般与商圈大小成正比例关系。连锁店规模大,其市场吸引力强,从而有利于扩大其销售商圈。诚然,连锁店规模并非越大越好,应保持在与商圈购买力相适应的规模之内。

（2）商品经营重点与性质。一般来说,以经营日用消费品为重点的商场,其商圈较小;而以经营选择性较强、价值较为贵重的商品作为重点的商场,如以家用电器、服装、黄金饰品作为重点的连锁店,其销售商圈较大。

（3）企业经营水平及信誉。一个营销水平高、企业信誉好的企业,由于其具有较高的知名度和美誉度,可以吸引许多慕名而来的顾客,因而可以扩大企业的商圈。

通过对影响商圈因素的综合分析,可以得出如下结论:

（1）连锁企业业种和业态不同,其商圈大小也不同。如便民超市多销售居民日常生活用品,其商圈区域较小,只有基本商圈,一般不存在次要商圈。而大型商场主要销售消费者选购性商品,因而商圈一般较大,具有基本商圈、次要商圈和辐射商圈三个层次。

（2）商圈大小一般同连锁企业的经营规模与经营能力之间成正比例关系。连锁企业建设规模大,经营实力强,从而具有较大的市场吸引能力和辐射能力。但是,连锁店的规模也不是越大越好,应保持在与商圈购买力相适应的规模,即适度规模为佳。

（3）商圈大小同企业选址区域的交通状况成正比例关系。企业选址区域交通状况越优越,越有利于吸引客流,从而可以进一步扩大商圈。相反如果交通不便,遇有湖泊、河流或者高速公路的阻碍,会大大影响商圈的扩大。

（4）竞争对手状况对商圈有复杂的影响。在同一商圈内如存在两个以上的竞争对手,则有利于扩大商圈,形成扎堆的聚集效应。而在不同商圈的竞争对手,其商店之间的距离越大,则越有利于扩大其自身的商圈。

五、商圈的测定方法

1. 已建的连锁店商圈的测定方法

对已经建立的连锁店,可以根据对顾客进行抽样调查、连锁店店记录等方法,具体测定商圈的地理范围和形态。

2. 新建的连锁店商圈的测定

新建的连锁店由于没有可借鉴的历史资料,因此可根据城市选点位置、周围居民人口分布、城市规划、交通状况,以及是否为城市商业中心区或区域性商业中心区、流动人口状况等,进行综合调查分析测定。如新建商店附近已建有同类型的商店,也可参考该店消费者客流状况及购物距离进行类比调查分析,综合测定。

在进行定性分析的同时,还可采用定量分析的方法。可参考的定量分析方法有美国威廉·雷利发现的零售引力法则,以及戴维·赫夫研究出来的商圈研究公式。

(1)零售引力法则。美国威廉·雷利用 3 年时间,调查了美国 150 多个的都市,于1931 年发表了他的"零售引力法则"。其中心观点是:"现有零售中心的两个城市,从位于它们中间的某一分界处,所吸引的交易量与各自城市的人口成正比,而与从分界点到市场距离的平方成反比。"其公式如下:

$$D_y = D_{xy} \div (1 + P_x P_y)$$

式中,D_y 为 X、Y 两城市间的分界点 D 区距 Y 市的距离;D_{xy} 为 X、Y 两城市间的距离;P_x 为 X 地区(人口较多城市)的人口数;P_y 为 Y 地区(人口较少城市)的人口数。

零售引力法则的应用有两项假设前提条件:一是几个城市之间交通条件相类似;二是几个城市的零售经营水平大体相同。顾客之所以被吸引到人口较多的城镇,是由于零售引力法则作用的结果。这一方法也可应用到同一城市的不同商业区之间进行商圈分析。

(2)赫夫模型。美国戴维·赫夫给商圈下的定义是:"按地区勾画的区域,含有潜在的顾客,在这些顾客中,存在着购买由各个商店或各个商店群所提供的、一定等级的商品和商业性服务的可能性"。因此,可以认为,消费者与商店的距离与购物的概率成反比。任何住户在零售商店售货场所购买商品的可能性。

第三节　店址的选择与确定

一、店址选择的作用

(1)选择经营连锁店是一项需要大量资金的长期性投资,关系到企业的未来发展前途,当外部环境发生变化时,它不能像人、财、物等经营要素那样,可以作相应调整,如搬迁、拆卸、移走。它具有长期性、固定性特点。因而在选址时必须作深入调查,收集各种资料,归纳分析,妥善规划。

(2)店址选择是否得当,是影响连锁店经营能否成功的一个重要因素。企业的店址选择得当,就意味着其享有优越的地利优势。不能否认交通便利、地理位置好的商店能创造出更高的经济效益,因而在选点时,不能贪图租金的便宜而选择人流少、交通不方便、位置偏僻和市场未成熟的地点。

(3)店址是连锁店确定经营目标和制定经营策略的重要依据。不同的城市地区有不同的社会环境、地理环境、人口状况、收入水平、交通条件、市政规划等特点,它们分别制约着其所在地区的连锁店顾客来源及特点,同时对连锁店在经营的商品、价格、促销活动的选择等产生反向制约。一般而言,经营日用品、日常生活品的商店,只能去适应经营所在地的特点,而很少能改变它。

二、店址基本类型

连锁企业的店址选择,在为了适应人口分布、流向情况,便利广大顾客购物,扩大销售的原则指导下,绝大多数门店都将店址选择在城市繁华中心、人流必经的城市要道和交通枢纽、城市居民住宅区附近,以及郊区交通要道、村镇和居民住宅区等购货地区。从而形成了以下四种类型的商业群。

1. 中央商业区

这是一个城市最主要的、最繁华的商业区,全市性的主要大街贯穿其间,云集着许多著名的百货商店和各种专业商店、豪华的大饭店、影剧院和办公大楼。在一些较小城镇,中央商业区是这些城镇唯一的购物区。

2. 交通要道和交通枢纽附近的商业街

它是大城市的次要商业街。这里所说的交通要道和交通枢纽,包括城市的直通街道、地下铁道的大中转站等。这些地点是人流必经之处,在节假日、上下班时间人流如潮,店址选择在这些地点就是为了便利来往人流购物。

3. 居民区商业街和边沿区商业中心

城市居民区商业街的顾客,主要是附近居民,在这些地点设置连锁店是为了方便附近居民的就近购买日用百货、杂品等。边沿区商业中心往往坐落在铁路重要车站附近,规模较小。

4. 远郊购物中心

在城市交通日益拥挤、停车困难、环境污染严重的情况下,随着私人汽车大量增加,高速公路的发展,一部分城市中的居民迁往郊区,形成郊区住宅区,为适应郊区居民的购物需要,不少连锁店设到郊区住宅区附近,形成了郊区购物中心。

三、区位选择

连锁企业店址区域位置选择指的是连锁店应选择设在哪一个区域,即在哪一级商业区或商业群中。连锁企业选址一般选择四类商业群,那么作为一个具体的门店应选择哪一类商业群,就应充分考虑顾客对不同商品的需求特点及购买规律。顾客对商品的需求一般可分为以下三种类型。

1. 生活必需品

这类商品同质性大,选择性不强,同时价格较低,顾客购买频繁,在购买过程中,求方便心理明显,希望以尽可能短的路程,花尽可能少的时间去实现购买。所以,经营这类商品的商店应最大限度地接近顾客的居住地区,设在居民区商业街中,辐射范围在半径300m以内,步行在10～20分钟为宜。

2. 周期性需求的商品

对这类商品,顾客是定期购买的。在购买时,一般要经过广泛比较后,才选择出适合自己需要的商品品种。另外,顾客购买这类商品一般是少量的,有高度的周期性,因此,经营这类商品的商店宜选择在商业网点相对集中的地区,如地区性的商业中心或交通要道、交通枢纽的商业街。

3. 耐用消费品及特殊性需求的商品

耐用消费品多为顾客一次购买长期使用的商品,购买频率低。顾客在购买时,一般已有既定目标,在反复比较权衡的基础上再做出选择。特殊性需求的商品购买的偶然性大,频率低,顾客分散。所以经营这些类别商品的商店,商圈范围要求更大,应设在客流更为集中的中心商业区或专业性的商业街道,以吸引尽可能多的潜在顾客。

四、分析客流

客流大小是一个零售店成功的关键因素。客流包括现有客流和潜在客流。商店选择开设地点总是力图处在潜在客流量多而集中的地点,以便多数人就近购买商品。但客流规模大,并不总是带来相应的优势,应对客流进行具体分析。

1. 分析客流类型

一般依照顾客与本连锁店的关系,把客流分为三种类型:

(1)共享客流

这是指一家连锁店从邻近商店形成的客流中获得的客流。这种共享客流往往产生于经营相互补充商品种类的商店之间,或大商店与小商店之间。经营连锁店要想得到共享客流,就要在对社区或商业中心区商圈分析的基础上,准确地判断市场的空白点,找准自己商店的立足点,并判断能否构成商店生存、赢利的基础。

(2)本店客流

这是指那些专门为购买本商店经营的某商品而来店的顾客所形成的客流,这是连锁店客流的基础,也是一家连锁店开业能否生存、赢利的基础。只有拥有自身客流,连锁商店的收入才有保证,在选点时,首先要评价的就是连锁店能否建立起足够数量的自身客流。

(3)派生客流

这是指那些顺路进店而非专程来店的顾客所形成的客流。在一些旅游点、交通枢纽、公共场所附近设立的连锁店,主要利用的就是派生客流。这些商店可以没有自己的商圈,每天大量流动人口产生的派生客流足以支持商店所希望的销售水平,但对于百货店、超市、便利店等业态商店,则不能只寄希望于派生客流。

2. 分析客流的速度、滞留时间

有的地点客流量很大,但客流速度很快,停留的时间很短,如地铁出入口、火车站、汽车站、码头附近。显然,这些地点并非是开设连锁店的理想之地,而在商业中心区、住宅区内,虽然客流量并不大,但所来顾客均有消费的欲望和准备,是建立连锁店的较好地点。

3. 分析所在街道的特点及客流规模

道路对连锁店的影响也极为明显,初始客流的方向、道路的坡度、阳光照射情况、公共交通站点、有无停车场等,都会影响到连锁店的客流。

五、分析交通状况

1. 从连锁店经营角度进行分析

(1)在预计地点或附近区域,是否有足够的停车场可以利用。随着大中城市家用汽车的普及,开私家车购物已成为一种必然。对大型百货店、超市而言,有无足够的停车场是商店能否吸引消费者的一个重要指标;对大型商场而言,停车场面积与商店营业面积应达到1:1.5为好。

(2)商品能否准确运抵商店内。连锁店每天有大量的商品由供应商或配送中心送到,如果没有顺畅的商品运入通路、验收场地,对商店的商品管理会造成一定影响,对商品的安全和管理也不利。

2. 从顾客出行角度进行分析

(1)开设在远离商业中心的零售店,要分析与车站、码头的距离和方向。一般距离车站、码头越近,购买越方便,客流较多。

(2)设在市内公共汽车站附近的零售店,要分析公共车站的性质,是中转站还是始发站,是主要停车站还是一般停车站。主要停车站一般客流量大,零售店可以吸引的潜在顾客较多。

(3)要分析店面所在地的交通管理状况,如单行线街道,禁止车辆通行街道,远离公交车站,没有足够停车场的都会影响客流量。

第四节 连锁店的位置及其评价

一、连锁店位置的具体类型

1. 独立型商店

独立型商店是指坐落在公路或街道旁的单独的零售建筑。这类商店的邻近没有其他零售商与之分享客流。其特点如下:

(1)在经营业态和经营规模的选择上,可以不受连锁经营或集团的制约,可以挑选合适的位置和经营业态。

(2)可以选择位置上具有很大灵活性的场地,降低组合的压力,安排适当的停车场地,这对某些场地要求有特殊性,要求卖场宽敞、交通方便、有足够停车场的家具、装饰用品商店来说,尤为重要。

(3)可以避免强有力对手的竞争带来的利润损失,经营上可以按照投资者的特长和兴趣而灵活安排,也容易在无竞争压力下成长起来。

独立型商店具有以下优点:

◎租金较低。

◎经营上不必遵守集团或上级管理机关的规划。

◎位置可以自行选择,因而可避开竞争对手。

独立型商店也有它的缺点,比如独立型商店位于城市的一角,如果不是有车一族的话,交通也是一大问题。如果经营商品或服务上无创新,则难以吸引新顾客。具体来说,其缺点为:

◎从目前来看,许多人不会跑很远的路去一家经营上无特色,商品无新意,价格无优势的店购物,因为大多数顾客喜欢品种齐全。

◎广告费可能较高。

◎运营费用无人分担,如室外照明、保安、场地维修和清扫垃圾等费用。

由于独立型商店要吸引和保持一个目标市场颇不容易,因此,如果不是花色品种齐全,或者有经营商品的广度和深度,又或者价格上占据优势,是不太适宜开独立型商店的。

场地的制约、道路的不通畅、消防及安全的隐患,都是这种零售位置的先天缺陷。

2. 没有规划的商业区

没有规划的商业区是指两家或两家以上的商店坐落在一起,但区域的总体布局或商店的组合方式未经事先长期规划,属于在经营过程中自然形成的商业区域。从现实的情况看,这种自然形成的区域一般都具有某种成熟的优势,或者交通的便利,或者有了聚集效应,再或者有经营特色,往往比政府有意识地规划的区域更有生命力。当然这类商业区在成长过程中的制约也是明显的。无规划商业区一般有四种类型:中央商业区、次级商业区、邻里商业区和商业街。

(1)中央商业区

中央商业区(Central Business District,CBD)是一座城市的零售业中心,是市内最大的购物区,与闹市区同义。CBD即一座城镇或城市内办公大楼和零售店最为集中的部分。大型、超大型城市可以形成几个并列的中心商业区,每个商业区有不少于一家的大型百货店。

中等城市形成的CBD至少有一家大百货店及大批专业店和便利店。这些商店并不按一定的模式布局,而是随时间的推移、零售业的发展趋势及机遇而定。

CBD得以吸引大量购物者和潜在购物者的优点有:

◎丰富的商品。

◎公交便利。

◎一个区域内有多种类型和形象的商店。

◎商品价格档次多样。

◎多种多样的顾客服务。

◎客流量大。

◎靠近商务和社交设施。

CBD一般位于城市中心,寸土寸金,因而有其固有的弱点:

◎停车场地紧张。

◎交通运输拥挤。

◎住在郊区的人来往费时。

◎许多零售设施陈旧。

◎与郊区相比,某些中心城区日渐衰落。

◎最受欢迎的位置租金和税收较高。

◎提供的商品不均衡。

尽管CBD仍是零售业中的主要力量,但在过去10年里,它在商店销售总额中的份额与规划的购物中心相比已显著下降。许多大城市中著名的中心商业区,本地消费者一般不再光顾,成为游客和外地消费者的流连之地。

(2)次级商业区

次级商业区(Secondary Business District,SBD)是一座城市或城镇内无规划的购物区域,通常由两三条街道组成。一座较大的城市可以有多个SBD,如中国的城市中都划分区,每个区一般都会形成一两个这种次级商业区,而每个SBD至少有一家中小型百货店、一些杂货店和几家专业店,此外还有许多小商店。

SBD的主要优点是:商品花色品种齐全、靠近大路和公共交通站,没有CBD那么拥挤,人员服务更多,比CBD距离住宅区更近。

SBD的主要缺点是:供应的商品和服务不均衡,有时租金和税金高,交通和运货拥挤,设施老化,停车困难,连锁公司的分店比CBD少。

(3)邻里商业区

邻里商业区(Neighborhood Business District,NBD)是为了满足单一住宅区购物和服务便利需要发展起来的无规划购物区。NBD由若干小商店组成,如干洗店、文具店、理发店或美容院、小酒店和小饭馆,其中主要的零售商通常是一家超级市场、一家大药店或杂品店。这类商业区通常位于住宅区内,是一个住宅、生活小区中的商业中心点,因而这类商业区的商店所售商品,仅仅是和人们生活密切相关的物品,一般不销售耐用消费品。

NBD的优点是:向消费者提供了优越的位置,营业时间长,停车方便,环境不像CBD、SBD那样喧闹。当然它们的不足也是很明显的,商品和服务的选择范围有限,价格通常较高,因为竞争对手比CBD或SBD少。

(4)商业街

商业街是由一组自发形成的零售店组成的未经规划的购物区,这些小店的经营类型可能是食品、日用品、文具、玩具、古玩等,它们坐落在沿街或公路旁,一般经营相似或互补的产品,以形成聚集效应。

商业街具有许多与独立商店共同的优势,比如租金低、灵活性高、公路较通畅、停车方便、运营费用较低。同时也有一些相同的缺点,比如商品花色品种有限及许多顾客花在路上的时间增加、广告费高、受城市规划区的限制、需要自建店房。但如前所述,商业街由相似的经营形态和店铺类型组合而成,会由于竞争而产生价格弹性波动,这些正是商业街吸引消费者的所在,也是商业街存在的支撑,但由于无规划形成,因而过度的竞争会削减企业应得到的利润。

3. 规划中的购物中心

在大中城市,由于城市改造,越来越多的商业街区被规划中的购物中心所替代。规划中的购物中心一般由一组统一规划、建在一起的商用建筑构成,它的产权集中,管理也集中。它们作为一个整体进行设计和运作,并以均衡配置为基础,在周围设有各种停车设施。一个典型的购物中心有一家或一家以上的骨干商店或主力商店,以及各种各样较小的商店。通过均衡配置,规划的购物中心在提供商品的质量和品种上相互补充,商店的类型和数量紧密结合,以满足周围人口的全面需要。

(1)规划中的购物中心主要有以下优点:

◎协调规划,共同分担开支。

◎拥有各具特色但又统一规划的购物中心形象。

◎商品和服务的品种多。

◎各商店的客流达到最大化。

(2)规划中的购物中心主要有以下缺点:

◎房产所有者硬性的规定减少了每个零售商的经营灵活性,如规定的营业时间。

◎租金通常比独立型商店高。

◎每家商店经营的商品和服务受到一定限制。

◎购物中心内竞争性的环境。

二、连锁店店址的选择流程

1. 初步筛选

要求连锁企业从独立型商店、无规划商业区和规划的购物中心这三种基本类型中选择一种,这一决策取决于企业的战略和对每一类位置优劣势的慎重评价。一旦位置类型确定,零售商就必须为其商店确定大致的店址类型。当然,自己的资金、实力、经营风格、商品类型是制约这一选择的前提。每种经营形式对地点的选择都是有具体要求的,独立型商店自身应有一定的经营能力和资金实力,能够支撑起一个可以吸引一定顾客量前来购物的营业场所。

2. 做出两方面的决策

(1)必须在选定独立型商店、无规划商业区和规划的购物中心的经营类型后为其确定具体的地区。

(2)必须确定连锁店的大体位置。

对一家独立型商店而言,这意味着选择一个具体的社区中心或一条街道。对一个无规划商业区或规划的购物中心来说,则意味着选定一个具体的商业区或购物中心。

3. 进一步缩小范围,然后选定一个大体的位置

如果是在规划的购物中心,那么选择在人口、中间、还是出口处;是培育自有的顾客群还是采用跟随形式共享客流;是选择在道路的左侧还是右侧;是向阳面还是背阴面等。

三、连锁店店址获取情况

1. 获取方式

(1)自置房产:资金充裕的连锁企业可自己建造或买下房产。自置房屋有若干优点:不存在租约到期时房主不再续约,或索取两三倍租金的风险;自有房屋每月支付的抵押借款金额是固定的;经营上灵活,连锁企业可以扩大经营范围,可以拆除隔墙等改变经营条件;如果房产价值持续上涨,零售商卖掉房产,将获得资产增值。

(2)租用:尽管自置房产有很多优势,但大多数连锁企业仍愿租用店面。租房使零售商得以将初始投资降至最低,减少经营上初期不可预料的风险,如果取得黄金地段的租约,可立即获得使用权和客流。当经营不当或是商业区改变规划格式,消费区域出现变局,采用改变经营策略或选择搬离的方式,可将投资损失降至最低。

2. 租约类别

(1)净租赁:要求全部维护费用,如冷气费、供暖费、电费、保险费和内部修理费,都由承租的零售商支付,连锁企业应确保这些设施运行良好。这种租金形式适合独立商店类型,连锁企业承租全部建筑或相对独立店面,使用区域和设备划分清晰,可将房产和设备全部交付连锁企业使用及维护。

(2)直接租约:直接租约是最简单、最直接的租约,即连锁企业在租期内每月支付一笔固定金额的租金,业主不管市况好坏、连锁企业的经营业绩如何。这种租约方式适用市况较稳定,经营商品有稳定销路的连锁店,但不能应付长期和有变化的市场。

(3)分级租约:要求在超过规定年限后增加租金。第一个5年的月租金可能是10 000元,第二个5年的月租金为15 000元,最后一个5年的月租金为20 000元。这种方式适用大型和长期连锁企业,以及存在通货膨胀可能的情况。分级租约对业主来说可避免长期签约而造成未能预料的今后发生通胀的损失;对连锁企业而言,在可预料的发展势头下,能得到长期的合同保证。

(4)百分比租约:规定租金与连锁企业的销售额或利润相关联。将连锁企业的收入和租金联系起来,低利润时低负担,高利润时高租金,减少连锁企业进入的压力,容易取得连锁企业的青睐。

第4章　连锁店店面设计管理规范

第一节　连锁店平面设计与规划管理

一、总体平面设计

连锁店的平面设计主要指建筑的室内设计,室内设计师在设计之前首先要拿到该建筑完整的建筑平面图、立面图、剖面图并实地测绘该图纸。在此简要地介绍一下设计师在设计综合性连锁店时应考虑的几个要点。

(1)连锁店建筑基地选择在城市商业集中区或主要道路的适宜位置。

(2)连锁店应有不少于两个面的出入口与城市道路相连接,或基地应有不少于1/4周边总长度,和建筑物有不少于两个出入口与一边城市道路相连接,基地内应设净宽度不小于4m的运输、消防道路。

(3)大中型连锁店建筑的主要出入口前,应按当地规划及有关部门要求,设置相应的集散场地及能供自行车与汽车使用的停车场。

(4)总平面布置应按使用功能组织。如货运路线、员工流线等,并和城市交通之间避免相互干扰。要考虑到防火疏散等安全措施和方便残疾人通行。

二、营业厅平面设计

营业厅设计是商业购物空间的主体,也是室内设计的重点区域。应该说,几乎所有的美学考虑都在营业厅的设计中得到体现。

(1)为了加强诱导性和宣传性,营业厅入口外侧应与广告、橱窗、灯光及立面造型统一设计;入口处在建筑构造和设施方面应考虑保温、隔热、防雨、防尘的需要;在入口内侧应根据营业厅的规模设计足够宽的通道与过渡空间。

(2)大中型连锁店顾客的竖向交通,以自动扶梯为主,楼梯和电梯为辅。自动扶梯上下两端连接主通道,周围不宜挤占、摆放,前方的范围不宜他用。当营业厅内只设置单向(一般是上)自动扶梯时,应在附近设有与之相配合的步行楼梯。

(3)营业厅内应避免顾客主要流向线与货物运输流向交叉混杂。因此,要求营业面积与辅助面积分区明确,顾客通道与辅助通道(货物与内部后台业务)分开设置。

(4)应在大中型连锁店的各层分段设置顾客休息区,在中庭及其他适当位置设置小景和集中休息区,如咖啡厅、冷热饮室、快餐厅、幼儿托管压、吸烟区等附属服务项目。

(5)小型连锁店一般不设顾客卫生间,但大中型连锁店应在其大小隔层或每层设卫生间,且卫生间应设在顾客较易找到的地方。

(6)现代零售企业,尤其是大中型连锁店在有条件时应尽量采用空调系统来调节温度和通风。如果采用自然通风,外墙开口的有效通风面积不应小于楼地面面积的1/20,不足部分以机械通风补足。

(7)现代大中型连锁店、大城市中的各专业商场,越来越多地采用以人工照明采光为主,以自然光为辅的照明方式,有的干脆全部采用人工照明。在这种情况下,除了用于商品陈列的直接照明或投射照明、用于烘托气氛及装饰效果的重点照明和间接照明之外,还应增设安全疏散用的应急照明及通道诱导灯。

(8)营业厅在非营业时间内,应与其他商业空间如餐厅、舞厅等隔开,以便于管理(尤其是复合型商业大厦)。

(9)在可能出现不安全因素的地方增加安全提醒性标志牌,在连锁店较大、通道疏散口不易找的情况下,要设置通道引导牌。在装饰设计时要注意,原有建筑设置的防火分区应予保留,并保证需要时能通畅地拉下;入墙消防箱在装饰设计时应保留或在美化时应设有明显标志;营业厅内通往外界的门窗应有安全措施。

(10)现代连锁店室内设计应表达卖场的基本要素:展示性、服务性、休闲性与文化性。

(11)根据连锁店的经营策略、商品特点、顾客构成和设计流行趋势及材料特性确定室内设计的总体格调,并形成各售货单元的独特风格。

(12)卖场室内设计的基本原则是在满足卖场功能的前提下,使其色彩优雅、光线充足、通风良好、感官舒适。基本目的是突出商品,诱导消费,美化空间。

(13)室内装饰用可燃材料的总量,应不高于防火规范所规定的平均每平方米的千克数,且墙面、天花板、地面等固定装饰设计尽可能不用或少用木材,造型需要用的部位,其背后应按规定涂刷防火涂料或按消防规范的要求采取措施。

此外,还有两个因素只是在建筑时考虑,一般室内设计师只能被动地接受。这两个因素就是柱网的布置和营业厅的面积控制。但室内设计师应发挥自己的主观能动性,克服某些不足,充分考虑建筑的结构形式,将自己的设计与建筑师的设计有机地融合在一起。

三、营业厅规划与设计规范

1. 柱网层尺寸

以前我国建筑师设计的营业厅柱网尺寸多是以闭架销售方式的两个柜台组之间相对的尺寸为基础设定的,一般都在 6 ~ 9m。现在的设计则灵活了许多,如果按现在开架为主的销售方式,当然是柜距越大越好,但考虑到柱网设置与经济性的关系及建筑模数制,以 7.8 ~ 8.4m 距离最为常见。

2. 柜架摆放与陈列方式

以下为柜台及货架的基本摆放类型:

(1)封闭式。适用于化妆品、珠宝首饰、计算器、剃须刀、手表等贵重、小件商品的销售。

(2)半开敞式。实际上是局部相对独立的开敞式陈列。它的开口处面临通道,左右往往同其他类似的局部开敞式单元相连而围绕营业厅的周边(墙面)布置,形成连续的、由局部单元组成的陈列格局。这种格局在大中型连锁店内占有相当的比重,可以摆放不同品种、不同类型的商品系列。

(3)综合式。也就是开闭架结合的形式。这在现代连锁店的设计中也比较常见,如服装展区。服装可以用开架形式,服装饰品、领带类、皮带扣、胸针、领花等用封闭柜架。这种陈列布置方式也可以高低结合,使商品层次丰富。

(4)开放式。是目前和今后都大量应用的陈列形式。往往按不同的商品系列和内容,在商场大厅的中央位置分单元组合陈列,单元之间由环绕的通道划分,设计时应注意单元之间的独特性与单元内部陈列柜架的统一性。柜架的高度应比较统一,且一般不超过人体水平视线,尺度以易观赏、易拿取为宜,一般不做高柜架(尤其是中型连锁店),保持营业厅的通透度、宽敞感与明快感,在统一中求变化。有时,在一个较大的区域里,几个单元使用同一造型、同一颜色的饰柜,同时天花板与地面也不做较大的色彩与造型变化,而把丰富空间的任务交给商品。利用商品的造型、色彩及各生产厂家的现场广告、灯箱、标志装扮空间,达到既烘托商品又丰富空间的目的。

3. 营业厅的通道宽度

通 道 位 置	通道宽度(m)
通道在两个平行的柜台之间 1. 柜台长度均小于 7.50m	2.20
2. 一个柜台长度小于 7.50m 　　另一个柜台长度为 7.50～15m	3.00
3. 柜台长度均为 7.5～15m	3.70
4. 柜台长度均大于 15m	4.00
5. 通道一端设有楼梯	上、下两梯段之和加 1.0

上表是闭架式销售下各级通道的宽度,该表是根据 1994 年以前我国商场设计的大量数据统计得出的,有的已经使用了多年,在作封闭式销售空间的设计时是准确的。但近几年来,全国各大中城市除了特殊的商品组之外,绝大部分都采取了开架销售方式。尤其是各省会以上城市,各类大中小商店,能开架的几乎全部开架销售,甚至在有的专业精品店,较小、较贵重的商品也实行了开架销售。因此,对卖场通道宽度的概念应有新的认识:开架销售方式使营业厅内基本取消了"买方空间"和"卖方空间"的概念,顾客活动和占用的空间大大增多,容纳量和通行量也大大增加。在现代开放式设计的商场中,由于柜架周围留有顾客活动、挑选商品空间,每个单元又有环绕的通道,如果在主通道和次通道的布置、交叉方面下一番功夫,做出合理的调配,碰到人流交叉相向而行等情况,一部分人流看到前方比较拥挤,会从旁边方便地通过。因此,我们认为对于大型商场,除了人流交汇的门厅、电梯厅等特殊的过渡性空间之外,一般主通道设计宽度可以不超过 3m(个别例外),次通道或单元之间的环绕通道宽度在 2.2～2.5m,柜架之间的通道宽度有 1.4～1.8m 已足够。

4. 营业厅通道与柜架布置的组合形式

（1）直线交叉型

直线交叉型就是将每个柜架按照营业厅内的梁柱布置方式垂直摆布，若干个横竖垂直摆布的柜台形成一组基本单元，每个基本上横竖整齐排放，在商场大厅的某个区域形成类似于棋盘式的方方正正格局，通道互相垂直交叉。这种格局的优点是摆放整齐、容量大、方向感强，各级通道的交叉与出入口之间的关系较易处理；缺点是呆板、缺少变化。

（2）斜线交叉型

将商品陈列柜架与建筑梁柱布置斜放一个角度（通常都是 45°角），形成一个个三角形或菱形的基本单元，环绕单元之间的通道往往是斜的，但主通道应尽量保持与柱网的垂直与水平，以便于适应建筑的形式和出入口连接。这种布置的优点是整体有较强的韵律感，顾客在主通道上能看到较多的商品；缺点是容量不如第一种大，形成的一些三角空位需要进行特殊处理。但按现代商场的设计观点，这种三角位正好可供设计一些独特的展台，成为这一片陈列空间的闪光点，从而为整个空间增色。

（3）弧线型

这里有两种情况，第一种是建筑本身就是圆形的，梁柱是放射形布置的，柜架及由此组成的单元顺理成章地排列成弧形。主通道应是一条圆弧形的，还可视圆的面积布置一个十字交叉的直线主通道。它们的单元通道往往是放射形直线的，柜与柜之间的支通道是弧线的。第二种情况是在方形柱网尺寸之间营造出一个或多个圆弧形的陈列单元，这样的单元与四周直线型的通道会形成弧线三角形区域，这种区域也可被用做特殊展台。弧形布置带来的美感可以在营业厅内营造一个优雅的气氛。它的缺点是柜架也必须是弧形的，此外，玻璃的弧形、不锈钢管材的弧形要特制，造价要比直线型的高不少，施工的速度也慢一些。

以上三种通道与陈列单元的摆放形式在很多场合并不是单独出现的，有直线与斜线式组合，也有直线与弧线组合。可根据需要灵活运用。

四、营业厅各层的商品分布与设置

在连锁店卖场的布局设计中，首层处理显得较为重要，一般首层设计和布局有以下几个特点。

（1）首层室内、主入口处人工采光光线要较上面各层明亮，使顾客能适应白天从室外进入室内时的光线差。

（2）入口正面和中心区域商品要有一定精度和档次，以便第一眼就给人舒服、高雅和色彩鲜明、花色丰富的感觉。

（3）入口正前方和中心区的商品摆放区域，主通道要宽敞，且应使陈设商品不会吸引大多数人去购买、观看，而造成通向其他各层的交通堵塞。

（4）靠近主入口的前部和中部区域最好摆放大的闭架销售为主的商品，以便管理。

（5）销售需要广告宣传推销的产品、方便顾客购买的商品。二层和三层以摆放方便购买、诱导购买为主的商品，以及季节性、流行性强的商品。金银饰品、宝石等价值昂贵且成交数量都不大(但价值大)的商品,应放在一个相对安全、便于管理,又相对安静、便于精心挑选的环境。手表和一些精品也可放在同金银相邻的地方经营。将手表及精品放在首层适当位置经营也是较适宜的。文体用品、办公设备和家电等商品,一般都是计划购买的商品,放在楼层较高的地方经营比较好(搬运均有电梯和服务人员,是不会成问题的)。家具、照相器材等商品也是计划购买的商品,尤其是家具,一般家庭是不常购买的,放在最高部位是比较合理的。

第二节　连锁店外观设计规范

一、连锁店招牌设计规范

招牌是连锁店的重要传播媒体之一,它具有很强的指示与引导的功能。同时,也是一个连锁店铺区别于其他店铺的重要工具,是连锁店的象征。顾客对于一个连锁店的认识,往往是从接触超市的招牌开始的。它是传播连锁企业形象、扩大连锁企业知名度、美化环境的一种有力手段。

1. 招牌设计要求

连锁店的招牌在客观上要起到宣传的功效,这就要求它的设计应使消费者对企业的经营内容与特色一目了然。因此,招牌一般应包含如下内容:连锁店的名称、标志、标准色、营业时间。在具体制作招牌时,有以下几个问题要特别注意:

(1)招牌的内容

招牌的内容要求在表达上简洁突出,而且字的大小要考虑到中远距离的传达效果,具有良好的可视度及传播效果。

(2)招牌的材质

招牌要使用耐久、耐雨、抗风的坚固材料,如木、塑料、金属、石等,或以灯箱来做招牌。在各种材质选择时,要注意充分考虑全天候的视觉识别效果,使其作用发挥到最大。

(3)招牌的色彩

消费者对于招牌的识别往往是先从色彩开始再过渡到内容的,所以招牌的色彩在客观上起着吸引消费者的巨大作用。因此,要求色彩选择应温馨、明亮而且醒目突出,使消费者过目不忘。一般应采用暖色或中色调颜色,如红、黄、橙、绿等色,同时还要注意各色之间的恰当搭配。

2. 招牌的基本类型

(1)立式招牌,即放置在连锁店门口的人行道上的招牌,用来增加连锁店对行人的吸引力。通常可以用灯箱或商品模型、人物造型等来做招牌。

(2)壁面招牌,即放置在连锁店正面两侧的墙壁上,将经营的内容传达给两侧的行人的招牌。通常为长条形招牌或选择灯箱形式加以突出。

(3)广告塔,即在连锁店建筑顶部竖立广告牌,吸引消费者、宣传自己的店铺。

(4)遮幕式招牌,即在连锁店遮阳篷上施以文字、图案,使其成为连锁店招牌,使之起到遮蔽日光、风雨及宣传的双重功效。

（5）横置招牌，即装在连锁店正面的招牌，这是连锁店的主力招牌，通常对顾客吸引力最强，如增加各种装饰，像霓虹灯、荧光照射等，会使其效果更加突出。

3. 招牌的摆放位置

（1）连锁店招牌应有良好的位置，这样才能充分发挥其宣传作用，招牌本身设计的大小、色彩等是影响位置设置的主要因素。

（2）一般的研究认为：眼睛与地面的垂直距离为 1.5m 左右，以该视点为中心上下 25°~30° 的范围为人视觉的最佳区域，在此区域内放置招牌效果最佳。

（3）在招牌的位置布置过程中，还要考虑到招牌的文字大小与位置之间的相互关系，不同的文字尺寸对于可视程度有不同的要求，对于招牌的高度也有不同的规定。

二、店名设计规范

1. 店名设计的基本原则

（1）易读、易记

易读、易记原则是对连锁店店名的最根本的要求，连锁店店名只有易读、易记，才能高效地发挥它的识别功能和传播功能。为了使连锁店店名易读、易记，要求连锁企业策划者在为连锁店取名时，要做到以下几点：

◎简洁。名字单纯、简洁明快，易于和消费者进行信息交流，而且名字越短，就越有可能引起顾客的联想，含义反而更加丰富。

◎独特。名称应具备独特的个性，力戒雷同，避免与其他连锁店店名混淆。

◎新颖。这是指连锁店店名要有新鲜感，赶上时代潮流，创造新概念。

◎响亮。这是指连锁店店名要易于上口，难发音或音韵不好的字，都不宜用作名称。响亮的店名也易于流传，易于扩大其知名度。

◎气魄。这是指连锁店店名要有气魄，起点高，具备冲击力及浓厚的感情色彩，给人以震撼感。

（2）暗示商店经营属性

连锁店店名还应该暗示商店经营商品的属性和类别。但问题是，店名越是描述某类经营商品的属性，那么这个名称就越难向其他经营范围延伸。因此，连锁企业经营者在为超级市场命名时，不应使超级市场店名过分暗示经营商品的种类或属性，否则将不利于企业的进一步发展，连锁店店名也因此而失去了特色。

（3）启发消费者对连锁店的联想

连锁店店名要有一定的寓意，让消费者能从中得到愉快的联想，如"美廉美"超级市场，会使顾客联想到超级市场出售的商品物美价廉。

（4）支持店标

连锁店店标是指连锁店中可被识别但无法用语言表达的部分。店标是连锁企业经营者命名的重要内容，需要与连锁店店名联系起来一起考虑。当连锁店店名能够刺激和维持店标的识别功能时，连锁店店面识别系统的整体效果就加强了。

（5）适应市场环境

连锁店店名要适应市场,要适合该市场上消费者的文化价值观念。连锁店店名不仅要适应目前目标市场的文化价值观念,而且也要适应潜在市场的文化价值观念。

文化价值观念是一个综合性的概念,它包括风俗习惯、宗教信仰、价值观念、民族文化、语言习惯、民间禁忌等。不同的地区具有不同的文化价值观念。

（6）受法律保护

要使连锁店店名受到法律保护,必须注意以下两点:

◎该连锁店店名是否有侵权行为。连锁企业经营者要通过有关部门查询是否已有相同或相近的超级市场店名被注册。如果有,则必须重新命名。

◎该连锁店店名是否在允许注册的范围以内。有的连锁店店名虽然不构成侵权行为,但仍无法注册,难以得到法律的有效保护。连锁企业策划者应向有关部门或专家咨询,询问该连锁店店名是否在商标法许可注册的范围内,以便采取相应的对策。

2. 连锁店命名的基本方法

连锁企业策划者在给企业命名时,除了查找字典,引经据典外,还应采用以下方法:

（1）人名,即以人名作为店名,与众不同,会使人感到熟悉和亲切,很多饮食店、理发店、时装店都采用此法。

（2）数字名,即以数字名作为店名使人易记易识别。

（3）动植物名,即以动植物命名,会使人产生对动植物的联想。

三、店名字体设计规范

1. 店名字体的基本特征

（1）易读

店名字体要简洁、易读,传播的信息内容使人一看就明白,一看就了解。这就要求字体的笔画、结构要符合国家颁布的汉字简化标准,不能随便造字,避免由于辨认上的困难而造成歧义。

（2）易识别

连锁店店名字体首先要有一定的识别性,即通过一定的造型体现出独特的风格,反映企业的营销文化和经营理念,向目标市场传达企业经营活动的特点与文化附加值,达到消费者识别企业及其自有品牌的目的。

（3）系统性

店名字体是连锁店店面识别系统的构成要素,它的风格应该与店面识别系统中的其他要素的风格相一致,与其他要素共同体现连锁企业的经营理念和经营特征。另外,店名字体自身又是一个小系统,内部字与字之间,不论是大小还是造型都要符合统一的要求,要符合美的法则,要互相补充、互相配合。

2. 店名字体的种类

连锁店的店名无论是英文字体还是汉字字体,其字类均可粗分为印刷体、美术体和书写体三类。

3. 连锁店店名字体的形态分类

(1)按字体的属性分类

◎粗犷、豪放型:方饰线体、新魏碑等。

◎庄重、典雅型:古罗马体、卡洛林体、仿宋、黑体等。

◎潇洒、飘逸型:意大利斜体、行书等。

◎纤巧、秀丽型:结构型、草书体、隶书等。

◎古拙、稚气型:正圆形的罗马体。

(2)按字体的演化分类

◎古典型:典雅、多装饰,如古歌德体。

◎现代型:符号化、单纯化、简洁有力,如无饰字体。

(3)按企业经营属性分类

◎经营化妆品的连锁店,其店名字体多用纤细、秀丽的字体,以显示女性的柔美秀气。

◎经营手工艺品的连锁店,其店名字体多用不同感觉的书法,以表现手工艺品的艺术风味和情趣。

◎经营儿童食品与玩具的连锁店,其店名字体多用充满稚气的"童体",活泼的字形易与童心相通。

◎经营五金工具的连锁店,其店名字体多用方头、粗健的字体,以表示金属工具的刚劲坚韧。

一般来说,除了经营传统的工艺品、仿古制品、民间艺术品等商品的连锁店,其店名字体用古典体的较多外,其他连锁店,特别是经营与现代科技、生产和生活方式息息相关的汽车、电子产品、钟表、时装等商品的连锁店,其店名字体制作,大多是追求时代感的,因此均应采用现代体字形,才能与销售产品的内容属性相吻合。

4. 店名字体设计要求

(1)字体要与连锁店经营属性相吻合。要根据连锁店经营商品的属性,选择恰当的字体,切勿滥用。如果没有现成的字体可供选用,就需要花气力创造新的,要有"字不惊人死不休"的精神。

(2)要有美感,使视觉舒适。店名字体的结构、造型要符合美学原则,使消费者看后有美的感觉,只有这样才能留下一定的印象。同时店名字体的色彩与底色要合理搭配,做到既不太刺激又不太微弱,要使消费者感到视觉舒适。

(3)要易于阅读。连锁店店名字体,特别是手写体字与美术字,一定要做到使消费者能一眼认出是何字,切不要搞唯美主义,太草、太花、太深奥都要避免。

5. 店名字体的设计程序

(1)调查分析

在设计连锁店店名字体之前,应对现在使用的企业名称、自有品牌名称等字体进行收集,分析它们是否符合店名字体的基本设计要求,它们之间是否有统一性或规律性的东西,并将这些资料进行归纳,作为设计店名字体的依据。一般来讲,调查分析要从以下几个方面展开:

◎连锁店的店名字体是否符合所处行业的特征。

◎连锁店店名字体是否与经营产品的特征相一致。

◎连锁店对外宣传中所用的店名字体是否统一。

◎连锁店现用的店名字体是否有独特的风格和新颖的形态。

◎连锁店的店名字体是否符合目标市场消费者的审美情趣。

◎连锁店的店名字体是否有现代感。

◎连锁店的店名字体是否符合美学原则。

◎连锁店的店名字体是否与企业的名字、自有品牌相符。

◎连锁店的店名字体是否能充分地体现企业的经营理念。

◎连锁店的店名字体是否有利于开展市场营销活动。

◎连锁店的店名字体是否能体现企业营销活动的特征。

◎连锁店店名字体的造型是否合理。

（2）确定造型

◎根据调查所得的资料,在确定了连锁店的经营特征、目标市场的特点以后,接着就要确定店名字体的造型了。例如,正方形、扁形、长方形、自由形、斜形等。店名字体的外形要与经营商品的特征相一致,要反映连锁店的经营理念。

◎店名字体确定以后,可在其中划分若干方格细线作为辅助线,以配置店名字体的笔画。常见的字格主要有米字格、十字格、五字格及四字格等。

（3）配置笔画

为店名字体配置笔画,首先要画出布局,在打好字架之后,依据结构布局,进行全面的调整,以求空间的合理与均匀。再根据确定的字架,画出文字的实际结构,将其不均匀之处进行修改和调整。

（4）编排制图

在完成了店名字体设计工作以后,必须按照规范的制图法,制作出大小规模不同的示样字,以适应连锁企业开展广告推广、产品促销、包装标示、公关宣传活动的需要。

店名字体的标准化制作,是确保在经营活动中店名字体传播的统一性、标准化的有效手段。在连锁企业营销活动中,可以按照标准图的大小尺寸来放大或缩小店名字体,以适应实际的需要。对店名字体进行标准作图,具体包括对店名字体的空间、形态、角度配置及笔画等内容标以明确的尺寸标准,以确保效果的统一性。标准作图的方式有两种:

◎方格法,即以等分线画出方形格子,然后将店名字体放在其中,注明高度、宽度、角、圆心等关系和位置。如果店名字体比较简单,可进行重点标注;如果字形复杂,则标注要尽量详细一些,关键的部分更要仔细。

◎直接标示法,即直接将尺寸标示在线框外,这种方法往往用于字形非常复杂而方格无法表示清楚的店名字体中。

在设计店名字体的过程中,往往将上述两种方法结合起来使用,从根本上控制字体图形、形象图形、辅助图形的整体造型及其细部处理。这就使店名字体的图形规范,既精致又数量化,便于应用操作,防止错位变形。

第三节　店面装饰、装修设计规范

一、外立面设计规范

任何建筑的功能特点在其外立面的设计中都会得到体现,商业建筑是城市中最富变化、最丰富多彩的建筑类型,是城市一道亮丽的风景线。所有的人无论是休闲还是购物,进入商业区都会被争奇斗艳的商店门面,五光十色的招牌、广告所吸引,外立面会以自己独特的造型、色彩、材质等建筑、装饰语言向人们标明自己的存在。在商业街区的闹市里,店面的设计起到了一种对顾客的吸引效果。在这一方面,大中型商场特别是那些超级规模的连锁企业无疑具有先天的优越条件,其规模大、货品多、知名度较高,使得顾客纷纷有目的地前往。中小型商店、铺面一般分布在大型商业街区内,由于不能像大型商场、复合形商业建筑那样以大的体积和对比关系从整体上处理,要单独地进行店面的设计和规划。设计时应注意以下要点:

(1)造型要有个性。不论是现代的、古典的、庄重的、滑稽的、整体构图完整的还是局部故意破损的,都要有个性、有新意。

(2)材料的运用应讲究搭配和突出某一方面的肌理效果。如外墙铝扣板和反射玻璃及落地玻璃体现了材料的搭配;木材的肌理纹与石材的不同搭配可以体现出古典的或豪华的搭配,不锈钢和各种仿金属胶板可以表现金属的光泽等。充分利用材料的装饰特性,可以产生千变万化的效果。

(3)色彩的运用讲究和谐与对比,其淡雅和强烈应视商品的特色、周围的环境与广告的效应而定。特别是专卖店,要根据商品生产与销售企业本身的色彩规划进行。连锁经营店也要有本企业的标志色。在店面的重点部位,如入口及宣传栏、店徽、招牌、飘旗等处可作重点处理。

(4)灯光照明是最具现代感、最易变换,也是最易获得各种不同效果的因素,巧妙地运用可给店面带来无限的生机。灯具的运用也是点、线、面结合,整体效果与局部效果结合,亮与暗结合,动与静结合等。

(5)店面的广告是加深顾客印象的重要因素。有些著名企业的广告标记一看便知。任何商场都希望把自己商场的名称、标记印在消费者心中。因此,广告的造型、色彩及悬挂的位置都会对店面的设计产生深刻的影响。

(6)要与复合性商业大厦总体立面规划相协调。在这一点上,大厦的业主会对中小型商铺的立面做一些整体性、原则性的规定或做出一些统一的安排。

二、入口、门厅设计规范

把这两个部分放在一起叙述是因为从建筑空间的承上启下关系方面看它们紧密相连,从最基本的方面讲都具有引导和疏散客流的功能。

入口要醒目,尤其是大中型连锁店,入口的里外两侧应设置宽敞的入口广场和门厅

（有的设置前庭）。连锁店卖场的主要入口一般在做建筑立面规划时,从造型、色彩等方面给予充分考虑。山西某商厦的外立面就体现了整体简洁、局部精彩的处理思想,将局部——正入口两个倒锥形的柱头与左侧墙面的灯窗和右侧墙面的观光电梯一起对入口做了重点强调。

门厅及入口处的空间设置有如下功能:

(1)疏导交通、引导客流。

(2)在此空间设置问询处、咨询台、商场分区指示牌、导购牌等多项服务设施。

(3)与环境、绿化的良好设计结合,形成商场或亲切宜人、或优雅时尚、或高档、或大众的商业氛围。

(4)有些卖场的入口门厅与宽大的前庭或入口广场相结合,除了上述功能之外,还与顾客的休闲相结合,形成丰富的城市商业景观。

三、中庭（前庭）设计规范

中庭是大中型连锁店,特别是大型连锁店的公众活动空间（相对于销售用的营业空间而言）,历久不衰的空间形式。它对于活跃空间气氛、组织和丰富空间层次、调节空气流通、提升整个连锁店卖场的空间质量和档次,无疑具有积极的意义。

在国外大型卖场、步行商业街都设有一个甚至多个中庭,随着我国对外文化技术交流的广泛进行,在宾馆、商场等大型公共建筑中越来越多地应用了美国著名建筑师波特曼的"共享空间"理论。中庭所设置的形状、层数也丰富多彩,有的二三层高设置一个中庭,有的从首层或地下室开始一直到顶设置（作为卖场,一般到裙楼之顶）,由于有的卖场层数达到十几层,各层建筑空间围绕中庭展开,加强了整个零售卖场公共空间的通透性、流动性和观赏性,所以使得整个卖场空间气象万千,丰富多彩。设置中庭空间具有以下意义:

(1)丰富空间层次,强化商业气氛

(2)形成交通枢纽,组织空间秩序

大型连锁店卖场一般都会围绕中庭组织横、竖向交通,人流在这里交汇。例如,日本横滨皇后广场从地下三楼到地上四楼的巨大中庭空间"中心站",其周围除了布置专卖店街外,地下四层至五层还预留了横穿该街区的地铁站。中庭除了有巨大的扶梯之外,还设有新型的观光电梯。

(3)强调生态绿化倾向,形成舒适空间

生态、绿化主题越来越多地运用在大型商业空间之中,将植物、花卉、小桥流水等优美观引入商场中庭。

(4)宣传企业品牌、美化商场形象

例如,山西某大厦中庭以梅园的"梅"作为企业的标志,同时利用这个优美的图案装饰栏板、地面,尤其是空间花球雕塑的造型与大厦标志图案相呼应,色彩鲜艳是空间的点睛之笔。

(5)组织多种活动,增加休闲空间

在目前的大型连锁店卖场建筑和装饰设计中,不论是中庭还是前庭（位置不同但功能基本相同)都尽量被用做消费者的休闲广场,同时也是向市民展示业主的关心、展示商业企业文化的良好舞台。中庭作为大型的室内广场,常被用来举办商品展示促销活动和产品现场发布会及美食节、服装表演等,形成了连锁店的广场文化。

中庭具有上述功能性和环境艺术性的作用,有的将以上功能都体现出来,有的则偏向其中一项或几项。

四、扶梯、电梯、步行楼梯设计规范

自动扶梯、电梯、步行楼梯是联系连锁店卖场各楼层之间的垂直交通枢纽,也是商业空间中重要的公众活动空间。它一般都设在人群活动的中心位置,也是活跃空间动态环境、使空间充满生机的重点装饰设计区域。其视觉装饰设计的要点如下。

1. 自动扶梯

自动扶梯是大中型连锁店垂直运输客流的主要通道,其连续运送客流量的能力最大,在一般连锁店的人流集中区、前庭、中庭及商品集中售卖区域都设有自动扶梯。在大型连锁店卖场往往根据分区和空间设置情况布置多处自动扶梯。

扶梯设置时的排列情况,一般为两部并排放置,一上一下运行,在不同楼层的相同位置设置。也有不同楼层在不同位置放的,还有把一上一下的自动扶梯剪刀形摆放。与并排摆放的扶梯所不同的是多层扶梯可以连续上或下,不像并排扶梯当从一层上至二层,再想接着上三层时要步行绕至上行的扶梯再上。在视觉方面,空间动态感强一些,但摆放得不好会感到空间凌乱一些。还有两部扶梯中间与步行楼梯一起排列的,也有扶梯单独排列的。扶梯的栏板使用厚玻璃,扶手用橡胶材料,扶手下部常装有光管,随扶梯轮廓形成光带,照明和装饰一举两得。扶梯下部的楼梯梁和传动部分的侧面用镜面和亚光不锈钢,也有用钢板和铝板表面喷涂特种漆面,还有用装饰木材和石材装饰的,也有按后现代主义手法设计的。扶梯作为公众的主要活动空间,周围的装饰设计要根据建筑空间的情况做多种个性的规划设计。

2. 电梯

在这里着重讨论设在连锁店重要位置、中心位置的观光电梯,它们一般设在连锁店的开放性空间,最多设置在中庭、前庭这些多层贯通的空间或外立面上,它们功能上是自动扶梯重要的补充。乘坐电梯可以最迅速地到达连锁店的高层位置,所以它是那些目标性购物消费者的首选交通工具。人们购物完毕后乘电梯撤离最快、最省力,也是残疾人、老人等特殊人群必不可少的交通工具。另外,它还能装饰空间,使空间动感更强,更具活力。

五、地面设计规范

(1)地面的设计要配合总的平面设计,要能划分出走道、各销售区域等主要空间及门厅、电梯厅、楼梯间、休息处等辅助空间。

(2)销售区被各种柜架遮盖,因此,一般不设计复杂的图案。当然,如果有些销售区比较固定,柜架不挪来挪去,也可以配合商品的品种及品牌的宣传,设计一些图案。大面

积的部分与过道只做分色处理或视材料的性质设计一些简单的色块或图案。

（3）过道导引性的小图案能增加情趣与变化。过道拐角处、交叉处、过道与扶梯交界处，可以做分色处理或设计图案，不但可以美化空间，而且使这些部位有简单的功能而吸引人的注意力。

（4）门厅、过厅等过渡性空间，依照其注目程度也可以设计一些图案，有的重点门厅甚至要设计一些精美、细致的拼花图案来突出其位置。

（5）地面一般提倡无高差、无阻碍设计。若由于建筑的原因或局部造型或陈列内容的需要，有高差级别的，应在高低差之间区别材料的种类、颜色，或设计不同图案，或做勾边处理，提醒人们注意，防止被绊倒。

（6）连锁店卖场地面采用的材料常用的有大面积铺贴的磨光大理石、花岗石板、抛光地砖、耐磨亚光地砖等。这类材料耐磨、光泽度和易清洁性能都好。但要注意防止把水倒在上面，以防顾客不慎滑倒。另外，常采用的材料还有地毯、木地板、水磨石等材料。在国外卖场也有大面积采用地毯的，这种材料的吸声、吸尘、弹性好，行走时不易疲劳，但不易清理，耐久性差一些。还有用橡胶板及地板专用胶板材料的。这两种材料均有较好的耐磨性与弹性，只是在国内应用还不多。

（7）现在还有的大型连锁店在营业厅内基本不作地面的图案和通道的划分，以便最大限度地灵活调整商品陈列区的需要。当然，连锁店的公共区域的地面图案也可以做得个性化一些。

六、柱的设计规范

柱面与天花板、墙面、地面相比，面积虽小，但由于其通常在营业厅中占据着中间的位置，成为视觉中心，因此也是设计的一个重点部位。对柱的功能有五种处理方式：

（1）与陈列柜架相结合。

（2）与广告、灯箱相结合。

（3）纯粹的装饰。

（4）只做简单的建筑处理。

（5）综合处理。

尤其是前三种方式常放在一起综合作用。至于在何种情况下运用哪种处理方式，主要视柱的具体部位而定。

处于中庭周围的柱，多用装饰材料予以重点装饰，可适当与广告灯箱结合；处于营业销售区的柱，根据展出内容的需要与广告及展台相结合；处于边沿、次要部位的柱，或者柱本身的形式不好，其处理方式可以不加装饰，不引人注意，或采取装饰的手法让人感觉不到它的存在。其实，对柱的总体设计采取什么样的方式，各商场的设计师也采取了不同的考虑。

柱的外形是方是圆，要根据建筑本身的情况和装饰的需要决定，没有什么规律可循。

柱的外形尺度往往是设计师斤斤计较的因素，尤其是在有些大厦中，由于建筑承重的要求，柱的尺寸已经很大，再在其上增加装饰材料层就会使其外形尺寸进一步扩大。

因此,这类柱的颜色、造型等的处理方法应使人感觉瘦一些,或由于与柜架的结合并不感觉到它的存在,而好像是在这里合理摆放的展柜、展台。

凡适用于室内装饰的材料均可用于商场营业厅柱的装饰。现在运用最多的是各种装饰木材、防火胶板和造价较高的花岗石、大理石板,此外还有不锈钢、喷石漆、各种乳胶漆等。外墙塑铝板运用到这里也有不错的效果。具体用什么,设计师可根据自己的构思,从色彩、质感、造价、施工工期等多方面进行考虑。

商场中的柱,在型、材、色等方面可以相同,也可以变化很大。同一营业厅,不同的商品陈列可以有不同的处理方式,有的营业厅里面的柱经过处理后甚至无一相同。不过一般在某一区域,设计师都会对大多数的柱采取相同的装饰以求得统一,但无论如何,商场营业厅的柱比其他建筑,如宾馆、办公楼的柱,变化要大得多。

七、柜架等商品陈列存放设备设计规范

这是连锁店卖场设计中设计量最大的一个专题,也是一个与基本功能关系最密切的专题,几乎所有的商品都是通过不同的展柜、展架、展台与消费者见面的。因此,它的实用、精彩与否是连锁店设计的关键之一。

1. 柜架的设计要点

(1)实用性。既然柜架是为摆放陈列商品所设的,当然应该符合商品陈列的尺寸要求。另外,还要与人体工程学结合起来,便于观赏,便于挑选,便于存取。

(2)灵活性。在卖场空间中便于灵活摆放、便于搬运布置,这是对那些活动柜架的基本要求之一。另外,还要使存放、陈列商品灵活、方便。现代众多的、可供陈列结构隔板调节高度、距离的五金配件,使柜架具备上述要求成为可能。有的柜架通过滑道的移动和五金配件的变化,可具有适应一定尺寸幅度内多种商品陈列的特性。此外,柜与柜之间,摆放的组合方式可以有多种选择,可单独放,也可组合放,可长、可方、可直、可弧。这为丰富整个陈列厅空间组合形式提供了基本条件。

(3)美观性。在上述(2)中提及,可以把商品的陈列柜、架设计成为数不多的、满足基本功能的基本结构形式。在此基础上,还可以通过材料的不同组合、色彩的不同组合、造型法则的不同组合,设计、创造出千百种独特的柜架形式。

(4)安全性。这里有两层含义。一是商品的安全。价值较为贵重的商品是否容易滑落、摔坏;柜、架的结构是否能够承受较大、较重的商品。二是顾客的安全。例如,柜架是不是有尖利的角、会不会碰伤顾客;柜架是否稳固、会不会砸伤顾客;玻璃隔板有没有经过处理,会不会划伤顾客,等等。

(5)经济性。即便是计划多花一些钱,要求档次高一些的装饰工程,也应该注意经济的合理性,绝不能乱花钱。必须做好设计搭配,合理地使用材料,尽量少花钱、办好事。

以上5点,用一句话来概括就是:在注意经济的条件下,在满足商品陈列功能、存取功能和顾客观赏尺度的前提下,通过美学法则的处理,设计出具有个性化的柜架来。同时,柜架的设计处理还应考虑到商品陈列方便和顾客的行动安全。

2. 陈列基本设备的分类介绍

（1）柜台

这是闭架销售的基本设备。作用在于展出商品及隔开顾客活动区域和工作人员销售区域。目前常见的柜台有三大类，下面分别予以介绍：

◎金银首饰品和手表销售柜台。其长度一般为 1 200 ~ 2 000mm，高度为 760 ~ 900mm，宜设计成为桌面高度，以便于顾客坐下来仔细挑选和观看。一般都是单层玻璃柜。为确保贵重物的安全，许多都用了胶合玻璃，柜台内有照明灯光，且多用特别的点光源，增加商品的清晰度与高贵感。柜内放置托盘，便于销售人员拿取。一般正面设计比较考究，后面下部有小柜可存放工作人员的小物品等。此外还有一些专卖人造首饰的柜架，由于商品的价值相对不那么昂贵，常常以开架的形式供消费者挑选。

◎化妆品销售柜台。其一般长度变化为 1 000 ~ 2 000mm，宽度为 500 ~ 700mm，高度为 750 ~ 900mm，一般设计成双层玻璃柜。正面设计也较为讲究，多用各色胶板按各品牌企业的策划色来装饰表面。同时搭配不锈钢、彩色不锈钢及名贵木胶合板，在灯光的配合下显得华贵、浪漫。同一化妆品销售区域内柜台的结构可大致相同。但由于各品牌的装饰用色不同，组合在一起又形成了丰富多彩的效果。

◎其他小商品经营展示柜。基本结构尺寸与金银首饰手表柜、化妆品柜类似，采用单层还是双层玻璃搁板要视所经营商品的情况来确定。

其实，这些柜台基本结构大同小异。设计者要注意两个方面：一是内在使用是否方便。这要求设计考虑全面，注意细节，比如五金配件柜台，在抽屉与门扇的结构设计方面就要多动脑筋。另一方面，柜台选型可以是千变万化。在材料色彩的搭配、线条造型的选用、柜内照明光和柜外装饰光的设计方面，只要有一项变动，效果就会有明显不同。

（2）低尺度开放陈列架（或中小商品陈列架）

当你走进一家家装饰考究的连锁店，在惊叹商品丰富、设计精美的同时，也会看到那些造型新颖、担负商场中间大面积陈列任务的开放式陈列架，其实它们也是由几种基本结构经过装饰变化而得来的。在连锁店中间部位的低尺度开放陈列架，一般高度不超过人的视线。它们可以分为两大类：按基本结构设计的可变换位置、灵活摆放的柜架。这一类柜架占总数量的 70% ~ 80%。其中又可再分为陈列服装的柜架和陈列日常用品、中小家电产品通用的柜架两类基本形式。

（3）高尺度陈列柜架

高尺度陈列柜架（以下简称"高柜架"）是指那些高度在人的视线以上的柜架。它也是商场营业厅的主要商品陈列设备。由于其尺寸相对较大，一般存放及陈列的量也大。它们常被用来装饰墙面和柱面，也被用来做成隔断分割空间。它们可以设计成开放式的，也可以设计成那些需要封闭式销售组合（如金银首饰、手表、化妆品）的背柜。在结构的支撑方面，既可以依靠墙壁、柱子，也可以独立站立；在材料方面，以木材、钢材、铝材、玻璃为多，还有少数采用其他材料的（如塑料）。

常用高尺寸柜架的基本形式有以下几种：按位置分，有靠墙摆放和靠柱摆放及作为隔断进行空间分割三种；按销货形式分又有开放式和闭架式两种，开放式销售可供顾客随意观看挑选，闭架式销售则往往前面有低尺度的柜台隔开服务人员和顾客；按照机动性又可分为固定式和可移动式两种。

现在高尺寸柜架的设计早已突破传统的"柜"和"架"的形式,有的是两种兼有,有的与柱面、壁面的美化艺术相结合。另外,它们最大的一个特点就是利用各种光源对整个柜架进行烘托,对商品进行重点照明。由于"光"这一现代装饰手段的加入,使得柜架的形式千姿百态。材料的多样化,使得柜架的造型和装饰手段也越来越多样化。钢材、不锈钢、铝材、各种五花八门的装饰木材、玻璃、胶板及它们之间的组合,便可创造出无数种柜架的形式。各种装饰五金件的运用,也使得许多在过去看来都不可能实现的形式和功能组合都得以成为现实。各种木门、金属门、玻璃门的五金零件,使得无论是高尺度柜架还是低尺度柜架,以及用于各种开门形式的设计都能实现。各种规格的滑道,使得柜架陈列隔板的距离灵活可调,也使得柜架陈列商品时的通用性大大加强。而各种金属风格与木质、金属质万用条板的运用,又使得在柜架任何位置都能悬挂商品。

八、大中型商品展示台设计规范

这是连锁店卖场中的另一大类陈列展销设备。它有以下特点:

(1)商品摆放具有开放性。

(2)以展示具有一定尺度规模的商品为主,如电视机、组合音响、冰箱冰柜、洗衣机、消毒碗柜,以及其他一些中型尺寸的家用电器产品等。

(3)展示方法和设计形式具独特性和多样性。在销售中小型商品或服装产品时,为了对某些重点商品进行展示,往往设计比较醒目的展台。某些最新的产品,也可用设计造型独特的展台展示出来,重点吸引顾客的目光。

(4)商品摆放和组合方式灵活。展台在长宽两个方向的尺寸可根据商品陈列的需要做较大的变化。有的大小如普通桌面;有的则很大,可达到十几平方米;有的长达十几米。但它们有一个共同的特点,就是便于顾客挑选、观看商品。其高度尺寸一般在离地面 $0.45 \sim 1m$,这是因为展台和商品的高度相加要基本落在人的水平视线附近最低角度区域的缘故。展台可以是单层的,也可以是多层的、呈台阶状分布的。

第5章　连锁店日常运营管理规范

第一节　连锁店运营管理基础

一、连锁店运营管理目标

1. 销售收入最大化

连锁企业门店的运营必须按部就班,由各项基本的事务着手,以使门店能够步入健康发展的轨道。为了圆满达成营运目标,应首先重点抓销售,因为销售本身就是连锁门店的主要业务,只有尽可能地扩大销售额,才能实现门店的利润目标。销售收入的最大化并不是盲目地或单纯地运用各种促销方式来达成的,而是必须通过正常的标准化经营来获得更高的销售额。

2. 营运成本最小化

提高连锁门店的销售额,是每个连锁企业努力的目标。但是不管提高了多少销售额,如果不严格控制门店各个环节的成本与费用的话,那么门店可能只有很低的利润额甚至没有利润乃至亏损,所有的努力都将白费。因此,运营成本的最小化可以说是提高经营绩效的一条捷径,同样成为门店营运与管理的主要目标。

二、连锁门店营运管理标准

(1)在连锁企业内部,总部与门店之间实现了决策与作业的分工。即由连锁企业总部负责统一制定门店营运与管理标准,实质上连锁企业总部是决策中心,而门店则是作业现场。门店根据总部制定的营运与管理标准,实施具体的作业化程序,最终实现连锁企业的协调运作。

(2)连锁门店管理的主要工作,一方面是每日必须完成的一定类别和一定量的工作;另一方面是一定数量的、具有不同操作技能和经验的员工。既要保证每日工作圆满完成,又要合理安排员工,充分发挥和使用人力资源。因此,连锁企业总部制定的营运与管理标准,实质上就是详细、周密的作业分工、作业程序、作业方法、作业标准和作业考核。

三、连锁门店管理标准的制定流程

1. 进行合理的作业岗位区分

(1)进行合理的作业分工,包括把何种工作、多少工作量、在什么时间内安排给何人承担。因为门店作业繁多,通常连锁企业门店作业管理的重点是店长作业管理、收银员作业管理、理货员作业管理、进收货作业管理、商品盘点作业管理和顾客投诉意见处理等,这些作业过程和质量管理的好坏,将会直接影响每一家门店的经营状况。

(2)作业管理要比岗位管理更进一步,它既体现了岗位工作的技术性要求,也能更具体、更细化地考核岗位工作的质量好坏。因此,只有通过合理的作业分工,才能把这些工作具体落实下来,才能保证连锁门店正常的营运水平。

2. 制定作业的标准程序

(1)连锁企业一般都属于劳动力密集产业,门店作业人员流动性比较大,所以,如何进行作业内容的区分管理,以避免作业上的重复,并且能让新员工在最短时间内熟悉每一工作环节,是一个非常重要的问题。

(2)因此,必须全面区分不同工作岗位,如收银员、理货员、店长、盘点人员等的工作情况,消除多余、不必要的动作、环节、行动,合并有关环节,合理安排具体的作业顺序,使有关作业尽量简化,从而提高企业的运营效率,并降低成本。

3. 记录各项试运行作业数据

在适当的时间按照确定的分工作业与标准化作业程序,全面准确地记录不同岗位的工作运行情况,一定要确实根据每日的营运状况,分别加以记录。门店要想维持正常的营运,对于各项外在与内在的因素均必须进行有效的掌握。

标准化作业程序试运行的数据或报表都是十分有价值的参考资料,如营业实绩的统计、不同作业分工的实施情况与效果等。建立这些资料体系,便于总部进一步进行比较分析,从而做到灵活地运用,并最终使连锁企业的营运和管理走向标准化、健全化。

4. 确定作业标准

(1)标准化是连锁企业进行成功经营的基础。通过数据采集与定性分析、现场作业研究,制定出既简便可行,又节省时间、金钱的标准化的作业规范。

(2)科学化管理标准的制定是一项长期的艰苦工作。要使连锁企业的发展既快速,又健康,就一定要建立科学的管理标准。所谓标准的科学性具有两层含义:一是指具有一定的先进性;二是指客观的实际性。

(3)对一个连锁企业来说,企业的管理标准除了必须考虑到标准所具有的先进性和客观性的特征外,还须经过较长期的艰苦探索和实践去制定,试图在短期内用抄袭的方法去复制是不现实的。从另一个意义来说,一个企业的管理标准是区别其他企业和体现自己经营管理思想和特色的主要方面,这也决定了企业必须要依靠自己的艰苦努力去创造。因此借鉴、消化、创造是连锁企业制定管理标准的正确之路。

四、门店控制标准与制度的制定

1. 商品布局、陈列控制

连锁门店的商品布局与陈列是根据连锁企业总部制定的统一标准来实施的,这也反映了连锁企业的商品经营策略与经营目标。如果总部所确定的商品布局与陈列被门店做了很大的变动,就无法实现连锁企业统一经营的目标。要做好门店商品布局与陈列的控制工作,需要从以下几个方面着手。

（1）商品陈列位置

在门店检验时,根据各类商品的布局位置图,核对位置是否变化。一般来说,要特别注意特别展示区、端架上的商品是否已做了位移。

（2）商品陈列控制

根据商品配置表能容易地发现商品陈列的改动,其重点是:

◎商品陈列的排面数是否发生了变化。排面数实际上确定了商品的最高陈列量和出样面,低于规定的排面数会影响到该商品的销售,因为缺乏表现力;而高于规定的排面数更应查一下。

◎商品货架陈列位置是否发生了变化。位置发生变化可能会有两种情况:第一,在同一层板中向左或向右做了移动;第二,在不同层板中向下或向上做了变动。

2. 缺货率控制

一般来说,对于还没有采用自动配货系统的连锁企业来说,总部会强调主力商品的订货数量,这是为了防止门店发生主力商品缺货。商品缺货率的控制主要是对主力商品缺货率的控制,缺货率控制在什么比例上,各连锁企业可自定,一般确定为2%是恰当的。缺货率控制的一个重要手段,是发生缺货断档一律不允许用其他商品来填补,以便分析原因和追查责任。

3. 盘点控制

盘点是最后检查连锁企业门店经营成果的一种控制手段。对盘点控制的操作重点是:

（1）检查盘点前的准备是否充分,但要防止在盘点开始前几天,普遍发生的门店向配送中心要货量较大幅度下降的状况,这种要货量下降会在很大程度上影响门店的销售。

（2）检查盘点作业程序是否符合标准,是否实行了交叉盘点和复盘制度。

（3）实行总部对门店的临时性不加通知的抽查制度,有条件的连锁企业可以成立专业的盘点队伍,专职进行门店盘点和抽查工作。

4. 损耗率控制

损耗率是失窃率和损耗率的统称,损耗率失去控制就会直接减少门店的赢利率水平。目前,国内大部分连锁超市公司实行缺损率承包责任制的方法,落实到人,这种方法虽然很有效,但要注意其负面影响。今后的方向是在加强责任制的同时,还要注重设备的保养和先进技术的应用。一般情况下,将损耗率控制在5%是比较恰当的。

5. 服务质量控制

连锁门店的服务质量直接关系到连锁企业的信誉和市场影响力,其控制的手段有两个方面:

（1）增强服务意识,进行教育与培训,必须认识到教育是控制服务质量的重要手段。

（2）实行明查和暗查相结合的控制方法。

6. 经营业绩控制

对连锁门店经营业绩的控制,主要反映在完成目标销售额,并采取月销售额含工资与奖金的方法来控制。在连锁经营行业,一般采取固定工资加奖金的办法来考核和控制门店经营业绩,这不是很妥当,应按月销售额含工资与奖金的方法较好。这个方法控制要注意两点：

(1)月销售额目标要根据不同门店的实际情况来加以确定,体现目标的科学性。

(2)要明确月销售额目标的确切含义：

◎是销售额。

◎是去掉门店费用的准利润。

◎是去掉门店费用和总部摊销费用的净利润。

7. 单据控制

连锁门店每天都可能有大量的商品送到,不管是配送中心或供应商送来的货都必须有送货单据。要严格控制单据的验收程序、标准、责任人、保管、走单期限等。单据的控制是为了控制违规性签单、违规性保管、违规性走单,保证货单一致的准确性,保证核算的准确性和供应商利益,同时也控制门店的舞弊现象。

第二节　营运管理执行规范

一、编写营业手册

连锁企业应该在日常的经营活动中,通过作业研究和比较,发掘最有效的作业方法,以此作为标准,并编写具体的营业手册。营业手册的编写实际上是将连锁门店经营的经验、技巧上升为明确的理论和原则。

每一个连锁企业总部所制定的营业手册都应全面地包括每一岗位、每一作业人员,应尽可能发现每一细节并加以规定,尽可能完整地包含所有细节,这正是营业手册的精华所在。

二、筹建完备的培训系统

标准化经营对连锁企业来说至关重要,经营上的标准化离不开高质量的培训。离开了培训,营业手册所规定的作业标准就很难为员工所理解、接受和执行。因此,建立完整的培训系统,有利于连锁企业门店各级员工的有效选拔、任用、教育、开发,是连锁企业稳步发展、持续进步的关键所在。

一般情况下,完整的培训系统按纵向层次可以分为以下三层。

1. 岗前培训

岗前培训是指新员工进店后的基础培训。偏重于观念教育与专业知识的理解,让新员工首先明确连锁企业门店的规章制度、职业道德规范,以及相应工作岗位的专业知识。其基本内容如下：

(1)服务标准与规范培训。让每个员工树立依法经营、维护消费者合法利益的思想,同时,把服务仪表、服务态度、服务纪律、服务秩序等作为培训的基本内容,让员工树立为顾客服务、员工代表企业的思想。

(2)专业知识培训。在帮助员工树立正确的工作观念的基础上,理解各自工作岗位的有关专业知识,一般可分为售前、售中、售后三个阶段的专业知识。

◎售前,即开店准备,具体包括店内的清扫、商品配置及补充准备品的确认等所必须掌握的专业知识。

◎售中,即营业中与销售有关的事项,具体包括待客销售技巧、维护商品陈列状态、收银等事项。

◎售后,即门店营业结束后的工作事宜,具体包括建立良好的顾客利益保障制度、商品盘点制度等工作。

2. 在职培训

在职培训偏重于在岗前培训基础上的操作实务性培训。培训内容主要按各类人员的职位、工作时段、工作内容、发展规划进行安排,主要涉及人员为店长、理货人员、收银人员等连锁门店工作人员,并按其职务的级别展开和实施。

(1)门店店长的培训主要包括以下内容:店长的工作职责、作业流程、对员工的现场指导、员工问题的诊断与处理、商品管理、如何开好会议、顾客投诉处理、管理报表分析、信息资料管理等。

(2)理货人员的培训主要包括以下内容:理货员的工作职责、作业流程、领货、标价机和收银机或银联 POS 机的使用、商品陈列技巧、补货要领、清洁管理等。

(3)收银人员的培训主要包括以下内容:收银员的工作职责、收银操作、顾客应对技巧、简易包装技巧等。

3. 全能培训

除了让员工明了各自岗位所需的知识和技能外,在许多情况下也需要员工具备多种工作技能。事实上,连锁企业门店内,尤其是连锁超级市场、便利店中,某些工作是需要全体员工都能操作的,如商品的盘点作业、商品的损耗处理、收银操作等。门店店长如能在这方面抓好了对员工的培训和管理,就会大大减少用工人数,减少相应费用支出,从而提高门店的赢利水平。

三、营运标准的改善与提升

(1)标准化的贯彻执行,依靠的是科学化的严格管理,否则的话,制定再多的标准也是形同虚设,而分工越细就越需要协调,否则各个职能部门的运行会相互牵制,各个作业岗位的衔接也难以顺利,作业化管理所带来的优势就难以转化为连锁店的现实竞争优势。因此在连锁店的实际营运过程中,必须不断探索并改善营运的标准,使门店作业化管理不断合理化,越来越协调。

(2)连锁企业门店的运作与制造加工行业十分相似,从产品设计、原材料采购、零部件加工到成品组装和销售,前后工序紧密相关,严格地按专业化分工原理来完成业务的全过程。每一个部门、每一个环节、每一项作业活动及每一个人都必须按规定的标准来完成作业活动。于是,在企业内部就形成了两个层次的作业活动,即设计活动与执行作业。设计活动旨在为执行作业制定作业标准,而执行作业则是按标准完成操作任务。

(3)标准的统一性并不排斥门店主观能动性的发挥,只要能使连锁企业门店的赢利水平提高,各门店都可提出建设性意见,使新的更好的方法可以成为标准。通过门店的不断探索,经过总部的进一步研究、开发,以坚持不懈的努力来改善连锁店的营运标准。只有这样,标准化才不会使连锁企业走向经营僵化、故步自封。标准化效果的取得,靠的就是在严格管理的监督下,长期地坚持与改善标准,从而确立连锁企业整体的竞争优势。

第三节　连锁店计划与排班管理

为确保有计划有目的地开展工作,避免工作的盲目性,连锁经营企业必须制定连锁门店经营管理工作规范,以保证门店各方面工作的正常运作。

一、连锁门店的经营计划

连锁企业管理部及各门店制订年度工作计划,经审核批准后将年度工作计划分解到每月、每周的实际工作中,并定期进行总结检讨,确保完成年度计划。经营计划管理工作规范包括制订计划、审核、审批、执行及总结环节。

具体工作流程、工作要求如下:

(1)制订计划:根据连锁企业下一年度总目标编制门店管理部下一年度工作计划;连锁门店管理部经理主持安排本部门及各分店制订下一年度工作计划。

(2)审核批准:由企业执行副总经理审批。

(3)实施:根据工作计划开展各项工作并于每月5日前提交上月工作完成情况及当月工作计划;分解月工作计划至每周并于每周一提交上周工作总结及本周工作计划。

(4)总结:在每月例会时对工作执行情况进行讨论,对发现的问题及时分析解决并调整修正下一阶段工作计划。

二、员工的排班

制定员工排班的目的是为排班提供工作依据,确保排班工作规范,确保分店营运正常进行。其适用范围是:连锁门店主管对员工进行排班的过程。

门店排班工作以公司规定的营业时间为前提,在营业时间内合理安排员工的早晚班及休息时间,为门店正常的营运工作提供保证。

具体工作流程、工作要求如下:

(1)排班:店长根据营运状况,在每月1日之前通知各区主管进行当月排班,排班要合理安排休息与上班的时间及人员的配置情况;主管对班组进行编排,编排时参考上周排班内容,在排班过程中,对有实际困难的员工,经店长与主管讨论后,可适当调整安排;主管排班由店长安排。

(2)上报:主管将排班表上报由店长审批。

(3)实施:店长审批后,由主管将排班表张贴在公告栏或打卡钟处,并分发给各区主管一份;主管每天监控员工是否按排班表上班;是否有中途离岗现象;主管收集在执行中产生的排班问题,提出修改意见,并经店长审批后进行调整。

第6章 连锁店商品陈列管理规范

第一节 商品定位与分类管理规范

一、商品定位

商品是连锁业获利的主要来源,如何在竞争的市场中脱颖而出,有赖于合适的商品定位及适当的商品组合。首先必须确定商业区的顾客群,深入了解消费变化趋势,适时予以调整,使消费者充分满足,进而产生忠诚顾客,达到销售的最后目的。连锁企业的商品定位可以通过性质及目标市场特性加以分析。

1. 通路性质

(1)批发或零售一次购足形态。此种形态的商店一般都是大卖场,以批发或零售方式让消费者能一次购足所需商品,例如万客隆、家乐福。

(2)便利形态。此种形态的连锁店分布各地,提供消费者方便性的购买,例如7 – Eleven、麦当劳。

(3)百货公司形态,例如华联等。

2. 目标市场的特性

连锁企业在草创之初,就必须做出明确的定位,确立经营形态,因为这两项前提影响该公司日后的发展,必须针对不同的消费层次加以考虑,如参考顾客的性别、年龄、职业、收入、消费者的特性(消费意识与生活形态)、商业区大小等,以此作为选择商品定位的因素。

二、商品供应计划

商品供应计划是指在采购之前必须事先充分检查该商品是否为消费者所确切希望且符合消费者真实需求的商品,因此最重要的就是商品的定价及品质问题,就消费者而言,这两者是购买商品的绝对条件,然后再进一步思考经营定位与目标市场的特性,订出商品的深度及广度。

其中,首先考虑的应为零售价,其次才是品质机能,这两项条件必须通过采购来完成,否则就得考虑是否委托生产制造厂商供应或自行开发。

三、大众商品供应系统(Mass Merchandising System)

大众商品供应系统(MMS)基本上是由连锁店产业所构筑出来的技术系统,此处所谓的大众(Mass),不仅仅是指大量的商品,也意味着提供标准化服务的大多数店铺,不仅价格必须合理,其他的各项功能或价值也必须能为大多数顾客所持续接受或使用。

这类商品称为大众商品(Popular Item),而其最终价格称为大众价格(Popular Price)。因此,支持连锁店经营的商品供应系统内容,指的就是大众商品及大众价格。

具体而言,Popular 一词表示大部分或八成以上的人,也就是几乎所有的人每天要使用的商品(也有人称之为日用品),而连锁店所售卖的商品就是大众能够共用的生活品。

四、连锁企业商品筹备的方针

连锁企业经营的商品系统及其努力方向应朝下列三个目标迈进,也可称为3S主义:

1. 特殊化、个性化(Specialization)

除了与以往传统零售商店或其他区域商店有着不同的商品定位之外,面对竞争激烈的环境时更必须主动让顾客了解本连锁店的特色,使顾客想要买某种商品时即马上想到这家店,产生不得不光临的心情,当然,这里所指的特殊化或个性化,并不是非得在店内摆设奇珍异品,重点是在创造本身的与众不同。

2. 单纯化、简易化(Simplification)

所有商业活动的共同行为指标就是单纯明快,筹备商品也是这样,如果在作业结构、流程、成本计算、商品陈列等方面,都能简洁迅速,并且都能有效而且确实地被执行,尤其像连锁店人员作业程序烦琐,又加上多为临时或兼职人员,更需要将商品定位及筹备作业简易化,让采购人员及现场执行人员易操作。

3. 标准化、统一化(Standardization)

许多作业行为经过实验、分析、评估之后,就可以订立规则,要求人员依规则行事,如有不适当的条文,则应立即予以修正,并反复上述步骤,就能建立一套统一化、标准化的商品作业流程,而此商品筹备的标准化作业,将会是连锁店经营成绩的重要支柱。

除此之外,若进一步将商品筹备分解为各项经营技巧时,则须注意下列 5 项原则:

(1)商品的价格。

(2)商品的品质。

(3)商品的数量。

(4)商品的分类。

(5)商品的陈列。

五、商品组合

连锁企业应依照企业形态,制定适合的商品策略及商品组合,也需先了解商品组合,到底是要往深度还是要往广度组合,再依据分析结论来制定商品组合的各项技巧及条件。

谈到商品组合时,应先对单位名称作一了解,包括业种、业态、部门、品种、商品线、单元、品目及单品,现分别叙述如下:

(1)业种(Kind Business)。即传统的商业种类,普遍以主力商品的单一名称表现,如自行车零售业、运动用品零售业、餐厅、饭店业、皮鞋业等,这些就被称为业种。

（2）业态（Type of Operation for Selling）。依照消费生活的立场而构筑的商品组合形态,如超级市场、咖啡店、服装加盟店等。

（3）部门（Category）。这是商品分类的最大框限,站在使用者立场的需要而加以区分,如服装可分为女士服饰、男士服饰、运动服等。

（4）品种（Kind）。稍微详细的分类一般称为品种,但此类并未与"部门"间有严格的区分,如衬衫、裙子、佩饰、袜子等都是指衣着部门。

（5）商品线（Line）。商品线是指部门或品种之中的某个价格范围,例如购买绅士服未满500元的,未满1000元者或2000元以上者。通常将某一品种区分为5～6种价格时,属于某一价格范围的商品群,即称为商品线。

（6）单元（Unit）。指价格的种类,与价格线同义。

（7）品目（Item）。就连锁店经营而言,品目是商品管理上的最小单位。

在连锁店经营中,到底由什么人决定商品组合及层次最为恰当呢？请参考表6-1。

表6-1 连锁经营商品战略决策表

业种、业态类别 部门构成 客层（商业区、人口）	高阶层人员
商品构成坐标 （商品线构成与单元构成）	采购经理
立地 建筑物结构（房产的活用方法）	高级经理
店内构成（卖场与后场的存在） 内部装潢	开发部经理或设计负责人
卖场布置	负责布置人员
作业系统	店铺经营经理或设计人员 负责业务系统人员
业种、业态类别 部门构成 客层（商业区、人口）	高阶层人员
每商品线的面积 品目与品质 展示（定型陈列） 陈列用具 POP广告 检品方法	商品供应计划人员或供应商 设计人员

商品组合也要着重有利性与方便性的内容,因此必须考虑到的组合重点及评估尺度包括:

◎消费量多。

◎购买频度高。

◎知名度高(但不费时)。

◎手续简单(不费事)。

◎均质性高。

◎竞争性少。

◎利润高。

◎季节性高。

◎商品演出效果佳。

◎差异性高。

而下文所列的则是必须经过公司内部人员加以讨论后决定的商品:

◎回购品。

◎高额品与低额品。

◎低频度品。

◎软质商品(Soft Goods)与硬质商品(Hard Goods)。

◎客层限定品。

◎年轻人用品与老年人用品。

◎缺货品。

◎趋势商品。

此外,每品种乃至各商品线间该选择多少品目,又该如何决定其陈列量,如何陈列,这三项商品组合要素,可以参照表6-2。

表6-2　组合商品的基本原则

			品 目	陈列量	陈列位置	
	期望值				陈列柜	平 台
商品	熟知商品 关心商品 必要商品	销售商品	能销售的商品(一部分为焦点商品)	每一周可卖出×个以上的商品全部	与贩卖量成比例	下层的全部及中上层的大部分	前面为主力
			希望销售的商品(简单的展示卡)	每 部 1~2品目	最大的陈列面数	中层的一部分	里面的一部分
			亮相商品(详细的展示卡)	同一品种之中,未满1成	陈列面1	上层的一部分	上面的一部分
	未熟知的商品 未关心的商品 不必要的商品		0	0		

六、适当规模

(1)适当规模是指顾客能够感觉到丰富的商场面积或商场商品内容。此时的衡量标准是顾客,而不是店铺或营业者。

(2)如果是以科学上的意义来筹备商品,则不一定能够使顾客感觉到丰富的内容。就顾客而言,只会注意到自己所关心的商品是否齐备,而不关心的商品再多也没有用,甚至可能被不关心的商品所湮没,而看不见自己所关心的商品。此外,库存量过多时,也会有同样的反效果。因此必须确实做好商品数量管理。

七、补充的原则

(1)陈列架上必须保持一定的最低(最小)陈列量,所谓最低陈列量是指再减少商品时,将导致销售情况的下降,换言之,就是快要缺货的数量,因此,应以在最低陈列量以上来补充商品,才能保证销售的持续进行。

(2)也可以说,补充后的瞬间商品变成了最高陈列量。这就意味着本次的补充量是等于直到下次补充时的销售量。因此当决定补充商品时,必须预估至下次补充时期为止的销售量才行。反过来说,决定补充量的人必须具有能够预测销售量的人来执行。然而决定这种补充的方法将产生另一个问题,如果采用定期补充制时,每次的补充量会有所不同,但如果采用定量补充制时,则每次的补充时间又会变动。站在生产者的立场而言,定量补充会比较方便,但若是成本较高的终端流通点,则以定期补充较好。

(3)连锁店若能将补货原则导入计算机管理系统,将有助于现场工作人员利用该系统的提醒向厂商要货,并在到货时将货品及时上架。

八、库存期范围

(1)所有商品应以先进先出的原则来处理,这是为了保持库存商品新鲜的绝对条件。但是,从现场作业的情形来讲,拿后来补充的商品会比较轻松方便,所以结果常出现后进却先出的情况。

(2)倘若没有先进先出的要求,或无法按照预测销出商品时,务必检视出超过库存期的商品,并且做好明确的标示。

(3)库存期范围按照商品的品质及机能而有所不同。商品部的主办人员务必对自己所负责的商品,决定其正确的库存期范围,并记载于登记表上,其表现方法是越清楚越好。但有些资料不得公开给顾客或竞争对手,应避免使用数字,而可以用符号或颜色来表示。

九、商品的分类

1. 分类的条件
(1)在顾客选择立场方便的情况下。
(2)在顾客使用立场方便的情况下。
(3)轻易接受的表现方式,如分类用语。
(4)呈现容易看到的形式,如陈列面宽。

（5）美丽的商品陈列，如形状或色彩。

2. 分类的效果

（1）令顾客有商品齐备的丰富及繁荣感。

（2）不必向店员询问也可轻松选购。

（3）增加购买的方便性。

（4）容易进行视觉的商品管理。

（5）商品分类可加强使用诉求，可节省推销或说明时间。

以上所述各项商品分类的条件及效果标准，并非一蹴而就，而是经过不断地调整改进，时常变更试验而得出具体的心得。有些企业的商品分类因导入计算机后反而形成调整变更不易或考虑成本太高而不考虑改善其分类方式，皆是因噎废食的做法。

另外，要加以强调的是，分类并非简单的分开而已，而是对消费者层次及商品管理下过苦心研究之后，所进行的筛选或集中，以成为新的商品群，由此展现对顾客新的确认。

3. 分类的次序

首要原则是先决定大分类、中分类及小分类，其次才进行修正与检讨。通常许多连锁店也会配合需要，每年调整分类内容。不过，必须记住的是，无论分类如何变化，或每年进行多次以上的分类调整，都必须在原先设定的商品构成坐标内实施，才不致偏离核心，使分类的行动失去意义。

第二节　商品编码管理规范

一、商品条形码的概念

商品上可以看到由一组宽度不同、黑白相间、平行相邻的条和空按一定的规则组合起来的字符，它代表一定的字母、数字的信息，这些记号就是条形码。条形码是一种特殊的代码，它本身并不表示任何特定信息，而只是采集信息的一种手段。条形码技术就是将商品信息数码化，使计算机能够读取和处理，以达到识别不同商品的目的。

商品条形码最大的优越性是可靠准确，因为每个商品条形码在世界范围内是唯一的，国家、生产厂商及商品不同，商品的条码都会不同。另外，条形码与价格无关，且不具备防伪功能。

二、商品条形码的种类

目前常见的商品条形码有两种：一种是在美国、加拿大地区通用的商品代码，即 UPC 代码；另一种是国际物品编码协会（EAN）推行的通用商品代码，即 EAN 代码。UPC 和 EAN 条码系统产生的条码又称自然码。

1. 美国商品代码系统（UPC）

UPC 条码主要在美国、加拿大广泛使用。美国的 UPC 条码系统中条形码共有 5 种版本，分别为 UPC—A、UPC—B、UPC—C、UPC—D 和 UPC—E。

（1）UPC—A，商品中常用的条形码，它由 12 位数字组成，含义如下：

◎第 1 位字符（国别码）：代表商品的国家和地区。

◎第 2～6 位字符（厂商码）：代表商品的生产厂家。

◎第 7～11 位字符（产品码）：代表商品的代码。

◎第 12 位字符（校验码）：扫描成功的依据。

（2）UPC—B，用于药品、卫生用品。

（3）UPC—C，用于产业部门。

（4）UPC—D，用于仓库批发部门。

（5）UPC—E，用于商品短码。

2. 国际通用商品代码系统（EAN）

EAN 条码比 UPC 更广泛地被大多数国家使用，主要在欧洲国家使用，我国大部分商品采用的都属这种类型，国际物品编码 EAN 系统协会分配给我国的前缀码为"690""691"和"692"。EAN 条码系统中条形码共有两种版本，即 EAN—13 和 EAN—8。EAN—13 是完整的商品条形码，由 13 位字符组成；EAN—8 是缩短条形码，由 8 位字符组成。它们的含义如下：

（1）EAN—13 条形码。

◎第 1～3 位字符（国别码）：代表商品的国家和地区。

◎第 4～7 位字符（厂商码）：代表商品的生产厂家。

◎第 8～12 位字符（产品码）：代表商品的代码。

◎第 13 位字符（校验码）：扫描成功的依据。

（2）EAN—8 条形码。

◎第 1～2 位字符（国别码）：代表商品的国家和地区。

◎第 3～7 位字符（商品码）：代表商品的代码。

◎第 8 位字符（检验码）：扫描成功的依据。

3. 店内码系统

店内码是一种自行印制的仅供店内使用的条码，不对外流通。店内码又可分为两种：

（1）自编条码。即由于商品没有原码，或原码不能扫描，而商店自己编制的条码。

（2）NONPLU 码。其运作原理是：在商品销售中，有些商品是以随机重量销售的，这些商品的编码不由生产企业承担，而由零售商完成。零售商进货后，对商品进行整装，用专用设备进行称重，并自动编制成条码，然后将条码粘贴或悬挂在商品上。由零售商编制的商品条码系统，只能应用于商品内部的自动管理。

三、商品分类号码的编码原则

商品的编号栏位应使用几码，并无统一的标准与限制，应依经营规模和经营品种而定。但在编号时应预留空间，以便将来扩充。编号的栏位一般有 6 码、7 码、8 码三种。

(1)6码的编码原则。单品质多的连锁店可将6位码全部作为商品编码序号,不分大、中、小类,直接表示某一品项;也可以将前2码(00~99)作为小分类,后4码(0000~9999)作为品项序号。

(2)7码的编码原则。第1码为大分类,最多可使用10个大分类;第2码为中分类,最多可有100个分类;第3、4码为小分类,最多可有100 000个小分类;第5、6码为品项,最多可以有1 000 000个品项;第7码为检验码。

(3)8码的编码原则。第1码为大分类,仍然维持最多10个大分类;第2、3码为中分类,最多可有1 000个中分类;第4、5码为小分类,最多可有1 000 000个小分类;第6、7码为品项,最多可以有1 000 0000个品项;第8码为检验码。

四、国际通用商品代码的编码原则

此处所说的代码是指国际物品编码协会推行的通用商品代码。其编码原则是:

(1)唯一性。即一品一码,每一个有差异的商品都是一个独立的品项,而且只能有一个唯一的代码,并且永远不变。

(2)无含义。即代码数字本身及其位置不表示商品的任何特定信息。平常所说的流水号就是一种无含义代码。所以EAN码并不能代替商品分类码。

(3)全数字形代码。即全部由阿拉伯数字组成,应确保数字的准确性。

无论是遵循哪种编码原则,商品分类编号后,应制作商品分类表。商品分类表使用一段时间后,常由于新品增加、旧品淘汰等原因而更换。商品分类表可以有以下几种形式:

(1)实物陈列图。可根据实际陈列来摄制实物陈列图,也可以将陈列信息输入电脑,由电脑来完成制图工作。

(2)商品陈列位置示意图。可根据实物陈列手绘位置示意图,或由计算机来完成制作。每一项商品位置都应有编号,并注明商品类别、品项总数、商品总成本、总销售金额、毛利率、货架规格等内容。

(3)商品配置表。由货位号、商品编号、商品表型(S、M、L)、最大最小订货量及陈列量、厂商代码等一系列内容组成。

五、条形码的使用

条形码的使用主要体现在以下几处:

1. 商品流通的管理

商场中的商品流通包括以下内容。

(1)收货。收货为收货部员工手持无线手提终端(通过无线网与主机连接的无线手提终端上已有此次要收的货品名称、数量、货号等资料)通过扫描货物自带的条码,确认货号,再输入此货物的数量,无线手提终端上便可马上显示此货物是否符合订单的要求。如果符合,便把货物送到入库步骤。

（2）入库和出库。入库和出库其实是仓库部门重复以上的步骤，增加这一步只是为了方便管理，落实各部门的责任，也可防止有些货物收货后直接进入商场而不入库所产生的混乱。

（3）点仓。仓库部员工手持无线手提终端（通过无线网与主机连接的无线手提终端上已经有各货品的货号、摆放位置，具体数量等资料）扫描货品的条码，确认货号，确认数量。所有的数据都会通过无线网实时性地传送到主机。

（4）查价。收银员手提无线手提终端，腰挂小型条形码打印机，按照无线手提终端上的主机数据检查货品的变动情况，对应变但还没变的货品，马上通过无线手提终端连接小型条形码打印机打印更改后的全新条码标签，贴于货架或货品上。

（5）销售。销售主要是通过 POS 系统（Point of sale）对产品条形码的识别，而体现等价交换。注意：条形码标签一定要质量好，一是方便收银员的扫描，提高效率；二是防止顾客把低价标签贴在高价货品上结账。

（6）盘点。盘点主要分抽盘和整盘两部分。抽盘是指每天的抽样盘点。每天分几次，电脑主机将随意指令营业员到几号货架、清点什么货品。收银员手拿无线手提终端，按照通过无线网传输过来的主机指令，到几号货架，扫描指定商品的条形码，确认商品后对其进行清点，然后把资料通过无线手提终端传输至主机，主机再进行数据分析。整盘顾名思义就是整店盘点，是一种定期的盘点，把商场分成若干区域，分别由不同的营业员负责，也是通过无线手提终端得到主机上的指令，按指定的路线、指定的顺序清点货品，然后，不断把清点资料传输回主机。盘点期间根本不影响商场的正常运作。

2. 客户的管理

使用条形码对客户进行管理主要应用在会员制商场中，其主要优点在于：低成本，高效率，资料准确。

其主要流程为：新的客户要到会员制商场购物，必须先到客户服务中心填好入会表格，服务中心马上通过 NBS 条码影像制卡系统为客户照相，并在 8 秒钟之内把条形码影像会员卡发到客户手上。卡上有客户的彩色照片、会员编号、编号条码、入会时间、类别、单位等资料。客户凭卡进入商场选购商品，在结账时必须出示此会员卡，收款员通过扫描卡上的条码确认会员身份，并可把会员的购物信息储存到会员资料库，方便以后使用。

3. 供应商的管理

使用条形码对供应商进行管理，主要是要求供应商的供应商品必须有条形码，以便进行商品的追踪服务。供应商必须把条形码的内容含义清晰地反映给商场，商场通过商品的条形码进行订货。

为了能把各种商品纳入系统化，提高结算效率，给商品编码就成了商品出售前必不可少的工作。商品管理中，会碰到各类商品编码，主要有：商品原码，即生产部门印制在商品包装上的商品条码；店内码，商店自行编制的商品条码；商品分类号码，即用于商品大类、中类、小类、品质项划分的号码。此外还有用于物流系统的商品条码。

第三节　商品陈列管理规范

一、商品陈列的目的和范围

（1）制定商品陈列规范，是为了使商品陈列工作实现规范化管理。其适用范围是：分店卖场的所有商品陈列。陈列工作的内容包括陈列方式、适用范围、陈列原则。

（2）陈列就是把更能够促进销售的商品摆放到适当的地方，其目的是创造更多的销售机会，从而提高销售业绩。

（3）商品打包、成箱陈列置于货架顶端时，原则上与货架上陈列的商品相对应。

（4）商品陈列时标志不能倒置，包装有正反两面的要正面朝外。

二、商品陈列的基本原则

1. 分区摆放

所谓分区摆放，就是要求每一类、每一项商品都必须有一个相对固定的陈列位置，商品一经配置后，其陈列的位置和陈列面就很少变动，除非因某种营销目的而修正配置图表。

2. 易见易取

所谓易见，就是要使商品陈列容易让顾客看见，一般以水平视线下方20°点为中心的上10°、下20°范围为容易看见部分；所谓易取，就是要使商品陈列容易让顾客触摸、拿取和挑选。

3. 前进梯状

前进梯状包括前进陈列和梯状陈列。所谓前进陈列，就是要按照先进先出的原则来补货；所谓梯状陈列，就是要求陈列商品的排列应前低后高，呈阶梯状，使商品既有立体感和丰富感，又不会使顾客产生被商品压迫的感觉。

三、商品陈列的基本方法

1. 错觉陈列法

错觉陈列法主要用于强调陈列数量的多寡。但这种观念正在慢慢发生变化，只强调商品数量多少的做法正演变成注重陈列的技巧，以使顾客在视觉上感到商品很多。比如所要陈列的商品是50件，通过错觉陈列会让人感觉多于50件。

错觉陈列一方面包含实际很多；另一方面是指看起来很多。错觉陈列一般适用于连锁便利店，以亲切、丰满、价格低廉、易挑选等特点吸引顾客。错觉陈列的具体手法非常多，如店内吊篮、壁面敞开、铺面、平台、售货车及整箱大量陈列等。其中整箱大量陈列是大中型连锁超市常采用的一种陈列手法，也就是在卖场让出一个空间或拆除端架，将单一商品或2~3个品项的商品做量感陈列。

错觉陈列一般适宜在低价促销、季节性促销、节庆促销、新产品促销、媒体大力宣传、顾客大量购买等情况下采用。

2. 展示法

展示陈列是指连锁店为了突出特别推出的商品的魅力而采取的陈列方法。这种方法一般适用于百货类连锁店,虽然陈列成本较高,但可以吸引顾客的注意力和兴趣,营造店铺的气氛。常用的陈列工具有橱窗、店内陈列台、柜台、手不易够到的地方如货架顶等。展示陈列的基本要点是:确保展示主题明确,弄明白要表现什么,要向顾客诉求什么,是外观还是品质,时尚还是廉价;注重构成手法,商品陈列的空间结构、照明与色彩应该相互有机配合,如正三角形的空间结构给人以宁静、安定的感觉,而倒三角形则给人以动态感、不安定感和紧张感。另外,也要注重展示手法,采用一些独特的展示手法能够吸引顾客的注意力。

展示陈列常用的表现手法有以下几种:

(1)岛型陈列。即运用陈列柜、平台、货柜等陈列工具,选择卖场的适当位置展示陈列商品。这种陈列可以强调季节感和丰富感。应注意的是:陈列工具应与商品的特征相匹配;陈列工具一般适宜放在商品的前部和中部,这样可以向顾客充分展示典型陈列的商品。相反,陈列在后部通常会被货架挡住视线而看不到;陈列工具不宜过高,以免影响顾客的视线;陈列工具最好配置有滑轮和隔板,以便根据需要方便调整;陈列工具要牢固、安全。

(2)端头陈列。端头即货架的两端,是具有极强销售力的陈列位置。端头陈列可以是单一品项,也可以是组合品项,后者效果更佳。端头组合陈列应注意:品项不宜太多,通常以5个为限;品项之间应有关联性,无关联的商品绝对不可陈列在同一货架内;在几个组合品项中可选择一个品项为牺牲品,以低廉价格出售,从而实现带动其他品项销售。

(3)旋转陈列。即用固定或能够转动的装有挂钩的陈列架,陈列缺乏立体感的商品。这种陈列适用于日用小商品,如剃须刀片、电池、袜子、手套、帽子、小五金工具、头饰等。

(4)树丛式陈列。即用篮、筐或桶,把商品插在里面,陈列于出入口或端头边,能给顾客以便宜感。常以十分低廉的价格出售整篮、整筐或整桶。

(5)突出陈列。即将商品放在篮子、车子、箱子或突出板即货架底部可自由抽动的隔板内,或陈列在相关商品的旁边销售,其主要目的是诱导和招揽顾客。应注意的是:突出陈列的高度要适宜,既要达到引起顾客的注意目的,又不可太高,以免影响货架上商品的销售效果;突出陈列不宜过多,以免遮挡顾客正常视线;不应在窄小的通道内做突出陈列,即使比较宽敞的通道,也不要设置占地面积较大的突出陈列商品,以免妨碍通道顺畅。

(6)去盖包装整箱陈列。即将非透明的包装商品,如整箱的产品、调整品等的包装箱的上部切除,或将包装箱的底部切下来作为商品陈列的托盘,这样可以充分显示商品包装的促销效果。

连锁店的督导员及店长、组长等对商品陈列负有的责任是:检查、指导、督促。检查的主要事项有:

◎依照商品配置标准陈列。

◎随季节、节庆等的变化随时调整。

◎将陈列商品的使用方法一同展示出来。

◎运用商品的关联性。

◎商品陈列整齐有条理。

◎使商品的形状、色彩与灯光照明有效地搭配。

◎商品的价格标签完整,符合要求。

◎陈列的商品便于顾客选购。

◎陈列的商品给人一种容易接近的感觉。

◎陈列的方式能表现丰富感及商品的特色。

◎商品无灰尘。

◎可以显示出所经营的主要商品。

◎促销商品能吸引顾客的兴趣。

◎商品陈列的位置在店员视线所及的范围之内。

◎货架上的商品出售以后,补货方便及时。

◎有效利用墙壁和柱子来陈列商品。

◎商品的广告海报已很完整。

◎各部门陈列的商品,其指示标志突出。

◎引导顾客的标志易见易懂。

◎陈列设备与商品本身相称。

◎陈列设备安全可靠。

◎及时更换破旧的陈列设备。

◎员工已详细了解陈列设备的使用方法。

第四节　橱窗陈列管理规范

一、橱窗陈列的基本特点

橱窗是以商品为主体,以装饰画面及布景道具为背景陪衬,在特定的空间里巧妙运用商品、道具、灯光、色彩、文字说明、画面以介绍宣传商品的综合艺术形式。进行橱窗陈列的目的在于传递有关的商品信息,它实际上是连锁店对外所做的一种无声广告。

(1)橱窗陈列是根据陈列商品的特性及消费对象的生活情趣、审美意向等进行创意、布置的艺术品,就像一幅幅极富艺术魅力的精美画卷。精美的橱窗设计能起到美化商场或门店的作用。

(2)构思新颖、独具匠心的橱窗陈列很容易引起顾客的注意,成为很好的宣传媒介,即使暂时无购物的打算,也不免要进去打量一下整个店面。

(3)橱窗通常依照顾客兴趣爱好及季节的变化,突出展示热门货等商品,而且它能展示的是商品实体或实体模型,直接或间接地反映商品的质量可靠、价格合理等方面,不但可以提高顾客选购商品的积极性,还可以增强购买的信心,从而使消费者及早做出购买决策。

二、橱窗陈列的基本类型

1. 专题式

它多以某个特定环境、特定事件为中心,把有关商品组合陈列在一个橱窗。如奥运用品陈列等。

2. 特写式

它运用不同的艺术形式和处理方法,在一个橱窗内集中介绍某一专卖店的产品。适用于产品、特色商品的广告宣传。

3. 节日橱窗

为了在节日中能突出节日的气氛,吸引顾客的注意力,就需要把节日内容与商品宣传密切结合起来,如"五一""国庆""端午""中秋""春节"等节日橱窗陈列。节日橱窗一般应在节前几天陈列好,在橱窗里应陈列顾客节日所需要的商品,以利顾客购买。

4. 综合式

综合性橱窗是把具有代表性的、类型不同的商品陈列在一起。由于商品的种类、品种较多,陈列时一定要谨慎,不要使之显得杂乱无章。因此,陈列时层次要清楚,文字介绍要简洁、明了,商品要有代表性、典型性。综合式陈列方法主要有三种,即横向、纵向及单元陈列。

5. 系统式

这种橱窗一般适用于大型的商场。它将同一用途、同一类型的商品,单独陈列在一个橱窗里。这种形式能够突出地表现某大类商品的特性、功能,以集中人们的注意力。

三、橱窗陈列的相关用具

1. 陈列用具

橱窗陈列还必须有一些陈列用具,使用陈列用具可使商品更加美观、新颖、动人。陈列用具的种类、功能、样式都有区别。一般有以下几种:

(1)人体模型、布架、衣架。用以陈列服装、帕子、布匹、大衣等。其中,布架、衣架一般用镀镍金属制成,但要与商品协调。

(2)小型支架。这是陈列毛巾、袜子、领带、提包之类的用具,可用镀镍金属制成。

(3)托板。用以陈列乐器、五金工具、玩具、日用化妆品、文具、瓷器等用具,可用有机玻璃及木板制成。

(4)背幕。它分为固定背幕与活动背幕两种。固定背幕就是原来所设的背板,一般橱窗都尽量利用这种背幕,特别是光线不足的店。活动背幕其存在形式就是布景、图画、屏风等。

(5)附设用具。丝绒、尼龙纱、亚麻布等用来装饰橱窗或柜台的底板;树枝、翠竹、大雁、小鸟等用来点缀商品的季节性;竹帘、雕塑、屏风、纱灯等可用来渲染陈列气氛;标语、图画、广告灯箱、标题文字等可用来揭示商品的内容,起着介绍商品的作用。

2. 陈列设备

(1)柜台的优点是可以一一陈列没有包装的商品,而且使顾客能清晰地观看自己喜爱的商品。缺点是柜台过低,柜台中的商品从较远处看就不醒目了。为了弥补这些缺点,柜台的上层可进行立体陈列,柜台的拐角可以摆成曲线的形式。

(2)壁橱的优点不仅可以陈列没有包装的商品,而且比柜台高,具有从顾客胸部到眼睛的最佳陈列位置,壁橱的顶部还可以通过样品或广告画陈列,招徕较远距离的顾客。缺点是壁橱中的商品,顾客要求取出来观看的次数较多。所以一般壁橱中商品的陈列要简洁明了,方便顾客观赏和购买。

四、橱窗陈列的实施要点

1. 突出主题

橱窗陈列一般都有一个主题商品,在进行陈列时,首先要确定主题商品,接着要确定用具、衬托、装饰等。陈列商品之间颜色、形状、大小的搭配要合理、协调、具有美感,使陈列商品在鲜明的对比中显得匀称、丰富多彩,充分显示商品的特点和属性。此外,商品摆放要合理、简洁,避免杂乱无章。

2. 背景简洁

对橱窗背景的要求,类似室内布置的四壁,形状上,一般要求大而完整、单纯,避免小而复杂的烦琐装饰。颜色上尽量用明度高、纯度低的统一色调,即明快的调和色,如果广告商品的色彩淡而一致,也可用深颜色作背景。背景的颜色要求的基本原则是突出商品,而不要喧宾夺主。

3. 商品要具有代表性

橱窗陈列的商品要具有代表性,能够反映柜台或商场的特点,使得消费者仅仅通过橱窗展示便能了解柜台或商场的经营内容、方向和特色。

4. 能够吸引顾客的注意力

橱窗陈列是为了吸引顾客的注意,刺激顾客购买。所以橱窗陈列一定要有新意和创造力,并利用灯光、色彩等多种手段的运用突出商品的美感和卖点。

5. 恰当运用色彩

色彩是表现橱窗内容的组成部分。通过橱窗里的色调能表达季节特性,还可以通过颜色的明暗轻重来体现主要商品与辅助商品之间的区别,起到举足轻重的作用。

6. 方便顾客的观看

橱窗陈列主要是为了吸引顾客的注意力,那么在对其进行具体陈列时,就要优先考虑顾客观看的方便与否。尤其是在光线、照明、色彩、角度等方面的运用,要处处认真加以注意,既要保证顾客能观看清楚、方便,又要避免陈列的商品看上去显得失真或者变形。

第五节 商品标价管理规范

一、商品标价管理

制定标价管理规范的目的是为连锁分店标价管理提供工作依据,确保标价的及时和标价管理工作规范化。它适用于分店对商品标价工作的管理过程。

(1)标价管理工作包括查看、标价、摆放、维护、更换、回收等工作环节。

(2)价格牌包括电子秤标签、商品POP(卖点广告)、水牌、计算机打印的价格牌等。

(3)对于不可打印的价格牌由电脑录入员打印出价格清单,由连锁店店长安排人员按要求进行书写、放置。

二、商品标价操作流程

标价是指将商品代码和价格用标价机打贴在商品包装上。其具体操作流程如下:

1. 清楚标签打贴的位置

一般来说,连锁店内所有商品的价格标签位置应是一致的,这是为了方便顾客在选购时对售价进行定向扫描,也是为了方便收银员计价。标签的位置一般最好打贴在商品正面的右上角,如右上角有商品说明文字,则可贴在右下角。

几种特殊商品标签的打贴位置:

(1)罐装商品,标签应打贴在罐身的右上角,绝对不允许打贴在罐盖上方,因为,罐盖上方容易积灰尘,不便理货员清洁商品,尤其是不畅销的商品。

(2)瓶装商品标签打贴在瓶肚与瓶颈的连接处。

(3)礼品则尽量使用特殊标价卡,最好不要直接打贴在包装盒上。

2. 打价前的准备工作

打价前要准备以下工作:

(1)核对商品的代号和售价。

(2)核对进货单和陈列架上的价格卡。

(3)调整好打价机上的数码。

3. 妥善保管价格标签纸

价格标签纸要妥善保管,为防止个别顾客偷换标签,即以低价格标签贴在高价格商品上,通常可选用仅能一次使用的折线标签纸。

4. 价格调整时需重新打价

商品价格调整时,需重新打价,理货员要注意以下要点:

(1)在未接到正式变价通知之前,理货员不得擅自变价。

(2)正确预计商品的销量,协助店长做好变价商品的准备。

(3)做好变价商品标价的更换,在变价开始和结束时都要及时更换商品的物价标牌及贴在商品上的价格标签。

（4）如价格调高，则要将原价格标签纸去掉，重新打价，以免顾客产生抗衡心理。

（5）如价格调低，可将新标价打在原标价之上。

（6）做好商品陈列位置的调整工作。

（7）要随时检查商品在变价后的销售情况，注意了解消费者和竞争店的反应，协助店长做好畅销变价商品的订货工作，或者是由于商品销售低于预期而造成商品过剩的具体处理工作。

三、商品标价管理要点

商品价格标签对连锁企业做好门店商品管理有很大的作用，主要表现在如下两方面：识别商品的部门分类和单品代号，有利于商品销售、盘点和订货作业；有利于商品周转速度的管理等。理货员在对商品进行标价时，要注意以下要点：

（1）价签价目齐全。按照《价格法》第十三条的规定，要"注明商品的品名、产地、规格、等级、计价单位、价格或者提供服务的项目、收费标准等有关情况"。经营者在标价时应逐项标明，而不能"各取所需"，造成误导、欺骗消费者。

（2）标价内容真实明确。明码标价所标内容是与价格有关的基本指标和数据，必须明白无误，真实准确，不能漏标、错标。

（3）价格标签不能覆盖商品信息。商品信息包括以下内容：生产厂名、注册商标、品名、规格、型号、安装方法、产品技术参数、生产技术参数、生产日期、保质期、保质期限、合格证标志、存储条件等。

（4）标示醒目。标价签、价目表等应在醒目位置予以标明，做到直观大方、一目了然。收费价目表应设置在收费场所或营业大厅的醒目位置；价目簿应摆放在消费者方便查阅的位置。

（5）价格变动时应当及时调整。商品和服务价格发生变动时应及时更换标价签、价目表，做到商品的价格、收费的标准与标价签、价目表相一致。不得将原价、现价混标。

（6）字迹清晰。所标示内容的字迹要工整规范，清晰明确。不得故意涂改乱画，使其模糊不清，误导消费者。

（7）货签对位。标价签无论采用陈列式、摆放式还是悬挂式，均应做到商品陈列与标价签对位，做到有商品有价签。

四、连锁门店 POP（Point Of Purchase）管理

POP（Point Of Purchase）意为"卖点广告"，是门店卖场中常见的促销工具，形式不拘，以展示物为主，如海报、吊牌、大招牌、实物模型、小贴纸、纸货架等。

制定连锁门店 POP 管理规范，是为门店卖场 POP 管理提供工作依据，确保工作规范化，防止 POP 标示与实物不同。它适用于门店店长对 POP 的管理工作过程。

门店 POP 管理工作主要包括：分发、悬挂、维护、更新回收、清理销毁等环节。

POP 的具体类型及位置分以下几种：

（1）店内悬挂物：其功能是配合节令或促销活动，以增强商店的生活气氛，一般悬挂于天花板上。

（2）卖场指南：其功能是向顾客展示卖场的商品配置及商品区分，常见的有卖场商品配置图、划分各大类商品区域的吊牌、特定商品群的指示牌及"入口处""电话"等指示牌。

（3）定点广告宣传：其功能是宣传由供应商推荐的特定商品，由展示台及相应的店内海报、购物说明等组成，一般位于收银台外的空余场地内，应注意的是不要影响顾客进出通道的畅通。

（4）海报：其功能是向顾客告知促销活动的内容，贴于连锁店外部的橱窗，或在连锁店外悬挂布标。

POP 是一项艺术性的工作，应注意以下两个方面：

（1）制作 POP 必需的主要用具

厚而大的三角板、直尺一把、长尺一把、美工刀、羽毛刷、圆规、平头笔、粗细不同的铅笔、各种广告颜色颜料、小盘子、橡皮擦、洗笔盒、剪刀、画板、双面胶等。

（2）树立 POP 广告和特色

制作 POP 应考虑的因素：颜色的搭配、书写方法以由左向右横写为原则，也可使用有意识的纵写；说明文字要说明商品特征、使用方法、价值等内容；色彩的使用要与季节、商品相配合；不要有错字、繁体字、脱字、别字等情形；装饰不要太复杂等。

第7章 连锁店管理制度与表格

第一节　连锁店工作人员岗位职责

一、门店管理部经理岗位职责

(1)在分管副总经理的领导下,全面负责门店各项管理工作。

(2)负责组织制订下属各门店的(年、季、月)销售计划、利润指标、损耗控制指标等并组织实施。

(3)负责建立健全本部门及各分店的各项规章制度,制定各项工作流程,制定相应的工作规范。

(4)负责指导、策划、监督各分店的卖场布局和商品陈列。

(5)负责各分店各类促销活动的组织管理工作。

(6)定期组织本部门的例会,并对本部门人员进行评估考核。

(7)负责组织各分店店长进行商品知识、业务知识、工作流程及管理技能的学习培训。

(8)负责各分店及本部门各项营运成本、办公费用的控制。

(9)负责指导本部门和各分店档案资料的管理工作。

(10)负责确定本部门及各分店统计项目、规范统计方法及相关要求,定期汇总并向相关部门和人员提供统计分析资料及结果。

(11)定期向分管副总经理反映和汇报本部门工作情况。

(12)负责协调各分店之间、各分店及本部门与其他职能部门之间的工作、业务关系。

(13)负责处理与公司各分店及本部门相关的突发事件。

(14)完成上级领导交办的其他工作。

二、门店经理岗位职责

(1)在连锁企业管理部经理/副经理的领导下,负责分店的全面管理工作。

(2)负责实施门店(年、季、月)的计划销售指标、利润指标、损耗指标。

(3)负责实施、执行连锁企业管理部制定的各项规章制度及监督门店运作的各项工作流程。

(4)负责完善卖场布局和进行商品结构安排。

(5)定期组织分店例会,负责评估分店人员的工作绩效并上报连锁企业管理部及人事部。

（6）负责组织分店员工进行业务知识、工作流程和管理技能的学习培训。

（7）负责门店各项营运成本和费用的控制。

（8）负责门店档案资料的管理。

（9）负责门店的销售数据统计，定期向连锁企业管理部经理/副经理提供统计分析资料和结果。

（10）定期向管理部经理/副经理反映汇报分店的工作情况。

（11）负责实施对门店商圈内竞争对手的调查工作。

（12）负责门店对外公共关系及售后服务和管理。

（13）负责门店固定资产、设备的管理及报修工作。

（14）负责门店各类突发事件的处理、统计及上报。

（15）完成企业管理部经理/副经理交办的其他工作。

三、前台主管岗位职责

（1）在门店经理的领导下，负责前台区的全面管理工作。

（2）负责门店营业款的汇总。

（3）负责门店收银员的日常管理及培训。

（4）负责售后服务。

（5）负责考核收银员的工作绩效。

（6）负责营业款交送银行的工作。

（7）负责监控收银员的考勤。

（8）负责监控、检查收银员的仪容、仪表。

（9）完成门店经理交办的其他工作。

四、收货区主管岗位职责

（1）在门店经理的领导下，负责监控门店商品的进货、退货、保管工作。

（2）负责监控商品质量工作。

（3）负责监控商品安全存放工作。

（4）负责监控商品的订货、请配工作。

（5）负责监控收货区卫生工作。

（6）协助店长控制商品损耗。

（7）配合各区主管对商品的跟踪。

（8）负责对收货区工作人员的绩效考评。

（9）完成经理安排的其他工作。

五、理货区主管岗位职责

（1）对分管经理负责，在其指导下全面实施理货区管理工作。

（2）切实保证各项规章、制度在理货区得以贯彻落实。

（3）对理货员验收的商品进行抽检，确保进场商品及理货区库存商品质量完好、数量准确。

（4）确保理货区商品按类合理摆放，周转畅通，并保障商品安全。

（5）参加连锁店例会并主持理货区例会、班长例会。

（6）负责对理货员进行管理和培训，并指导主管助理和班长工作，按连锁企业的商品流转程序要求审核各类单据，并审阅相关报告和文稿。

六、理货员岗位职责

（1）为顾客提供优质服务，包括微笑服务、礼貌用语、回答顾客咨询、推介商品和为顾客提供购物车/篮等。

（2）保障商品销售，及时对端架、堆头和货架上的商品进行补货。

（3）保证销售区域的每一种商品都有正确的条形码和正确的价格标签。

（4）保证商品与价格标签一一对应。

（5）按照规范要求贴价格标签和条形码，价格标签必须放在排面的最左端，商品的店内条形码应贴在规定的位置。

（6）检查有无过期、错误、损坏、污浊的价格标签和标牌，剩余的条形码及价格卡要收集起来统一销毁，不得散落楼面。

（7）新商品须在到货当日上架，所有库存商品必须标明货号、商品名称和收货日期。

（8）及时补货，不得出现在有库存的情况下有空货架的现象。

（9）做好理货工作，按要求码放排面，达到整齐、美观的效果。

（10）保持销售区域的卫生，保持购物通道的顺畅，及时清除空卡板、垃圾等。

（11）进行现场促销以提高营业额。

（12）控制商品损耗，对特殊商品进行防盗处理，及时收回零星散货，妥善处理破损包装商品。

（13）整理货架库存区和仓库，做到库存商品标志清楚、码放安全、整齐有序。

（14）执行"先进先出"原则，并检查保质期。

（15）事先整理好退货，填写退货单据。

（16）负责相关的安全操作，包括使用刀具、铝梯，搬运货物等。

（17）树立防盗意识，对容易丢失的商品和可疑人员予以特别关注。

（18）参加连锁企业举办的运营培训、安全培训，负责本区域内的消防安全工作。

（19）按主管安排的时间和内容做市场调查，市场资料要真实、准确、及时、有针对性。

（20）劝导顾客遵守企业的店规，如不要随意拆包，不要进入仓库等。

（21）参加月度盘点和年度盘点。

七、补货员岗位职责

(1)保障库存商品销售供应,及时清理端架、堆头和货架,并补充货源。

(2)按要求码放排面,做到排面整齐美观、货架丰满。

(3)及时收回零星物品和处理破损包装商品,及时处理破损或已拆包商品。

(4)保证销售区域的每一种商品都有正确的条形码和正确的价格卡,剩余的条形码及价格卡要收集统一销毁。

(5)价格卡必须放在排面的最左端,缺损的价格卡须及时补上。

(6)整理库存区,做到标志清楚、码放安全、整齐有序。

(7)执行"先进先出"原则,并检查商品的保质期。

(8)事先整理好退货物品,办好退货手续。

(9)检查商品有无条码。

(10)检查价格卡是否正确,包括促销商品的价格检查。

(11)确保商品与价格卡一一对应。

(12)补货后要把卡板送回,空纸袋、纸箱、纸盒送到指定的清理点。

(13)新商品须在到货当日上架,所有库存商品必须标明货号、商品名称和收货日期。

(14)必须做到及时补货,不得出现在有库存的情况下有空货架的现象。

(15)检查库存商品的包装是否正确。

(16)补货作业期间,不能影响通道顺畅,不能打扰顾客挑选商品。

(17)依照要求填写"三级数量账记录",每天定期准确计算库存量、销售量和进货量。

(18)落实岗位责任,减少损耗。

(19)确保卖场人字梯未用时在指定位置。

(20)封箱胶、打包带等物品要放在指定位置。

(21)各种货架的配件要及时收回材料库,不能放在货架底下或其他地方。

(22)及时平息及调解一些顾客纠纷。

(23)对不能解决的问题,及时请求帮助或向主管汇报。

(24)通道要无空卡板、无废纸皮及碎物残留。

(25)保持销售区域的卫生。

八、条码员岗位职责

(1)负责连锁企业的条码制作和打印。

(2)检查每日上机记录。

(3)负责连锁店日常信息资料的打印。

(4)负责电脑部有关资料的打字工作。

(5)监督机房环境卫生。

(6)完成上级领导交办的其他工作。

九、生鲜区主管岗位职责

(1)在门店经理的领导下,负责生鲜区商品的请配、制作、陈列、销售工作。

(2)对生鲜区商品的品质进行监控。

(3)对生鲜区员工的服务工作进行指导和培训。

(4)负责生鲜区员工的绩效考核工作。

(5)负责监督生鲜区员工的仪容仪表工作。

(6)负责生鲜区的各项卫生工作。

(7)负责监督生鲜区促销员的管理工作。

(8)负责监控生鲜区商品的损耗工作。

(9)协助经理对生鲜区商品销售的分析和合理化建议。

(10)协调本区域与本店其他区域的接口工作。

(11)按时完成经理交办的其他工作。

十、百货区主管岗位职责

(1)在门店经理的领导下,负责百货区商品的请配、陈列和销售。

(2)负责百货区商品的品质监控。

(3)对百货区员工的服务工作进行监控。

(4)负责百货区员工的绩效考核工作。

(5)负责监督百货区员工的仪容仪表工作。

(6)负责监督百货区的各项卫生工作。

(7)负责监督百货区促销的管理工作。

(8)负责监控百货区商品的损耗工作。

(9)协助门店经理对百货区商品销售的分析和合理化建议。

(10)负责协调本区域与分店其他区域的接口工作。

(11)按时完成经理交办的其他工作。

十一、纺织、皮具区理货员岗位职责

(1)在百货区主管的领导下,负责百货区纺织、皮具商品的请配、陈列、销售工作。

(2)负责纺织、皮具商品的品质监控工作。

(3)负责纺织、皮具小组的各项卫生清洁工作。

(4)负责纺织、皮具商品的安全防盗工作。

(5)收集顾客需求的相关信息。

(6)按时完成百货区主管交办的其他工作。

十二、家用消耗品区理货员岗位职责

(1)在百货区主管的领导下,负责百货区家用消耗品的请配、陈列、销售工作。

(2)负责家用消耗品商品的品质监控工作。

(3)负责家用消耗品小组的各项卫生清洁工作。

(4)负责家用消耗品商品的安全防盗工作。

(5)负责收集顾客需求信息。

(6)完成百货区主管交办的其他工作。

十三、家电、文体用品区理货员岗位职责

(1)在百货区主管的领导下,负责百货区家电、文体商品的请配、陈列、销售工作。

(2)负责家电、文体商品的品质监控工作。

(3)负责家电、文体小组的各项卫生清洁工作。

(4)负责家电、文体商品的安全防盗工作。

(5)收集顾客需求的相关信息。

(6)按时完成百货区主管交办的其他工作。

十四、家具、精品区理货员岗位职责

(1)在百货区主管的领导下,负责家用、精品区商品的请配、陈列、销售工作。

(2)负责家具、精品商品的品质监控工作。

(3)负责家具、精品小组的各项卫生清洁工作。

(4)负责家具、精品商品的安全防盗工作。

(5)收集顾客需求的相关信息。

十五、盘点主管岗位职责

(1)全面负责连锁店盘点的准备和实施。

(2)指导监督盘点小组的工作。

(3)协调盘点过程中连锁店各个部门与总部相关部门的关系,及时传达总部的意见。

(4)控制盘点准备的整个进度和工作质量。

十六、盘点组长岗位职责

(1)负责执行连锁店的盘点程序和总部的有关政策,组织实施连锁店的盘点。

(2)制订连锁店的盘点准备计划,控制盘点进度,确保所有前期准备工作在盘点开始

前全部准确、完整地完成。

（3）安排盘点小组人员的工作,检查、核实、指导盘点小组成员的工作。

（4）组织盘点培训,负责将全部参加盘点的楼面人员、其他部门的支援人员进行分组安排。

（5）确保所有盘点资料的准确无误、完整无失。

（6）现场控制库存区、陈列区的盘点。

（7）负责盘点结束后的收尾工作。

（8）负责与楼面各个部门、安全部、工程部等部门进行有关事宜的协调。

十七、盘点人员岗位职责

（1）服从盘点组长的工作安排,认真、准时、正确地完成工作。

（2）在楼面工作的过程中,尽可能不影响销售部门的营运工作和顾客服务。

（3）坚守岗位,在盘点期间不做与盘点无关的工作。

（4）在本人负责的工作中,如发现例外或错误,要及时汇报。

（5）完成盘点组长安排的其他工作。

十八、安全部盘点员岗位职责

（1）负责与盘点小组保持沟通。

（2）了解盘点小组是否执行连锁企业的盘点流程。

（3）检查重要的盘点资料有无错误、遗漏等。

十九、填表员岗位职责

1. 填表员拿起盘存表后,应注意是否有重叠。

2. 填表员和盘点员分别在盘存表上签名。

3. 填表员对于某些内容已预先填写的盘存表应核对以下项目:

（1）商品编号。

（2）商品名称。

（3）单位。

（4）金额。

（5）数量。

4. 填表员填表前,必须先核对货架编号。

5. 填表员应复诵盘点者所念的各项名称及数量。

6. 填表员应按照季节代号的数量,分别填入各季节代号栏内。

7. 如果预先填写的商品盘点时已无存货,则在本季栏内填"0"。

8. 盘存表只可填写到指定的行数,空余行数留作更正用。

9. 盘存表的填写未超过指定行数时,如当中某一行有错误必须用直尺划去,重新写于最后一行的次一行。并在审核栏内填写"更正第 X 行"。

10. 填表员填写的数字必须正确清楚,绝对不可涂改。

二十、核对员岗位职责

(1)注意盘点员的盘点数量、金额是否正确无误。

(2)核对填表员的填写是否正确无误。

(3)监督错误的更正是否符合规定。

(4)于每一货架盘点完后,在货架编号卡右上角画"√"。

(5)在盘点仓库商品时,应对每一种商品进行盘点,核对无误后即在存货计算卡上画"√"。

(6)于商品盘存表全部填写完毕,并核对无误后,在审核栏内核对处画"√",右边留做更正、签名及抽查员画"√"用。

(7)审核画"√",在合计与单位的空白栏间,从右上至左下画斜线并在核对员栏目上签名。

(8)在盘点期间如实核对,以发挥核对的作用。

二十一、抽查员岗位职责

(1)了解盘存橱柜的位置、商品陈列情形以及其他知识。

(2)接受督导人员的指挥调派,在建立配合抽查组织后,开始进行各组盘点中的抽查工作。

(3)检查已盘点完成的货架商品,核对其货号、品名、单位、金额及数量是否按规定填写。

(4)检查更正处是否按照规定处理,检查进行盘点的各组是否有签名。

(5)抽点盘点完成的商品是否与盘存表上记载的相符,若发现盘点数量不符,应立即通知原盘存组人员更正。

(6)抽点的商品如正确无误,则在该行的审核栏内画"√"。

(7)抽查的重点,以金额大、单价高,而且容易出错的为对象,并以每张抽查为原则,抽查的比例每张约30%以上。

(8)对每张盘点表进行抽查后,应在抽查员栏目上签名。

(9)抽查后,应向主体抽查员报告有关抽查该组时所发现的优缺点,主体抽查员再综合各抽查员意见,将优缺点填入盘点综合抽查报告表内。

(10)抽查完后,应立刻到总指挥部接受调派。

二十二、收银员岗位职责

(1)连锁店收银员必须具有熟练操作和简单维护收款机的能力,严格按照收款过程的工作方法进行操作,录入收款机中的信息必须与柜台所开票据相符。

(2)根据审核无误的销售凭证收款,向顾客唱收唱付。

(3)按照现金管理制度,认真做好现金和各种票据的收付、保管工作。

(4)根据交款凭证结账,与管辖的部门核对。按实收销货款填写交款单,双人复核上交。出现长、短如实反映在当日销售额汇总表上,保证备用金的完整。

(5)账后款要结出余额,封好包,存放在保险柜中。

(6)负责保管好收银台上的验钞机、刷卡机及收款机。

二十三、美工岗位职责

(1)直接向企划主任报告并受其领导。

(2)负责分店卖场的规划、气氛等布置工作。

(3)协助主任(企划)进行分店 CI(Corporate Identify,企业识别)等形象管理工作。

(4)完成主任(企划)交办的其他工作。

二十四、卫生主管岗位职责

(1)负责连锁店的环境美化、绿化和保洁工作,划分卫生责任区并制定各区域卫生标准。

(2)认真检查场内卫生,每天对保洁队负责的公共卫生区域巡视检查一次;每周对连锁店各部门分管的卫生区进行一次检查,并做出记录。对发现的问题,当天解决。重大或未纠正的问题,书面向主管经理做出报告,限期解决,保证卫生达标。

(3)负责商场保洁、环卫工作的对外联系事务。

(4)负责卫生清扫设备及药品的鉴定和进货使用。

(5)负责劳动用具、环卫器具购置计划及发放等工作。

(6)安排灭蝇、灭鼠、灭虫工作。

(7)负责向企业导汇报工作,及时提出意见和建议,在上级的领导下,认真落实上级指示,搞好卫生工作。

二十五、洁净部经理岗位职责

(1)在连锁店经理的领导下,负责连锁店公共场所的卫生清洁工作。

(2)制订工作计划和部署每周部门工作,合理安排人力、物力,确保计划顺利实施。

(3)领导下属清洁工进行重点部位的清洁卫生工作和日常工作。

(4)制订卫生工作计划,并组织实施,确保卫生清洁工作高标准、经常化。

(5)合理安排卫生清洁班次及时间,公共区域的卫生清洁要避开营业高峰期,并回避顾客。

(6)督促检查各班的清洁卫生工作,掌握工作进程,检查工作质量,提出改进意见。

(7)负责申领和控制清洁用品和用具,减少费用开支。

(8)月底前做好本部清洁消耗费用结算,报财务部经理。

(9)负责清洁工的教育培训及每月考勤、考核和效益工资的发放。

二十六、清洁人员岗位职责

(1)清洁人员上岗时要按要求穿好工作服装、佩戴好统一标志,做到着装整洁,精力充沛地上岗工作。

(2)遵守连锁企业的各项规章制度,维护企业的荣誉和诚信,不与售货人员及熟人闲谈,不做与工作无关的事。

(3)操作中要严格操作程序,认真负责,清洁彻底,不留死角,达到卫生标准要求。

(4)操作中保护好商品和公共设施,爱护好专用清洁器具,注意安全,防止任何事故的发生。

(5)严格执行片区保洁责任制,确保片区卫生必须达到规定标准。应随时巡视店面,发现污物杂物应及时处理,随时保证连锁店内的清洁卫生。

(6)清洁人员要努力提高自身素质和对连锁店负责的觉悟,服从主管人员工作安排,遵守商场工作纪律,工作时间坚守岗位。上班佩戴工作牌,服装要整齐、干净。

(7)清洁人员对连锁店其他工作人员、顾客服务要热情周到,举止端庄,礼貌大方。

(8)不准私拿公物,私卖废品。拾到物品,应及时上交主管。当班人员不得做与本职工作无关的事。

(9)要随时清除干净卖场内的垃圾,用垃圾桶、垃圾袋及时运送出场外或指定地点并倒入集装箱。不准用扶梯运送垃圾,运送垃圾必须走楼梯通道,扶梯上、楼梯及周围的污渍、垃圾必须及时清除。

(10)清洁人员在工作中有权劝阻、制止破坏公共卫生的行为,不能处理、解决时应立即向上级主管汇报,有权提出工作中的一些合理化建议。

(11)负责管理好片区卫生器具,确保卫生器具整洁、布置合理。卫生洁具不使用时要摆放整齐,不得乱扔乱放,保证环境整洁。

二十七、清洁工岗位职责

(1)在店长的领导下负责分店的全面清洁卫生工作。
(2)负责分店出入口处的清洁卫生,包括地面、橱窗、设施等。
(3)负责分店卖场地面的卫生清洁工作。
(4)负责分店洗手间的卫生清洁工作。
(5)负责分店办公室的卫生清洁工作。
(6)负责员工休息区的卫生清洁工作。
(7)负责废物区的卫生清洁工作。
(8)完成店长安排的其他工作。

二十八、安全部主管岗位职责

（1）协助部门经理做好日常工作，做好部门经理的助手，努力完成经理布置的各项工作任务，直接向部门经理负责。

（2）努力提高连锁企业的竞争意识，提高业务管理水平，办事积极、认真负责、讲求效率，树立全心全意为顾客服务、确保顾客安全的思想，作风正派，不谋私利，有勇于献身的精神。

（3）督促指导各级领班及保安员履行其职责，具体检查各项保安措施的落实，指导开展群众性安全防范工作。

（4）具体处理值班期间发生的顾客或员工违法乱纪问题，并负责分管本部门员工的培训和考核。

（5）针对下属员工的思想状况和出勤情况，编制培训计划，辅导新招进的见习保安员，经常对下属员工进行职业道德、竞争意识方面的教育，以提高安全部的整体素质。

（6）负责本部门人员的考勤、考核工作，并负责消防防范布置及检查工作。

二十九、停车场保安员岗位职责

（1）认真学习法律知识，认真学习连锁企业的各项规章制度和部门规定，增强法制观念，遵纪守法，廉洁奉公。

（2）维护好车场交通治安秩序，做好防火、防盗、防偷、防破坏等工作，严格把好安全关。

（3）对进入车场的车辆要指明停放的位置，并验明车况是否完好，做好详细记录，填好表格，然后告知车主让其当场验证，同意属实签名后方可接收。

（4）做好对进入车场停放车辆的收费工作，车走收费并注销，不得损公肥私、利用自己工作方便谋取私利，一经查获将按情况处罚。

（5）对开出车场的车辆要仔细、认真地做好验证工作，在情况确实时才可放行，如验证发现手续不齐和可疑情况，要立即进行查询、拦阻，并及时报告。

（6）不得在车场学开汽车、骑单车、骑摩托车，不得让闲杂人员在车场停留。

三十、消防员岗位职责

（1）做好准备，随叫随到，具备应急处理突发事件的能力。

（2）定期检查连锁店消防设施是否安全，检查连锁店的安全通道是否畅通，如有异样，立即修理。

（3）发现消防设施设备出现残缺时，应上报领班，统一购买。

（4）检查连锁店过道的消火栓是否牢固，以确保企业与顾客的安全。

（5）根据企业自身的情况，有条件的，张贴消防预报和通知。以消防栏或广播的形式告知每日的安全检查情况。

（6）完成上级安排的其他任务。

三十一、监控中心保安岗位职责

（1）严守岗位，认真监控，及时报警，保证企业、顾客和员工的安全。

（2）熟练安全监控、消防报警等设备的技术性能及操作方法，熟悉各部门消防设备的分布情况。

（3）认真观察监视部位，当在监控屏上发现可疑情况和受监控对象时，应及时进行跟踪切换录像并通报各有关岗位采取必要措施。当消防系统报警或接到报警电话，应立即用对讲机通知就近的保安人员赶赴现场予以处理，同时做好详细记录。

（4）监控室内不准吸烟、闲聊，上岗后和离岗前应进行整理打扫，以保持室内外的清洁卫生。

（5）做好监控、报警仪器的清洁保养工作，当监控报警仪器发生故障时，应立即通知和协助工程部门尽快排除故障，并做好详细记录。

（6）要热情礼貌地应答各方面的电话，当接到客人打错或误打报警电话后要查明原因、耐心解释。

（7）无关人员进入监控中心，应立即劝其离开，并记录好工号。连锁店领导进入，应在值勤簿上做好记录。

（8）对讲机、手电筒的电池要及时充电，废电池应及时更换，并做好记录。

（9）负责保管好本岗位所使用的各种设备和设施，交接班时应对设备和物品的种类、数量、完好程度进行登记。

（10）认真做好监控值班记录，交接班时要说清情况和动态，对未处理完的工作应向下一班做好书面和口头移交。接班人员未到岗，本班值勤人员不得擅自离岗。

三十二、治安班长职责

（1）对安全部经理负责，主持相应警卫班的全面工作。

（2）负责本班保安员的考勤、考绩工作，根据保安员履行警卫职责的情况，进行表扬或批评。

（3）根据连锁店的实际情况和上级指示定位设岗，指定保安员的警卫范围，并负责检查落实工作。

（4）根据工作需要和连锁企业安全部经理的指示，有权随时调动保安员加强某区段的警卫工作。

（5）负责向安全部经理报告工作。

三十三、保安员岗位职责

（1）维护连锁店秩序，保护企业财产安全。

（2）对责任区内的重点防护区（包括收银台，贵重商品、危险物品存放地）严密守护，加强巡逻,如发现异常情况,应果断处理,同时立即上报安全部。

(3)对发生在连锁店内的一切有损企业形象,影响连锁店正常经营秩序的人和事,应及时加以制止。如制止无效应立即上报保安部及零售企业经理,以便协调解决。

(4)熟悉责任区的地理环境、商品分布情况和各柜组负责人情况,以利于开展工作。

(5)加强巡逻检查,发现火险隐患应立即排除,同时向零售企业负责人、安全部报告。发生火灾时在连锁店负责人的统一领导下,积极组织扑救、抢救工作,并疏散群众。

(6)发生治安、刑事案件时,应采取积极有效措施,抓捕肇事人、犯罪嫌疑人,保护现场,及时向安全部报告,配合公安机关开展工作。

(7)完成上级主管临时指派的各项任务。

三十四、消防主管岗位职责

(1)认真贯彻执行国家有关消防工作的方针、政策和法规,接受专职消防机关的检查指导。

(2)在经理指导下建立健全连锁店的消防安全制度,制订防火应急方案,组织实施店内防火委员会的各项计划,并进行监督检查。

(3)对员工进行防火安全教育,增强员工的防火意识,提高员工做好消防工作的自觉性。

(4)协助部门经理搞好义务消防队的组织和培训工作,并展开各种形式的防火演练活动。

(5)经常进行防火检查,对店内的要害部门进行定期检查,报告情况及时,发现并帮助解决火险隐患,监督指导各部门落实防火安全制度。

(6)发生火灾后组织带领义务消防队配合消防机关扑救火灾,保护现场,处理火警事故,参与调查火灾原因。

(7)制止各种违反消防法规的行为。

(8)定期向部门经理汇报消防工作情况。

三十五、消防员岗位职责

(1)随时做好准备,随叫随到,具备处理应急事件的能力。

(2)定期检查连锁店的消防设施是否完好,检查连锁店内的安全通道是否畅通。如有异常,立即修理或疏通。

(3)发现消防设施、设备出现残缺时,应上报领班,统一购买。

(4)检查通道的消火栓是否牢固,以确保顾客的安全。

(5)根据连锁店的情况,张贴消防预报和通知,或以消防栏、广播的形式告知每日的安全检查情况。

(6)完成上级安排的其他任务。

(7)配合各部门负责卖场早开场、晚闭场及营业终止后的清场安全检查工作。清场时注意是否有滞留人员,是否有火险隐患,是否有可疑物品;重点部位要重点检查,对检查出的隐患及不安全因素,要认真记录,并及时上报有关部门。

三十六、防损主管岗位职责

1. 对门店经理负责,认真完成经理交给的各项工作。
2. 制订日常工作计划,指导、督促主管助理和班长的工作。
3. 开展五防工作(防火、防盗、防爆、防破坏、防自然灾害),发现问题及时处理并上报。
4. 分析商品的流失情况,制定、实施防范措施,打击盗窃行为,对盗窃事件进行处理,并向部门经理汇报。
5. 对楼面粘贴了标签的商品做定期检查,每月至少做一次商品抽检。检查内容如下。
(1)确保所有可以使用防盗标签的高损耗商品都使用了防盗标签。
(2)标签粘贴的位置应该统一。
(3)标签不能贴在金属商品的上面或非常靠近金属的位置。
(4)商品上不能贴有已变形或损坏的标签。
(5)确保标签粘贴在靠近 UPC 的位置,且不能遮盖重要的商品说明。
(6)确保每件上只贴一个标签。
6. 组织开展紧急事件的应急演练。
7. 组织防损员参与对紧急事件的应急处理。
8. 协助人力资源部对防损人员进行法律知识、消防知识、防盗技能、商场(超市)相关规定、相关商品业务流程等的培训、考核。
9. 受理对驻店防损员的投诉,及时处理并向经理汇报。
10. 协助分店对员工进行安全、消防知识培训,以及防盗技能的指导。
11. 加强与分店、其他职能部室及驻店人员的沟通,使防损工作正常运作。
12. 负责与相关政府部门的沟通协调工作。

三十七、防损员岗位职责

(1)对部门主管负责,认真完成主管交给的各项工作。
(2)按照部门工作要求及岗位要求开展工作。
(3)参加连锁企业及部门内部各类训练、培训、考核。
(4)遇有火警等紧急事件应立即采取有效措施,并及时上报。
(5)文明值勤,礼貌待客,树立信誉第一,顾客至上的思想,随时为顾客提供优质的服务。
(6)防损员上岗必须按规定着装,佩戴全部标志和装备器械,精神饱满,衣着整洁,形象端庄,姿态良好。

（7）值勤期间要随时携带笔记本、钢笔、电筒，随时准备处理情况。

（8）防损员要做执行各项规章制度的楷模，并监督各部门员工严格执行安全保卫的有关规定，对违反规定的要不徇私情，照章执行，并及时上报。

（9）防损员有责任在出现火灾等自然灾害事故和紧急状态时，执行总经理及有关部门经理的特别指令。

（10）发现治安防范漏洞、火险和其他治安事故时，应采取果断措施排除险情，并及时上报。

（11）防损员有责任保护好刑事案件和治安灾害事故的现场。

（12）防损员安全巡查时，必须随时检查所有门窗、出入口、院墙、停车场、建筑物等地方的安全设施。

（13）防损员要依据法律规定，处理各种违法事件，如需暂时扣留扰乱超市秩序或其他违法人员时，应立即上报。

三十八、打扒员岗位职责

（1）上岗时，禁止公开与店面工作人员接触，不许做与工作有关的事，应随时与保卫部领班保持联系。

（2）在执法服务时，要文明用语、礼貌待人；在了解情况、调查问题时，不得用污辱、讽刺性语言。不得因个人言行而影响和损害超市的整体形象和荣誉。

（3）发生治安案件或自然灾害时，应表明身份及时疏散群众，维护秩序。

（4）对一切有损连锁店形象，影响连锁店正常营业秩序的人和事应及时制止。

（5）熟悉店面环境和商品陈列情况。

（6）能及时发现、处理危及连锁店秩序和人身安全的治安隐患。

（7）对店内外人员窃取、损害商品、物品能够及时发现，并跟踪处理。

（8）打扒员文明用语：

◎请您配合我们的工作，谢谢！

◎您能打开您的购物袋吗？

◎对不起，您的商品未消磁，请让我帮您处理。

◎对不起，请您到办公室好吗？您是否有忘记付款的商品？

三十九、后勤部经理岗位职责

（1）贯彻执行连锁企业的各项规章制度，并根据连锁企业的管理大纲结合本部的实际业务，制定内部的各项管理制度，报总经理审批后，组织贯彻实施。

（2）主持本部部会，及时传达上级指示和意图，听取下级的工作汇报，及时掌握并解决存在的问题，定期向上级领导请示汇报工作。

（3）加强经营管理，利用事务部自身的各种条件，面向市场对外经营活动，赚取最大赢利来改善员工福利，同时严格财务制度，建立健全本部财务记账、算账、结账、审批等管理制度,定期公布账目,降低消耗,减少损失浪费。

(4)负责本部全面工作,协调好部门内部各单位的关系及与其他部门之间的关系,创造良好的工作环境,保证事务部各项工作的协调顺利开展。

(5)严格管理制度,加强巡视检查,督促各单位各级管理人员严格按规章制度办事,不断提高各级管理人员和员工队伍素质,提高办事能力和工作效率。

(6)做好本部门各级管理人员和员工的业务培训,合理使用人员,将使用、考核、晋升结合起来,充分调动各级人员的主动性、积极性和首创精神,完成各项任务。

四十、后勤部文员岗位职责

(1)参加后勤部召开的各种会议,整理会议记录,管好部门档案、文件。

(2)收、发各种文件、函件及备忘录,对重要和需要急办的函件,提醒部门经理加以注意。

(3)负责部门起草给上级的呈文、发文、报告,并根据不同的内容,做好存档及处理。

(4)制订部门办公用品的计划,并负责领取、发放和保管。

(5)每月做好全店员工乘车月票的领取、销售、交款工作和职工更衣柜钥匙的管理。

(6)负责员工对后勤工作意见的统计,每月向部门做出统计报告。

(7)完成后勤部经理交办的其他各项任务。

四十一、工程部经理岗位职责

(1)接受总经理的领导,负责管理工程部下属的所有员工。

(2)确定工程部的组织机构和管理运行模式,以使操作快捷合理,并能有效地保障企业的设备、设施安全经济地运行和建筑、装潢的完好。

(3)总结并归纳工程部运行与维修的实践、制定和审定设备、设施及建筑装潢的预防性维修计划、更新改造计划并督促执行,保证零售企业设施的不断完善,始终处于正常、完好状态。

(4)制订并审定员工培训计划,定期对员工进行业务技能、服务意识、基本素质的培训。

(5)全面负责工程部的节支运行、跟踪、控制所有水、电、煤等的消耗并严格控制维修费用,保证企业在最大限度上进行节能、节支。

(6)根据营业情况、气候及市场能源价格情况,提出节能运行的计划和运行维修费用预算。

(7)负责协调和连锁企业相关的市政工程等业务部门的关系,以获得一个良好的外部环境。

(8)主持部门的工作例会,协调班组工作。

(9)分析工程项目报价单,重大项目应组织人员进行讨论并现场检查施工质量与进度,对完工的项目组织人员进行评估和验收。

(10)配合安全部门搞好消防、安全工作。

(11)考核运行经理及维修经理的工作,并对其工作做出指导和评估。

(12)建立完整的设备设施技术档案和维修档案。

(13)随时接受并组织完成上级交办的其他工作事项。

四十二、工程部副经理岗位职责

(1)当好部门经理的助手,工程部经理不在时,临时代理部门经理的一切职责。

(2)安排下属各岗位主管、领班的工作班次表,制订工作计划及工作进程表。

(3)负责制定每天工作分配及任务下达项目单,督促下属员工完成当日的各项工作。

(4)每天巡视、检查下属人员完成工作的情况,包括规定的工作量及工作定额的情况。

(5)确保所有设施设备能够正常发挥作用,维修后使设备达到规定的标准。

(6)协助督导外聘人员的工程进度及应该达到的工作质量标准。

(7)按时更换连锁店工程管道的各种滤网。

(8)检查、建议有关工程部或客房设备的维修及更换。

(9)审批、检查各部件所需原材料的标准规格,保证各项工程的及时完成。

(10)按时完成总工程师和工程部经理交办的其他临时性工作。

四十三、工程执行经理岗位职责

(1)协助工程部经理管理工程部的所有员工。

(2)协助工程部经理制订本部门的月度、年度维修保养计划,有效保障连锁店设备、设施的正常、安全运转。

(3)协助培训部门制订员工的培训计划,对员工进行业务技能及基本素质的培训。

(4)掌握当班能源消耗及维修费用,确保连锁店最大限度的节能、节支。

(5)推行节能运行计划的实施和运行维修费用预算的控制。

(6)协助工程部经理做好外部关系的协调,以获得良好的外部环境。

(7)协助主持部门工作例会,协调班组工作。

(8)协助分析工程项目报价单,亲临现场检查施工与工程进度。

(9)协助工程部经理做好消防安全工作。

(10)考核下级的工作,并对其工作做出指导和评论。

(11)协助建立完整的设备技术档案和维修档案。

(12)执行工程部经理下达的其他工作指令。

四十四、维修主管岗位职责

(1)在连锁企业管理部经理的领导下,负责公司工程及设备维修、保养工作。

(2)负责安排公司总部、各分店及配送中心的临时发电工作。

（3）负责制订购置配件、工具及设备维修保养工作计划。

（4）负责协调分店与业主间水电费用及其他工程改造事宜。

（5）监督管理维修工的日常工作及绩效考核。

（6）完成商场管理部经理交办的其他工作。

四十五、维修工岗位职责

（1）在维修主管的领导下，分片承包公司总部、各分店、配送中心的用电设备的日常维护、保养工作及损坏修理工作，确保企业总部、各分店、配送中心各类用电设备正常、安全运作。

（2）负责企业总部、各分店、配送中心的临时发电工作。

（3）负责企业分店水、电抄表，计费工作，按月抄报企业财务部。

（4）负责填报配件、工具的申购计划。

（5）负责填报维修费用及委外维修的申请。

（6）负责统计用电设备故障频率。

（7）坚守岗位，随叫随到，认真细致，确保安全操作。

（8）定期向副经理汇报设备运作、维修状况等情况。

（9）完成维修主管交办的其他工作。

第二节 连锁店管理制度

一、会议管理制度

制定早晚会议管理规范的目的是为门店早晚会议管理提供工作依据。其适用范围是：分店每天召开早晚会议的过程。

1. 早会的具体工作流程、工作要求

（1）早会集队：全体早班人员要在营业前30分钟到达，打卡后集合列队。

（2）出勤检查：门店经理根据排班表，检查各区人员出勤情况，如有人员空缺，应立即采取补救调动；门店经理检查全体员工的仪容仪表，包括工卡、工衣、指甲、头发、卫生等。

（3）前日总结：评点前一天员工动态，对表现好的部门和个人要表扬，对做得不好的员工要加以批评和鼓励。门店经理公布前一天各区销售情况，指出各区需完善的工作。

（4）当日安排：公布各项通知、指令；发布当天的工作重点、各区有关的促销活动等事项。

（5）结束：门店经理根据员工动态，进行相应的培训，包括礼仪、服务用语、销售技巧、工作规范等内容。

2. 晚会的具体工作流程、工作要求

（1）晚会集合：营业结束后，各项工作完成后，全体员工集合列队。

（2）出勤检查：门店经理根据排班表，检查出勤情况，检查是否有员工早退。

（3）表扬与批评：门店经理根据当天巡查情况，对员工进行表扬与批评，并要指出表扬与批评的原因，鼓励员工不断进步；门店经理向员工公布当天各区销售情况，指出各区需要改善的问题。

（4）企业指令通知：公布当日公司各项通知、指令。

（5）交班：门店经理填写店长日志；主管填写交接班记录表；按《交接班管理工作规范》的要求进行交接。

二、交接班管理制度

（1）交接班管理规范的目的是为门店有关区域交接班管理提供工作依据，确保交接班工作详细、规范。其适用范围是：门店各区人员交接班的管理过程。

（2）晚上营业结束时，值班店长、各区主管、收银员应提前 15 分钟填写交接班记录，门店经理的交接班记录为店长日志。

（3）交接班记录表须列明重点交接事项，有异常须在备注中注明。

三、离岗管理制度

1. 制定员工离岗管理规范的目的是为门店管理员工离岗提供工作依据。其适用范围是：门店各区主管对员工离岗的管理过程。

2. 员工离岗分为当班中的离岗和员工就餐的离岗两种。本规范主要阐述对临时离岗的管理，交接班的离岗按《交接班管理规范》执行。

3. 员工离岗须申请的岗位包括理货员、收银员、对单员、顾客服务员、防损员、夜间防损员、促销员、各区主管及店长。

4. 对员工离岗的管理主要是离岗需交接的工作内容、员工就餐的时间管理（就餐时间为 30 分钟）、员工临时请假、派外工作、离岗员工负责区域工作完成的监督管理等。

5. 门店经理及各区主管要经常巡查，对员工进行监督指导管理并分析情况对日常管理进行改进和相应的调整。

6. 具体工作流程、工作要求：

（1）申请：一般每次离岗时间不超过 20 分钟，否则需经门店经理批准，每人每天离岗不得超过两次；员工前往洗手间不用填写离岗记录表，只需向主管口头汇报即可；员工就餐需打卡登记，用餐完毕后，打卡登记回岗时间，员工就餐时间为 30 分钟；主管离岗需要向店长申请，店长因事离岗需向商场管理部申请。

（2）批准：主管接到员工的申请，确认离岗的原因紧急程度，了解当时的营运状况，决定对员工离岗申请批准与否。

（3）返岗：各区主管监督员工必须在规定的时间内返岗，否则将临时调其他人员顶岗；离岗员工超出时间未归按公司行政规定进行处分。

（4）统计分析：主管每周统计员工离岗频次；店长、主管根据统计表分析员工动态。

四、月度盘点制度

1. 制定连锁店月度盘点规范的目的是为分店每月盘点提供工作依据,确保盘点工作合理、规范化。其适用范围是:分店对商品每月进行盘点的工作过程。月盘点不得影响正常营业,尤其不得影响正常订货。

2. 具体的工作流程、工作要求

(1)计划:门店要于每月 25 日前做出盘点工作计划,安排盘点前准备工作、盘点人员及盘点用品等。

(2)实施:各分店要于每月月末(最后一天)营业结束后进行盘点工作;盘点后进行盘点资料录入,连锁企业管理部对盘点工作进行监督;对盘点中存在的账实差异组织人员查找原因。

(3)上报:盘点结束,各区主管将盘点账实差异数及差异原因总结后上报店长,店长复核后上报管理部。

(4)处理:差异原因是人为或管理造成的,商场管理部应根据公司对盘点差异率的规定,对有关责任人进行处理,如属系统原因,请信息部对系统数量进行调整。

五、商品盘点管理制度

1. 为了规范连锁企业的盘点管理,特制定本制度。

2. 商品盘点是对商品实物数量和金额的清点和核对。

3. 商品盘点的方法有以下三种。

(1)定期盘点是在月终、季末、年底这些固定日期所进行的盘点。

(2)临时盘点是在商品变价、工作交接、人员调动时所进行的盘点。

(3)全盘点是对柜组全部商品逐一盘点。

(4)部分盘点是对有关商品的库存进行盘点。

一般来说,对于价格高、体积大、品种单一的商品,如金银首饰、电视机、电冰箱等商品应该每天盘点;对于价格低、体积小、交易频繁、品种众多的商品,则应该每月盘点。

4. 为了提高商品盘点工作的质量,应做好以下工作。

(1)加强商品的日常管理。商品摆布、陈列要有固定货位,同类商品不同规格要有序堆放,避免串号、混同等。

(2)做好盘点的准备工作主要是做到"三清、两符"。三清即票证数清,现金点清,往来手续结清;两符即账账相符,账单相符。

(3)采用先进的盘点方法。一般可采用复式平行盘点法,即组织两套班子平行盘点、互相核对复查的盘点方法。

六、盘点前的卖场规定

1. 为了规范对连锁企业的商品盘点前的卖场管理,特制定本规定

2. 通用盘点的楼面规定

(1)盘点前,所有盘点区域的编号必须完整、清楚,楼面不得撕毁或用商品掩盖编号。

(2)盘点前,盘点区域与未盘点区域必须明确分开,不盘点的区域必须明示"不盘点"标志。

(3)盘点前25日,楼面应确定正常货架的陈列图。在系统陈列图输入完毕后,楼面不能私自更改;确实需要更改的,必须经过盘点小组的批准。

(4)盘点前4日,楼面确认促销区域的陈列。陈列图确认后,不接受任何陈列区域的更改,楼面必须控制所有的补货、进货。库存区盘点表预制完成后,接受任何非本区域编号的商品存放在本区域。商品流向只能从库存区进入陈列区。

(5)盘点前的规定时间内,楼面必须将需要退货的商品、报废的商品处理完毕。

(6)盘点表制作前,库存区的所有商品必须用纸箱存放,不得零散存放。

(7)盘点前,所有需要盘点的商品必须在盘点区域内的盘点编号下,所有不需要盘点的商品必须在非盘点区域内。

(8)盘点表制作前,对于不符合系统规则的商品,如系统品名与实际商品不符的,条码贴错的,供应商无法确认的商品等,必须进行处理,保证所有的商品都必须能够进行系统盘点。

(9)盘点前,楼面必须进行保质期和商品包装的检查,通过一次、二次清仓,完成即将过期商品和破损商品的清仓。

(10)盘点前必须确保所有仓库的门锁完好,店内全部的铝梯完好。

3. 库存区盘点的楼面规定

(1)库存区所有商品必须封箱,不得有散货。

(2)库存区所有商品必须在外箱上明确标志盘点区域号码。

(3)库存区的商品必须是同一商品放在同一个位置。

(4)库存区的商品必须在盘点的编号内。

(5)清理库存区的空纸箱。

(6)收货部的退货区域严格与其他存货区域分开。

4. 陈列区盘点的楼面规定

(1)陈列区盘点前,库存区必须处于封库状态。

(2)盘点前,全部的零星散货归入正常的陈列货架。

(3)盘点前,检查所有的价格标签是否正确无误。

(4)盘点前,检查所有的商品是否具备有效条码。

(5)盘点前,将需要盘点的商品整理整齐,以利于清点数量。

(6)盘点前,所有的陈列端架、堆头、仓库中的空纸箱必须清理完毕。

(7)盘点前,检查卖场的死角、维修部门、顾客退换货处是否有滞留商品。

七、盘点人员管理制度

1. 为了规范、完善盘点人员的管理工作,特制定本规定

2. 人员安排的注意事项

(1)连锁店部门除必需的留守人员外,所有人员均应参加年度盘点。

(2)盘点前30天,各部门将参加盘点的人员进行排班,盘点前七天,原则上取消年假休息,盘点当日应停止任何休假。

(3)各部门将参加盘点的人员报盘点小组,同时注明哪些是点数人员,哪些是录入人员。

(4)盘点小组统一对全店的盘点人员进行安排,分为库存区盘点人员和陈列区盘点人员。

(5)盘点小组安排盘点日陈列区的人员时,各个分区小组中必须包括本区营运部门的经理、主管、熟练员工,其中由经理担任本分区内的分控制台台长。

(6)盘点小组在每一个分区小组的人员安排中,必须明确初点录入人员、初点点数人员、复点录入人员和复点点数人员等。

3. 人员安排的通告

(1)盘点小组的人员安排。

◎盘点小组在接到部门上报的参加盘点人员的名单后,将楼面所有盘点人员进行安排,于盘点前7天以书面通知、公告的方式通知各部门。

◎盘点人员按库存区和陈列区将连锁店的盘点区域分成不同的盘点分区,并在每个分区设置一个盘点分组和分控制台,每个分控制台设置一个分台长,全面控制盘点工作的进行。

(2)复查人员的安排。每个分区都必须安排人员进行复查。复查重点是精品部、家电部、烟酒部,以及其他容易出现点数错误的区域。

4. 本规定自颁布之日起实施

八、盘点结束管理规定

1. 营业的恢复

(1)电脑系统进行库存更正后,打开库存数据库。

(2)收货部进行正常的收货和收货录入工作。

(3)陈列区恢复日常营运,包括撤销分控制台、销毁盘点的编号、清除盘点的垃圾等。

(4)库存区取消封库的告示和封库的缠绕膜。

(5)取消连锁企业外的盘点布告。

(6)收银员进行上岗前的准备工作。

(7)所有的购物车/购物篮全部归位。

(8)各商品部门进行开店前的陈列、标价工作。

(9)楼面盘点部门进行正常的补货,所有的铝梯等用具放回规定的位置。

（10）营业广播开始播音。

（11）顾客的购物电梯打开。

（12）连锁店的进出口大门打开。

2. 盘点工作的评估

连锁店完成盘点工作后,总部营运指导监盘小组和店内安全部对本次盘点进行评估和总结,重点是指出不足、总结经验,为下一年度的盘点提供参考。

3. 盘点小组的善后工作

（1）所有报表、盘点表,不需要提交财务部的,需保存至下一年度的盘点后方可销毁。

（2）所有准备盘点过程的资料,要进行分类保存,供下一年度参考。

（3）所有文具归还行政部门,计算机设备归还信息中心。

（4）盘点小组撤销。

4. 本制度可根据实际需要随时修改

九、巡场管理制度

1. 制定巡场管理规范的目的是为连锁企业管理部、店长、各区主管巡店工作提供工作依据,确保巡场工作的规范化、标准化。其适用范围是:适用于店长、各区主管日常巡查的工作过程。

2. 巡场管理工作规范应包括巡查内容策划、巡查、记录、整改要求、整改、验收、资料存档等内容。

3. 具体工作流程、工作要求

（1）策划:制定相关巡场工作检查项目,以记录表格形式进行巡场工作记录,明确检查事项,便于检查人员使用。

（2）巡查:店长、各区主管根据巡查表内容对连锁店情况进行检查,巡场过程中发现重大问题要及时向上一级部门及相关部门反映。

（3）记录:将检查的实际情况填写在表格中的相应栏中。

（4）整改:对检查中发现的问题提出相应的整改意见及限定整改期限;分店店长及各区主管根据整理要求对有关工作进行改进并对相关人员进行工作指导。

（5）跟踪:对要求整改的事项进行跟踪、检查。

（6）存档:店长对店长巡查表进行整理存档,并于每月第一次例会时造册交予连锁企业管理部;企业管理部文员对店长巡查表进行归档保存并定期清理。

十、临到期、残损与变质商品处理方法

（1）制定临到期/残损/变质商品处理规范的目的是确保临到期、残损、变质商品处理工作的规范化。其适用范围是:分店处理正常商品出售过程中出现临到期、残损、变质问题。

（2）对临到期、残损、变质商品的处理方法有两种:一是退还给供应商（根据供应商承

诺、结算数据、协调结果);二是不能退还给供应商的,需自行处理。

(3)对临到期、残损、变质商品自行处理有两种方式:一是对临到期、残损商品可折价处理;二是对变质商品和不能折价的残损商品进行销毁处理。

(4)可折价商品处理包括几个程序:分类、确认、申请、审核、审批、执行、分析评估。

(5)不可折价商品处理包括几个程序:分类、确认、报损、审核、审批、核查、销毁、分析、处理报告、账务处理。

十一、商品陈列管理制度

1. 为保持连锁门店内商品陈列的美观、庄重,并方便顾客选购,特制定本管理办法。

2. 柜台、货架定位

(1)营业大厅内务柜组的分布位置由连锁企业经营部门同有关部门进行统一规划,并标位安排。

(2)连锁店需调整货位时,必须向经营部及保卫部门提出申请。申请批准后由连锁企业负责进行内部调整,报企业经营部备案。

(3)货架、陈列架,实行定位、定量管理,各连锁店要一律按设计方案及经营布局的要求摆放。未经总公司经营部同意,任何人不得随意增减、移动柜台、货架。开架销售商品的摆放要按公司要求保持通道距离。不得随意侵占或阻塞各主、次通道及消防安全通道。

(4)柜台、货架、陈列架需要维修或更换时,由连锁门店向连锁企业经营部提交报告。

(5)要注意爱护使用柜台、货架、陈列架所用的玻璃板、玻璃拉门,出现破损时,须及时申请更换,不得用其他材料代替,以防伤害顾客。

(6)经过维修或更换的柜台、货架、陈列架,由门店负责按原样摆放在原处,更换下来的柜台、货架、陈列架、灯具、玻璃等,由卖场自行处理。

3. 商品陈列

(1)柜台、陈列架内的商品要分层次陈列、全方位展示,开架售货商品要有小外包装,整箱及整包商品不准陈列在柜台和架内。

(2)商品陈列要整洁、丰满、紧凑,要求货价对位,销售后要随时整理、上货。不得将商品拴绑陈列。塑料陈列模特要保持形象的美观、庄重,不得裸体。

(3)封闭柜台、货架与柜台要保持一定通道,原则上不能摆放商品。如遇特殊情况需码放商品,那么一定要码放整齐,以不超过柜台高度为宜。

(4)不得将有破损、污浊、残损的商品陈列或摆放在柜台及陈列架上,应及时收在隐蔽处或返库。

4. 架顶美化

(1)架顶美化要以突出商品特点为原则。

(2)除用于陈列的商品外,架顶上不得随意堆放其他商品及杂物。

(3)顶架广告灯箱由公关部负责设计、制作;发现脱落应及时报公关部修补;到期的由公关部负责更换。

5. 本规定可根据实际情况报请部门主管批准后进行调整。

6. 本规定自颁布之日起执行。

十二、顾客退换货管理制度

（1）商品出售后，只要无污、无残缺、无损坏、无使用、外包装完好不影响正常销售，出售后十日内可凭购物小票或购物发票在原售出分店办理退换货手续。

（2）明确规定属于"三包"的商品，按"三包"规定办理退换货手续。

（3）属于企业维修范围内的商品，如超过双方约定期限30天仍未能修复时，公司按规定的折旧率作适当的折旧后给予退换。

（4）以下商品在售出后无质量及品质问题概不退换：食品、美容化妆品、护肤品、药品、卫生用品、内衣、原音或空白录音带、有像或空白录像带、摄影胶卷、金银或镶嵌饰品、象牙、玉器、宝石、美术品、陶瓷、文房四宝、字画、仿古制品等特种工艺品、属于构造比较复杂、精密且价值较高档、一般比较难以检测的商品（如摄像机等）、属于一次性的特价、处理价的出售商品。

（5）因商品过保质期，商品变质，商品不符合质量标准，商品不能正常使用，顾客不满意，重复购买此商品或收银员操作失误等原因都会导致出现顾客退换货。

十三、连锁企业卫生管理制度

（1）为确保连锁企业员工与顾客的身体健康，提高工作质量和服务质量，使卫生工作制度化，特制定本制度。

（2）卫生管理工作统一由行政部负责。

（3）停车场要保持清洁，各种车辆按规定地点停放整齐。

（4）保持门店内店堂、走廊、公厕的清洁，做到光亮、无异味。

（5）保持内部厕所、浴室、理发室及其他公共场所洁净、无蚊蝇。

（6）各部门办公室内要保持整齐，窗明几净，不得将室内垃圾扫出门外。

（7）垃圾分类后倒入指定地点，不得倒在垃圾道或垃圾桶外。倒完垃圾后要及时盖好盖子。

（8）爱护和正确使用厕所设备。卫生巾、手纸要扔入垃圾篓内，严禁将茶根、杂物倒入洗手池。

（9）连锁店各部室和办公室、库房、食堂等场所，由在其间工作的员工负责打扫，做到日扫日清、定期大扫除。

（10）公共卫生区域由保洁员清扫，对连锁门店实行卫生质量、费用承包。

（11）连锁店行政部设卫生管理员，负责卫生检查工作。

（12）连锁店每半年组织一次卫生大检查，此外重大节日前也要进行检查，并对卫生工作做出讲评。

十四、个人卫生管理制度

1. 为规范个人卫生的管理,特制定本制度。

2. 作业时应穿清洁束领的工作衣,戴工作帽和口罩。

凡进门店作业场所的员工、上级主管及参观人员,一律要遵守下列规定:

◎穿整齐干净的工作服,戴工作帽,并换穿雨鞋。

◎刷洗工作鞋,并在消毒池消毒鞋面。

◎洗刷手部。

◎以纸巾或已消毒的毛巾擦干手部。

◎消毒手部。

◎以手肘或脚部推门进入作业场。

◎穿戴工作衣帽。进入卖场的从业人员应穿工作衣,戴工作帽,以防止头发、头皮屑或其他杂物混入作业场中。

◎戴口罩。在门店作业时,员工间难免因事请求指示或相互交谈,为防止交谈中口水混入生鲜食品中而污染商品,作业人员一律要戴口罩。口罩有布纱口罩及纸质口罩两种,可依作业需求选择戴用。

◎穿工作雨鞋。处理生鲜食品时需大量使用水来清洗原料或半成品。清洗过的水因含有油脂容易使地面湿滑,如果穿不合适的鞋子,容易滑倒,从而影响作业人员的人身安全。为维护从业人员的工作安全,作业时必须穿工作雨鞋。

3. 连锁店工作人员要特别注意手部的卫生。手部的细菌有两种,一种是附着于皮肤表面,称为暂时性细菌,可以用清洁剂洗去;另一种是永久性细菌,需要戴手套方能阻止其污染。

手部清洁方法如下:

(1)以水润湿手部。

(2)擦肥皂或滴清洁剂。

(3)两手相互摩擦。

(4)两手背到手指互相摩擦。

(5)用力搓两手的全部,包括手掌及手背。

(6)做拉手的姿势以擦洗指尖。

(7)用刷子洗手,除去指甲内的污垢及细菌。

(8)以手肘打开水龙头用水将手冲洗干净。

(9)以纸巾或已消毒的毛巾将手擦干,或以热风将手吹干。

(10)以手指消毒器消毒手部残留细菌。

4. 指甲要剪短,不要涂指甲油。指甲是容易藏污纳垢的地方,指甲长时更容易如此。

5. 患有皮肤病或手部有创伤、脓肿的,或患有传染性疾病者不得接触商品。

6. 作业时员工要有良好的卫生习惯。

十五、零售企业安全保卫制度

(1)为了规范对连锁企业安全保卫的管理,特制定本制度。

(2)保卫工作特指连锁企业办公区域内的防盗、防火及其他保护连锁企业利益的工作。

(3)行政管理部负责连锁企业办公区域的安全保卫工作,办公时间由前台秘书负责来宾的接待引见工作;非办公时间由行政管理部指定专人负责办公区域的安全保卫工作。

(4)实施门禁管理系统,非办公时间员工应使用门禁卡进入办公区域。员工应妥善保管门禁卡,如丢失要照价赔偿。

(5)连锁企业实施节假日值班制度,由行政管理部负责每月的值班安排和值班监督工作。值班人员必须按时到岗,并认真履行值班职责,检查各部门对各项安全制度、安全操作规程的落实情况。

(6)行政管理部夜间值班人员负责每日的开门和锁门。在锁门前值班人员必须认真检查办公区域内的门窗是否锁好,电源是否切断,保证无任何安全隐患。

(7)办公区域内的门锁钥匙由行政管理部专人负责保管,并且每日早晚按时将办公室的门打开、锁好。一般员工不得随意配置门锁钥匙。计划财务中心的钥匙由本部门保管。

(8)员工应妥善保管印章、钱款、贵重物品、重要文件等,下班前将抽屉及文件柜锁好,切断电源后方可离开。

(9)连锁企业行政管理部负责组织有关人员不定期地对企业办公环境的安全实施监督检查。如发现安全隐患,相应部门要及时整改。

(10)所属办公区域的门锁钥匙,起用前应在行政管理部备份一套,行政管理部须妥善保管,以备急需时使用。

(11)员工携带非个人物品出办公区域须填写《出门证》,经有关领导批准后方可带出。

十六、值班制度

(1)值班的保安人员必须严守岗位,时刻处于警惕状态。

(2)值班的保安人员要全面检查门店卖场内部,做到无隐患;防止火灾、盗窃等事故发生。

(3)值班的保安人员,不准私自留宿他人,更不准酗酒、赌博,否则后果自负。

(4)在值班期间,连锁企业其他部门提出急需的商品应予以满足,但企业员工应出示有关证件,办理借贷手续。

(5)值班的保安人员要熟知零售企业的总值班电话等联系方式,有情况要及时向上级汇报。

(6)值班的保安人员必须高度自律,不准私自使用零售卖场内的商品。

十七、安全检查制度

1. 连锁企业的安全大检查由治安消防委员会领导,由安全保卫部具体组织实施。

2. 安全大检查每季度进行一次,由企业治安消防委员会成员、保卫人员及零售企业的负责人组成安全检查组,重点检查各项安全制度、防火制度及有关措施的落实情况。

3. 对检查出的问题应责成有关单位或部门限期解决。

4. 由主管安全的经理、部长组织各级安全责任人,每月对各部门进行一次全面的安全检查,发现问题及时解决,并做出安全检查记录。一时难以解决的较大隐患,要写出书面报告,上报企业治安消防委员会。

5. 各营业部门负责人及安全值班人员负责本区域的班前、班后安全检查,发现隐患及时排除,做好记录,解决不了的问题及时上报安全保卫部。

6. 重大节日前要对门店进行全面安全检查,各级主管领导必须亲临现场仔细认真检查。

7. 除按期进行三级检查外,安全保卫部要按分工对全场各部位的治安防范、安全防火情况进行经常性的抽查。填写安全检查记录,发现隐患要督促有关部门及时解决。

8. 安全保卫部工作由治安消防委员会进行监督考核,实施奖惩。

9. 连锁企业发生安全事故由治安消防委员会承担领导责任,主管经理、安全保卫部经理承担主要领导责任。

10. 连锁企业各部门的安全保卫工作由安全保卫部负责考核。

11. 对认真贯彻各项安全保卫制度,全年实现无火警火灾、无各类案件、无员工违法犯罪、无民事纠纷,全年坚持开展普法教育、坚持检查记录和坚持法制宣传教育的部门,零售企业将给予适当的奖励。

12. 对认真贯彻执行企业的各项安全保卫制度,符合下列条件之一的给予表彰、奖励或记功晋级。

(1) 及时发现、防止各类案件和治安灾害事故发生,或在抢险救灾中有立功表现者。

(2) 一贯忠于职守,热爱治安消防工作,并做出一定贡献者。

(3) 检举、揭发、制止违法犯罪活动,提供重要线索,协助侦破案件有功,或抓获违法犯罪分子者。

13. 对违反企业规章制度的,将给予单位或当事人经济处罚,个人罚金一般不超过本人月标准工资的百分之二十;触犯刑律的移交司法部门,依法追究其刑事责任。

十八、消防安全制度

(1) 实行逐级防火责任制,做到层层有专人负责。

(2) 实行各部门岗位防火责任制,做到所有部门的消防工作,明确有人负责管理,各部门均要签订防火责任书。

(3) 安全部设立防火档案、紧急灭火计划、消防培训、消防演习报告、各种消防宣传教育的资料备案,全面负责企业的消防预防、培训工作。各运营部门必须具备完整的防火检查报告和电器设备使用报告等资料。

(4)连锁店内要张贴各种消防标志,设置消防门、消防通道和报警系统,组建义务消防队;配备完备的消防器材与设施,做到有能力迅速扑灭初起火灾和有效地进行人员财产的疏散转移。

(5)设立和健全各项消防安全制度,包括门卫、巡逻、逐级防火检查,用火、用电,易燃、易爆物品安全管理,消防器材维护保养,以及火灾事故报告、调查、处理等制度。

(6)对新老员工进行消防知识的普及,对消防器材使用的培训,特别是消防的重点部门,要进行专门的消防训练和考核,做到经常化、制度化。

(7)连锁店内所有区域,包括销售区域、仓库、办公区域、洗手间全部禁止吸烟。动用明火,存放大量物资的场地、仓库,须设置明显的禁止烟火标志。

(8)连锁店内消防器材、消火栓必须按消防管理部门指定的明显位置放置。

(9)禁止私接电源插座、乱拉临时电线、私自拆修开关和更换灯管、灯泡、保险丝等,如需要,必须由工程人员、电工进行操作,所有临时电线都必须在现场有明确记录,并在期限内改装。

(10)连锁店内所有开关必须统一管理,每日的照明开关、电梯统一由安全员关开,其他电力系统的控制由工程部负责。如因工作需要而改由部门负责,则部门的管理人员和实际操作人员必须对开关的正确使用接受培训。

(11)营业及工作结束后,要进行电源关闭检查,保证各种电器不带电过夜,各种应该关闭的开关处于关闭状态。

(12)各种电气设备、专用设备的运行和操作,必须按规定进行操作,实行上岗证作业。

(13)柜台、陈列柜的射灯、广告灯,工作结束后必须关闭,以防温度过高引起火灾。

(14)货架商品存放要与照明灯、整流器、射灯、装饰灯、火警报警器、消防喷淋头、监视头保持一定间隔(消防规定垂直距离不少于50厘米)。

(15)销售易燃品,如高度白酒、果酒、发胶等,只能适量存放,便于通风,发现泄漏、挥发或溢出的现象要立即采取措施。

(16)连锁企业所有仓库的消防必须符合要求,包括照明、喷淋系统、消防器材的设施、通风、通道等设置。

十九、防盗工作日常管理规定

1. 经常对企业员工进行法制教育,增强员工的法治意识。

2. 制定各种具体的安全防范规定,加强日常管理,不给犯罪分子以可乘之机。具体规定主要有:

(1)办公室钥匙管理规定。

(2)收银管理规定。

(3)会客制度。

（4）财物安全管理规定。

（5）货仓管理规定。

（6）更衣室安全管理规定。

（7）员工宿舍管理规定。

3. 在门店易发生盗窃案件的部位,装置监控器、防盗报警器等安全防范设备。

4. 积极配合人事部做好员工的思想品德考察工作,以保证员工队伍的纯洁。如发现有不适合的人员,应按有关规定进行调换或辞退。

5. 保安部人员要加强日常巡查工作,如发现可疑的人和事要及时报告。

二十、商品损耗管理制度

1. 为加强对商品的损耗管理,减少商品的损耗,特制定本规定。

2. 本规定适用于本企业各部门、各相关人员商品损耗的管理。

3. 商品损耗是指商品账面库存额与实际定点库存额之间的差额。

4. 仓库验货损耗商品

（1）供应商送货时,应先提供订购单,让验收人员凭此核对与商品有关的资料(商品内外包装条码、规格、单价、数量),并由验货人员逐一核对。

（2）商品验收无误后,应立即移至仓库或店内,不得任意摆放,避免混淆。

（3）已完成验收作业的订购单,应转档成进货验收单,一联由会计保管,另一联由总部收执,当作月结对账付款时的依据。

（4）供应商送货的空箱不得覆盖,纸箱则须拆平,避免借机夹带商品。

（5）供应商车辆离去时,要接受仓管人员检查,检查无误后方可离开。

5. 门店损耗管理

（1）安全防损员应加强店内巡逻,特别留意转角处及人流聚集处。

（2）禁止员工于上班时间内购物或预留商品。

（3）员工下班后所购物品不得携入店内或仓库,如已结账的商品,其购物袋处必须粘贴发票。

（4）商品理货人员应随时整理店内商品,如发现 POP 或价格卡条码标示错误,应主动通知电脑部门查询,有错误时应即时更正,以免造成不必要的损失。

（5）废弃的价格卡不得任意丢弃,防止被冒用。

6. 收银损耗管理

（1）制定收银员作业规范,并随时考评。

（2）监督收银员结账收银的基本动作要领,做到准确到位。

（3）收银员每天必须轮换收银台,避免滋生弊端。

（4）损耗管理人员应随时利用监视系统了解各时段收银机收银金额状况,若有异常,应停止该机台,即时进行查核。

（5）严格注意收银员吃饭、休息、换班时间的异常行为,避免收银员趁机大做手脚。

（6）避免收银员使用退货键或立即更正键来消除已登录的商品。

7. 后台损耗管理

（1）商品单品基本资料建档完成后，应由部门主管再做查核验证工作。

（2）所有促销变价的商品一律通过后台应用管理系统的促销变价档做控制管理。

（3）供应商供货价格调整时，一律填制变价单，经由电脑主管、会计主管审核后方可更正。

（4）商品编码原则应符合管理原则。

（5）退货管理作业应按先进先出办理。

（6）进退货资料建档作业应以今日事今日毕为原则。

（7）外送的商品，务必先结账付款，经核准后才可外送。

（8）制作标准盘点规范说明书，其内容应包含盘点计划、盘点区域划分、盘点作业规范、盘点人力分配、盘点资料控管、盘点报表制作、盘点差异分析。

8. 异常情况处理

（1）不告而别。是指员工没有经过辞职就离开。当员工不告而别时，门店应该采取以下措施：

◎马上清场。

◎更换所有的锁具，并清点钥匙是否有遗失。

◎检查现金，看是否有短少。

◎清点账面与实际货品数量，防止商品短少。

（2）在收银机上或其他设备及商品陈列处发现现金时，应及时采取以下措施：

◎检查排班表，了解在此时段内轮班人员是哪些人。

◎将人员打散，让其在不同班次作业，避免人员间相互串通。

◎要确实贯彻每日现金清点作业与交接作业，并且当场询问员工该项钱款的由来。

（3）员工的行为举止怪异或者工作态度改变时，应该采取从下措施：

◎主动关心该名员工，并询问其是否有工作上的不如意，或家中有事，或感情纠纷等。

◎调动该员工的班别，谨防其违法。

（4）空箱。空箱是指店内发现未依规定放置的空商品包装盒。此时，应采取以下措施：

◎检讨员工购物政策和手续是否有缺失，并寻求改进。

◎详细检核出售商品，并与实际库存比照，谨防商品遭窃。

二十一、工程部工具管理制度

1. 工具管理制度

工程部购进的电工仪表、电动工具按产品说明进行检验后要登记入账，工程部对工具实行二级管理。

（1）对于价格较贵且容易损坏的工具，应由专人保管。

（2）经常使用的工具和维修人员必备的工具要记入班组工具账，建卡并由个人负责保管,组内公用工具由组长负责保管。

2. 工具赔偿管理制度

工具丢失或因违反操作规程而损坏的,要追究当事人的责任,根据工具的新旧程度或损害程度酌情进行赔偿。

二十二、设备档案管理制度

(1)设备技术档案应该由工程部的专人负责,连锁企业的所有设备均要建立技术档案,依据设备种类,按时间顺序存放。

(2)设备图表。设备图表由工程部统一管理。设备图标包括:设备安装工程施工图,动力设备与管道配管竣工图,给排水系统分布图,供电线路图,自动消防报警系统分布图,设备零件组装与特殊加工图等。这些图表均分类编号,归档管理,供设备维修管理人员查阅。

(3)设备建档。连锁企业的所有设备均应进行分类,分部门建立设备档案,内容包括:设备名称,出厂合格证,检验单,安装质量检验单,试用记录,维修保养记录,改进安装记录,运行日志等。每种设备的各种档案内容分别按记录种类和时间归档编号以便查找。

(4)设备运行日志。包括:配电室运行日志,锅炉运行日志,空调制热或制冷运行日志,空调区域温度、湿度巡检记录。这些报表日志使用记录完毕后,统一交工程部存档管理。

(5)技术档案借阅。工程部各种技术档案建立后,借阅时需办理借阅手续,经档案主管人员同意后方可借阅。

二十三、设备检查制度

(1)为避免设备发生故障后影响连锁企业的正常经营,及早发现故障隐患并解决问题,特制定本制度。

(2)设备检查分为日常检查、定期检查和专项检查。

(3)日常检查每日进行,主要通过感官检查设备运行中关键部位的声响、振动、温度、油压等,检查结果记录在检查卡中。

(4)定期检查时间周期依具体情况而定,可以定为一个月或半年。定期检查对象是重点设备,主要检查设备劣化程度和性能状况,查明设备缺陷和隐患,为大修提供依据。

(5)专项检查是有针对性地对设备某特定项目的检测。

(6)检查工作要责任到人,并制定检查卡。检查点应确定在设备的关键部位和薄弱环节上。

(7)检查目标要根据设备使用说明书等技术资料,并结合以往的实际经验来制定。检查标准要尽可能定量化。

(8)检查方法有运行中检查和停机检查、停机解体检查和停机不解体检查、凭感官与经验检查和使用仪表仪器检查等。

（9）确定后的检查方法不能由检查人员自行改变。检查信息记录要准确、简明、全面，并整理建档。

二十四、工程部设备维修制度

（1）连锁企业各部门的设备如果发生故障，须填写"维修通知单"经部门主管签字后交工程部。

（2）工程部主管或当班人员在接到维修通知后，应在"日常维修工作记录表"上登记接单时间，根据故障的轻重缓急及时安排有关人员处理，并在记录本中登记派工维修的时间。

（3）维修工作完毕后，维修人员应在"维修通知单"中填写相关内容，经使用部门主管人员验收签字后，将维修通知单交回工程部。

（4）工程部应在记录簿中详细登记维修完工时间，并及时将维修内容记录在维修卡片上，审核维修中记载的用料数量，计算出用料金额填入维修通知单内。

（5）将记录好的"维修通知单"按顺序贴在登记簿的扉页上。

（6）较为紧急的设备维修一般要由使用部门的主管用电话通知工程部，由当班人员先派人员维修，同时让使用部门补交"维修通知单"，当班人员也应补填各项记录，其他程序均同。

（7）工程部在接到维修通知后两日内不能修复的，由当班主管负责在登记簿上说明原因，若影响正常营业，应采取特别措施尽快进行修理。

第三节　连锁店常用管理表格

一、门店员工排班表

_____店　　　　_____区

日　期 姓　名	星期一	星期二	星期三	星期四	星期五	星期六	星期日

排班人（签章）：_____　　　　店　长（签章）：_____　　　　排班实施时间：_____

二、缺货统计表

编　号	单品名称	规　格	供应商	缺货时间	缺货原因	责任人	跟进结果	备　注

三、商品调出登记表

发货日期：　　　　　　　　目的分店：　　　　　　　　调出单号：

序　号	条　码	商品名称	调出单位	商品货号	数　量	进　价	进价额	售　价	售价额

四、商品调入登记表

发货日期：　　　　　　　　调出分店：　　　　　　　　编　号：

序　号	条　码	商品名称	调入单位	商品货号	数　量	进　价	进价额	售　价	售价额

五、滞销商品处理申请表

门　店：　　　　　　　　　　　　　　　　　　　日　期：

条　码	商品名称	规　格	数　量	售　价	要求处理原因（详细）	采购部处理意见	备　注

六、商品进场申请表

编　　号：　　　　　　　　　　　　　　　　　　　　　　日　期：

编　号	商品名称	规格/型号	单　位	数　量	零售价	合计金额

七、营业收入移交登记表

门店名称：　　　　　　　　　　　　　　　　　　　　　　　　日　期：

交接时间	现金数	礼券数	信用卡数	支票数	总金额	交款人	接款人	监交人	备　注
合　计									

八、赠品管理登记表

编号	赠品名称	规格	单位	进仓数量	进仓时间	出仓数量	经手人	仓管员	出仓时间	备注

九、商品盘点表

部　　门：　　　　　　　　　　　　　　　　　　　　　　编　号：

商品编号	名　称	规　格	数　量	零售额	金　额	初　点	复　点	抽　点	差　异	备　注
小　计										

初　点：　　　　　　　　　　复　点：　　　　　　　　　　抽　点：

十、商品月度盘点表

商品编号	规 格	型 号	数 量	上月仓库数	当月进货数	当月领出数	退换补数	月度盘点数	差 异	备 注

十一、商品盘点区域分布表

盘点人	盘点类别	区域编号	盘点单编号			盘点金额
			起	止	张数	

十二、盘点差错审查表

项 目	进 价	售 价	备 注
原账面金额			
实盘金额			
盈亏金额			
差错原因			
责任部门意见			
主管部门意见			
总经理审批意见			
总经理： 财务主管： 盘点人：			

十三、环境卫生检查表

部门：　　　　　　　　　　　　　　　　　　　　　　　　　检查者：

序　号	时　间	检查项目	地　点	责任者	检查结果				备　注
					整　理	整　顿	清　洁	标　示	

十四、日常清洁工作检查表

工　作　项　目	星期日	星期一	星期二	星期三	星期四	星期五	星期六
1. 擦拭店内玻璃及镜面							
2. 擦拭灯罩内、外侧							
3. 擦拭画框及镜面							
4. 整理废纸箱及前、后镜							
5. 保养花木，为其浇水、擦叶及剪黄叶							
6. 擦拭花盆及盆座							
7. 擦拭铜条							
8. 擦拭所有木制家具							
9. 清洁大门口、楼梯、地毯及人行道							
10. 清洁沙发、墙缝和窗缝的垃圾							
11. 扫地、拖地及清理垃圾							
值班经理签名/日期							

十五、区域卫生计划表

部　门	区　域				
	仓　库	走　道	空　地	外部环境	水　沟
清洁说明					

十六、清洁卫生工作安排表

序 号	姓 名	时 间	清洁项目	核查时间	核查人	核查结果	备 注

十七、清洁工作列表

序 号	清洁项目	每天清洁工作内容	每周清洁工作内容	每月清洁工作内容	清洁质量标准

十八、维修通知单

申请人		申请部门经理	
申请部门		验收人及日期	
班组负责人		维修人	
原 因：			
维修内容		使用材料	
工程部经理		费 用	

十九、设备维修申请表

编 号	名 称	规范说明	部 门	数 量	损坏应修情况说明

交修记录		验收记录	
承修商：	承修盖章	验收意见	交货日期
承修金额：			年 月 日
交货日期：			
逾期罚款：	年 月 日		验收人：
主 管：	复 核：	经办人：	

二十、维修反馈表

序　号	日　期	报修项目	报修时间	受理人	检修原因	反馈内容	备　注

二十一、维修作业登记表

序　号	日　期	员工姓名	维修项目	维修地点	使用材料	维修结果	备　注

二十二、高空作业审批表

作 业 人		作业班组	
作业时间		作业地点	
作业主管		监 护 人	
作业人身体状况		作业方式	
申请时间		填 表 人	
作业内容			
安全措施			
审批意见			
备　　注			

二十三、明火作业申请表

申 请 人		申请时间	
作业班组		现场主管	
作业时间		作业地点	
作 业 人		监 护 人	
作业内容			
安全措施			
工程部审批意见			
保安部审批意见			
备 注			

二十四、设备故障报告表

设备名称		设备编号		故障主要 责任人	姓 名	技术等级
故障类别		故障性质				
故障损失		修理费用				
发生时间		修复时间				
事故经过、原因及设备损坏程度						
修理内容						
防范措施						
处理结果	事故部门： 工程部：					
备 注						

二十五、设备封存表

设备名称		设备编号		设备型号	
资产编号		生产厂商		生产日期	
设备原值		已用年度		封存时间	
封存地点					
封存原因					
封存前技术状况					
使用部门意见					
工程部意见					
备　注					

二十六、设备启封表

设备名称		设备编号		设备型号	
资产编号		生产厂商		生产日期	
设备原值		已用年度		封存时间	
封存编号		已封时间		启封时间	
封存地点					
启封原因					
封存前技术状况					
使用部门意见					
工程部意见					
备　注					

二十七、设备投资计划表

序号	设备名称	能量计划和说明	第一期			第二期			第三期			备注
			说明	金额	每月折旧	说明	金额	每月折旧	说明	金额	每月折旧	

二十八、存料登记表

材料名称		用　途		
材料编号		供应商		
估计年用量		计货期		经济订量
安全存量		代替品		

月　份	实际用量	需　求　计　划				平均单价
一　月						
二　月						
三　月						
四　月						
五　月						
六　月						
七　月						
八　月						
九　月						
十　月						
十一月						
十二月						
总　计						

收　发　记　录						
日　期	单据号码	发料量	存　量	收料量	退　回	订货记录	备　注

二十九、设备维修统计表

序　号	日　期	保修单编号	维修项目	使用材料	费　用	工　种	维修人员	备　注

三十、设备报废单

设备名称		设备编号		设备型号	
资产编号		生产厂商		生产日期	
设备原值		折旧年限		已用年限	
累计折旧		预计残值		报损值	
报废原因					
报废日期					
各级意见	设备部门总监		财务总监		工程总监/经理
	总经理		管理公司		董事会
备　注					

三十一、设备故障报告表

设备名称		设备编号		故障主要责任人	姓　名	技术等级
故障类别		故障性质				
故障损失		修理费用				
发生时间			修复时间			
事故经过、原因及设备损坏程度						
修理内容						
防范措施						
处理结果	事故部门：					
	工程部：					
备　注						

三十二、设备大修审批表

设备名称		设备编号		设备型号	
设备原值		设备等级		已用年限	
预计费用		资金来源		预计维修周期	
目前设备状况					
大修方案概况					
预计大修后设备状况					
设计单位		施工单位			
各级审批意见	工程总监/经理		总 经 理	管理公司	
备　　注					

三十三、设备大修验收表

设备名称		设备编号		型号规格		
生产厂商		资产编号		管理类别		
设备原值		折旧年度		已用年限		
原计折旧		预计费用		实际费用		
审批单号		审批日期		施工单位		
开工日期		竣工日期		验收日期		
大修改造方案详情						
大修主要内容			关键部件更换情况	部　位	部件名称	数　量
改造后设备性能						
主要遗留问题						
验收各方意见	设计单位		施工单位		工程部	
备　　注						

三十四、设备大修情况统计报表

序号	设备名称	设备编号	管理类别	改造	大修	规格型号	出厂日期	已用年度	设备原值	申请批号	内部施工	外聘施工	动工日期	竣工日期	验收日期	竣工报告单号	实际费用

三十五、设备安装竣工报告表

设备名称		设备型号		生产厂家	
生产日期		验收日期		竣工日期	
设备技术资料					
空载运转情况					
满负载运转情况					
外观附件与安全装置					
验收结论					
验 收 结 果					
使用部门意见					
工程部意见					
零售企业意见					
备　　注					

三十六、设备台账表

序　号									
使用部门									
管理类别									
设备名称									
设备编号									
相关设备编号									
固定资产编号									
规格型号									
总功率									
生产厂商									
出厂编号									
出厂日期									
启用日期									
安装地点									
设备原值									
计提折旧									
预计残值									
使用年限									
设备现状									
备　注									

三十七、设备领用表

日　期：

设备编号	设备名称	数　量	规　格	单　价	用　途	部　门	备　注

保管人：　　　　　　　　　领用人：

三十八、车辆登记表

车辆牌号			驾驶员姓名	
使 用 人			车 名	
车身号码			车 型	
购车日期			初检日期	
复检日期				

保险记录	保险号码	保险公司	保险期限	保险内容

购置价格			经销商	
附 属 品				

驾驶员资料	住 址		电 话	
	住 址		电 话	
	住 址		电 话	

三十九、安全管理计划表

日 期　＼　项 目				

四十、安全管理实施计划表

日　期：　　　　　　　　　　　　　　　　　　　　　　　　　　　　　　（正面）

主题	实施内容	责任人	核查	日期　星期	1	2	3	4	5	6	7	8	9	10	11	12	13	14	15

（反面）

主题	实施内容	责任人	核查	日期	16	17	18	19	20	21	22	23	24	25	26	27	28	29	30	31
				星期																

四十一、安全检查登记表

序　号	检查项目	待改善事项	说　明	复　核	备　注
	消防	□无法使用　□道路阻塞			
	灭火器	□失效　□走道阻塞　□缺少			
	走道	□阻塞　□脏乱			
	门	□阻塞　□损坏			
	窗	□损坏　□不清洁			
	地板	□不洁　□损坏			
	建筑	□破损　□漏水			
	楼梯	□损坏　□阻塞　□脏乱			
	厕所	□脏臭　□漏水　□损坏			
	办公桌椅	□损坏			
	餐厅	□损坏　□污损			
	工作桌椅	□损坏			
	店房四周	□脏乱			
	一般机器	□保养不良　□基础松动			
	高压线	□基础不稳　□保养不良			
	插座、开关	□损坏　□不安全			
	电线	□损坏			
	给水	□漏水　□排水不良			
	仓库	□零乱　□防火防盗不良			
	废料	□未处理　□放置凌乱			
	其他				

部门主管：　　　　　　　　　　　　　　　检验员：

四十二、灭火器定期检查记录表

部门：   日 期：

编号	检查结果	编号	检查结果	编 号	检查结果	编 号	检查结果	编 号	检查结果
异常处理情况									
核查结果说明									
备 注									

检查员：   部门主管：

四十三、工作安全改善情况通知表

部门：   日 期：

安全隐患地点	安全隐患详情	建议改善事项	改善期限	改善经过及结果	备 注

四十四、工作安全检查表

序 号	检查日期	检查地点	检查人	检查结果	建议事项

四十五、危险工作安全同意书

执行人		工作承办部门		填表人	
施工时间					
施工地点					
工作内容					

先做好以下安全准备事项与工作：

□应封闭管路　　　　　　　□防护面具

□开关已下锁　　　　　　　□防护衣

□已排除气（液）体　　　　□安全帽

□通风　　　　　　　　　　□安全眼镜、面罩

□安全带　　　　　　　　　□应置警告牌

□胶鞋　　　　　　　　　　□检修前准备工作已妥善

可爆气体测定结果_____　　　有毒气体测定结果_____

灭火器材数量_____　　　　　已派看守人员_____

执行部门：

执行人_____　　　　　　　　保安部主管_____

特别注意事项：

安全管理部门：

说明	1. 施工人员需随时携带本同意书，以便查核。
	2. 本同意书核定之施工时间不得超过 24 小时。
	3. 若 24 小时内不能完工，应按日重新申请。
	4. 施工人员若发现情况有变化，应立即通知安全卫生管理人员复查。
备注	

四十六、安全部值班表

时　间			班　次		
值班人数		应　到		实　到	
备　注					
员工姓名	工　作　内　容				

四十七、安全部巡逻到岗登记表

日　　期	白班值班时间						夜班值班时间					
	值班人员签到						值班人员签到					
	时间	签字	时间	签字	时间	签字	时间	签字	时间	签字	时间	签字

四十八、治安隐患检查登记表

受检查区域			
检查人员		日　　期	
		时　　间	
经检查,上述部位存在下列问题			
领导批示			
处理结果			
备　　注			

四十九、客人来访登记表

序　号	日　期	来访时间	来访事由	被访人	被访人所在部门	来访人签字	备　注

五十、安全部夜间安全检查登记表

检查人：   日 期：

时间 项目					

五十一、车辆停放登记表

序 号	日 期	车牌号	停放时间	离开时间	费用情况	值班人员	备 注

五十二、重点防火区域安全检查表

检查区域	检查时间	检查情况	检查人	备 注
锅炉房				
配电房				
变压器房				
柴油机房				
电话机房				
广播机房				
空调机房				
油 库				
气 库				
计算机库				
危险物品仓库				
厨 房				
消防中心				
地下层仓库				
其 他				

五十三、危险物品收缴情况登记表

序　号	日　期	上缴物品	数　量	上缴人签字	处理结果	备　注

五十四、安全部员工资料登记表

序　号	姓　名	性　别	年　龄	学　历	职　位	工作时间	备　注

五十五、安全部员工绩效考核表

月份 \ 姓名 \ 编号									
上半年	1月								
	2月								
	3月								
	4月								
	5月								
	6月								
	小计								
下半年	7月								
	8月								
	9月								
	10月								
	11月								
	12月								
	小计								
年度考绩									

五十六、安全部员工培训计划表

序号	培训种类		培训 名 称													备注
	姓名	工作类别	1	2	3	4	5	6	7	8	9	10	11	12	13	

五十七、商品损耗报告表

报告人：　　　　　　　　　　　　　　　　　　　　　　　　　日　期：

商品编号	品　种	规　格	数　量	单　价	总　值	损耗原因	主管意见	备　注

第三篇

连锁商品采购管理

第8章 连锁企业商品采购实务

第一节 采购谈判与技巧管理

一、采购业务谈判管理

1. 采购计划

（1）商品采购计划

商品采购计划包括商品大分类、中分类和小分类等各类别的总量目标及比例结构、周转率，各类商品的进化标准、交易条件等。

（2）商品促销计划

商品促销计划包括参加促销活动的厂商及商品，商品促销的时间安排，促销期间的商品价格优惠幅度、广告费用负担、附赠品等细节内容。

（3）供应商文件

商品采购计划与促销计划是连锁企业采购业务部制订的两项总体性计划，通常是针对所有采购商品制定的而不是针对某供应商制定的。采购人员同供应商进行业务洽谈时还必须依据连锁企业制定的供应商文件来进行，其内容是：

◎供应商名单（企业名称、地址、开户银行账号、电话等）。

◎供货条件（品质、包装、交货期、价格及折扣等）。

◎订货条件（订购量、配送频率、送货时间等）。

◎付款条件（进货审核、付款、退货抵款等）。

单据流转程序（采购合同—订货单—供货编号—形式发票—退货单—退货发票）。

2. 采购业务谈判内容

上述三项文件中供应商文件是构成采购业务洽谈内容的框架，也是采购合同的基本内容框架。具体的谈判内容主要包括：

（1）采购商品——质量、品种、规格、包装等。

（2）采购数量——采购总量、采购批量。

（3）送货——交货时间、频率、交货地点、最高与最低送货量，保质期、验收方式等。

（4）退货——退货条件、退货时间、退货地点、退货方式、退货数量、退货费用分摊等。

（5）促销——促销保证、促销组织配合、促销费用承担等。

（6）价格及折扣优惠——新商品价格折扣、单次订货数量折扣、累计进货数量折扣、不退货折扣、提前付款折扣等。

（7）付款条件——付款期限、付款方式等。

（8）售后服务保证——保换、保退、保修、安装等。

二、商品采购技巧

1. 准确判断市场行情

一般情况下，对市场行情的把握，包括看透商品市场潜力的眼光，以及通过什么方式可以销售什么商品的判断力。

2. 了解销售现场情况

采购人员应该不单纯只是采购人员，对营业运作也应有所了解，这样才不会采购到一些与销售人员期望相差太大的商品。

3. 把握最新信息

一般情况下，可以通过以下方式来获取市场的信息。

（1）选择一些具有代表性的顾客，作为长期联系跟踪的对象。

（2）编制工作手册，应有意识地把顾客对商品的反映意见记录下来，然后把这些意见系统整理。

（3）建立缺货登记簿，即对顾客需要而本连锁企业没有的商品进行登记，并以此作为进货的基本依据。

（4）设立顾客意见簿，连锁企业经营者应勤于检查顾客意见簿，发现和抓住一些倾向性的问题，及时改进。

4. 巧妙运用供应商

要运用供应商，首先必须了解供应商，了解供应商的基本情况之后，才能依据其特色，看出其可在哪一方面对自己有所帮助。

5. 对供应商进行筛选

为了取得最合理的价格和最优质的商品，可以联系多家供应商进行估价，以供比较，然后从中挑选在各方面皆适合的商品。

第二节　商品采购实施流程

一、制定商品经营目录

（1）商品经营目录是连锁企业或商品经营部（组）所经营的全部商品品种的目录，是连锁组织进货的指导性文件。

（2）连锁企业制定商品经营目录，是根据目标市场需求和企业的经营条件，列出具体的各类商品经营目录，借以控制商品采购范围，确保主营商品不脱销，辅营商品花色、规格、式样齐全，避免在商品采购上的盲目性。

（3）连锁企业的商品经营目录并不是一成不变的，也要根据市场需求变化和企业经营能力适当进行调整。调整中可依据商品销售数据进行分析哪些种类的商品销售下降，如果较长时间内无销售记录，可逐渐筛选淘汰。如有些商品销售上升，可适当增加经营品种和采购数量。商场还应经常开展市场调研预测,分析市场需求变化趋势,了解新产品开发情况,根据企业条件,增加市场前景好的商品经营。在深入研究市场发展变化、总结自身经营状况的基础上,适当调整商品经营目录,是商场改善经营的重要手段。

二、合理选择采购渠道

连锁企业采购渠道多种多样,如何从中进行选择呢? 我们换个角度来分析。连锁企业的供货渠道可以分为3个方面:一是企业自有供货者;二是原有的外部供货者;三是新的外部供货者。

1. 企业自有供货者

有些连锁企业自己附设加工厂或车间,有些企业集团设有商品配送中心。这些供货者是连锁企业首选的供货渠道。

连锁企业按照市场需要,组织附属加工厂加工或按样品进行生产,自产自销,既是商品货源渠道,又有利于形成企业经营特色。有些商品如时装、针织品,鞋帽,市场花色、式样变化快,从外部进货,批量大、时间长,不能完全适应市场变化。而从加工厂或车间加工定做,产销衔接快,批量灵活。有些商场加工定做的时装品牌也有较高的知名度和市场影响力,成为吸引客流、扩大销售的有力手段。

2. 企业原有外部供货者

连锁企业与经常联系的一些业务伙伴,经过多年的市场交往,对这些单位的商品质量、价格、信誉等比较熟悉了解,对方也愿意与商场合作,遇到困难双方能相互支持。因此,可成为企业稳定的商品供应者。

连锁企业稳定的外部供应者来自各个方面,既有生产商,又有批发商,还有专业公司等。在选择供货渠道时,原有的外部供货者应优先考虑,这既可以减少市场风险,又可以减少对商品品牌、质量的担忧,还可以加强协作关系,与供货商共同赢得市场。

3. 新的外部供货者

由于连锁企业业务扩大,市场竞争激烈,新产品不断出现,企业需要增加新的供货者。选择新的供货者是商品采购的重要业务决策,需要从以下几方面做比较分析:

(1)货源的可靠程度。主要分析商品供应能力和供货商信誉。包括商品的花色、品种、规格、数量能否按企业的要求按时保证供应,信誉好坏,合同履约率等。

(2)商品质量和价格。主要是供货商品质量是否符合有关标准,能否满足消费者的需求特点,质量档次等级是否和企业形象相符,进货价格是否合理,毛利率高低,预计销售价格消费者能否接受,销售量能达到什么水平,该商品初次购进有无优惠条件、优惠价格等。

(3)交货时间。采用何种运输方式,运输费用有什么约定,如何支付,交货时间是否符合销售要求,能否保证按时交货。

(4)交易条件。供货商能否提供供货服务和质量保证服务,供货商是否同意连锁企业售后付款结算,是否可以提供送货服务、提供现场广告促销资料和费用,供货商是否利用本地传播媒介进行商品品牌广告宣传等。

为了保证货源质量,连锁企业商品采购必须建立供货商资料档案,并随时增补有关信息,以便通过信息资料的比较,确定所选择的供货商。

三、购货洽谈、签订合同

在对供货商进行评价选择的基础上,采购人员必须就商品采购的具体条件进行洽谈。在采购谈判中,采购人员要就购买条件与对方磋商,提出采购商品的数量、花色、品种、规格要求,商品质量标准和包装条件,商品价格和结算方式,交货方式,交货期限和地点也要经过双方协商,达成一致,然后签订购货合同。一般情况下,商品采购合同应包括以下主要内容:

(1)货物的品名、品质规格。

(2)货物数量。

(3)货物包装。

(4)货物的检验验收。

(5)货物的价格,包括单价、总价。

(6)货物的装卸、运输及保险。

(7)贷款的收付。

(8)争议的预防及处理。

签订购货合同,意味着双方形成交易的法律关系,应承担各自的责任义务。供货商按约交货,采购方支付货款。

四、采购的控制

控制好采购环节是实现经营计划目标的重要手段,控制好采购环节就等于控制住了商品流通的起点和源头。

1. 采购控制的目标

采购计划是达到经营目标的依据,因此在采购计划的制订中要控制好经营目标值、市场份额值、赢利值和赢利率,一般可考虑以下集中控制的方法:

(1)采购计划的制订要细分,落实到商品的小分类,对一些特别重要的商品甚至要落实到品牌商品的计划采购量,采购计划要细分到小分类,其意图就是控制好商品的结构,使之更符合目标顾客的需求。同时采购计划的小分类细分也是对采购业务人员的业务活动给出了一个范围和制约。

(2)如果把促销计划作为采购计划的一部分,那么在与供应商签订年度采购合同之前,就要求供应商提供下一年度的产品促销计划与方案,以便在制订促销计划时参考。必须认识到连锁企业的促销活动,实际上是一种对供应商产品的促销动员、促销组合。还必须认识到在制订采购计划时,要求供应商提供下一个年度新产品上市计划和上市促销方案是制订新产品开发计划的一部分。

2. 采购考核的指标体系

对采购的控制除了采购计划的控制外,还有与供应商进行交易的制度计划(供应商文件)、采购组织机构控制和采购程序控制。但在日常具体的采购业务活动中,还必须建立考核采购人员的指标体系对采购进行细化的控制。采购考核指标体系一般可由以下指标所组成。

(1)销售额指标

销售额指标要细分为大分类商品指标、中分类商品指标、小分类商品指标及一些特别的单品项商品指标。应根据不同的业态模式中商品销售的特点来制定分类的商品销售额指标比例值。

(2)商品结构指标

商品结构指标是以体现业态特征和满足顾客需求为目标的考核指标。如对一些便利店连锁公司的商品结构进行研究发现,反映便利店业态特征的便利性商品只占8%,公司自有品牌商品占2%,其他商品则高达80%。为了改变这种商品结构,就要从指标上提高便利性商品和自有商品的比重,并进行考核,通过指标的制定和考核可同时达到两个效果。

第一,在经营的商品上业态特征更明显。

第二,高毛利的自有品牌商品比重上升,从而增强了竞争力和赢利能力。

(3)毛利率指标

根据连锁企业品种定价的特征,毛利率指标首先是确定一个综合毛利率的指标,这个指标要求反映零售企业的业态特征,控制住毛利率,然后分解综合毛利率指标,制定不同类别商品的毛利率指标并进行考核。毛利率指标对采购业务人员考核的出发点,是让低毛利商品类采购人员通过合理控制订单量来加快商品周转率,扩大毛利率,并通过与供应商谈判加大促销力度扩大销售量,增大供应商给予的折扣率,扩大毛利率。对高毛利率商品类的采购人员,促使其优化商品品牌结构做大品牌商品销售量,或通过促销做大销售量扩大毛利率,要明白一个道理,连锁企业毛利率的增加,很重要的一个途径就是通过促销做大销售量,然后从供应商手中取得能提高毛利率的折扣率。

(4)库存商品周转天数指标

这一指标主要是考核配送中心库存商品和门店存货的平均周转天数。通过这一指标可以考核采购业务人员是否根据店铺商品的营销情况,合理地控制库存,以及是否合理地确定了订货数量。

(5)门店订货商品到位率指标

这个指标一般不能低于98%,最好是100%。这个指标考核的是,连锁门店向总部配送中心订货的商品与配送中心库存商品可供配的接口比例。这个指标的考核在排除总部其他部门的工作因素后除特殊原因外,主要落实在商品采购人员身上。到位率低就意味着门店缺货率高,必须严格考核。

(6)配送商品的销售率指标

连锁门店的商品结构、布局与陈列量都是由采购业务部制定的,如果配送到门店的商品销售率没有达到目标,可能是商品结构、商品布局和陈列量不合理。对一些实行总部自动配送的企业来说,如果配送商品销售率低,可能还关系到对商品最高与最低陈列量的上下限是否合理。

(7)商品有效销售发生率指标

在连锁企业中有的商品周转率很低,为了满足消费者一次性购足的需要和选择性需要,这些商品又不得不备,但如果库存准备的不合理损失就会很大。商品有效销售发生率就是考核配送中心档案商品(档案目录)在门店 POS 机中的销售发生率。如低于一定的发生率,说明一些商品为无效备货,必须从目录中删除出去并进行库存清理。

(8)新商品引进率指标

为了保证各种不同业态模式连锁企业的竞争力,必须在商品经营结构上进行调整和创新,使用新商品引进率指标就是考核采购人员的创新能力,对新的供应商和新商品的开发能力,这个指标一般可根据业态的不同而分别设计。如便利店的顾客是新的消费潮流的创造者和追随者,其新商品的引进力度就要大一些,一般一年可达 60% ~ 70%。当一年的引进比例确定后,要落实到每一个月,当月完不成下一个月必须补上。如年引进新商品比率为 60%,每月则为 5%,如当月完成 3%,则下月必须达到 7%。

(9)商品淘汰率指标

由于门店的卖场面积有限,又由于必须不断更新结构,当新商品按照考核指标不断引进时,就必须制定商品的淘汰率指标,一般商品淘汰率指标可比新商品引进率指标低 10% 左右,即每月低 1% 左右。

(10)通道利润指标

连锁企业向供应商收取一定的通道费用,只要是合理的就是允许的,但不能超过一定的限度,以致破坏了供商关系,偏离了连锁经营的正确方向。客观而言,在连锁企业之间价格竞争之下,商品毛利率越来越低,在消化了营运费用之后,利润趋向于零也不是不可能的,由此,通道利润就成为一些连锁超市的主要利润来源,这种状况在一些超市竞争激烈的地区已经发生。一般通道利润可表现为进场费、上架费、专架费、促销费等,对采购人员考核的通道利润指标不应在整个考核指标体系中占很大比例,否则会把方向领偏,通道利润指标应更多体现在采购合同与交易条件之中。

五、新商品引进与滞销商品淘汰管理

1. 新商品引进管理

新商品引进是零售企业经营活力的重要体现,是保持和强化公司经营特色的重要手段,是零售企业创造和引导消费需求的重要保证,是零售企业商品采购管理的重要内容。

(1)新商品的概念

市场营销观念认为,产品是一个整体概念,包括三个层次:一是核心产品,即顾客所追求的基本效用和利益;二是实体产品,如品质、款式、品牌、包装等;三是附加产品,如售后的运送、安装、维修保证等服务。只要是产品整体概念中任何一部分的创新、变革与调整,都可称为新产品。不仅新发明创造的产品是新产品,对于改进型产品、新品牌产品、新包装产品都可称为新产品。当然,新产品的核心就是整体产品概念中的核心产品,即能给消费者带来新的效用和利益的那部分内容,它也是连锁企业引进新产品必须遵循的原则。

（2）新商品引进的组织与控制

在连锁企业中，新商品引进的决策工作由公司商品采购委员会做出，具体引进的程序化操作由相关商品部负责。

新商品引进的控制管理关键是建立一系列事前、事中和事后的控制标准。

◎事先控制标准：如连锁企业采购业务人员应在对新引进商品市场销售前景进行分析预测的基础上，确定该新引进商品能给企业带来的既定利益，这一既定利益可参照目前企业经营同一类畅销商品所获得利益或新品所替代淘汰商品获得的利益，如规定新引进商品在进场试销的 3 个月内，销售额必须达到目前同类畅销商品销售额的 80% 或至少不低于替代淘汰商品销售额。方可列入采购计划的商品目录之中。

◎事中控制标准：如在与供应商进行某种新商品采购业务谈判过程中，要求供应商提供该商品详细、准确、真实的各种资料，提供该商品进入连锁超市销售系统后的促销配合计划。

◎事后控制标准：如负责该新商品引进的采购业务人员，应根据新商品在引入卖场试销期间的实际销售业绩（销售额、毛利率、价格竞争力、配送服务水平、送货保证、促销配合等）对其进行评估，评估结果优良的新商品可正式进入销售系统，否则中断试销，不予引进。需附带指出的是：随着市场经济的发展，统一开放的市场体系正逐步形成，与之相适应，打破地区界限，对全国各地的"名、特、优、新"商品实行跨地区采购，已成为国内连锁企业探索的新模式，它必将推动超市公司商品结构的不断更新，更好地呈现零售企业的经营特色，更大程度地满足消费者需要。目前我国绝大多数连锁企业在商品的经营上缺乏特色，这与新商品的引进和开发力度不大，缺乏体现零售业态的新品采购标准有关，但从根本上说，对消费需求的动态变化缺乏研究是根本原因。另外，连锁企业过高的进场费也阻挡了一大批具有市场潜力的新商品的进入，需要引起高度重视。没有新的商品，连锁企业就没有活力和新鲜感，就没有经营特色和缺乏对顾客的吸引力。

2. 滞销商品淘汰管理

由于连锁店空间和经营品种有限，所以每导入一批新商品，就相应地要淘汰一批滞销商品，滞销商品可看作是连锁企业经营的毒瘤，直接影响连锁企业的经营效益。选择和淘汰滞销商品，成为连锁企业商品管理的一项重要内容。

（1）滞销商品的选择标准

其选择标准主要有以下几方面：

◎销售额排行榜。根据本企业 POS 系统提供的销售信息资料，挑选若干排名最后的商品作为淘汰对象，淘汰商品数大体上与引入新商品数相当。以销售排行榜为淘汰标准，在执行时要考虑两个因素：一是排行靠后的商品是否是为了保证商品的齐全性才采购进场的；二是排行靠后的商品是否是由于季节性因素才导致销售欠佳。如果是这两个因素造成的滞销，对其淘汰应持慎重态度。

◎最低销售量或最低销售额。对于那些单价低、体积大的商品，可规定一个最低销售量或最低销售额，达不到这一标准的，列入淘汰商品行列，否则会占用大量宝贵货架空间，影响整个卖场的销售。实施这一标准时，应注意这些商品销售不佳是否与其布局与陈列位置不当有关。

◎商品质量。对被技术监督部门或卫生部门宣布为不合格商品的,理所当然应将其淘汰。

对于零售企业来说,引进新商品容易,而淘汰滞销商品阻力很大,因为相当一部分滞销商品当初是通过不正规的渠道进入卖场的。为了保证连锁企业经营高效率,必须严格执行标准,将滞销商品淘汰出零售卖场。一个经验型的建议是:如果新商品引进率不正常地大大高于滞销品淘汰率,那么采购部门的不廉洁采购是可以确定的。

(2)商品淘汰的作业程序

◎列出淘汰商品清单,交采购部主管确认、核实、批准。

◎统计出各个门店和配送中心所有淘汰商品的库存量及总金额。

◎确定商品淘汰日期。零售企业最好每个月固定某一日期为商品淘汰日,所有门店在这一天统一把淘汰商品撤出货架,等等。

◎淘汰商品的供应商贷款抵扣。到财务部门查询被淘汰商品的供应商是否有尚未支付的贷款,如有,则作淘汰商品抵扣货款的会计处理,并将淘汰商品退给供应商。

◎选择淘汰商品的处理方式。

◎将淘汰商品记录存档,以便查询,避免时间长或人事变动等因素将淘汰商品再次引入。

3. 退货的处理方式

退货的处理方式是滞销商品淘汰的核心问题之一。

传统的退货处理方式主要有以下两种:一是总部集中退货方式,即将各门店所有库存的淘汰商品,集中于配送中心,连同配送中心库存淘汰商品一并退送给供应商;二是门店分散退货方式,即各门店和配送中心各自将自己的库存淘汰商品统计、撤架、集中,在总部统一安排下,由供应商直接到各门店和配送中心取回退货。传统退货处理方式是一种实际退货方式,其主要缺陷是花费连锁商和供应商大量的物流成本。

为了降低退货过程中的无效物流成本,目前连锁企业通常采取的做法是在淘汰商品确定后,立即与供应商进行谈判,商谈2个月或3个月后确定退货处理方法,争取达成一份退货处理协议,按以下两种方式处理退货:一是将该商品作一次性削价处理;二是将该商品作为特别促销商品。

这种现代退货处理方式为非实际退货方式(即并没有实际将货退还给供应商),它除了具有能大幅度降低退货的物流成本的优点之外,还为零售企业促销活动增添了更丰富的内容。需要说明的是:

(1)选择非实际退货方式还是实际退货方式的标准:削价处理或特别促销的损失是否小于实际退货的物流成本。

(2)采取非实际退货方式,在签订的"退货处理协议"中,要合理确定零售企业和供应商对价格损失的分摊比例,连锁企业切不可贪图蝇头小利而损害与广大供应商良好合作的企业形象和信誉。

(3)标明保质期是消费者选择购买商品的重要因素,连锁企业与供货商之间也可参照淘汰商品(虽然该商品本身不属于淘汰商品)的非实际退货处理方式,签订一份长期"退货处理协议",把即将到达或超过保质期的库存商品的削价处理或特别促销处理的办法纳入程序化管理轨道。

（4）如果退货物流成本小于削价处理损失，而采取实际退货处理方式时，连锁企业要对各门店退货撤架及空置陈列货架的调整补充进行及时统一安排，保证衔接过程的连续性。

六、供货商的管理规定

连锁企业对供应厂商的管理规定由两方面组成。

1. 供货业务管理规定

（1）连锁企业的主要功能是供给消费者日常生活用品，满足其每日生活之需，因此商品的周转速度较快，为了保证商品的充分供应，就必须要求供应商供货准时。这就要对供应商在商品的配送方式、配送时间、配送地点和送货次数等方面做出规定，并在确定采购时就与供应商订立协议，明确规定供应商违反规定所负的责任。

（2）供应商的供货，如发生缺货现象，就会影响连锁企业的生意。为此对供应商缺货的制约要做出规定，如缺货率不得超过5%，超过规定，厂商要做出补偿，这种规定要以与厂商订立的协议为执行的依据。

（3）采购业务不可能对厂商提供的几千种甚至上万种商品的质量作出判断，因此在确定采购时要对厂商做出商品质量的有关规定。如要厂商出示有关部门签发的商品准产证、商品质量鉴定书等，并要求厂商对商品质量做出法律上的承诺。

（4）供应商的供应价格如果总是变化，对企业经营十分不利，一般要求供应商的供货价格在一个相当的时间内保持稳定，如果由于生产成本、市场变化等因素价格必须要做出调整的，必须规定厂商在价格调整时有一定的程序。如规定厂商在商品价格调整时，要在调整价格生效两星期前事先通知进货方为有效，或在调价时，仍须维持一段时间的原有价格的商品供应数量，以保证连锁企业采购部门有时间做出相应的调整，不至于措手不及。

（5）商品的采购，进货方支付给厂商货款的天数是一种公认的交易条件，但也必须对支付贷款给厂商的方式作出规定。如与厂商的商品货款的对账应定在每月的哪一天，付款日定在哪一天，付款采取什么方式都要做出明确规定。

（6）对供应厂商的资料管理，是连锁企业采购业务管理的重要环节。

2. 供应商资料管理

供应商的资料管理可做出以下6个方面的分类：

（1）对供应商进行分类并确定编号。供应商的分类是按照连锁企业经营的商品别来进行的，再依商品的类别来确定供应商的编号，如饮料商品的编号是3，就可以对各饮料供应商编成3 001号码……来进行识别管理，连锁企业应给每一个供应商的每一个商品确定编号或代码，以利于进行计算机管理。

（2）对供应商的基本资料建立档案进行管理。如将供应商的名称、住所、负责人、电话、营业执照登记号、供应商品的种类、年销售额等建立资料档案，以便管理。

（3）设立厂商商品台账进行管理，对每一个厂商供应的商品的进价、售价、规格、数量和毛利率等商品资料设立台账,特别要注意的是,台账除了记录厂商供货给本公司的以上商品资料,最好也能记录供货给其他公司,尤其是主要竞争对手的商品资料。

(4)对每一家厂商供应给本企业的所有商品的销售实绩逐月做出统计,包括金额、数量和毛利额,以此作为判定该厂商供货优劣的依据,作为以后订货谈判的讨价筹码。

(5)对供应商的商誉也必须做出调查并建立档案。

(6)对供应商的优劣要做出鉴定和评价,以便对其进行分类的管理,一般可运用 ABCD 分类法来对厂商进行管理。A 级厂商可由采购部经理或业务主管亲自进行管理。

七、遏制采购腐败

1. 绩效考核不但是调动员工积极性的主要手段,而且是防止业务活动中非职业行为的主要手段,在采购管理中也是如此。可以说,绩效考核是防止采购腐败的最有力的武器。好的绩效考核可以达到这样的效果:采购人员主观上必须为企业的利益着想,客观上必须为企业的利益服务,没有为个人谋利的空间。

2. 如何对采购人员进行绩效考核? 跨国公司有许多很成熟的经验可以借鉴,其中的精髓是量化业务目标和等级评价。在年中和年初(或年底)跨国公司都会集中进行员工的绩效考核和职业规划设计。针对采购部门的人员,就是对采购管理的业绩回顾评价和未来的目标制定。在考核中,交替运用两套指标体系,即业务指标体系和个人素质指标体系。

3. 业务指标体系主要包括:

(1)采购成本是否降低,在卖方市场的条件下是否维持了原有的成本水平。

(2)采购质量是否提高,质量事故造成的损失是否得到有效控制。

(3)供应商的服务是否增值。

(4)采购是否有效地支持了其他部门,尤其是生产部门。

(5)采购管理水平和技能是否得到提高。

当然,这些指标还可以进一步细化。如采购成本可以细化为购买费用、运输成本、废弃成本、订货成本、期限成本、仓储成本等。把这些指标一一量化,并同上一个半年的相同指标进行对比所得到的综合评价,就是业务绩效。

4. 在评估完成之后,将员工划分成若干个等级,或给予晋升、奖励,或维持现状,或给予警告或辞退。可以说,这半年一次的绩效考核与员工的切身利益是紧密联系在一起的。

5. 对个人素质的评价相对就会灵活一些,因为它不仅包括现有的能力评价,还包括进步的幅度和潜力。主要内容包括:谈判技巧、沟通技巧、合作能力、创新能力、决策能力等。这些能力评价都是与业绩的评价联系在一起的,主要是针对业绩中表现不尽如人意的方面,如何进一步在个人能力上提高。为配合这些改进,那些跨国公司为员工安排了许多内部的或外部的培训课程。

6. 在绩效评估结束后,安排的是职业规划设施。职业规划设施包含下一个半年的主要业务指标和为完成这些指标所需要的行动计划。这其中又有两个原则:第一是量化原则,这些业务指标能够量化的尽量予以量化,如质量事故的次数、成本量、供货量等。第二是改进原则,在大多数情况下,仅仅维持现状是不行的,必须在上一次的绩效基础上有所提高,但提高的幅度要依具体情况而定。

第三节　商品采购执行规范

一、商品采购操作规范

1. 采购人员行为规范

(1)熟悉分管商品的基本知识、质量标准、特点和市场的需求,熟练掌握商品采购的操作流程,有较扎实的商品采购基本功。

(2)善于捕捉经济信息,掌握一定的谈判技巧,能妥善协调各种公共关系,应变能力强。

(3)思想端正、作风正派,不谋私利,不徇私情,能自觉抵制不正之风。

2. 货源选择规范

(1)应建立合格供应商及产品的名单,优先采购名单上的产品,采购前应进行市场调研和质量分析,优先选择功能先进、设计合理、质量优良、安全可靠的产品,对采购名单外的商品应进行审查认可。

(2)采购时应优先选择货源。

◎名、特、优产品和性能先进、质量可靠的新产品。

◎国家定点厂家生产的产品。

◎充分证明其质量优良或顾客反映好的产品。

◎通过国际和国家认证的产品。

◎权威部门推荐的产品。

◎按国际标准组织生产的产品。

◎实施生产许可证管理,并已取得生产许可证的产品。

(3)货源采购商品时应特别谨慎。

◎不能及时提供有关合法性证明的。

◎不能提供一个或少数产品样品和样本来证明其产品质量的。

◎不能提供充分的质量证明表明其质量状况的。

(4)采购员对供应商及其产品质量不了解时,应对其进行实地重点考察。

◎供应商生产的合法性,查看有关执照、许可证等。

◎必要时,采购员还应对生产条件、设备、生产过程进行考察,查看生产流程。

◎索要产品标准,查其合法性,了解其水平的高低。

◎对产品质量检验设备进行考察,包括对检验记录规范性的验证。

◎了解企业产品质量体系及其运转情况。

二、商品采购合同管理规范

1. 采购合同的内容

连锁企业采购合同的条款构成了采购合同的内容,应当在力求具体明确、便于执行、

避免发生纠纷的前提下,具备以下主要条款:

(1)商品的品种、规格和数量。商品的品种应具体,避免使用综合品名,商品的规格应规定颜色、式样、尺码和牌号等,商品的数量多少应按国家统一的计量单位标出。必要时,可附上商品品种、规格、数量明细表。

(2)商品的质量和包装。合同中应规定商品所应符合的质量标准,注明是国家或部颁标准。无国家和部颁标准的应由双方协商凭样订货。对于副、次品应规定出一定的比例,并注明其标准。对实行保换、保修、保退办法的商品,应写明具体条款。对商品包装材料、包装式样、规格、体积、重量、标志及包装物的处理等,均应有详细规定。

(3)商品的价格和结算方式。合同中对商品价格的规定要具体,规定作价的办法和变价处理的办法,规定对副品、次品的扣价办法,规定结算方式和结算程序。

(4)交货期限、地点和发送方式。交货期限要按照有关规定,并考虑双方的实际情况、商品特点和交通运输条件等确定。同时,应明确商品的发送方式。

(5)商品验收办法。合同中要具体规定在数量上验收和在质量上验收商品的办法、期限和地点。

(6)违约责任。签约一方不履行合同,违约方应负物质责任,赔偿对方遭受的损失。在签订合同时,应明确规定,供应者有以下三种情况时应付违约金或赔偿金:

◎未按合同中规定的商品数量、品种、规格供应商品。

◎未按合同中规定的商品质量标准交货。

◎逾期发送商品。购买者有逾期结算货款或提货、临时更改到货地点等情况,应付违约金或赔偿金。

(7)合同的变更和解除条件。在什么情况下可变更或解除合同,什么情况下不可变更或解除合同,通过什么手续来变更或解除合同等情况,都应在合同中予以规定。

除此之外,采购合同应视实际情况,增加若干具体的补充规定,使签订的合同更切实际,更有效力。

2. 采购合同签订规范

(1)采购合同签订的原则

◎合同的当事人必须具备法人资格。这里的法人,是指有一定的组织机构和独立支配财产,能够独立从事商品流通活动或其他经济活动,享有权利和承担义务,依照法定程序成立的企业。

◎合同必须合法。也就是必须遵照国家的法律、法令、方针和政策签订合同,其内容和手续应符合有关合同管理的具体条例和实施细则的规定。

◎必须坚持平等互利,充分协商的原则签订合同。

◎当事人应当以自己的名义签订经济合同。委托别人代签,必须要有委托证明。

◎采购合同应当采用书面形式。

(2)采购合同的签订程序。签订合同的程序是指合同当事人对合同的内容进行协商,取得一致意见,并签署书面协议的过程。一般有以下五个步骤:

◎订约提议。订约提议是指当事人一方向对方提出的订立合同的要求或建议,也称要约。订约提议应提出订立合同所必须具备的主要条款和希望对方答复的期限等,以供对方考虑是否订立合同。提议人在答复期限内不得拒绝承诺。

◎接受提议。接受提议是指提议被对方接受,双方对合同的主要内容表示同意,经过双方签署书面契约,合同即可成立,也称承诺。承诺不能附带任何条件,如果附带其他条件,应认为是拒绝要约,而提出新的要约。新的要约提出后,原要约人变成接受新的要约的人,而原承诺人成了新的要约人。实践中签订合同的双方当事人,就合同的内容反复协商的过程,就是要约—新的要约—再要约—……直到承诺的过程。

◎填写合同文本。

◎履行签约手续。

◎报请签证机关签证,或报请公证机关公证。

有的经济合同,法律规定还应获得主管部门的批准或工商行政管理部门的签证。对没有法律规定必须签证的合同,双方可以协商决定是否签证或公证。

3. 连锁企业采购合同的管理

采购合同的管理应当做好以下几方面的工作:

(1)加强连锁企业采购合同签订的管理。加强对采购合同签订的管理,一是要对签订合同的准备工作加强管理。在签订合同之前,应当认真研究市场需要和货源情况,掌握连锁企业的经营情况、库存情况和合同对方单位的情况,依据本连锁企业的购销任务,收集各方面的信息,为签订合同、确定合同条款提供信息依据。二是要对签订合同过程加强管理,在签订合同时,要按照有关的合同法规规定的要求,严格审查,使签订的合同合理合法。

(2)建立合同管理机构和管理制度,以保证合同的履行。连锁企业应当设置专门机构或专职人员,建立合同登记、汇报检查制度,以统一保管合同、统一监督和检查合同的执行情况,及时发现问题,采取措施,解决纠纷,保证合同的履行。同时,可以加强与合同对方的联系,密切双方的协作,以利于合同的顺利实现。

(3)处理好合同纠纷。当经济合同发生纠纷时,双方当事人可协商解决。协商不成,可以向国家工商行政管理部门申请调解或仲裁,也可以直接向法院起诉。

(4)信守合同。合同的履行情况好坏,不仅关系到企业经营活动的顺利进行,而且也关系到企业的声誉和形象。

三、商品补充规范

经过前一天的销售,货架、柜台等处所陈列的商品,会出现不丰满、不全或缺档的现象,营业员必须及时进行补货。要求库有、柜有,出样齐全。营业员要依据往常货柜、货架的容量和往日的销售量,尽量补足商品。如出现急缺货或断货,营业员要通知采购部门及时采购商品。

1. 做好某些商品的拆包分装工作

(1)有些商品,从小库搬出后不能直接摆入柜台或货架,因此,必须先拆包、拆篓,甚至还需组装、分装、挑选等。

(2)营业员要依据当地顾客的购买习惯、消费习惯及经营规律,将续补商品整理好,或拆去包装、拆捆,或装组配套,或分装,或拆零。如需挑选、分级的商品,还要进行挑选、分级工作。

2. 将续补商品上柜上架,摆放好

(1)一般情况下,按照往日摆放的样子,缺什么补什么,缺多少补多少,将续补商品摆放回原来的位置。

(2)营业员要本着丰满、整洁、美观、大方及便于选购的原则,对摆放不当的,应做合理的调整。

(3)营业员要注意将当日热销商品陈列在显眼的位置上。

(4)在商品上架时,营业员要根据各种商品不同的特点和出售的情况,采取掀起、抹、烫、装等不同的方法对商品进行整理,使商品清洁、美化,整体美观。这样,可以招徕顾客,利于销售。

3. 检查营业员在整理商品的同时,要认真检查商品质量。如发现破损、霉变、腐烂或弄脏的商品,应及时剔除或处理,以维护顾客的利益和企业的良好形象。

四、送货服务规范

送货是指由售货单位为购买笨重或体积庞大商品的顾客提供方便,负责将其运送到家,这种服务方式在售后服务之中称为送货服务或送货上门。对许多顾客来说,送货上门,往往对他们具有一定的吸引力。

根据零售企业服务礼仪的规范,应为顾客提供送货服务,需要在以下五个方面慎之又慎,好上加好。如果在其中某一个方面出现了差错,就会对售后服务甚至整个服务过程造成损害。

(1)要遵守承诺

提供送货服务,通常在售货服务进行之中,即明文公告或由营业员口头告诉顾客。不论是明文公告还是口头相告,均应将有关的具体规定,诸如送货区域、送货时间等一并告诉顾客,并且必须言而有信,认真兑现自己的承诺。

(2)要有专人负责

一般情况下,连锁企业大体上都应当由指定的专人为顾客提供送货服务。在规模较大的零售企业里,还往往需要组织专门的送货人员与送货车辆。即使雇请外单位人员负责代劳,也要与之签订合同,以分清彼此之间的责任,并要求对方认真地做好送货服务工作。

(3)免收费用

在正常情况下,连锁企业为顾客所提供的送货服务,是不应额外加收任何服务费用的。如果顾客对送货提出了某些特定的要求,比如,进行特殊包装、连夜送货上门或者与顾客达成协议。这一费用一经议定,不得随便进行升降。

(4)按时送达

连锁企业服务人员通常应当尽一切可能,使自己的送货服务当时进行,或者当天进行。一时难以做到的话,也要争取越快越好。对于自己已承诺的送货时间,则一定要严格遵守。若无特殊困难,必须在规定的时间内准时为顾客送货到家。

(5)确保安全

有关人员在送货上门的过程中,应当采取一切必要的措施,确保自己运送货物的安全。假如在送货期间货物出现问题,应由销售单位负责理赔。根据惯例,送货到家之后,应请顾客对其开箱进行验收检查,然后正式签收。

五、商品验收管理规范

仓管员和理货员应对本企业所进货物严格按《商品质量验收标准》进行检验。

(1)合格证检查

检查产品是否有合格证,证上是否有检验机构和检验员签章。

(2)清点检查

重点检查商品数量、包装质量及其完好性。

(3)抽样检查

抽样应按相应验收标准,采用随机抽取法取出代表样进行检查。

(4)索取有关质量证明

按"随货同行证书的管理程序"操作,向供应商索取有关质量证明,如进口食品卫生证书、进口药品检验报告书、质量保证书等,并与采购订单的内容进行对照,检查是否一一对应,准确无误。索取证书应及时传指定分店质检员存档,按"随货同行证书的存档操作流程"进行管理。

(5)标志、包装检查

对所抽样品进行标志检查时,严格按照《商品质量验收标准》进行检查验收。检查包装是否牢固,是否可能因包装不良而使商品受损及包装本身是否受损。

(6)对有使用期限的商品进行检查

应重点检查有使用期限商品的生产日期、进货日期是否符合《商品质量验收标准》的规定。

(7)感官检查

对商品进行感官检查,根据标准或经验判定产品质量。

六、购进商品的处理规范

(1)商品通常从供应商处运送至仓库,供储存和分配,或者直接运送到连锁店的销售货架上。不同规模的连锁企业有不同的处理方法:连锁经营集中采购的零售商,大部分商品由供应商首先送到中央仓库,进行必要的入库处置,选入仓库,按 POS 系统分配到各零售店;独立零售商的货物由供应商直接送到各门店验收。

(2)将价格和存货信息标记在商品上。价格和存货标记可通过多种方式完成,小零售企业可能以手工方式标价和记录存货。大型连锁企业使用自己的计算机生成价格标签,同时依靠包装上印刷的条形码数据保持存货记录。

（3）商品陈列及现场存货数量和品种的多少取决于连锁企业的规模大小。连锁型超市一般利用货箱和货架陈列商品，大多数存货都放置在销售现场。传统百货商店采用各种各样的场内陈列，大多数存货都放置在仓库，而不是销售现场。

（4）处理退货和损坏商品的程序也是必不可少的。特别是连锁企业必须确定由哪方负责顾客的退货，并制定有关回收损坏商品并负责退款或换货的条款。对于这部分内容，在前面与供应商谈判时提到，要特别写进合同条款中，虽然涉及的这部分商品款和商品数量都不大，但极易产生纠纷，影响连锁企业与供应商的合作关系。

（5）由于偷窃行为的存在，监视和减少货物失窃成了商品处置过程的一个重要方面，而且其重要性正在急速上升。在目前的中国，由于法律的原因，以及人们的素质还不是普遍很高，加上商店的商品大部分实行开架销售，如果增加检验装置和加派防损人员就要增加零售企业的营运支出，而在处置偷窃商品行为时，由于受现场管理和防损人员的水平和素质所限，又极易造成对连锁企业的负面影响甚至导致诉讼。因此，越来越多的连锁企业已采取积极的防窃行动来解决这个问题。

（6）商品控制包括估计收入、利润、周转率、存货短缺、季节性及连锁企业经营的每一种或每一件商品/服务的成本。为了达到控制商品的目的，连锁企业需建立和保持书面的存货数据、定期清点实物存货、核对书面商品存货数字的准确性。

七、商品退换操作规范

1. 商品退换的一般规定

商品退换是经常发生的现象，是企业售后服务的重要内容。正确处理售后商品的退换，有助于连锁企业服务质量的提高，以体现对消费者认真服务的精神，有利于取得消费者对企业的信任。

2. 退换的一般原则

（1）一般来说，只要商品不残、不脏、不走样、没有使用过、不影响出售的，均可以进行退换。

（2）有些商品，如服装，虽顾客试穿过，但商品质量确实没有问题，也应予以退换。

（3）过期失效、残损变质、称量不足的商品未经检查过而卖出去的，一律予以退换。

（4）精度较高的商品，如能鉴别出确属质量不佳，可以根据具体情况，灵活掌握。

（5）对不能退换的商品，如果顾客要求代卖，可根据实际情况，帮助顾客解决困难，按商品的残损程度削价出售。

（6）营业员对待商品退换问题应当有正确的认识，既要认真做好商品进销过程的各项工作，保证出售商品数量准确、质量完好，并实事求是地宣传介绍，使消费者买到适合需要的商品。

（7）对于不能退换的商品，在出售时应向顾客说明，尽量避免和减少商品退换情况；又要热情接待和妥善处理要求退换商品的购买者，听取消费者对商品和服务工作的意见，及时向有关部门反馈，改进企业的服务工作，促进产品适销对路和提高质量。

（8）退换商品时应按规定办理手续，加强退货管理。

八、再次购买与商品评估操作规范

1. 再次购买

对那些不止一次要采购的商品,再次购买的计划是必需的。制订这种计划时,有四个因素是关键的:订货和送货时间、存货周转率、财务支出、存货/订货成本。

(1)订货和送货时间

对于连锁企业而言,发出一份订单到供应商响应直到商品出现在货架和柜台上,需要多少时间是应明确规定的。提前送到,增加仓库的压力和管理费用;延迟送到,则出现断档缺货,影响企业的信誉。

(2)存货周转率

存货周转率是每种商品从订单开始到销售出去所需的时间,它是再订货商品的基础。采用计算机管理系统的大型连锁企业可以自动生成。

(3)财务支出

一般而言,一次大量的采购可获得较大的折扣,但它同时带来仓库费用支出的上升,因而单纯为获得高折扣而大量采购是不明智的做法,关于这部分内容,在后面的仓库管理中会有更加详细的分析。

(4)存货/订货成本

从存货成本看,它属于仓库管理部分,在后面的仓库管理部分有详细介绍;而订货成本,则在采购环节出现。大型连锁企业采用 POS 系统加 EDI 的订货方式,与小型企业的派采购员前往供应商处采购相比,具有高效、快捷、费用低廉的特点。

2. 商品评估

(1)建立评估机制

连锁企业采用切实可行的方式,对经营商品进行分类、排名。最有效和简便的方法,是将 POS 系统中设置商品销售的排名功能,每日的销售报表、月终的销售报表都可生成各类商品的销售排名,提供给市场部和采购部,供决策时使用。

(2)排名分析

POS 系统,将销售数字中生成的销售商品排名,供市场部和采购部再订购和对目前经营政策进行分析。如设定对最后 5 位的商品进行分析,是产品线太长、定价太高、市场不接受、功能不清楚、质量问题、太超前、已是产品生命末期,进行各项定量分析,找出真实的原因,并在找出原因的基础上,进行决策。

(3)做出对策

对于排名末位商品,一般情况下应淘汰。产品线过长的,增加消费者的选择难度,使之难以做出购买决定;价格、质量、功能方面的问题,连锁企业一般无能为力;对超前的商品和处于商品生命末期的商品,无法改变商品的命运;这些都可以选择淘汰。

◎自然淘汰:减少进货量,直到市场无消费意愿时再停止进货。

◎即刻淘汰:将所售商品从卖场撤下,退还给供应商,并不再进货。

◎捐赠:对采用经销方式进货的末位商品,在商品还有使用价值时,捐赠给社会慈善机构、社会贫困人士,让商品的使用价值得以发挥,避免给零售商造成降价的负面影响。

第9章 连锁企业商品验收管理规范

第一节 商品验收操作规范

一、食品原料验收规范

1. 肉类

（1）表皮应盖有政府完税证明章。

（2）确定新鲜度及所要的部位。部位不同,价格相差很多。

2. 家禽类

（1）越老,味道越差。

（2）注意新鲜度。

3. 海鲜

（1）鱼类应挑选眼睛明亮、鱼鳃鲜红的,虾类头脱落或贝类打开者均不新鲜。

（2）鱼鳞紧,有弹性。

（3）除鱼的腥味外,不应有腐败味。

4. 蛋

（1）蛋皮略粗,具有光泽。

（2）手摇无声。

（3）放入水中沉下者为佳。

（4）向光线成透明者为佳。

5. 干货类

有特殊品质、特殊香味或味道,包装完整。

6. 罐头食物

凸起或裂开者不宜。

7. 冷冻食物

送来时应保持冰冻状态,若已解冻可拒收。

8. 蔬菜

（1）叶绿,鲜美,完整。

（2）茎直,无断,结实。

（3）土豆无芽为佳。

9. 生奶

（1）A级牛奶每立方厘米生菌数不得超过3万个以上。

(2)B级牛奶每立方厘米生菌数不得超过5万个以上。

(3)政府检验合格者。

(4)牛奶为易腐品,应特别注意新鲜。

10. 水果

(1)外皮光亮结实。

(2)水分多。

(3)过生或过熟均不宜,适度即可。

二、食品类商品验收规范

1. 引用标准

《食品卫生法》和《食品标签通用标准》。

2. 允许免除标注内容

(1)包装容器最大表面的面积小于10平方厘米时,除香辛料和食品添加剂外,可免除配料表、生产日期、保质期或保存期、质量等级、产品标准号。但在其大包装上应标明食品名称、生产厂家或产地、生产日期、保质期或保存期。

(2)产品标准中已明确规定保质期或保存期在18个月以上的食品,可以免除标注保质期或保存期。

(3)进口食品可以免除原制造者的名称、地址和产品标准号。

3. 基本要求

(1)食品标签不得与包装容器分开。

(2)所用文字必须是规范汉字。

(3)所用的计量单位必须以国家法定计量单位为准,如质量单位:g或克,kg或千克;体积单位:mL或毫升,L或升。

4. 进口食品

(1)引用标准。《进口食品卫生监督管理暂行规定》和各类进口预包装食品(即销售包装食品)的标签要求。

(2)必须索取的法规文件。

◎出入境检验检疫局出具的合格的、有效的、一一对应的卫生证书及附表原件或加盖中华人民共和国地区(市)出入境检验检疫局红色公章的复印件(注意:随货同行,证书中商品的生产日期、保质期必须与所送商品的生产日期、保质期相符)。

◎动植物检验放行单。

(3)标贴标志。必须在每个最小销售包装上粘贴进口食品卫生监督检验标志或以盖章的方式进行检验的标志。

(4)必须具备的中文标签标志内容。

◎食品名称。

◎食品配料表。

◎产品净含量及固形物含量。

◎原产国、地区名。

◎经销者的名称和地址。

◎生产日期(日期的标注顺序为年、月、日)。

◎产品保质期和有效使用期。

◎储藏注意事项。

◎质量等级。

◎特殊标准内容。

5. 国产食品具体要求

(1)引用标准。预包装食品标签必须标注内容详解。

(2)必须索取的法规文件。

◎厂家营业执照。

◎厂家卫生许可证。

◎县级以上卫生防疫站出具的卫生评价报告单和卫生检测报告书。

(3)必须具备的中文标签标志内容。

◎食品名称。

◎食品配料表。

◎净含量及固形物含量。

◎制造者、经销者的名称和地址。

◎生产日期(日期的标注顺序为年、月、日)。

◎保质期或保存期。

◎储藏注意事项。

◎质量等级。

◎产品标准号。

◎特殊标准内容。

◎条形码(自带码或店内码)。

6. 母乳代用品特殊要求

母乳代用品,指以婴儿为对象的婴儿配方食品,以及在市场上以婴儿为对象销售的或以其他形式提供的经改制和不经改制适用于部分或全部代替母乳的其他乳及乳制品、食品和饮料,包括瓶饲辅助食品、奶瓶和奶嘴。

(1)引用标准《母乳代用品销售管理办法》。

(2)必须索取的法规文件。

◎厂家营业执照。

◎厂家卫生许可证。

◎食品批准证书。

◎县级以上卫生防疫站出具的卫生评价报告单和卫生检测报告书。

(3)特殊要求。母乳代用品产品包装标签上,应用醒目的文字标有说明母乳喂养优越性的警句;不得印有婴儿图片,不得使用"人乳化""母乳化"或类似的名词。

7. 进口保健食品

(1)引用标准。《进口食品卫生监督管理暂行规定》《保健食品管理办法》《保健食品标志规定》。

(2)必须索取的法规文件。

◎进口保健食品批准证书。

◎出入境检验检疫局出具的合格的、有效的、一一对应的卫生证书及附表原件或加盖中华人民共和国区(市)出入境检验检疫局红色公章的复印件(注意:随货同行,证书中商品的生产日期、保质期必须与所送商品的生产日期、保质期/保存期相符)。

(3)标贴标志。必须在每个最小销售包装上粘贴进口食品卫生监督检验标志。

(4)必须具备的中文标签标志内容。

◎保健食品名称。

◎天蓝色保健食品标志与进口保健食品批准文号。

◎净含量及固形物含量。

◎功效成分的名称和含量。

◎保健作用。

◎适宜人群。

◎食用方法和食用量。

◎生产日期(日期的标注顺序为年、月、日)。

◎保质期或保存期。

◎储藏指南。

◎原产国、地区名。

◎销售方的名称和地址。

◎特殊标准的内容(辐照食品、警示性标志内容)。

◎条形码(自带码或店内码)。

8. 国产保健食品

(1)引用标准。

《保健食品管理办法》和《保健食品标志规定》。

(2)必须索取的法规文件。

◎厂家营业执照。

◎厂家卫生许可证。

◎保健食品批准证书。

◎县级以上卫生防疫站出具的卫生评价报告单和卫生检测报告书。

(3)必须具备的中文标签标志内容。

◎保健食品名称。

◎天蓝色保健食品标志与保健食品批准文号。

◎净含量及固形物含量。

◎食品配料表。

◎功效成分。

◎保健作用。

◎适宜人群。

◎食用方法。

◎生产日期(日期的标注顺序为年、月、日)。

◎保质期。

◎储藏的注意事项。

◎商品标准号。

◎制造者、经销者的名称和地址。

◎特殊标准的内容(辐照食品、警示性标志内容)。

◎条形码(自带码或店内码)。

9. 国产酒类

(1)引用标准。

《酒类管理条例》《饮料酒标签标准》。

(2)必须索取的法规文件。

◎酒类批发许可证。

◎酒类生产许可证。

◎商标注册证。

◎县级以上卫生防疫站出具的卫生评价报告单和卫生检测报告书。

(3)必须具备的中文标签标志内容。

◎注册商标标记。

◎酒类名称。

◎配料表。

◎所含酒精度。

◎制造者、经销者的名称和地址。

◎批号。

◎生产日期。

◎保质期。

◎产品标准号与质量等级。

◎产品类型。

◎条形码(自带码或店内码)。

10. 进口酒类

(1)引用标准。

《进口酒类国内市场管理办法》《酒类管理条例》《饮料标签标准》。

(2)必须索取的法规文件。

◎酒类批发许可证。

◎出入境检验检疫局出具的合格的、有效的、一一对应的卫生证书及附表原件或加盖中华人民共和国出入境检验检疫局红色公章的复印件(注意:随货同行,证书中商品的生产日期、保质期/保存期必须与所送商品的生产日期、保质期相符)。

（3）标贴标志。必须在每个最小销售包装上粘贴进口食品卫生监督检验标志。

（4）必须具备的中文标签标志内容。

◎酒名。

◎配料表。

◎所含酒精度。

◎原产国、地区名。

◎经销者的名称和地址。

◎批号。

◎生产日期。

◎保质期。

◎质量等级。

◎产品类型。

◎条形码（自带码或店内码）。

附注：

（1）对食品送货验收日期的规定（畅销商品例外）。

◎有效期为1天的，必须在当天早上送货验收，当天未卖完须停止销售并予以清退。

◎有效期为3天以下（含3天）、1天以上的，须在第1天送货验收，截至保质期停止销售并予以清退。

◎有效期为7天以下（含7天）、3天以上的，须在第1天起前3天内送货验收，截至保质期停止销售并予以清退。

◎有效期为10天以下（含10天）、7天以上的，须在前5天内送货验收，截至保质期前1天停止销售并予以清退。

◎有效期为半个月以下（含半个月）、10天以上的，须在前7天内送货验收，截至保质期前2天停止销售并予以清退。

◎有效期为1个月以下（含1个月）、半个月以上的，须在前20天内送货验收，截至保质期前5天停止销售并予以清退。

◎有效期为3个月以下（含3个月）、1个月以下的，须在1个月内送货验收，截至保质期前7天停止销售并予以清退。

◎有效期为半年以下（含半年）、3个月以上的，须在前1/2保质期内送货验收，截至保质期前1个月停止销售并予以清退。

◎有效期为1年以下（含1年）、半年以上的，须在前1/2保质期内送货验收，截至保质期前1个月停止销售并予以清退。

◎有效期为1年以上的，须在前3/5保质期内送货验收，截至保质期前3个月内停止销售并予以清退。

（2）下列情况的商品不予验收：

◎所有粘贴有其他商场超市打价标签纸的商品不予验收。

◎所有标注两种生产日期、保质期、净含量的商品不予验收。

◎所有外表生锈的商品（如罐头食品、铁罐装奶粉等）不予验收。

◎生产日期、保质期标贴单独粘贴的不予验收。

三、家用电器、燃气器具验收规范

1. 引用标准

《消费品使用说明家用和类似用途电器的使用说明》《实施安全质量许可制度的进口商品适用范围》《实施安全认证电工产品目录》《部分商品修理更换退货责任规定》。

2. 基本要求

(1)使用说明内容要用规范汉字书写,厂名、厂址不得使用汉语拼音、符号、标志或数字。

(2)计量单位应符合国家标准或专业标准的有关规定。

(3)汉语拼音必须书写正确,拼写正确。

(4)使用两种以上文字时,相互之间要区分清楚。

(5)产品上采用图形符号或外文标志的各种控制、调节标记,须在说明书上用汉字表明相应含义。

3. 发放生产许可证的范围:电视机、收录机、微型计算机(包括台式计算机、专用计算机、电脑学习机、笔记本电脑)、显示器、打印机、电话机、手机、电熨斗、电热毯、空调、家用电气灶、家用燃气快速热水器。

4. 进口电器具体要求

(1)必须索取的法规文件。

◎电工产品认证合格证书(部分电器)。

◎进口商品安全质量许可证(部分电器)。

◎国家检验检疫局或指定单位出具的检验报告。

◎海关进口货物报关单。

(2)必须具备的中文使用说明标志内容。

◎产品销售包装上应标明的标志内容:产品名称及型号(规格);商标;产品重量和数量;色别标志;包装外形尺寸;消费者须知(开启包装前)的储存、运输注意事项和标志;必要的开启包装注意事项;制造厂名、厂址。

◎产品说明书应包括的内容:产品名称及型号(规格);产品介绍;额定电压(V)和电源种类;额定频率(Hz)(直流电器除外);额定输入功率;主要使用性能指标;接地说明;组装和安放、安装事项;使用说明;维护保养事项;产品附件名称、数量、规格;常见故障及其处理方法一览表;售后服务事项和生产者责任;制造厂名和厂址。

(3)标贴标志。实施安全质量许可制度的进口商品必须在产品或外包装上印制或粘贴进口商品标志(CCIB 标志)和安全认证标志。

5. 国产电器具体要求

(1)必需电器具体要求。

◎电工产品认证合格证书(部分电器)。

◎厂家生产许可证(部分电器)。

◎厂家营业执照。

◎法定质量检验机构出具的合格检验单证。

(2)必须具备的中文使用说明标志内容。

◎产品销售包装上应标明的标志内容：产品名称及型号（规格）；商标；产品重量和数量；色别标志；包装外形尺寸；消费者须知（开启包装前）的储存、运输注意事项和标志；必要的开启包装注意事项；制造厂名、厂址。

◎产品说明书应包括的内容：产品名称及型号（规格）；产品介绍；额定电压和电源种类；额定频率；额定输入功率；主要使用性能指标；接地说明；组装和安放、安装事项；使用说明；维护保养事项；产品附件名称、数量、规格；常见故障及其处理方法一览表；售后服务事项和生产者责任；制造厂名和厂址。

(3)标贴标志。实施安全认证的电工产品必须在产品或外包装上印制或粘贴安全认证标志。

(4)应在产品或其包装内附有合格证明和保修卡。

6. 国产燃气器具具体要求

(1)必须索取的法规文件。

◎厂家营业执照。

◎厂家生产许可证。

◎法定质量检验机构出具的相关检验单证。

(2)必须具备的中文使用说明标志内容。

◎商品名称。

◎型号和条形码（自带码或店内码）。

◎商标。

◎制造者、经销商的厂名、厂址。

◎产品使用说明书。

(3)应在产品或其包装内附有合格证明和保修卡。

7. 进口燃气具具体要求

(1)必须索取的法规文件。

◎委托授权书。

◎国家检验检疫局或指定单位出具的合格检验单证。

◎海关进口货物报关单。

(2)必须具备的中文使用说明标志内容。

◎原产国（地区）。

◎进口经销者的名称、地址。

◎中文使用说明书。

(3)生产厂家或经销商设立或委托经过审查合格的维修网点，并遵守有关管理规定。

四、电话、传真机验收规范

1. 引用标准

《消费品使用说明家用和类似用途电器的使用说明》《实施安全认证电工产品目录》《部分商品修理更换退货责任规定》。

2. 基本要求

(1)使用说明内容要用规范汉字书写,厂名、厂址不得使用汉语拼音、符号、标志或数字。

(2)计量单位应符合国家标准或专业标准的有关规定。

(3)汉语拼音必须书写正确,拼写正确。

(4)使用两种以上文字时,相互之间要区分清楚。

(5)产品上采用图形符号或外文标志的各种控制、调节标记,须在说明书上用汉字表明相应含义。

3. 进口电话、传真机

(1)必须索取的法规文件。

◎中华人民共和国信息产业部电信设备进网许可证。

◎海关进口货物报关单。

◎进口商品安全质量许可证。

(2)必须具备的中文使用说明标志内容。

◎原产国(地区)。

◎国内经销商名称和地址。

◎规格(型号)。

◎功能、使用要求。

◎中文产品说明书。

(3)标贴标志。中华人民共和国信息产业部电信设备进网标志、进口商品保修卡和进口商品标志、进口商品保修卡和进口商品标志(CCIB标志)。

4. 国产电话、传真机

(1)必须索取的法规文件。

◎厂家生产许可证。

◎中华人民共和国信息产业部电信设备进网许可证。

(2)必须具备的中文使用说明标志内容。

◎厂家名称和地址。

◎规格(型号)。

◎功能、使用要求。

◎中文产品说明书。

(3)标贴标志。中华人民共和国信息产业部电信设备进网标志。

(4)应在产品或其包装内附有合格证明和保修卡。

五、化妆品验收规范

1. 引用标准

《化妆品卫生监督条例》《消费品使用说明化妆品通用标签》。

2. 基本要求

(1)化妆品销售包装中的标签,可直接印刷、粘贴在商品容器上、小包装物上或商品说明书上。

(2)标签所用文字必须是规范汉字。

(3)所用的计量单位必须以国家法定计量单位为准,如质量单位:g 或克,kg 或千克;体积单位:mL 或毫升,L 或升。

3. 发放生产许可证的化妆品

(1)护肤类。润肤乳液、化妆粉块、香脂、香粉、爽身粉、雪花膏、痱子粉、护肤水、洗面奶。

(2)护发类。染发乳液、冷烫液、发用摩丝、护发素、洗发膏、发乳、洗发液、发油、染发水、定型发胶、染发粉、染发剂等。

(3)美容类。唇膏、指甲油、花露水、香水、睫毛膏。

(4)特殊用途化妆品。染发剂、脱毛露、祛斑霜、除臭剂、防晒露。

其他种类均不属发证范围。

4. 进口化妆品

(1)必须索取的法规文件。

◎进口化妆品卫生许可批件。

◎国家检验检疫局或指定单位出具的卫生评价报告单和卫生检测报告书。

◎中华人民共和国海关进口货物报关单。

(2)必须具备的中文标签标志内容。

◎化妆品名称。

◎原产国名、地区名。

◎制造者名称、地址或经销商、进口商在华代理商的名称和地址。

◎净含量或净容量。

◎生产日期及保质期,有两种标注方式:按生产日期(按年、月或年、月、日顺序标明)和保质期(保质期年或保质期月)的方式标注;按生产批号和限期使用日期(请在年月之前使用等语句)的方式标注。

◎必要时应注明安全警告和使用指南、满足保质期和安全性要求的储存条件。

(3)标贴标志。必须在每个最小销售包装上粘贴进口商品标志(CCIB 标志或 CIQ)。

5. 国产化妆品具体要求

(1)必须索取的法规文件。

◎厂家生产许可证。

◎厂家卫生许可证。

◎特殊用途化妆品卫生审查批件或特殊用途化妆品证书。

◎县级以上卫生防疫站出具的卫生评价报告单和卫生检测报告书。

（2）必须具备的中文标签标志内容。

◎化妆品名称。

◎制造者的名称和地址。

◎净含量或净容量。

◎生产日期及保质期,有两种标注方式:按生产日期(按年、月或年、月、日顺序标明)和保质期(保质期年或保质期月)的方式标注;按生产批号和限期使用日期(请在年月之前使用等语句)的方式标注。

◎必要时应注明安全警告和使用指南、满足保质期和安全性要求的储存条件。

6. 其他

（1）对体积小又无小包装、不便标注说明性内容的裸体产品(如唇膏、化妆笔类等),可不标注其他内容,应标注产品名称和制造者的名称。

（2）生产日期、保质期标贴单独粘贴的不予验收。

六、照相器材类商品验收规范

1. 进口照相器材

（1）必须索取的法规文件。

◎委托代理或委托经销证明。

◎国家机械工业部核发的批文。

◎法定质量检验机构出具的合格检验单证。

◎海关进口货物报关单。

（2）必须具备的商品中文标签标志内容。

◎中文使用说明书。

◎商品的原产国(地区)及国内代理(经销)商的名称和地址。

◎包装内应附有合格证明和保修卡。

（3）必须具备的标贴标志。机械工业部核发的准销标志。

2. 国产照相器材

（1）必须索取的法规文件。

◎厂家营业执照。

◎法定质量检验机构出具的合格检验报告单。

（2）必须具备的商品中文标签标志内容。

◎必须标明产品的品名。

◎注册商标。

◎产地名称。

◎型号及机身号。

◎制造商的厂名、厂址。

◎质量检验合格证。

◎操作使用说明书。

◎保修卡及相关配件。

七、计算器及电子记事本类商品验收规范

1. 国产产品

（1）必须索取的法规文件。

◎厂家营业执照。

◎国家检验检疫局或指定单位出具的检验报告。

（2）必须具备的商品中文标签标志内容。

◎必须在外包装上注明该商品的生产厂家名称、地址。

◎在商品外包装上必须标注该商品的中文品名（字体应使用标准汉字）、型号。

◎供应商须提供商品的使用说明书及合格证，使用说明书上应对该商品的功能、配件的性能及具体使用方法做出详尽的介绍。

2. 进口产品

（1）必须索取的法规文件。

◎委托代理或委托经销证明。

◎法定质量检验机构出具的合格检验单证。

◎进口货物报关单。

（2）必须具备的商品中文标签标志内容。

◎须在外包装上标注原产国名称。

◎须标注该商品进口代理（经销）商名称、地址及联系电话。

◎须标注该商品的中文品名、型号、功能及简要说明。

◎须具备中文使用说明书及相应的配件表。

八、钟表类商品验收规范

1. 进口钟表

（1）必须索取的法规文件。

◎委托授权书。

◎国家检验检疫局或指定单位出具的合格检验单证。

◎中华人民共和国海关进口货物报关单。

（2）必须具备的中文使用说明标志内容。

◎品名。

◎商标。

◎型号。

◎产品使用说明书。

◎原产国（地区）。

◎国内经销商名称和地址。

（3）应具备国内保修单位名称、地址及联系电话。

2. 国产钟表

（1）必须索取的法规文件。

◎制造厂家营业执照。

◎法定质量检验机构出具的合格检验单证。

（2）必须具备的中文使用说明标志内容。

◎商品名称。

◎商标。

◎型号。

◎产品使用说明书。

◎生产商的厂名、厂址。

（3）应在产品或其包装内附有合格证明和保修卡。

九、鞋类商品验收规范

1. 引用标准

《消费品使用说明总则》《皮鞋（胶鞋、布鞋）验收、标志、包装、运输和储存》。

2. 进口皮鞋

（1）必须索取的法规文件。

◎委托代理或委托经销证明。

◎出具的合格检验单证。

◎海关进口货物报关单。

（2）必须具备的商品中文标签标志内容。

◎在鞋盒上应注明该产品的商标（代号）、色别、型号、鞋号、产品等级。

◎条形码（自带码及店内码）。

◎须标注原产国（地区）和国内经销（代理）商的名称和地址。

3. 国产皮鞋

（1）必须索取的法规文件。

◎厂家营业执照。

◎出具的检验报告。

（2）必须具备的商品中文标签标志内容。

◎在鞋盒上应注明该产品的名称（代号）、色别、型号、鞋号、产品等级。

◎条形码（自带码及店内码）。

◎制造者的厂名、厂址。

◎在皮鞋的鞋身上应注明该产品的商标、型号、鞋号、检验章。

4. 进口胶鞋

（1）必须索取的法规文件。

◎委托代理或委托经销证明。

◎国家检验检疫局或指定单位出具的合格检验报告单。

◎中华人民共和国海关进口货物报关单。

(2)必须具备的商品中文标签标志内容。

◎鞋号。

◎商品名称或商标。

◎产品等级。

◎穿着注意事项、修理及调换规定。

◎须标注原产国(地区)和国内经销(代理)商的名称和地址。

5. 国产胶鞋

(1)必须索取的法规文件。

◎厂家营业执照。

◎法定质量检验机构出具的检验报告。

(2)必须具备的商品中文标签标志内容。

◎制造厂名称、产品名称。

◎中国鞋号(出口产品不在此限)。

◎商品名称或商标。

◎产品等级。

◎检验合格章。

◎穿着注意事项及修理与调换规定。

6. 进口布鞋

(1)必须索取的法规文件。

◎委托代理或委托经销证明。

◎国家检验检疫局或指定单位出具的合格检验单证。

◎海关进口货物报关单。

(2)必须具备的商品中文标签标志内容。

◎每只鞋的鞋身上都应具备注册商标、鞋号及鞋型。

◎外包装上应标注内容品名、注册商标,鞋的颜色、鞋号及鞋型。

◎须标注原产国(地区)和国内经销(代理)商的名称和地址。

7. 国产布鞋

(1)必须索取的法规文件。

◎厂家营业执照。

◎法定质量检验机构出具的检验报告。

(2)必须具备的商品中文标签标志内容。

◎每只鞋的鞋身上都应具备下列标志:制造厂名与注册商标,鞋号及鞋型,检验章。

◎外包装上应标注以下内容:品名、注册商标,制造厂名、厂址,鞋的颜色、鞋号及鞋型。

十、日用百货类商品验收规范

1. 引用标准

《消费品使用说明总则》。

2. 国产商品

(1)必须索取的法规文件。

◎厂家营业执照。

◎法定质量检验机构出具的检验报告。

◎厂家生产许可证(压力锅和餐具洗涤剂、无磷洗衣粉、无磷洗衣液、消毒用品、保健用品)。

(2)必须具备的商品中文标签标志内容。

◎生产厂商名称、地址。

◎使用说明和维修保养说明。

◎警示标志及说明。

◎生产日期、安全使用期或失效期。

◎产品规格、等级、成分等。

(3)必须附有生产厂家的出厂检验合格标记。

3. 进口商品

(1)必须索取的法规文件。

◎委托代理或委托经销证明。

◎国家检验检疫局或指定单位出具的合格检验报告单。

◎中华人民共和国海关进口货物报关单。

(2)必须具备的商品中文标签标志内容。

◎使用说明和维修保养说明。

◎警示标志及说明。

◎生产日期、安全使用期或失效期。

◎产品规格、等级、成分等。

◎须标注原产国(地区)和国内经销(代理)商的名称和地址。

4. 发放生产许可证的商品

压力锅、餐具洗涤剂、消杀用品、保健用品。

十一、运动器材类商品验收规范

1. 进口商品

(1)必须索取的法规文件。

◎委托授权书。

◎国家检验检疫局或指定单位出具的合格检验单证。

◎中华人民共和国海关进口货物报关单。

（2）必须具备的商品中文标签标志内容。

◎在商品上须注明商标、型号、商品名称、规格、功能等标志。

◎须具备产品合格证、使用说明书、配件表。

◎须在外包装上标注在华代理商名称、地址及原产国。

2. 国产商品

（1）必须索取的法规文件。

◎厂家营业执照。

◎国家检验检疫局或指定单位出具的检验报告。

（2）必须具备的商品中文标签标志内容。

◎须注明商标。

◎型号。

◎商品名称。

◎规格。

◎功能。

◎产品合格证。

◎使用说明书。

◎配件表。

◎须在外包装上标注生产厂名、厂址及联系电话。

十二、金银饰品类验收规范

1. 引用标准

《金银饰品质量检验暂行规定》《金银饰品标志管理规定》《金银饰品重量测量允许的规定》。

2. 进口金银饰品

（1）必须索取的法规文件。

◎委托（代理）授权书。

◎国家检验检疫局或指定单位出具的合格检验单证。

（2）必须具备的商品中文标签标志内容。同国产商品，可不标注生产者的名称、地址，但应当标明该产品的原产地（国家/地区，下同），以及代理商或者进口商或者销售商在中国依法登记注册的名称、地址。

3. 国产金银饰品

（1）必须索取的法规文件。

◎厂家营业执照。

◎中国人民银行金银经营许可证。

◎法定质量检验机构出具的检验报告。

（2）必须具备的商品中文标签及说明标志内容。

◎金银饰品标志包括印记和其他标志物。

◎金银饰品印记包括材料名称、含金(银、铂)量(单件金银饰品重量小于0.5克或确实难以标注的,印记内容可以免除)。

◎金银饰品其他标志物可以是单个或者数个,其他标志物的内容包括金银饰品名称、材料名称、含金(银、铂)量、生产者名称、地址、产品标准编号、产品质量检验合格证明,按重量销售的金银饰品还应当包括重量。

十三、药品类商品验收规范

1. 引用标准

《药品管理法》。

2. 进口药品

(1)必须索取的法规文件。

◎药品经营企业许可证。

◎口岸进口药品检验报告书原件或盖有供应商公司公章的复印件(随货同行书中药品的生产批号必须与所送药品的生产批号一致)。

(2)必须具备的中文标签或说明书标志内容同国产药品,须加注国内经销商名称和地址。

3. 国产药品

(1)必须索取的法规文件。

◎药品生产企业许可证。

◎药品经营企业许可证。

◎药品生产企业合格证。

◎商标注册证。

◎法定质量检验机构出具的药品检验报告书。

(2)必须具备的中文标签或说明书标志内容。

◎药品品名、规格。

◎生产厂家。

◎批准文号(中药饮片除外)、产品批号。

◎主要成分。

◎适应症状。

◎用法、用量、禁忌、不良反应。

◎注意事项。

◎规定有效期的药品,必须注明有效期。

◎除中药材、中药饮片外,药品必须使用注册商标。

◎销售地道的中药材,必须标明产地。

十四、玩具类商品验收规范

1. 引用标准

《消费品使用说明玩具使用说明》。

2. 进口玩具

（1）必须索取的法规文件。

◎委托代理或委托经销证明。

◎法定质量检验机构出具的合格检验单证。

◎海关进口货物报关单。

（2）必须具备的商品中文标签标志内容。

◎产品名称。使用说明中的产品名称应与国家、行业、企业标准的名称相一致，并与其实际内容相符。

◎产品型号。使用说明应与产品型号相一致，不同种类、不同形式的产品不能通用同一说明。

◎主要成分或材质。对含有填充物的玩具，应标明主要成分或材质。

◎年龄范围。在包装及说明书、标签上应标明适合儿童使用的年龄范围。

◎安全警示。对需要有警示说明的玩具应予以标明。

◎使用方法。使用说明上应标明使用玩具的操作方法和注意事项。

◎组装程序图。拼插玩具、组装玩具有组装程序图。

◎维护和保养。较复杂和容易损坏的玩具有维护、保养方法。

◎安全使用期限。需要限期使用的产品，应标明生产日期和安全使用期（按年、月、日顺序标注）。

最后，还须标明原产国、地区和代理商、进口商在国内依法登记注册的名称和地址。

3. 国产玩具

（1）必须索取的法规文件。

◎厂家营业执照。

◎国家检验检疫局或指定单位出具的检验报告。

（2）必须具备的商品中文标签。

◎产品名称。使用说明中的产品名称应与国家、行业、企业标准的名称相一致，并与其实际内容相符。

◎产品型号。使用说明应与产品型号相一致，不同种类、不同形式的产品不能通用同一说明。

◎主要成分或材质。对含有填充物的玩具，应标明主要成分或材质。

◎生产者的名称和地址。应标明玩具生产者经合法登记注册的名称、通信地址。

◎产品标准号。应标明产品所执行的国家标准、保养方法。

◎产品检验合格证。每单件玩具产品应有产品出厂质量检验合格证明。

◎安全使用期限。需要限期使用的产品，应标明生产日期和安全使用期（按年、月、日顺序标注）。

（3）必须具备的商品说明标志内容。

◎年龄范围。在包装及说明书、标签上应标明适合儿童使用的年龄范围。

◎安全警示。对需要有警示说明的玩具应予以标明。

◎使用方法。使用说明上应标明使用玩具的操作方法和注意事项。

◎组装程序图。拼插玩具、组装玩具有组装程序图。

◎维护和保养。较复杂和容易损坏的玩具有维护、保养方法。

十五、香烟验收规范

1. 进口香烟

（1）必须索取的法规文件。

◎特种烟草专卖经营许可证。

◎原产国授权的证书。

（2）必须具备的商品中文标签标志内容。

◎原产国和地区。

◎烟型。

◎条形码（编码）。

◎焦油含量。

◎内外大小包装上必须标有"中国烟草总公司专卖"字样。

2. 国产香烟

（1）必须索取的法规文件为特种烟草专卖经营许可证。

（2）必须具备的商品中文标签标志内容。

◎产品注册商标、名称、规格。

◎烟型。

◎条形码（编码）。

◎焦油含量。

◎生产商的厂名、厂址及"吸烟有害健康"等警句。

十六、服装、纺织品验收规范

1. 引用标准

服装、纺织品的验收标准为《消费品使用说明纺织品和服装使用说明》。

2. 进口商品

（1）必须索取的法规文件。

◎委托（代理）授权书。

◎国家检验检疫局或指定单位出具的合格检验单证。

◎中华人民共和国海关进口货物报关单。

（2）必须具备的商品中文标签标志内容。

◎品名、型号、规格等级。

◎产品标准号。

◎布料原料名称及主要成分的标志和标志。

◎产品使用洗涤标志。

◎须标注原产国（地区）和国内经销（代理）商的名称及地址。

3. 国产商品

（1）必须索取的法规文件。

◎厂家营业执照。

◎法定质量检验机构出具的检验报告。

（2）必须具备的商品中文标签标志内容。

◎品名、型号、规格、等级。

◎产品标准号。

◎布料原料名称及主要成分的标志和标志。

◎产品使用洗涤标志。

◎生产商的厂名、厂址。

◎商品检验合格标志。

（3）型号、规格、原料成分、洗涤方法，应标注在耐久性标签上。

十七、皮制品类商品验收规范

1. 引用标准

皮制品类商品的验收标准为《消费品使用说明总则》。

2. 进口商品

（1）必须索取的法规文件。

◎委托授权书。

◎国家检验检疫局或指定单位出具的合格检验单证。

◎中华人民共和国海关进口货物报关单。

（2）必须具备的商品中文标签标志内容。

◎品名、商标、型号及规格。

◎条形码（自带码及店内码）。

◎原产国（地区）。

◎国内经销（代理）商的名称和地址。

◎原材料或成分。

◎使用（保养）说明书及注意事项等。

3. 国产商品

（1）必须索取的法规文件。

◎厂家营业执照。

◎法定质量检验机构出具的检验报告。

（2）必须具备的商品中文标签标志内容。

◎品名、商标、型号及规格。

◎条形码（自带码及店内码）。

◎生产厂家的厂名、厂址。

◎原材料或成分。

◎使用说明书及注意事项等。

（3）必须附有生产厂家的出厂检验合格证。

第二节　验收后商品的处理规范

一、验收后商品的处理流程

1. 商品登记

商品入库储存应有登记手续，登记要有统一设计的登记卡，登记卡的项目包含进货的品名、日期、数量、规格，出仓的日期、数量和金额及每笔商品变动的经手人。一些大规格包装箱进仓，不但要填写好登记卡，在箱体上也应标示进货日期，以避免储存过期。

2. 堆放

（1）商品进库以后的堆放，可以采取和卖场相似的方式，这样便于商品的存放，不致出现差错。商品堆放在仓库里，底下要有栈板铺地，边上须和墙壁保持5厘米的间隙，以防止商品受潮。

（2）商品堆放应有货架，便于利用空间。如果多层堆放，则应把体积大、重量也较大商品放在后面和下面，体积小、重量较轻的商品放在上面和前面。这样可以避免压碎碰坏商品。

（3）退货、换货、报废的商品应集中在专门区域，定期处理，不能和正常商品混放在一起。

3. 整理仓库

（1）仓库应该保持清洁、卫生、通风、干燥，货架和堆栈之间有足够的通道。库房必须有防火措施和设备、排水和通风设备及警报装置。

（2）对于食品的处理，应区分不同种类，如水果、蔬菜类应储放在阴凉通风处或冷藏。冷冻小包装食品应标价后储放在冷冻柜或冷冻库。冷冻水产品、畜产品应储放在冷冻库或冷藏库。干货类食品进货后即储放在货架上。冷冻库和冷藏库应定期除霜、清洗、清除异味、保持清洁。

4. 进出库

（1）商品进出库必须有专人负责办好登记手续，日清月结。

（2）退货、检货、报废都应该登记造册，经查验后方能取退。

（3）库内商品进出次序应按时间先后，先进先出。

（4）与库房无关的闲杂人员，不应进出仓库。

二、生鲜食品处理规范

1. 熟食类

（1）进货质量要求

◎制作：原材料必须保证新鲜、卫生，符合该类食品的行业标准，成品及半成品要有足够的有效保质期。

◎来货：必须使用食品袋密封包装，生熟食必须分开。

（2）加工、制作要求

◎加工熟食不能使用明火炉具，使用高温炉具应有一定的保护设施，或在可能接触到顾客的方向做出显著的标示，防止出现烫伤事故。

◎制作过程中应随时观察加工产品的变化，保证制成品的质量。

◎视察各品种的销售情况及时加工补充台面。

（3）保存、保鲜要求

◎易变质的食品，应存放在保鲜柜内，不宜在高温或常温下长时间摆放。

◎气温较高时，对于卤水类食品要每隔 2 小时放入沸腾的卤水浸泡 5 分钟。

◎对于烧烤类食品，应存放在保温箱内，不宜在温度较高的空气中长期存放。

（4）人员卫生要求

◎加工人员必须保持双手卫生，以下情况必须用消毒水洗手：上岗前；离岗后返回作业场所或触摸其他非熟食的物品；洗手后经过 2 小时继续烹饪、加工。

◎直接与食品原料、半成品和成品接触的人员不允许戴手表、戒指、手镯、项链和耳环。不得涂指甲油、喷洒香水。

◎工作时不得抓头皮、揩鼻涕、挖耳朵。不得用勺直接尝味或用手抓食品进行销售，不接触不沾物品。加工人员手部有伤，不得接触食品或原料。经过包扎治疗戴上防护手套后方可参加不直接接触食品的工作。工作间不得存放个人用品。

◎员工进入加工间前必须穿戴整洁的工作服、帽、鞋、口罩。工作服应干净整洁。头发保持干燥。

2. 水产类

（1）进货质量要求

◎水产品质量标准必须符合国家关于《水产品卫生管理规定》的要求。

◎鲜鱼类：体表黏液透明、色有光泽，气味正常；鱼鳃禁闭，色泽鲜红或粉红，眼角膜光亮、透明，眼球突出；腹部发白，不膨胀；鱼鳞完整，闪光滑润，脱落；手持鱼体头尾下垂，不弯曲，肌肉有弹性，不易压出凹陷能迅速复平；肌肉呈现正常颜色。

◎虾类：头尾完整，有一定的弯曲度，虾身较挺，呈青白色，半透明不发红，外壳有光泽，稍湿润。

◎蟹类：腿肉肥壮，蟹壳纹理清楚，两面平直，体重、气味正常。

◎贝类：鲜蛤外壳紧闭，肉质新鲜，无臭味，两贝壳相碰时发出实响。

◎乌贼：色鲜艳，皮微红，有光彩，多黏液，体形完整，肌肉柔软，有弹性，光滑。

（2）活鲜水产品的蓄养要求

◎引进的活鱼必须放入水池中蓄养。

◎视活鲜鱼生存环境分置于淡水或海水池中蓄养。咸、淡水鱼不能同池蓄养。

◎水池中的水要定期更换,要保持水质清洁,供氧充足。

（3）温度和盐度要求

海水温度和盐度应控制适宜,一般温度在零上 2℃ 以下,盐度在 3.5% 左右。

（4）卫生要求

◎蓄养池要定期进行彻底清洁,用消毒水清洗水池。

◎清洗过的蓄养池注入新水后须经过至少 12 小时的沉淀方可放鱼入池。

◎其他蓄养用具也应定期清洁。

（5）安全要求

◎危险活鲜动物不得在无保护网情况下敞开展示。

◎取放有危险性的动物应由销售人员负责并使用专用工具。

（6）包装要求

◎活鲜水产品经屠宰后应清洗干净,用无毒透明的包装材料包装,保存在冷藏柜内。

◎活鲜水产品出售时,如顾客要求,可提供维持短期生存的条件,如活鱼,出售时可以在袋内装一定量的水。

◎售出的商品必须在外包装上粘贴商品标价。

3. 蔬果类

（1）进货卫生、质量要求

新鲜蔬菜进入连锁门店前必须经过冲洗,不得腐烂,不得带有泥土、枯枝等。

（2）进货分类、分级

◎新鲜蔬果上柜前要按种类分存,并标注等级。

◎蔬果等级与价格必须保持一致,标价必须符合公司的规定。

（3）修剪要求

对于散装蔬菜中不符合要求的部分,在包装上柜前须进行修剪,保证上柜商品的质量。

（4）包装要求

◎新鲜蔬果的包装要在包装袋上打少量透气孔。

◎需冷藏保鲜的蔬果在包装材料上要选用耐低温材料。

◎外包装上必须注明商品的生产日期、保质期、保存条件等。

◎为了保证蔬果鲜度,包装后应尽快销售。

◎蔬菜必须包装后再放入保鲜柜销售。

（5）陈列、保存要求

◎蔬果类商品陈列除按类分存外,还要注重色彩的搭配,以显示货色齐全。

◎应注重量感,保持台面货品丰满,品种充足,内容丰富。

◎蔬果应每周调整陈列位置,不要固定在一个地方。

◎属于需求量较小的商品,应力求陈列在必需品附近。

◎新鲜蔬果陈列地点应保持温度在 5 ~ 10℃;冷藏蔬果应陈列在冷藏柜内,冷藏柜温度保持在 - 2 ~ 3℃。

◎根茎类蔬菜如地瓜、土豆、芋头、山药、洋葱、大蒜等温度保持在 0 ~ 5℃。

4. 面包、糕点

（1）原料质量要求

◎制作之前要检查原料的质量是否符合制作品种的要求。

◎糖类:夏天要注意防止糖浆发酵变质。糖浆桶或盛放糖浆的其他容器要经常洗涤,保持清洁,并加盖、加罩,防止杂质混入。

◎油脂:糕点加工使用的油脂应有优良的起酥性、较高的稳定性、良好的风味和适当的熔点,不得使用酸败的油脂。

◎奶制品:奶品的卫生质量直接影响成品的质量,特别是鲜牛奶和炼乳要防止掺水、掺假和变质的情况,奶粉要防止掺糖、掺淀粉和工业级冒充食用级的情况。

◎蛋品:包括蛋制品,在蛋糕、面包中也是重要的原料,使用鲜蛋作为原料时,应进行卫生清洁,防止鲜蛋壳带菌对产品造成污染。

◎食品添加剂:饼干、面包、蛋糕生产中应用的添加剂主要有香精、色素、疏松剂、品质改良剂,这些品种应是国家批准使用,由定点厂生产的合格产品。香精的添加量不能过量;色素使用不能过量;品质改良剂应尽量少用或不用。

（2）面团调制要求

◎制作不同的面点面团的调制要求也有所不同,分一次调制和两次调制。每次调制都要严格按照配方中的配料比例和规定的顺序加料。

◎饼干面团的调制关键是对面筋形成量和面筋性的合理控制。要求饼干面团的面筋形成量低,面筋特性弱。生产不同种类的饼干面团的特性也有不同的要求,应采取不同的工艺措施。

◎蛋糕制作要先将蛋、糖通过打蛋机高速搅拌形成蛋浆,打蛋结束时的体积比原体积增加 2 ~ 3 倍,蛋浆结构细腻,呈乳白色略带黄色。然后加入面粉,调糊时间要短,搅拌速度要慢。

◎调制过程中要严格控制搅拌时间,使各种辅料充分混合、生成。

（3）发酵要求

◎发酵分一次发酵和两次发酵两种,制作面包和个别饼类食品时必须经过发酵。

◎发酵过程应控制适当的温度、湿度和时间,夏季、冬季发酵的温度应有所不同。

◎面团在发酵过程中要每半小时检查一次发酵情况并适当地调整发酵箱温度和发酵时间。

（4）整形要求

◎面包面团制作完毕要将大块面团按照成品的重量要求分割成小面包块。

◎经过搓圆、自然发酵后把做成形的面包装入模具,形成面包的基本形状。

◎装模前需对烤模进行预处理,使烤模温度不低于 32℃,清理烤模内表面的面包屑和油垢并涂油。

◎某些饼干在面团调制完毕后还需要经过辊轧工序,使疏松的面团形成具有一定黏结力,比较紧实的成片,排除面团内的大气泡防止饼干坯在烘烤后产生较大的空洞,提高成品表面的光洁度,花纹清晰。

◎蛋糕的整形是将蛋糊注入蛋糕模子内,在模子内装入蛋糊的量大约为模具容积的80%,蛋糊入模前,在模具内壁涂上油,有利于制成后成品脱模。

(5)烘烤要求

制作不同的糕点所需的烘烤温度(底火、面火)、时间均不同,即使同一品种糕点在烘烤过程中由于种种原因(如前期的搅拌、发酵是否充分,温度是否适中等)也会出现不同情况,这就需要制作人员随时查看不同阶段的烘烤变化,及时调整合理温度以达到成品色、香、形、味的完美合一。

(6)冷却要求

◎刚出炉的糕点表面温度及中心温度较高,为防止糕点变形和霉变,一般在包装前要经过一段时间的冷却,使其内部中心温度达到30℃左右及水汽消失后才能包装。

◎糕点的冷却最好采用自然冷却法,将出炉的糕点放在冷却架上,一般在3~4小时(蛋糕一般为1小时),让其自然散热以保持其固有的香味和外形的美观。

◎刚出炉的糕点应放入成品间进行冷却,成品间室内温度应保持在15℃左右,室内干燥,备有灭蚊及杀菌设备。

(7)包装要求

◎糕点的包装应选用无毒、无异味、符合卫生要求的包装材料,对成品进行简单的外形修整及切割之后即可装袋或装盘。

◎柜台销售的无小包装的面包应装盘陈列在清洁的面包专用陈列柜内。

◎各类糕点必须使用其专用的包装用具,在成品外包装上加贴标签,标明品名、生产日期、保质期、价格、重量、保存条等。

(8)保存、保鲜要求

◎各类糕点成品应与原料、半成品分开存放。

◎上柜糕点做好验收工作,并做记录,保证变质食品不上柜,定期对库存食品进行卫生质量检验。

◎各类糕点应标志明显,分类存放。面包、饼干及蛋糕坯应存放在有防潮设施的房间,以防吸湿发生溶化、霉变。成品面包在柜台常温下一般保存2天。

◎经加工制成的奶油蛋糕须冷藏而且不宜储存时间过长,一般为4天。

三、冷冻、冷藏库管理规范

1. 冷冻、冷藏库房作业管理规范

◎库房内依商品性质、厂商品牌规划暂定的位置。

◎每日进出货同时整理商品,放置整齐。

◎做好商品先进先出,掌握进货时间,货量避免积压库存。

◎库房内规划进出货走道,以便进货、补货整理。

◎规划集中退货区,每周定时办理手续。

◎冷藏破损污染的商品,另规划区域存放。

◎商品库存高度不可过高,避免倾倒或挡住风扇。

◎冷藏无法堆叠的商品应以层板、台车存放。

◎进入库房须检查安全开关是否正常,出库房随手关灯、关门。

◎拖板车与非商品的杂物不可置于库房内。

◎每日检查库房温度是否正常,有否异常回温的情形,发现异常立即通知主管与维修处理,并避免开启库门。

◎冷冻库门胶帘不能任意卸下或卷起。

◎库房上方不可放置物品,人员不可随意攀爬。

◎非工作需要,人员不可任意在库房逗留。

◎顾客、厂商与非授权人员,未经许可,不得随意进入。

2. 冷藏、冷冻设备清洁作业规范

◎各式冷藏、冷冻设备陈列货品时须避免挡住风口。

◎每日营业结束后须将夜间窗帘关上以减少能源损失。

◎进入冷冻、冷藏库房时须将门关上。

◎冷冻、冷藏库房内,货品堆放须离地面及板边5厘米以上以利空气流通。

◎所有器材表面只能以中性清洁剂及软布清洗,严禁使用钢丝球及钢刷清洗。

◎严禁用水冲洗风扇,以免造成短路。

◎所有管路不可任意移动,清洁时须注意避免碰撞以防冷气外溢。

◎蒸发器散热片非常锋利,清洗须戴手套以免割伤。

◎有异常状况及运转时有异常声音,须通知维修。

3. 冷冻、冷藏库房作业规范

◎商品无解冻、变质现象。

◎商品进货验收,常温下不要放置超过30分钟。

◎库门不可长时间打开。

◎自行加工包装的商品,库存时须标注日期。

◎规划商品暂存区、退货区及走道。

◎商品堆叠高度不可超过风扇,并避免倾倒。

◎无法堆叠的商品以层板或台车存放。

◎退货商品集中于退货区,每周定时办理退货。

◎每日定时检查温度是否正常。

◎库存内不准停放杂物或拖板车。

◎在库房工作须穿防寒衣、鞋。

◎进入库房检查安全开关是否正常。

◎风扇与地面发现积水,须立即清除。

◎库房上方不可放置物品,人员不可随意攀爬。

◎冷冻库每月清理一次,冷藏库每周清洗一次。

◎非工作需要,人员不可在库房逗留。

◎商品确实做到先进先出。

◎出货同时也须做好商品整理。

◎出库房随手关灯、关门。

4. 冷冻、冷藏货品厂商补货管理程序

(1)供货厂商识别证。

(2)供货商每日配送的冷藏品应在上午 9 点前送达收货区并通知相关部门共同验收。

◎品名、数量依据表单。

◎品质依据外观颜色。

◎测温,冷冻 -18℃以下,冷藏 0~15℃。

(3)先进先出。

◎已陈列商品向前向左挪动,并检视之。

◎新补货品由内而外,由左而右陈列。

◎商品陈列,标示的正面面对顾客。

(4)原陈列位置,不能随意变动。

(5)未补完货品进冷冻(藏)库。

◎依退、换货程序办理退换货(包括过期、不良品)。

◎塑胶篮筐,包装容器线板须带离卖场。

四、一般商品处理规范

(1)冷藏日配类食品,经验收后应即送往冷藏柜。经标价后陈列于冷藏柜,如果有剩余则须储存于冷藏库中。

(2)冷冻食品,于验收、标价后,应送往冷冻展示柜陈列,至于剩余品则可储存于冷冻库中。

(3)干货类中的一般食品及用品,经验收后即行标价并陈列于货架上,如果有剩余,则送往仓库储存,以待销售。

五、退、换货作业操作规范

1. 退货作业操作规范

(1)连锁企业遇有退货产生时,应请相关人员清点整理退货品,送至仓库保管、登记。

(2)填写退货申请单,经企业主管签收并核查后,将退货申请单送往采购部门,通知厂商办理退货。

(3)厂商接到采购部门的通知后,到采购部门领取退货单,并持退货单至连锁企业仓库登记并取回退货品,经验收人员查验、登记后放行。如厂商接获退货通知 10 天内未办理退货手续,则视同放弃该退货品,由采购人员通知仓管人员报请主管裁决处理。

(4)验收人员完成退货品的查验后,将退货单呈报主管核定,由采购人员编制退货报表,送往会计部门扣款,完成退货手续。

2. 换货作业操作规范

(1)连锁企业相关人员发现有不符合验收规定的商品时,应立即通知负责核验商品的相关人员办理换货手续。

(2)发现换货商品、接获换货通知时,应立即整理清点换货商品,一方面将该商品送至仓库,由仓管人员登记保管;另一方面通知采购人员联络厂商办理换货。

(3)厂商接到采购人员的换货通知后,应在供货合约中规定的期限内,将换货商品送至零售企业验收,然后送至仓库并将更换情况进行记录。经验收人员复核、登记、查验后,厂商取回换货品。

第10章　连锁企业采购管理制度与表格

第一节　连锁企业采购部门人员岗位职责

一、采购经理岗位职责

(1)负责商品采购部门的全面工作,提出连锁企业的商品采购计划,报总经理批准后组织实施,并确保各项采购任务的完成。

(2)对企业各部门物资需求及消耗情况进行调查研究,熟悉各种物资的供应渠道和市场变化情况。

(3)指导并监督下属开展业务,不断提高业务技能,确保企业物资的正常采购量。

(4)完成企业各类物资的采购任务,并在预算内尽量减少开支。

(5)对企业的物资采购负重要责任,熟练掌握企业所需各类物资的名称、规格、型号、单价、用途和产地,检查购进物资是否符合质量要求。

(6)检查合同的执行和落实情况,参与大批量商品订货的业务洽谈。

(7)负责审核年度各部呈报的采购计划,统筹策划和确定采购内容,减少不必要的开支,以较少的资金保证最大的物资供应。

(8)认真监督检查各采购员的采购进程及价格控制。

(9)在部门经理例会上,定期汇报采购落实情况。

(10)每月初将上月的采购任务、完成及未完成情况逐项列出报表,呈报企业总经理及财务部经理,以便于上级领导掌握企业的采购情况。

(11)负责督导采购人员在从事采购业务活动中,讲信誉,不索贿,不受贿,并与供货单位建立良好的关系,在平等互利的原则下进行合作。

(12)负责部属人员的思想教育、业务培训,开展职业道德、外事纪律、法制观念的教育,使所属员工提高工作水平和思想水平。

二、采购部主管岗位职责

(1)合理安排属下工作班次,全面安排采购计划,并保证采购工作的顺利进行。

(2)与供应商建立良好的业务关系,完成零售企业的采购任务。

(3)了解市场信息,比值论价,降低费用开支。

(4)检查和监督进口物品的报关工作,做到手续齐全,资料齐备。

三、生鲜类商品采购主管岗位职责

(1)在采购部经理的领导下,全面负责生鲜蔬菜、水果类商品的采购工作。

(2)实施年度、月度工作计划,完成生鲜蔬菜、水果的销售指标及毛利指标及营业外收入。

(3)负责新品的引进及滞销品的淘汰,优化商品结构。

(4)负责确定正常销售及促销期间商品的进、售价。

(5)负责生鲜蔬菜、水果的促销谈判并实施。

(6)根据促销计划负责汇总水果、蔬菜类快讯商品明细并进行快讯样品准备。

(7)维护企业的形象,完善供应商管理,建立良好的合作关系。

(8)负责处理突发事件,协调相关部门之间的关系。

(9)负责进行本组业务统计资料的分析工作,定期向采购经理汇报统计分析结果。

(10)负责本辖区商品的进货、退货、缺货及滞销品的处理工作。

(11)负责生鲜蔬果组业务资料档案、供应商档案资料的管理保存及其他文件、资料的收发管理工作。

(12)按时完成采购部经理交办的其他工作。

四、粮油类商品采购主管岗位职责

(1)在采购部经理的领导下,全面负责粮油类商品的采购工作。

(2)负责实施年度、月度工作计划,完成粮油类商品的销售指标及毛利指标及营业外收入。

(3)负责新品引进及滞销品淘汰,优化商品结构。

(4)负责确定正常销售及促销期间商品的进、售价。

(5)负责粮油制品的促销谈判并实施。

(6)根据促销计划负责汇总粮油制品类快讯商品明细并进行快讯样品准备。

(7)维护企业的形象,完善供应商管理,建立良好合作关系。

(8)负责处理突发事件,协调相关部门之间的关系。

(9)负责进行本组业务统计资料的分析工作,定期向采购经理汇报统计分析结果。

(10)负责本辖区商品的进货、退货、缺货及滞销品的处理工作。

(11)负责粮油制品组业务资料档案、供应商档案资料的管理保存及其他文件、资料的收发管理工作。

(12)按时完成采购部经理交办的其他工作。

五、甜品类商品采购主管岗位职责

(1)在采购部经理的领导下,全面负责甜品类商品包括甜品、零食、保健品采购工作。

(2)负责实施年度、月度工作计划,完成甜品类的销售指标,毛利指标及营业外收入。

(3)负责新品引进及滞销品淘汰,优化商品结构。

（4）负责确定正常销售及促销期间商品的进、售价。

（5）负责甜品、零食、保健品类的促销谈判并实施。

（6）根据促销计划负责汇总甜品类快讯促销商品明细并进行快讯样品准备。

（7）维护企业的形象，完善供应商管理，建立良好的合作关系。

（8）处理突发事件，协调相关部门之间的关系。

（9）负责进行本组业务统计资料的分析工作，定期向采购经理汇报统计分析结果。

（10）负责本辖区商品的进货、退货、缺货及滞销品的处理工作。

（11）负责甜品组业务资料档案、供应商档案资料的管理保存及其他文件、资料的收发管理工作。

（12）按时完成采购部经理交办的其他工作。

六、纺织、皮具类商品采购主管岗位职责

（1）在采购部经理领导下，全面负责纺织、皮具类商品的采购工作。

（2）制订年度、月度工作计划，完成纺织、皮具类商品的销售指标及毛利指标及营业外收入。

（3）负责新品的引进及滞销品的淘汰，优化商品结构。

（4）确定正常销售及促销期间商品的进、售价。

（5）负责纺织皮具类商品的促销谈判并实施。

（6）根据促销计划负责汇总纺织皮具类快讯商品明细及快讯样品准备。

（7）维护企业的形象，完善供应管理，建立良好的合作关系。

（8）负责处理突发事件，协调相关部门之间的关系。

（9）负责进行本组业务统计资料的分析工作，定期向采购经理汇报统计分析结果。

（10）负责本辖区商品的进货、退货、缺货及滞销品的处理工作。

（11）负责纺织皮具组业务资料档案、供应商档案资料的管理保存及其他文件、资料的收发管理工作。

（12）按时完成采购部经理交办的其他工作。

七、家用消耗类商品采购主管岗位职责

（1）在采购部经理的领导下，全面负责家用消耗类商品的采购工作。

（2）实施年度、月度工作计划，完成家用消耗类商品的销售指标及毛利指标。

（3）负责新品的引进及滞销品的淘汰，优化商品结构。

（4）确定正常销售及促销期间商品进售价。

（5）负责家用易耗品的促销谈判并实施。

（6）根据促销计划负责汇总家用易耗品类快讯商品明细及快讯样品准备。

（7）维护企业的形象，完善供应商管理，建立良好的合作关系。

（8）负责处理突发事件，协调相关部门之间的关系。

（9）负责进行本组业务统计资料的分析工作,定期向采购经理汇报统计分析结果。

（10）负责本辖区商品的进货、退货、缺货及滞销品的处理工作。

（11）负责家用易耗品组业务资料档案、供应商档案资料的管理保存及其他文件、资料的收发管理工作。

（12）按时完成采购部经理交办的其他工作。

八、家具、精品类商品采购主管岗位职责

（1）在采购部经理领导下,全面负责家具、精品类商品的采购工作。

（2）实施年度、月度工作计划,完成家具及精品的销售指标及毛利指标。

（3）负责新品的引进及滞销品的淘汰,优化商品结构。

（4）确定正常销售及促销期间商品的进、售价。

（5）负责家具、精品类商品的促销谈判并实施。

（6）根据促销计划负责汇总家具、精品类快讯商品明细及快讯样品准备。

（7）维护企业的形象,完善供应商管理,建立良好的合作关系。

（8）负责处理突发事件,协调相关部门之间的关系。

（9）负责进行本组业务统计资料的分析工作,定期向采购经理汇报统计分析结果。

（10）负责本辖区商品的进货、退货、缺货及滞销品的处理工作。

（11）负责家具、精品组业务资料档案、供应商档案资料的管理保存及其他文件、资料的收发管理工作。

（12）完成采购部经理交办的其他工作。

九、烟酒、饮料类商品采购主管岗位职责

（1）在采购部经理的领导下,全面负责烟酒、饮料类商品的采购工作。

（2）负责实施年度、月度工作计划,完成烟酒、饮料类的销售指标及毛利指标及营业外收入。

（3）负责新品引进及滞销品淘汰,优化商品结构。

（4）负责确定正常销售及促销期间商品的进、售价。

（5）负责烟酒、饮料类商品的促销谈判并实施。

（6）根据促销计划负责汇总烟酒、饮料类快讯促销商品明细并进行快讯样品准备。

（7）维护企业形象,完善供应商管理,建立良好的合作关系。

（8）负责处理突发事件,协调相关部门之间的关系。

（9）负责进行本组业务资料的分析工作,定期向采购经理汇报统计分析结果。

（10）负责本辖区商品的进货、退货、缺货及滞销品处理工作。

（11）负责烟酒、饮料类组业务资料档案、供应商档案资料的管理保存及其他文件、资料的收发管理工作。

（12）按时完成采购部经理交办的其他工作。

十、冷冻类商品采购主管岗位职责

（1）在采购部经理的领导下，全面负责冷冻类商品的采购工作。

（2）负责实施年度、月度工作计划，完成冷冻品的销售指标及毛利指标及营业外收入。

（3）负责新品的引进及滞销品的淘汰，优化商品结构。

（4）确定正常销售及促销期间商品的进、售价。

（5）负责冷冻品的促销谈判并实施。

（6）根据促销计划负责汇总冷冻类快讯商品明细并进行快讯样品准备。

（7）负责季节性商品的引进、促销及清退工作。

（8）维护公司形象，完善供应商管理，建立良好的合作关系。

（9）负责处理突发事件，协调相关部门之间的关系。

（10）负责进行本组业务统计资料的分析工作，定期向采购经理汇报统计分析结果。

（11）负责本辖区商品的进货、退货、缺货及滞销品的处理工作。

（12）负责冷冻组业务资料档案、供应商档案资料的管理保存及其他文件、资料的收发管理工作。

（13）按时完成采购部经理交办的其他工作。

十一、家电、文体类商品采购主管岗位职责

（1）在采购部经理的领导下，全面负责家电、文体类商品的采购工作。

（2）具体实施年度、月度工作计划，完成家电、文体类商品的销售指标及毛利指标及营业外收入。

（3）负责新品引进及滞销品淘汰，优化商品结构。

（4）负责家电文体类商品的促销谈判并实施。

（5）根据促销计划负责汇总家电、文体类快讯商品明细及快讯样品准备。

（6）维护企业的形象，完善供应商管理，建立良好的合作关系。

（7）负责处理突发事件，协调相关部门之间的关系。

（8）负责进行本组业务统计资料的分析工作，定期向采购经理汇报统计分析结果。

（9）负责本辖区商品的进货、退货、缺货及滞销品的处理工作。

（10）负责家电文体组业务资料档案、供应商档案资料的管理保存及其他文件、资料的收发管理工作。

（11）按时完成采购部经理交办的其他工作。

十二、采购员岗位职责

（1）掌握连锁企业各部门物资需求及各种物资的市场供应情况，掌握财务部及采购部对各种物资采购成本及采购资金控制情况，熟悉各种物资的采购计划。

（2）严格审核合同款项，订购业务必须上报经理或主管，研究后方可实施。

（3）采购物品应做到择优选择、物美价廉；时鲜、季节性物资如部门尚未提出申购计划，应及时提供样板、信息，供经营部门参考。

（4）经常到柜台和仓库了解商品销售情况，以销定购；积极组织适销对路的货源，防止盲目进货；尽量避免积压商品，提高资金周转率；经常与仓库保持联系，了解库存情况，全面掌握库存商品的情况，有计划、有步骤地安排好各项事务。

（5）严格把好质量关，对不符合质量要求的商品要坚决拒收；根据销售动向和市场信息，积极争取定购货源，按"畅销多进、滞销不进"的原则，保证充足货源。

（6）各部门急需的物品要优先采购，并做到按计划采购；认真核实各部的申购计划，根据仓库存货情况，定出采购计划；对常用物资按库存规定及时办理，与仓管员经常沟通，防止物资积压，做好物资使用的周期性计划工作。

（7）严格遵守财务制度，遵纪守法，不索贿，不受贿，在平等互利原则下开展业务活动；购进物资要尽量做到单据随货同行交仓管员验收，报账要及时，不得随意拖账挂账。

（8）努力学习业务知识，提高业务水平，接待来访业务要热情有礼，外出采购时要注意维护企业的礼仪、利益和声誉，不谋私利。

（9）严格遵守企业的各项规章制度，服从上级领导的分工安排。

十三、采购部文员岗位职责

（1）负责收发各种文件、信件，每日上、下午各一次到总经理室取公文、请购单、采购单，及时交给经理审阅批示，做到不积压、不拖延各类文件。

（2）熟悉和了解本部门各个环节的工作情况。

（3）催办落实上级的指示，并将领导的政策和经营方针及时传达到本部员工，做到上传下达，使本部门工作能顺利进行。

（4）协助经理搞好调查研究，及时向经理提供建设性意见。

（5）做好各类文件的登记与存档，做好往来业务单据的登记，协助领导检查采购过程。

（6）接听电话并认真细致地做好记录，接待来访客人，文明待客，做好会议记录及存档。

（7）协调内部员工关系，做好部门考勤和工资发放等工作。

十四、采购商品录入员岗位职责

（1）在采购部经理的领导下，协助处理采购部日常具体事务。

（2）负责采购部新合同、新商品资料的电脑录入工作。

（3）负责供应商资料，商品资料的修改、维护工作。

（4）负责商品的调价、快讯及店内促销的维护工作。

（5）负责整理业务档案及相关文书工作。

（6）负责将商品变更资料传送知会相关部门。

（7）按时完成采购部经理交办的其他工作。

十五、收货主管岗位职责

（1）严格遵守企业有关收货的各项规定。

（2）负责检查收货员工的出勤状况及仪表仪容。

（3）负责维持正常的收货秩序,收货工作所有问题的解决不超过 24 小时。

（4）负责协调并维持与供应商及送货人的良好合作关系。

（5）负责调配收货员工的收货工作。

（6）严把商品质量关,特别是生鲜品的收货,必须按企业的规范执行质检程序。

（7）严格要求收货员工,按收货流程执行验收工作,特别是严格执行扫描程序收货,对无条形码的商品,必须在收货部区域内粘贴完毕才可以收货,指导供应商正确地粘贴条形码。

（8）负责保管所有的收退货资料及单据,并及时归档整理,使档案管理整齐、有序、完整,便于查档。

（9）检查地磅是否准确。

（10）负责所有叉车司机的培训管理和各种电动、手动叉车的保管使用。

（11）负责对收货周转仓库的管理;指导仓库货物的合理摆放;确保所有商品的码放安全;收货、退货区域的清楚划分;杜绝闲杂人员进出收货区、周转仓。

（12）负责所有收货门口的控制管理。

（13）负责所有本部门员工的培训、评估、升迁等工作。

（14）负责本部门区域内的清洁卫生、安全消防、安全作业,避免工伤事故和商品损坏事故的发生,做好安全防火、防盗工作。

（15）负责与其他部门的协调工作,包括计算机中心、生鲜部门、精品部门、客服部门、家电部门等。

（16）保证所收的货物及时运送到楼面相应位置。

（17）保障收货办公区、收货区、周转仓干净整洁。

（18）接受供应商及楼面和财务人员的查单。

（19）负责指导本部门所有用具的正常维护和安全操作。

（20）核对收货报表、解决遗留问题。

（21）主持收货组的晨会,布置工作及重点品项的检查。

（22）协助做好顾客服务工作。

（23）协助做好盘点工作,特别是年度大盘点。

十六、收货文件审核员岗位职责

（1）按照送货清单,对全部供应商实行送货电话预约,预约具体的送货时间。

（2）受理所有供应商的送货订单,检查商品订单是否符合连锁企业的规定。

（3）登录收货控制单，核发收货标签。

（4）完成笔记本电脑终端与主机的数据交换，核查收货资料是否正确，并对已经完成的收货进行确认。

（5）对每一单收货进行严格的对单工作，确保所有的收货无误。

（6）负责当日所有的收货，并进行系统的定案确认。

（7）负责保存、整理、分类、归档所有的收货单据。

（8）与供应商保持良好的合作关系。

（9）负责执行收货更正的计算机系统操作。

（10）为供应商提供查询服务。

（11）负责收货办公室所有计算机设备的维护、保养和终端使用的管理工作。

（12）负责做好收货办公室的清洁卫生。

十七、收货员岗位职责

（1）根据企业的规定和要求，认真有效地检验到货物品是否符合企业要求的质量标准。

（2）办理验收手续时应按照采购单的内容和数量进行。

（3）验货时如发现质量不符合要求、数量差错，应拒绝收货并及时报告主管。

（4）在办理验收手续后应及时通知有关部门取货。

（5）填制每日收货汇总表。

（6）协助采购部经理，跟踪和催收应到而未到的物品。

（7）有条理地做好采购单的存档工作。

（8）积极提出改进工作的设想方案，协助领导做好本部门的工作。

（9）服从分配，按时完成领导交办的任务。

十八、收货退货员岗位职责

（1）接受楼面、客户服务部送来的退货，办理退货手续，将商品退给供应商。

（2）按采购部的指示进行批量的商品退货。

（3）接受安全部送来的空包装商品，进行计算机库存更正。

（4）对各个楼面送来的报损商品，统一执行报损程序进行报损。

（5）统计每日报损金额，归档退货文件，在系统中对已经办理完毕的退货进行定案确认工作。

（6）将所有需要退货的商品分类别、分区域进行整理。

（7）负责接收家电部、客户服务部送来的需要维修的商品，将商品送店外维修，并追踪维修的结果。

（8）负责退货工作区域的清洁卫生。

十九、验收班班长岗位职责

(1)对主管负责,主管验收班工作。

(2)确保企业各项规章制度在本班组内贯彻落实。

(3)配合主管协调验收班与其他各班、各职能部室驻配送中心人员、分店理货员及供应商的工作。

(4)按配送中心业务流程要求,审核本班组各类单据。

(5)督导验收员按验收规定操作。

(6)指导员工及厂家送货人员按企业规定摆放商品,保证库内、外通道畅通。

(7)跟踪商品的退换货情况,确保退换作业的准确进行。

(8)指导员工严格按企业规定使用库区装卸设备,确保安全。

(9)为库区装卸设备、工具的安全负责。

二十、商品验收员岗位职责

(1)按时参加部门会议,服从收货主管安排的工作,阅读岗位工作日志,做好接班工作。

(2)严格按验收程序进行验收货物。

(3)验收所有的货物,采用开箱抽检、感官检验等方法,参照企业有关质量标准进行。

(4)负责把好收货商品的质量关。

(5)优先验收易坏、易腐的商品。

(6)确保条形码与商品的对应准确无误。

(7)执行扫描原则,用终端逐一进行条形码检验,保证所有条形码有效。

第二节 连锁企业采购管理制度

一、采购管理制度

1. 制订采购计划

(1)由连锁企业各部门根据每年物资的消耗率、损耗率和对第二年的预测,在每年年底编制采购计划和预算,报财务部审核。

(2)计划外采购或临时增加的项目,应制订计划或报告财务部审核。

(3)采购计划一式四份,自存一份,其他三份交财务部。

2. 审批采购计划

(1)财务部将各部门的采购计划和报告汇总,并进行审核。

(2)财务部根据连锁企业本年的营业实绩、物资的消耗和损耗率、第二年的营业指标及营业预测作采购物资的预算。

（3）将汇总的采购计划和预算报总经理审批。

（4）经批准的采购计划交财务总监监督实施，对计划外未经批准的采购要求，财务部有权拒绝付款。

3. 物品采购

（1）采购人员根据核准的采购计划，按照物品的名称、规格、型号、数量和单位适时进行采购，以保证及时供应。

（2）大宗用品或长期需用的物资，根据核准的计划可与有关的工厂、公司、商店签订长期的供货协议，以保证物品的质量、数量、规格、品种等供货要求。

（3）采购人员对餐料、油味料、酒及饮品等，要按计划或下单进行采购，以保证供应。

（4）计划外和临时少量急需品，经总经理或总经理授权有关部门经理批准后可进行采购，以保证需用。

4. 物资验收入库

（1）无论是直拨还是入库的采购物资都必须经仓管员验收。

（2）仓管员验收是根据订货的样板，按质按量核对发票验收。验收完后要在发票上签名或发给验收单，然后需直拨的按手续直拨，需入库的按规定入库。

5. 报销及付款

（1）付款

◎采购员采购的大宗物资的付款要经财务总监审核，经确认批准后方可付款。

◎支票结账一般由出纳根据采购员提供的准确数字或单据填制支票，若由采购员领空白支票与对方结账，金额必须限制在一定的范围内。

◎按连锁企业财务制度规定，付款30元以上要使用支票或委托银行付款结算，30元以下可支付现款。

◎对于超过30元要付现金的情况，必须经财务部经理或财务总监审查批准后方可付款，但现金必须控制在一定的范围内。

（2）报销

◎采购员报销必须凭验收员签字的发票或连同验收单，经出纳审核是否经批准或在计划预算内，核准后方可给予报销。

◎采购员如果向个体户购买商品，可通过税务部门开票，因急需而卖方又无发票的，应由卖方写出售货证明并签名盖章，有采购员两人以上的证明，以及验收员的验收证明，经部门经理或财务总监批准后方可给予报销。

二、采购业务管理制度

（1）按使用部门的要求和采购申请表，多方询价、选择，填写价格、质量及供方的调查表。

（2）向主管呈报调查表，汇报询价情况，经审核后确定最佳采购方案。

（3）在主管的安排下，按采购部主任确定的采购方案着手采购。

（4）按连锁企业及本部门制定的工作程序，完成现货采购和期货采购。

（5）货物验收时出现的各种问题，应即时查清原因，并向主管汇报。

（6）货物验收后，将货物送仓库验收、入库，办理相关的入库手续。

（7）将到货的品种、数量和付款情况报告给有关部门，同时附上采购申请单或经销合同。

（8）将货物采购申请单、发票、入库单或采购合同一并交财务部校对审核，并办理报销或结算手续。

三、物品采购制度

（1）物品库存量应根据连锁企业货源渠道的特点，以控制在一个季度销售量的一倍为宜。材料存量应以两月使用量为限，物料及备用品库存量不得超过三个月的用量。

（2）坚持"凡国内能解决的不从国外进口，凡本地区能解决的不到外地采购"的原则。

（3）各项物品、商品及原材料的采购，必须遵守市场管理及外贸管理的规定。

（4）计划外采购或特殊、急用物品的采购，各部门知会财务部并报总经理审批同意后，方可采购。

（5）凡购进物料，尤其是定制品，采购部门应坚持先取样品，征得使用部门同意后，方可进行定制或采购。

（6）高额进货和长期订货，均应通过签订合同的办法进行。

（7）从国外购进原材料、物品、商品等，凡动用外汇的，不论金额大小一律必须取得总经理的批准，方可采购，否则财务部应拒绝付款。

（8）凡不按上述规定采购者，财务部及业务部门的财会人员，应一律拒绝支付，并上报给总经理处理。

四、能源采购管理制度

（1）连锁企业油库根据各类能源的使用情况，编制各类能源的使用量报告，制订出季度使用计划和年度使用计划。

（2）制订实际采购使用量的季度计划和年度计划交总经理审批，同意后交采购部按计划采购。

（3）按照连锁企业设备和车辆的油、气消耗情况及营业状况，定出油库、气库在不同季节的最低、最高库存量，并填写请购单，交采购部经理呈报总经理审批同意后，由能源采购组办理。

（4）超出季度和年度使用计划而需增加能源的请购，必须另填写请购单，提前一个月办理。

（5）当采购部接到工程部油库请购单后，应立即进行报价，将请购单呈送总经理，经过审批同意后，将请购单其中一联送回工程部油库以备验收之用，一联交能源采购组。

五、食品采购管理制度

（1）由仓管部根据企业的销售需要，订出各类正常库存货物的月销售量，制订月度采购计划，交总经理审批同意后，然后交采购部采购。

（2）当采购部接到总经理审批同意的采购计划后，仓管部、食品采购组、采购部经理和总经理室各留一份备查，由仓管部根据食品部门的需求情况，定出各类物资的最低库存量和最高库存量。

（3）为提高工作效率，加强采购工作的计划性，各类货物采取定期补给的办法。

六、订购进货管理制度

1. 订购制度

（1）采购组每日检查库存，若至请购点时，需填写请购单，经主管核正后办理采购事宜。

（2）采购组查询货品供应商的其他货品库存状况，以简化作业并符合规模经济。

（3）采购组依据厂商资料表制作订货单，一式两联，以传真或电话方式通知厂商，并将订货单第二联交储运组备查，第一联自存。

（4）采购组于每次确认订购单后，当日发出通知，依照与各家厂商协议的时间，送货至请购单位，进货时间安排在每日上午10:00～11:30，下午3:00～4:30。

（5）紧急采购经部门主管核准后进行，事后需补填请购单。

（6）储运组也须与采购组共同依照储位大小、经济订购量及安全库存等设立采购量，采购量的最小数量须事先与厂商协议。

（7）采购组应在进货验收单上每日核查应送的物品，如发现过期而未到的订购单，应立即查询货品延误的原因，并催促尽快发货。

2. 进货制度

（1）厂商送交货物时必须填写进货验收单一式三联，详细写明送货内容及订购单号码，连同所送的货品送到指定的收货处，并由储运组收货人员进行验收。

（2）储运组核对进货验收单与订购单无误后，在进货验收单上签章，将第一联退还厂商作为送货的凭证。

（3）储运组将进货验收单的号码抄录在货品上，同时在订购单上填写进货验收单号码与收货日期。

（4）储运组根据进货验收单检查及证明下列各项。

◎货品编号。

◎品名规格。

◎交货者名称。

◎交货数量。

◎实际接收数量。

◎收货日期。

（5）储运组若发现送来的货品混有其他货品或其他特殊状况时，必须在进货验收单接收状况栏内写明，作为品质检验的参考。

（6）储运组在进货验收单上填入必要内容并核正后进行货品质量检验工作。

（7）验收注意事项。

◎货号。

◎品名。

◎规格。

◎数量、重量。

◎包装。

◎品质。

◎有效日期。

◎进价。

（8）验收无误的商品，再由储运组以彩色笔将该货品的储位，于验收时书写在货品包装上，以便于存放定位。

（9）储运组于验货时如有溢收数量，应通知采购部视实际情况决定是否补开进货验收单，否则拒收。

（10）储运组应依据进货验收单，每日提出应交未交的物品，供采购组跟催，次月5日前应提出超支、欠货资料，供采购、会计、管理部门参考。

（11）储运组将交货实况填入厂商资料卡交货资料各栏后办理入库手续。如验收后发现不符所需，则通知厂商进行退货处理。

（12）储运组核对货品数量与良品总数是否相符，安排货品进入仓库后在进货验收单二至三联良品总数栏盖仓库接收章，再送至储运组主管处核章。

（13）储运组主管核正后的进货验收单第三联自存，根据良品总数转存至计算机。

（14）进货验收单第二联送会计作为付款的凭证。

3. 报废作业制度

(1)报废管理的目的是有效地控制和计算原材料的成本。

(2)报废品的定义。

◎原材料无法继续使用或转做他用而必须丢弃。

◎凡正常加工过程中所丢弃的残物不应报废而属损耗。

◎研发人员的正常研发所丢弃的残物料。

(3)报废品的区分。

◎材料的品质验收未能落实或规格与实际需求不符，致使无法使用且不能退货者。

◎仓储人员保存不当，致使材料损坏无法使用者。

◎研发人员的研发停止，致使该批材料无法转做其他用途者。

◎因运送或搬运不当，造成材料破损污染而无法使用者。

◎原材料、成品过期而无法使用者。

（4）报废品的处理。

◎报废品应存放于暂存区,以便随时资料查询及更正。

◎所需报废的货品应由权责单位于月底填写报废单一式两联。经由品质管理人员确认,并经经理核准后,会同会计部门进行清点,清点完毕,报废单第一联自存,第二联交会计。

◎经核准报废的货品由储运组统一销毁。

◎报废品若是原料,以采购时买进的价格计算;若是商品,则以出货价计算。

七、收货文件管理制度

（1）收货办公室是存放所有收货文件的规定地方。

（2）收货文件的原件必须提供给财务部,收货办公室保存文件的副本。

（3）收货文件必须按时间、按部门、按收货号的顺序进行排列,分柜进行存放;查询时必须经过收货部人员的同意。

（4）所有收货资料保存至少一年。

（5）所有的文件必须在当日工作结束后进行整理、归档;凡有问题的文件,必须做记号说明原因,并交接到明日进行处理。

八、收货办公室管理制度

（1）供应商不得进入收货办公室。

（2）未经授权,楼面人员不得进入收货办公室。

（3）收货办公室在工作结束后实施门禁。

（4）收货办公室必须保持干净、整齐。

（5）收货办公室不是员工或叉车司机的休息场所。

（6）收货办公室禁止吸烟、随地吐痰。

九、商品验收管理制度

1. 仓管人员和理货人员应严格按商品质量验收标准对所有货物进行检查。

2. 清点检查。重点检查数量、包装质量及其完好性。

3. 抽样检查。应按相应验收标准,采用随机抽取法取出代表样商品进行检查。

4. 合格证检查。检查产品是否有合格证及其是否有检验机构和检验员签章。

5. 索证。

（1）按随货通行证书的管理程序操作,向供应商索取有关质量证明,并与采购订单的内容进行对照检查是否一一对应,准确无误。

（2）质量证书应及时转交指定连锁企业质检员存档,按随货同行证书的存档操作进行管理。

6. 标志、包装检查。

（1）对所抽样品进行标志检查时，严格按照商品质量验收标准进行检查验收。检查包装是否牢固，是否可能因包装不良而使商品受损及包装本身是否受损。

（2）对有使用期限的商品应重点检查其生产日期、进货日期是否符合商品质量验收标准的规定。

7. 感官检查。对商品进行感官检查，根据标准或经验判定产品质量。

十、退换货管理制度

（1）有质量问题的商品，并且在退换货的时限内的，可以退换。

（2）有质量问题的商品，超出退货的时限，但在换货时限内的，不可退货，但可换货。

（3）有质量问题的商品，超出退换货的时限的，不可以退、换货。

（4）一般性商品，无质量问题，不影响重新销售的，可以退、换货。

（5）一般性商品，无质量问题，但有明显使用痕迹的，不可以退、换货。

（6）经过顾客加工或特别为顾客加工的，无质量问题的，不可以退、换货。

（7）因顾客使用、维修、保养不当或自行拆装造成损坏的，不可以退、换货。

（8）商品售出后因自然灾害造成损坏的，不可以退、换货。

（9）原包装损坏或遗失、配件不全或损坏、无保修卡的商品，不可以退、换货。

（10）个人卫生用品，如内衣裤、睡衣、泳衣、袜子等，不可以退、换货。

（11）清仓品和赠品不可以退、换货。

（12）消耗性商品，如电池、胶卷，不可以退、换货。

（13）化妆品（不含一般性的护肤品），不可以退、换货。

（14）无本企业的收银小票或非本卖场售卖的商品，不可以退、换货。

第三节 连锁企业采购常用管理表格

一、商品结构登记表

中分类			小分类		
编 号	小分类名称	单品数	编 号	小分类名称	单品数

二、采购单

<table>
<tr><td rowspan="6">采 购 项 目</td><td>序　号</td><td>品名</td><td>规格说明</td><td>数量</td><td>单位</td><td>估计单位</td><td colspan="2">需用日期</td><td>备　注</td></tr>
<tr><td></td><td></td><td></td><td></td><td></td><td></td><td colspan="2"></td><td></td></tr>
<tr><td></td><td></td><td></td><td></td><td></td><td></td><td colspan="2"></td><td></td></tr>
<tr><td></td><td></td><td></td><td></td><td></td><td></td><td colspan="2"></td><td></td></tr>
<tr><td></td><td></td><td></td><td></td><td></td><td></td><td colspan="2"></td><td></td></tr>
<tr><td></td><td></td><td></td><td></td><td></td><td></td><td colspan="2"></td><td></td></tr>
<tr><td rowspan="6">询 价 记 录</td><td>供应商</td><td>厂牌</td><td>单价</td><td>总价</td><td colspan="3">采　购　意　见</td><td>裁　决</td><td>预订交货期</td></tr>
<tr><td></td><td></td><td></td><td></td><td colspan="3"></td><td></td><td></td></tr>
<tr><td></td><td></td><td></td><td></td><td colspan="3"></td><td></td><td></td></tr>
<tr><td></td><td></td><td></td><td></td><td colspan="3"></td><td></td><td></td></tr>
<tr><td></td><td></td><td></td><td></td><td colspan="3"></td><td></td><td></td></tr>
<tr><td></td><td></td><td></td><td></td><td colspan="3"></td><td></td><td></td></tr>
<tr><td>总经理</td><td></td><td>采购部</td><td></td><td>部门经理</td><td></td><td>使用单位</td><td></td><td>仓　库</td><td></td><td>申请人</td></tr>
</table>

三、采购登记表

<table>
<tr><td>产品名称</td><td></td><td colspan="2">规格说明</td><td></td><td colspan="2">生产数量</td><td></td></tr>
<tr><td>序　号</td><td>物品名称</td><td>物品编号</td><td>标准用量</td><td>本批用量</td><td>供应商</td><td>单　价</td><td>订货日期</td><td>交货记录</td></tr>
<tr><td></td><td></td><td></td><td></td><td></td><td></td><td></td><td></td><td></td></tr>
<tr><td></td><td></td><td></td><td></td><td></td><td></td><td></td><td></td><td></td></tr>
<tr><td></td><td></td><td></td><td></td><td></td><td></td><td></td><td></td><td></td></tr>
<tr><td></td><td></td><td></td><td></td><td></td><td></td><td></td><td></td><td></td></tr>
<tr><td></td><td></td><td></td><td></td><td></td><td></td><td></td><td></td><td></td></tr>
</table>

四、新商品市场调查登记表

地　点：　　　　　　　　　　　　　　　　　　　　　　　时　间：

<table>
<tr><td rowspan="2">商品名称/规格</td><td rowspan="2">售　价</td><td rowspan="2">估计进价</td><td colspan="3">供　应　商</td><td rowspan="2">调查人员</td><td rowspan="2">备　注</td></tr>
<tr><td>名　称</td><td>电　话</td><td>联系人</td></tr>
<tr><td></td><td></td><td></td><td></td><td></td><td></td><td></td><td></td></tr>
<tr><td></td><td></td><td></td><td></td><td></td><td></td><td></td><td></td></tr>
<tr><td></td><td></td><td></td><td></td><td></td><td></td><td></td><td></td></tr>
<tr><td></td><td></td><td></td><td></td><td></td><td></td><td></td><td></td></tr>
<tr><td></td><td></td><td></td><td></td><td></td><td></td><td></td><td></td></tr>
</table>

五、供应商情况登记表

供应商名称		供应商地址	
联系电话、传真		邮　编	
税务登记号		法定代表人	
注册资金		开户银行/账号	
供应商年销售额		成立时间	
企业性质			
合作产品		经营品牌	
是否提供送货服务		是否在媒介做广告	
供应商合作商场		是否有促销计划	
采购主管评估			

六、供应商商品明细表

编　号：　　　　　　　　　　　　　　　　　　　　　日　期：

号　码	品　名	规　格	进　价	单　位	最小订货量	备　注

七、供应商进货数量统计表

项　次	供应商名称	1月	2月	3月	4月	5月	6月	7月	8月	9月	10月	11月	12月	年平均
1														
2														
3														
4														
5														
小　计														

八、供应商变动表

月　份	上月供应商数	本月新增供应商数	本月停止供应商数	本月供应商数	备　注
1					
2					
3					
4					
5					
小　计					

九、新供应商评估情况登记表

供应商名称：　　　　　　　　　　　　　　　　　　　　　　日　期：

评 价 项 目	优良	良好	一般	较差	不佳	不适用
	5分	4分	3分	2分	1分	0分
1. 企业知名度						
2. 企业证件是否齐全						
3. 商品知名度						
4. 产品质量合格证是否齐全						
	10分	8分	6分	4分	2分	0分
5. 企业经营状况						
6. 送货方式是否符合我方要求						
7. 售后服务及供货能力						
8. 退换货是否符合要求						
9. 产品价格合理度						
10. 结算方式能否符合我方要求						
11. 是否有促销计划						
12. 对我企业的赞助与支持度						

总　分：_____（上述第 1～12 项的累积分,总分达 70 分以上为合格供应商）

十、供应商退场申请表

商品所在门店：	经营类别：
供应商名称：	供应商编号：

原结算形式:□购销　　　　　　　　　　　　　　　　□数期(　　)天
　　　　　　□实销实结　　　　　　　　　　　　　　□分成专柜

以往半年经营情况:平均_____万元/月,同类商品销售排倒数第_____位。

退场原因:(在适用号码前打"√")
□1. 供应商供货服务欠佳
□2. 商品质量欠佳
□3. 商品销路欠佳,近 3 个月平均商品周转天数:_____天
□4. 商品销售业绩在同类商品排队中排在末位或排在企业已核定同类商品供应商数量以外
□5. 不符合各级政府部门的有关要求
□6. 违反合约要求
□7. 供应商要求退场
□8. 其他

退货数量:_____	总金额:_____元(大写)
填 报 人:_____	日　期:____年____月____日

续表

审　　批
采购主管/日期： 采购经理/日期：   总 经 理/日期：

十一、供应商投诉情况登记表

编　号	供应商	投诉事项	投诉部门	投诉时间	跟　踪	备　注

十二、采购部月报表

采购组		月　份		采购主管		日　期	
序　号		项　目		内　容		备　注	
1		本月销售额(含税)					
2		本月引进新商品					
3		本月清退滞销商品					
4		本月非营业收入					
5		顾客投诉次数					
6		本月促销商品销售占部门比例					
7		本月促销活动评估					
8		供应商供货情况					
9		供应商销售升降(比上年同期)					
10		其他事项					

十三、供应商预约情况登记表

采购组：

日期 供应商	___月___日		___月___日		___月___日		___月___日		___月___日		___月___日	
	星期一		星期二		星期三		星期四		星期五		星期六	
	时间	洽谈内容	时间	洽谈内容	时间	洽谈内容	时间	洽谈内容	时间	洽谈内容	时间	洽谈内容

十四、采购谈判登记表

时　间		供应商	
本企业谈判员		对方谈判员	
谈判主题			
谈判记录			
谈判结果			
结果跟踪			
备　注			

责任人签名：

十五、进货日记表

部　门	总　进　货				进货折让	折价回扣	净进货额	备　注
	笔　数	赊　购	笔　数	现　金				
合　计								
累　计								

部门经理：　　　　　　　　　　　经办人：

十六、采购进度控制表

日期	请购单号码	供应商	地点	代理	订购				付款条件	需要日期	交货记录	备注
					日期	数量	单价	余额				

十七、交期变更联络单

原料编号				品　名	
				规　格	
请购单编号	请购量	原需要日	预到日	急要日	采购部门答复

部门经理：　　　　　　　　　　　经办人：

十八、订货表

企业名称			电话		
地　址			负责人		
品　名	型号/规格	单　位	数　量	单　价	总　价
合　计					
承办人			客户签单		

十九、每日进货接收记录表

编 号	供应商	供应商		供应商名称	发票和退还记录的编号	收货员名称	在发票和退还记录上的商品总金额	备 注
		进 入	离 开					

收货员签名：

二十、商品退货申请表

部 门：　　　　　　　　　　　　　　　　　　　　　　表 号：

订单号码		促销期数		验收单号	
订单日期		退货日期		终止日期	
厂商编号		名 称			
电 话		传 真		联络人	
备 注					

货 号	品 名	规 格	退货单位	退货数量	实退数量	备 注

备 注：　　　　　　　　　　　　　　　　　　　　　装箱/件数：

经 理		主 管		经办人		计算机输入	

二十一、退换货通知单

填报部门：　　　　　　　　　　日 期：　　　　　　　　单位:元

物品编号	物品名称	单价(售价)	数 量	供应商编号	供应商名称	生成码
合 计						
备 注						

财务审核：	收货部门： 经办人：	退货部门主管： 经办人：

二十二、供应商交易登记表

名　称				电话						
地　址				负责人						
产量规模				联系人						
日　期		产品编号	订购数量	交货数量	单　价	总　价	预定交货期	实际交货期	付款日	备　注
月	日									

二十三、采购通知表

供应商名称		联系人		电话			
填写人：		时　间：		审　批：			
编　号	品　名	型　号	单　位	数　量	配　件	金　额	备　注
运输方式		结算方式		预计交货时间			

二十四、订货计划表

采购人：　　　　　　　　　　　　　　　　　　　　　　　　　　　日　期：

品　种	货物编号	供应商编号	规　格	数　量	单　价	总金额	购进方式	提货方式	采购日期	到货日期

二十五、收货登记表

序　号	供应商	时　间		供应商名称缩写	发票和退还记录的编号	收货员名称缩写	在发票和退还记录上的商品总金额
		进　入	离　开				

收货员签名：

二十六、收货清单

供应商名称：	收货编号：
商品类别：	供应商编号：
收货人：	审　核：
供应商名称：	收货编号：
商品类别：	供应商编号：
收货人：	审　核：
供应商名称：	收货编号：
商品类别：	供应商编号：
收货人：	审　核：

二十七、商品入库表

供货商：　　　　　　　　　　时　间：　　　　　　　　仓　库：

编号	品　名	单　位	数　量	零售单价	金　　额						
备　注											

付货人：　　　　　　　　　　　　　　　　　　　　　收货人：

二十八、商品验收登记表

日　期：　　　　　　　　　　　　　　　　　　　　　　　　　　　　编　号：

产　地	货　号	名　称	规　格	单位	数量	单价	金额	单位	数量	单价	金额

二十九、请购验收表

请购日期			需要日期			验收日期			
品　名			规　格		数　量			用　途	
总经理			部门主管		组　长			请购人	
请购资料	日　期		询价记录		厂　商	1	2	3	验收记录
	单　价				厂　牌				
	现有存量				单　价				
	签　章				总　价				
准购厂商									

三十、验收报告表

订单号码		商　号		厂商代号		验收日期					
借方科目		贷方科目		入库单位		需　期			交　期		
件　号	品名规格	厂牌	单位	收货数	实收数	单价	金额	拒收数	拒收数现状	本订单未交量	再交	不交

金额：拾　万　仟　佰　拾　元整　　　　　　　　发票号码

使用部门		用　途	
备　注			

三十一、商品退货登记表

日　期：

商品编号	商品名称	单价(元)	数　量	金额(元)	退货原因
总　计					

退货部门：	财务人员：
退货申请人：	安全部门：
批准人：	供货商：
收货组：	电　话：

三十二、淘汰商品登记表

编　号	供应商	商品编码	商品名称	规　格	退场原因	分店库存	总库存

第四篇

连锁企业连锁配送管理

第11章 连锁企业仓储管理规范

第一节 仓储作业管理流程

一、仓储作业流程

(1)收货

收货是指连锁企业的进货指令向供货厂商发出后,配送中心对运送的货物进行接收。

(2)入库

商品验收合格后,需要将其运送库房而进行的作业环节。

(3)存储

商品的储存是指在严格遵照商品保管的操作规程和技术要求的前提下,合理安排库存量,做好商品的堆码、苫垫、保管等工作的作业环节。

(4)盘点

通过盘点作业可以计算出真实的库存量、费用率、毛利率、货损率等指标。

(5)出库

即根据正式的凭证和手续,准确、及时地组织好商品出库的作业环节。

二、收货作业流程

(1)投单

供应商到达收货部的停车区域后,应立即将送货订单、送货明细等交到收货部受理处,进行投单。

(2)审核

收货员接到订单后,对订单上所列项目,逐项仔细核对其是否清楚,是否为快讯商品,同时检查文件档案中是否有待退商品等内容。

(3)卸货

轮到该供应商卸货时,应将货物按码放的原则在正确的区域内卸货。

(4)验收

请供应商将货物拉到正确的区域内,由专门的验收人员进行验货的程序。

(5)退换货

对于在商品验收中不符合规定的商品,或者和订货合约中的规定有出入的商品,验收人员应拒绝接受并责令供应商退/换货。

（6）填制相关表单

仓库保管员按表式规定填写商品退货/验收单。如果已有合同管理员填制过进货凭证，就可借用该凭证进行工作，不必另行填制退货/验收单。

（7）记录物资存货账

物资验收结束后，保管员根据验收凭证，记载保管商品存货账。

仓库用的保管存货账可使用市场上现售的物资明细分类账。有些仓库控制数量、不计算金额，还可用具有数量收、发、存的三类账页。

（8）入库

物资入库前应做好准备工作，比如安排货位、准备苫垫用品、搬运工具、检验度量衡器具，组织好收货人力等，还要准备好商品标签。

三、收货操作规范

1. 正常商品收货操作规范

（1）收货人员在收到供应商到货通知，并在货物到达后，根据司机的随货箱单清点收货。

（2）收货人员应与司机共同掐铅封，打开车门检查货品状况。

（3）收货人员卸货时的职责

◎严格监督货物的装卸状况。

◎确认商品的数量、包装及保质期与箱单是否严格相符。

◎任何商品破损、短缺情况必须在收货单上严格注明，并保留一份由司机签字确认的文件。

◎事故记录单、运输质量跟踪表、送货单等如有破损短缺的情况须及时上报上级主管机关，以便及时通知客户。

◎卸货人员监督商品在码放到托盘上时须全部向上，不可倒置。

◎必须严格按照商品码放示意图中标示的商品每堆码放的数量和位置、方式码放。

（4）卸货时如遇到恶劣天气，必须采取有效办法确保商品不会受损。

（5）收货人员签收送货箱单并填写相关所需单据，将有关的收货资料商品名称、数量、生产日期、货物状态等交给指定的负责人。

（6）会计部门接单后必须在当天完成将相关资料通知记入台账。

（7）破损商品须与正常商品分开单独存放，存入相关记录，等候处理。

2. 退货或残次商品收货操作规范

（1）各种退货及换残商品入库都须有相应单据，如果运输超市或司机不能提供相应单据，仓库人员有权拒收货物。

（2）退货商品有良品及不良品的区别

◎良品退货收货时，货物必须保持完好状态，否则仓库拒绝收货。

◎不良品收货时，商品基本情况必须与相应单据相符，并且有完好的包装。

（3）换残商品的型号、编号须与通知单记录内容相符，否则仓库拒绝收货。

（4）收货人员依据单据验收货物后，将不同状态的货物分开单独存放，记录商品名称、数量、状态等，将退货或换残单据及收货入库单上交有关部门。

（5）依据单据记入台账。

第二节　仓储管理执行规范

一、入库前的准备

根据仓储业务的要求，仓储管理部门在收到商品入库计划后，要及时进行入库前的准备工作。其具体内容包括：

1. 了解商品详情

在接收商品前，要认真检阅即将入库商品的相关资料。

掌握商品的品种、规格、数量、包装状态、单件体积和重量、理化性质、存储要求及确切的到库时间和存储期限等，便于进行货位安排、商品养护等作业。

2. 留存存储区域

核算存储区域的面积，要根据商品的形状、数量、特性、类别及存储要求等参数，并结合货位的通风、光照、邻近货位商品特性等情况，合理安排存储区。

存储区域的安排可遵照以下要点：

（1）依照货品特性来储存。

（2）大批量使用大储区，小批量使用小储区。

（3）高位的物品使用高储区。

（4）笨重、体积大的货品储存于较坚固的层架底层及接近出货区。

（5）轻量货品储存于有限的载重层架。

（6）将相同或相似的货品尽可能靠近储放。

（7）滞销的货品或较小、较轻及容易处理的货品使用较远的储区。

（8）周转率低的货品尽量远离进货、出货区及仓库较高的区域。

（9）周转率高的货品尽量放于接近出货区及仓库较低的区域。

（10）服务设施应选在低层楼区。

（11）在大量储存区的栈板架上，第一、二层货品供整箱配货之用，第三层以上的货品作存补货之用。

（12）大量储存区储存畅销品或整箱销售的商品，以栈板堆高方式或以栈板架的方式储存商品。

（13）在大量储存区内另外规划特价区、进货暂存区、进口品暂存区等以安置大量进货的货品或尚未归位的新商品。

（14）小量储存区储存小量零星出货的商品，以流动料架或一般货品架来储存商品。

（15）认真详细地检查库内的照明、通风、除湿等设备，发现故障立即报修。

（16）及时清洁存储区残留物质，必要时进行消毒、除虫和衬垫材料的铺设。

3. 设备与单据的准备

(1)根据入库作业安排,准备材料。

(2)根据验收作业要求,准备点数、称量、测试开箱、封箱、度量、移动照明灯作业用具。

(3)根据装卸搬运作业要求和商品尺寸、包装状况、货位方式等情况,准备相关机具。

(4)根据入库作业要求,准备各种报表、记录本等单证。

二、入库作业流程

(1)填写入库申请表

以成品库的入库流程为例,外购的成品或自己连锁企业生产的成品,首先由申请人填写入库申请单。

(2)办理相关入库手续

商品的入库,有两种情况,一种是入本库,另一种是入外库,其操作手续应按各自规定来办理。

(3)商品入库

在商品入库当日,进行入库资料查核、入库质检。当质量或数量不符时即进行适当修正或处理,并输入入库数据。入库管理中可按一定方式指定卸货及托盘堆叠。

三、商品入库管理

1. 商品入库

商品入库是仓库业务的开始,也是商品由采购进入保存的第一道环节。因此,要做好以下工作。

(1)商品入库必须票货同行,根据合法凭证收货,及时清点商品数量。收货员要审核运输员交给的随货同行单据,票货逐一核对检查,将商品按指定地点入库验收。

(2)商品入库必须按规定办理收货。连锁企业收货员货单相符,要在随货同行联上签字,加盖"商品入库货已收讫专用章"之后,方可交运输员随车带回交给连锁企业调度员。

(3)验收中发现单货不符、差错损失或质量问题,连锁企业收货员应当立即与有关部门联系,并在随货同行联上加以注明,做好记录。经双方签字后,收货员方可在单上签字、盖章,带回交储运业务索赔员,按期办理查询事宜。

(4)同种商品不同包装或使用代用品包装,应问明情况,并在入库单上注明后,办理入库。

(5)送货上门车辆,无装卸工的,经双方协商同意,仓库可有偿代为卸车,按储运劳务收费办法执行。

(6)商品验收后,须仓库保管员签字、复核员盖章;入账后注明存放区号、库号,票据传回。

(7)临时入库商品要填写临时入库票,由零售企业收货员、保管员签字、盖章后,交跑票员带回商店。

(8)仓库保管员接正式入库单后,应立即根据单上所注的商品名称仔细点验件数,加盖"货已收讫章"。同时,由保管员签字、复核员盖章,将回执退回委托单位。

(9)属下列情况之一的,仓库可以拒收不合法入库发运凭证。如字迹模糊,有涂改等;错送,即发运单上所列收货仓库非本仓库;单货不符,商品严重残损,质量包装不符合规定;违反国家生产标准的商品。

(10)商品入库时,要轻卸轻放;保持清洁干燥,不使商品受潮玷污;检查商品有无破损或异样,及时修补或更换包装;抽查部分商品,特别是包装异样商品;用感官检查商品有无霉、溶、虫、损、潮、漏、脏等情况,分清责任。

2. 商品验收

商品验收是对购进商品按进货合同或发货票的数量点收和质量检验。

商品验收是连锁企业业务经营活动中的重要一环。开展商品验收能保证商品的数量准确、质量完好,阻止伪劣商品进入连锁企业,防止和消灭差错事故。商品验收是通过对商品的检查实现的。

商品检查的方式,有以下四种:

(1)直查。这种方法的优点是快速、简便。连锁企业根据订货单检查供货商的发票、运送单,清点大类及项目。如果发票检查不能确定有效,要对商品进行实际的开箱拆包清点检查。

(2)盲查。这种方法的优点是准确,但费时费力。它是指检查者不持有自身的订货单和运送单,而就供货者的商品实行现场实际清点和记录,然后将清查的各项商品数量、质量、损伤状况一一登记和描述,并交付采购部门。采购部门的管理人员再与订货单一一核对。

(3)半盲查。这种方法的优点是快速、准确。这是指检查者持有运送单和说明,有商品大类的数量而没有每一类商品项目的数量。检查员必须实际地清点每一类商品项目和数量。

(4)直查与盲查相结合。当供货者的发票、运送单标明的内容细致、清楚,与连锁企业订货单完全相同时,实行直查即可。当供货者的发票、运送单所标明项目较粗略,不清楚时,连锁企业要实行盲查或半盲查。

关于连锁企业内部商品流通环节的验收,是指销售部门对储存部门提供的商品进行验收。目的是为了划清经济责任,防止和减少商品损失与零售差错而设立的。

连锁企业对供应商所供商品的检验,包括以下方面。

(1)发票检查。商场超市要一一核对自己的订货单与供应商的发票。包括对每一商品项目、数量、价格、销售期限、送货时间、结算方式等项目。检查人通过检查确认供应商所供货物是否与连锁企业的需求完全相符。

(2)数量检查。清点货品数量,不仅要清点大件包装,而且要开包拆箱分类清点实际的商品数量,甚至要核对每一包装内的商品式样、型号、颜色等。一旦发现商品短缺和溢余,要立即填写商品短缺或溢余报告单,报告给采购部门,以便通知供货商,协商解决的办法。

(3)质量检查。有两种情况要注意。

◎检查商品是否有损伤。一般来说,商品在运送过程中会出现商品损伤情况,这种损伤往往由运送者或保险人承担责任。

◎检查是否有低于订货质量要求的商品。发现低于订货质量要求的商品,要及时提出来。因为低质量的商品会给商店带来麻烦,如影响销售、影响收入,也会损害连锁企业的形象等。

3. 验收作业

验收作业可按进货的来源分为两种:企业进货验收和自行进货验收。

(1)企业进货验收。由于企业总部已进行进货验收,所以可由业务人员或司机把商品送到门店,而不需当场验收清点,仅由门店验收员立即盖章及签收。至于事后店内自行点收发现数量、品项、品质、规格与订货不符时,可通知总部再补送。

(2)自行进货验收。

◎要核对送货单的商品品名、规格、数量、金额与发票是否相符。

◎要核对实物与发票是否相符,具体的检查内容包括:商品数量、商品重量及规格、商品成分、制造商情况及有关标签、制造日期及有效日期、商品品质、送货车辆的温度及卫生状况、送货人员等。

◎要对散箱、破箱进行拆包、开箱查验,核点实数。

◎要对贵重商品拆箱、拆包逐一验收。

◎要对无生产日期、无生产厂家、无地址、无保质期、商品标签不符合国家有关法规的商品拒收。

◎要对变质、过保质期或已接近保质期的商品拒收。

(3)验收作业应注意的事项。

◎不要一次将几家厂商的进货同时验收。

◎不可直接送货至仓库。

◎避免在营业高峰时间进货。

◎不要让供应厂商清理票据。

4. 商品出入库票据的管理

(1)商品出库库票据由储运部统一发放,任何单位不得私自印制商品出库库票,各部室派专人领用时,储运部须按票号、编号登记备案。

(2)各连锁店的出入库票上,需盖有本店出入库章和储运部出入库章。

四、入库作业要点

1. 办理入库手续

(1)入本库

◎仓库保管员收到供销商的正式发票或储运部转来的运单、随货同行联、到货通知单后,由合同员审核、注销合同,加盖经销商品章转由连锁企业物价员编号、核定价格。

◎仓库保管员接到物价员转来的票据后,凭此票验收商品数量、品名、规格、包装、质量等,票货相符、质量合格后,将商品入库。

◎仓库保管员凭审核、定价后的原始单据,填制连锁企业经销商品入库申请单1~5联。

◎仓库保管员将原始单据及自制入库单1~5联转企业会计部门,会计部门对商品账进行复核、签字后,再转给仓库保管员。

◎仓库保管员在自制1~5联入库单上加盖"货已收讫"章及签名后,自留第一联,增记"库房经销库存明细账"中入库数量。内库增加,要求一货一价一账页,随后将2~4联及原始单据转商品账,5联转营业部。

◎会计部门商品账接到仓库保管员转来的超市经销商品入库单2~4联,凭第三联记"经销库存商品明细账"进货数量,结存数量、内库存增加。

◎会计部门商品账根据当日"经销商品入库单"填制营业部"进货存日报表"1~3联,凭第一联记经销库存商品金额账,库存金额增加。

◎会计部门商品账将进销存日报表第二联附进货原始单据及入库单第二联转会计室,进销存日报表第三联附入库单,第四联转统计员。

◎会计员按到三级账转来的"进销存日报表"、"原始单据"、"经销商品入库单"审核准确后,做记账凭证入账。统计员也做相应的账务处理。

(2)入外库

◎仓库保管员接到储运部转来的"运单"、"随货同行联"、"到货通知单"需要入外库的,应先将单据转合同员审核、注销合同,加盖经销商品章后转物价员编号、核定价格。

◎仓库保管员凭审核计价后的原始单据填制连锁企业外库货物入库单1~4联,第一联存根,3~4联交储运部,转外库办理正式入库存手续。

◎外库保管员将储运部货物入库单第四联加盖"货已收讫"章,收货人签字后,经储运部转交仓库保管员。

◎仓库保管员根据储运部传来的"储运部货物入库单",第四联与存根第一联核对无误后,做连锁企业经销商品入库单1~5联,并加盖"货已收讫"章,签字后,储运部"入库单"第四联与超市入库单第一联核对,增记库房经销库存商品,明细账中的入库数量及外库增加。2~5联流转程序视同入本库。

2. 商品的入库作业

(1)对于退回商品的入库需经过质检、分类处理,然后登记入库。

(2)商品入库后有两种作业方式。

①商品入库上架,有出库需求时再出货。

商品入库上架可由计算机或管理人员按照仓库区域规划管理原则或商品生命周期等因素来指定储放位置并登记,以便日后的库存管理或出货查询。

②直接出库。

此时需按照出货要求将商品送往指定的出货码头或暂时存放地点。入库搬运过程中需由管理人员选用搬运工具、调派工作人员,并安排工具和人员的工作流程。

五、储存作业规范

1. 记账、登卡

商品验收无误后,要及时记账、登卡。

2. 填写储存凭据

详细记明商品名称、等级、规格、批次、包装、件数、重量、运输工具及号码、单证号码、验收情况、存放地点、入库日期、存货单位等，做到账、卡齐全，账、货、卡相符。

3. 安排存货区域

入库商品验收以后，仓库要根据商品的性能、特点和存储要求，安排适宜的储存场所，做到分区、分库、分类存放和管理。

4. 堆放商品

仓间面积的利用要合理规划，干道、支道要画线，垛位标志要明显，要编顺序号。符合安全第一、进出方便、节约仓容的原则。

六、库存作业要点

1. 存量管理

存量管理标准如下：

(1)安全存量 = 3 天每日出货量。

(2)最高存量 = (9 天每日出货量) + 安全存量。

(3)最低存量 = 请购量 = (领先时间每日出货量) + 安全存量。

(4)请购量 = 最高存量 - 安全存量。

2. 仓库温湿度控制

(1)仓库温湿度的测定

①在库外

◎干湿表应设置在百叶箱内，避免阳光、雨水、灰尘的侵袭。

◎百叶箱的门应朝北安放，以防观察时受阳光直接照射。

◎百叶箱中温度表的球部离地面高度为 2 米。

◎箱内应保持清洁，不放杂物，以免造成空气不流通。

②在库内

◎干湿表应安置在空气流通、不受阳光照射的地方，不要挂在墙上。

◎干湿表挂置高度应与人的眼睛基本平行，约 1.5 米左右。

◎每日必须定时对库内的温湿度进行观测记录。

◎一般在上午 8 时~10 时，下午 2 时~4 时各观测一次。

◎记录资料要妥善保存，定期分析，摸熟规律，以便掌握商品存储的主动权。

(2)仓库温湿度的调节

为了维护仓储商品的质量完好，采用密封、通风与吸潮相结合的办法，是控制和调节库内温湿度行之有效的办法。

①密封

密封，就是把商品尽可能严密地封闭起来，减少受外界不良气候条件的影响，以达到安全存储的目的。

采用密封方法，要和通风、吸潮结合运用，如运用得当，可以收到防潮、防霉、防热、防溶化、防干裂、防冻、防锈蚀、防虫蛀等多方面的效果。

②通风

通风是利用库内外空气温度不同而形成的气压差,使库内外空气形成对流,来达到调节库内温湿度的目的。

对库内环境进行通风时,要注意以下两点:库内外温度差距越大,空气流动就越快;库外有风,借助风的压力更能加速库内外空气的对流。但风力也不能过大。

(3)吸潮

在梅雨季节或阴雨天,当库内湿度过高,不适宜商品存储,而库外湿度也过大,不宜进行通风散潮时,可以在密封库内用吸潮的办法降低库内湿度。

吸湿机一般适宜于储存棉布、针棉织品、贵重百货、医药、仪器、电工器材和烟糖类的仓间吸湿。

3. 核查库存商品

(1)一般商品的核查

◎以系统化原则储存商品,最好采取与连锁店相似的配置方式。

◎商品储存须设有登记卡,登记进货的品名、日期、数量、规格,出仓的数量、余额。

◎商品堆积要以栈板铺地后再堆放商品,以防止商品潮湿。

◎陈列时,不得与墙壁接触,须留有 5 厘米的间隙。

◎体积大、重量重的商品应置于底层,轻薄短小的商品则可置于上层,以防压碎商品。

◎大箱包装应标示出进货日期。

◎仓库内架设钢架木架,以充分利用空间。

◎商品应按先进先出法出仓。

◎轻薄短小的商品,应置于大体积、大重量的商品前面。

◎清洁剂不要与烘烤食品存放在一起,以防止受污染。

◎仓库应保持干燥通风良好。

◎禁止闲杂人员进出仓库,以保证安全。

◎应有防火措施与设备,并应保持完好。

◎经常保持仓库的清洁卫生。

◎退货、换货、报废的商品应集中于专区,并定期予以处理。

◎干货类的食品及用品,经验收后即行标价并陈列于货架上,如果有剩余,则送往仓库储存,以待销售。

(2)冷冻、冷藏商品的核查

◎商品无解冻、变质现象。

◎商品进货验收,常温下不要放置超过 30 分钟。

◎库门不可长时间打开。

◎自行加工包装的商品,库存时须标注日期。

◎合理规划商品暂存区、退货区及走道。

◎商品堆叠高度不可超过风扇,并避免倾倒。

◎无法堆叠的商品以层板或台车存放。

◎退货商品集中于退货区,每周定时办理退货。

◎每日定时检查温度是否正常。

◎库存内不准停放杂物或拖板车。

◎在库房工作须穿防寒衣、鞋。

◎进入库房检查安全开关是否正常。

◎风扇与地面发现积水,须立即清除。

◎库房上方不可放置物品,人员不可随意攀爬。

◎冷冻库每月清理一次,冷藏库每周清洗一次。

◎非工作需要,人员不可在库房逗留。

◎商品确实做到先进先出。

◎出货同时也须做好商品整理。

◎出库房随手关灯、关门。

七、出库作业规范

(1)填写出库单

无论采用哪种出货的方式,都要填写出库单,出库单主要有以下项目:发货单位、发货时间、出库品种、出库数量、金额、出库方式选择、运算结算方式、提货人签字、成品库主管签字。

(2)审批

管理者审批该申请出库单:如果审批通过,此单属性变更为“出库单”;如果审批未通过,需要写明未通过原因。

(3)出库单验收

由管理者审批通过的出库单,商品确实出库后,管理者验收。

(4)验收出库单

如果验收通过,此单属性变更为“验收出库单”。

(5)未通过

如果验收未通过,需要写明未通过原因。

(6)出库

完成出库业务,同时验收出库单中的商品,并在库存中相应减少。

八、出库操作要点

1. 仓管人员要注意在下列情况下方可出货:

(1)交货。

(2)交货给客户试用。

(3)示范表演。

（4）展示中心陈列。

（5）本企业同事的职前或在职训练使用。

（6）本企业各部门因业务需要而借用。

2. 若发现下列问题要立即与库存管理单位联系，双方取得一致意见以后才能出库：

（1）一票入库商品没有全部到齐的。

（2）入库商品验收时发现有问题尚未处理的。

（3）商品质量有异状的。

3. 认真做好出库凭证和商品复核工作。只有凭订货单，才可以对其出货。

4. 接到订货单时，应于当日发货，如缺货而需调拨供应时也应于当日回复预定供货的日期。

5. 库存充足时，应依据过去的销售资料统计及需要预测，随时注意库存情形，将库存商品依比例进行分配。

6. 任何出货情况，均应于出货当日将有关资料入账以便于存货的控制。

7. 要分清仓库和承运单位的责任，办清交接手续。开具出库商品清单或出门证，写明承运单位的名称、商品的名称、数量、运输工具和编号，并会同承运人或司机签字。

8. 商品出库以后，存储人员要在当日根据正式出库凭证销卡、销账，清点货垛结余数，与账、卡核对，做到账、货、卡相符。并将有关的凭证、单据交账务人员登账复核。

9. 配送部门的其他人员向仓管部门领货时，应在仓库的柜台办理，不得随意自行进入仓库内部。

第三节　商品保管作业操作规范

一、商品保管的基本要求

1. 严格控制入库商品

要严格验收入库商品，弄清商品及其包装的质量状况，防止商品在储存期间发生各种不应有的变化。对吸湿性商品要检测其含水量是否超过安全水分，对其他有异常情况的商品要查清原因，针对具体情况进行处理和采取救治措施，做到防微杜渐。

2. 安排适当的储存场所

由于不同商品性能不同，对保管条件的要求也不同。性能相互抵触或易串味的商品不能在同一库房混存，以免相互产生不良影响。尤其对于化学危险物品，要严格按照有关部门的规定，分区分类安排储存地点。

3. 合理进行堆码苫垫

地面潮气对商品质量影响很大，要切实做好货垛下垫隔潮工作，存放在货场的商品，货区四周要有排水沟，以防积水流入垛下；货垛周围要遮盖严密，以防雨淋日晒。应根据各种商品的性能和包装材料，确定货垛的垛形与高度，并结合季节气候等情况妥善堆码。含水率较高的易霉商品，热天应码通风垛；容易渗漏的商品，应码间隔式的行列垛。除此之外，库内商品堆码留出适当的距离：顶距，平顶楼库为50厘米以上，人字形屋顶以不超过横梁为准;灯距,照明灯要安装防爆灯,灯头与商品的平行距离不少于 50 厘米;墙距,外墙 50 厘米,内墙 30 厘米;柱距,一般留 10 ~ 20 厘米;垛距,通常留 10 厘米。对易燃商品还应留出适当防火距离。

4. 仓库温湿度的控制

仓库的温湿度,对商品质量变化的影响极大。各种商品由于其本身特性,对温湿度一般都有一定的适应范围,超过规定的范围,商品质量就会发生不同程度的变化。因此,应根据库存商品的性能要求,适时采取密封、通风、吸潮和其他控制与调节温湿度的办法,力求把仓库温湿度保持在适应商品储存的范围内,以维护商品质量安全。

5. 库存商品的检查

做好商品库存检查,对维护商品安全具有重要的作用。库存商品质量发生变化,如不能及时发现并采取措施进行救治,就会造成或扩大损失。因此,对库存商品的质量情况,应进行定期或不定期的检查。

6. 保持仓库的卫生清洁

储存环境不清洁,易引起微生物、虫类滋生繁殖,危害商品。因此,对仓库内外环境应经常清扫,彻底铲除仓库周围的杂草、垃圾等物,必要时使用药剂杀灭微生物和潜伏的害虫。对容易遭受虫蛀、鼠咬的商品,要根据商品性能和虫、鼠生活习性及危害途径,及时采取有效的防治措施。

二、仓库温湿度管理

1. 温湿度管理概述

要做好仓库温湿度管理工作,首先要学习和掌握空气温湿度的基本概念及有关的基本知识。

(1)空气温度。空气温度是指空气的冷热程度。

一般而言,距地面越近气温越高,距地面越远气温越低。在仓库日常温度管理中,多用℃表示,凡 0℃以下度数,在度数前加一个"－",即表示零下多少℃。

(2)空气湿度。空气湿度是指空气中水汽含量的多少或空气干湿的程度。

表示空气湿度,主要有以下几种方法:

①绝对湿度。绝对湿度是指单位容积的空气里实际所含的水汽量,一般以克为单位,用克/米³ 来表示。

温度对绝对湿度有着直接影响。一般情况下,温度越高,水汽蒸发得越多,绝对湿度就越大;相反,绝对湿度就小。

②饱和湿度。饱和湿度是表示在一定温度下,单位容积空气中所能容纳的水汽量的最大限度,如果超过这个限度,多余的水蒸气就会凝结,变成水滴,此时的空气湿度便称为饱和湿度。

空气的饱和湿度不是固定不变的,它随着温度的变化而变化。温度越高,单位容积空气中能容纳的水蒸气量就越多,饱和湿度也就越大。

③相对湿度。相对湿度是指空气中实际含有的水蒸气量距离饱和状态程度的百分

比,即在一定温度下,绝对湿度占饱和湿度的百分比数。相对湿度用百分率来表示,公式为:

$$相对湿度 = 绝对湿度饱和湿度 \times 100\%$$
$$绝对湿度 = 饱和湿度 \times 相对湿度$$

相对湿度越大,表示空气越潮湿;相对湿度越小,表示空气越干燥。

空气的绝对湿度、饱和湿度、相对湿度与温度之间有着相应的关系。温度如发生了变化,则各种湿度也随之发生变化。

④露点。指含有一定量水蒸气的空气在温度下降到一定程度时,所含的水蒸气就会达到饱和状态并开始凝结成水,这种现象叫作结露。水蒸气开始凝结成水时的温度叫作露点温度,简称露点。如果温度继续下降到露点以下,空气中超饱和的水蒸气,就会在商品或其他物料的表面上凝结成水滴,此现象称为"水池",俗称商品"出汗。"此外,风与空气的温湿度有密切关系,也是影响空气温湿度变化的重要因素之一。

2. 库内外温湿度的变化

从气温变化的规律分析,一般在夏季降低库房内温度的适宜时间是夜间 10 时以后至次日早晨 6 时,而降低湿度的适宜时间是上午 6 时以后至下午 4 时。当然,降温还要考虑到商品特性、库房条件、气候等因素的影响。

3. 仓库温湿度的控制与调节

(1)仓库温湿度的测定。测定空气温湿度通常使用干湿球温度表。

在库外设置干湿表,为避免阳光、雨水、灰尘的侵袭,应将干湿表放在百叶箱内。百叶箱中温度表的球部离地面高度为 2 米,百叶箱的门应朝北安放,以防观察时受阳光直接照射。

箱内应保持清洁,不放杂物,以免造成空气不流通。

在库内,干湿表应安置在空气流通、不受阳光直接照射的地方,不要挂在墙上,挂置高度与人眼平,约 1.5 米。每日必须定时对库内的温湿度进行观测记录,一般在上午 8 ~ 10 时,下午 2 ~ 4 时各观测一次。记录资料要妥善保存,定期分析,摸出规律,以便掌握商品保管的主动权。

(2)控制和调节仓库温湿度。为了维护仓储商品的质量完好,创造适宜于商品储存的环境,当库内温湿度适宜商品储存时,就要设法防止库外气候对库内的不利影响。当库内温湿度不适宜商品储存时,就要及时采取有效措施调节库内的温湿度。实践证明,采用密封、通风与吸潮相结合的办法,是控制和调节库内温湿度行之有效的办法。

①密封。密封就是把商品尽可能严密地封闭起来,减少外界不良气候条件的影响,以达到安全保管的目的。

采用密封方法,要和通风、吸潮结合运用,如运用得当,可以收到防潮、防霉、防热、防溶化、防干裂、防冻、防锈蚀、防虫等多方面的效果。

密封保管应注意的事项有:

在密封前要检查商品质量、温度和含水量是否正常,如发现生霉、生虫、发热、水淞等现象就不能进行密封。发现商品含水量超过安全范围或包装材料过潮,也不宜密封。

要根据商品的性能和气候情况来决定密封的时间。易潮、易溶化、易霉的商品,应选择在相对湿度较低的时节进行密封。

常用的密封材料有塑料薄膜、防潮纸、油毡纸、芦席等。这些密封材料必须干燥清洁,无异味。

密封常用的方法有整库密封、小室密封、按垛密封及按货架、按件密封等。

②通风。通风是利用库内外空气温度不同而形成的气压差,使库内外空气形成对流,来达到调节库内温湿度的目的。当库内外温度差距越大时,空气流动就越快。若库外有风,借助风的压力更能加速库内外空气的对流,但风力不能过大。正确地进行通风,不仅可以调节与改善库内的温湿度,还能及时散发商品及包装物的多余水分。按通风的目的不同,可分为利用通风降温和利用通风散潮两种。

③吸潮。在雨季或阴雨天,当库内湿度过高,不适宜商品保管,而库外湿度也过大,不宜进行通风散潮时,可以在密封库内用吸潮的办法降低库内湿度。

随着市场经济的不断发展,商场超市仓库普遍使用机械吸潮方法。即使用吸湿机把库内的湿空气通过抽风机,吸入吸湿机冷却器内,使它凝结为水而排出。

吸湿机一般适宜于储存棉布、针棉织品、贵重百货、医药、仪器、电工器材和烟糖类的仓间吸湿。

三、储存商品的霉变腐烂与防治

1. 易霉腐商品

凡是生物制品如植物的根、茎、叶、花、果及其制品,动物的皮、毛、骨、肌体、脏器及其制品,在适宜于菌类生长的条件下,都易发生霉变。矿产品、金属商品其本身虽不会发霉,但如沾染污垢或以生物为原料制成的附件、配件,在一定条件下,菌类也会生长。一般仓库中,主要有下列各类商品容易生霉:

棉麻、纸张等含纤维素较多的商品;鞋帽、纸绢制品(含糨糊、浆料)等含淀粉的商品;皮毛、皮革、丝毛织物等含蛋白质较多的轻纺工业商品;鱼肉蛋乳及制品等含蛋白质较多的食品商品;烟酒糖茶、干鲜果菜等含多种有机物质的商品。

2. 商品霉腐的防治

(1)影响霉腐微生物生存的外界条件

◎水分和空气湿度。试验证明,只有当空气相对湿度达到75%以上时,多数商品的含水量才可能引起霉腐微生物的生长繁殖。因而通常把75%这个相对湿度叫作商品霉腐临界湿度。

◎温度。根据微生物对温度的适应能力,可将其分为低温性微生物、中温性微生物和高温性微生物。每一类型的微生物对温度的要求又分为最低生长温度、最适生长温度和最高生长温度。超过这个范围其生长会滞缓或停止。

◎日光。日光对于多数微生物的生长都有影响。多数霉腐微生物在日光直射下经1~4小时即能大部分死亡。因此,要将商品存放于阳光能直射到的地方,但必须要放在阴暗地方的商品除外。

◎溶液浓度。多数微生物不能在浓度很高的溶液中生长。因为浓度很高的溶液能使菌细胞脱水,造成质壁分离,使其失去活动能力甚至死亡。因此,盐腌和蜜饯食品一般不易腐烂。但也有少数微生物对浓度高的溶液有抵抗能力。

◎空气成分——二氧化碳。多数霉腐微生物特别是霉菌,需要在有氧条件下才能正常生长,在无氧条件下不形成孢子。二氧化碳浓度的增加不利于微生物生长,如果改变商品储存环境的空气成分,比如使二氧化碳逐渐增加,使氧逐渐减少,那么微生物的生命活动就要受到限制,甚至导致死亡。当空气中的二氧化碳浓度达到20%时,霉菌中的某种青霉和毛霉的死亡率就能达到50%~70%,二氧化碳在空气中达50%时将全部死亡。

(2)商品霉腐的防治

◎加强入库验收。易霉商品入库,首先应检验其包装是否潮湿,商品的含水量是否超过安全水分。易霉商品在保管期间应特别注意勤加检查,加强保护。

◎加强仓库温湿度管理。要根据商品的不同性能,正确地运用密封、吸潮及通风相结合的方法,管好库内温湿度,特别是在雨季,要将相对湿度控制在不适宜于霉菌生长的范围内。

◎选择合理的储存场所。易霉商品应尽量安排在空气流通、光线较强、比较干燥的库房,并应避免与含水量大的商品存放在一起,防止发生霉腐。

◎合理堆垛,下垫隔潮。商品堆垛不应靠墙靠柱。

◎商品进行密封。

◎做好日常的清洁卫生。仓库里的积尘能够吸潮,容易使菌类寄生繁殖。

◎化学药剂防霉。对已经发生霉腐但可以救治的商品,应立即采取措施,以免霉腐继续发展,造成严重损失。根据商品性质可选用晾晒、加热消毒、烘烤、熏蒸等办法。

3. 仓库害虫的防治

仓库内害虫的防治,是搞好商品保管的一个重要的组成部分。

(1)仓库内害虫的来源

◎商品入库前已有害虫潜伏在商品之中。

◎商品包装材料内隐藏害虫。

◎运输工具带来害虫。车船等运输工具如果装运过带有害虫的粮食、皮毛等,害虫就可能潜伏在运输工具之中,再感染到商品上来。

◎仓库内本身隐藏有害虫。

◎仓库环境不够清洁,库内杂物、垃圾等未及时清除干净,潜有并滋生害虫。

◎邻近仓间或邻近货垛储存的生虫商品,感染了没有生虫的仓间和商品。

◎储存地点的环境影响。如仓库地处郊外,常有麻雀飞入、老鼠窜入,它们身上常常带有虫卵或虫体。田野、树木上的害虫也会进入仓库,感染商品。

(2)仓库内害虫的特性。仓库内害虫大多来源于农作物,由于长期生活在仓库中,其生活习性逐渐改变,能适应仓库的环境而继续繁殖,并具有以下特性:

◎适应性强。仓库害虫一般能耐热、耐寒、耐干、耐饥,并具有一定的抗药性。适宜仓库害虫生长繁殖的温度范围一般为18~35℃,仓库害虫在每年的5~8月生长繁殖最为旺盛,一般能耐38~45℃的高温。在10℃以下,大多数仓库害虫停止发育,0℃左右处于休眠状态,但不易冻死。大多数仓库害虫能生活于含水量很少的物品中,而且大部分仓库害虫能耐长时期的饥饿而不死。

◎食性广杂。仓库害虫的口器发达,便于咬食质地坚硬的食物,大多数仓库害虫具有多食或杂食性。

◎繁殖力强。由于仓库环境气候变化小,天敌少,食物丰富,活动范围有限,雌雄相遇机会多等原因,仓库害虫繁殖力极强。

◎活动隐蔽。大多数仓库害虫体型很小,体色较深,隐藏于阴暗角落或在商品中蛀成"隧道"危害商品,不易发现,寒冬季节又常在板墙缝隙中潜伏过冬。

(3)常见的仓库害虫。仓库害虫的种类很多,世界上已定名的有五百多种。在我国发现的有近两百种,在仓储管理中已发现危害商品的就有六十多种,严重危害商品的达三十多种。主要仓库害虫有:黑皮囊、竹长蠹、烟草甲、锯谷盗、袋衣蛾。

(4)常见易虫蛀商品。容易虫蛀的商品,主要是一些营养成分含量较高的动植物加工制成商品。为了做好这类商品的虫害防治,现将它们遭受虫害情况介绍如下。

◎毛丝织品。这类商品含有多种蛋白质,常见危害这类商品的害虫生长繁殖期是4~9月份,其中以6~8月份为盛。对温湿度要求:温度25~30℃,相对湿度70%~90%。

◎竹藤制品。这类商品含纤维素和糖分,常见蛀虫性喜温湿,怕光,一般在4~5月份发现成虫,最适生长繁殖的温度28~30℃,相对湿度70%~80%。

◎纸张及纸制品。这类商品含纤维素和各种胶质、淀粉糊,常见的蛀虫喜温湿、阴暗环境。仓库中如有新鲜松木或胶料香味时,便容易诱集白蚁与毛衣鱼。危害严重季节:毛衣鱼在7~9月份,白蚁一般在4~9月份。

此外,常见虫蛀的商品还有烟叶和卷烟、干果等。这类商品含糖类、蛋白质、烟碱等物质,主要害虫有烟草甲和烟草粉螟等。干果糖分、淀粉及水分含量较高,蛀虫有锯谷盗、花斑皮蠹、玉米象、咖啡豆象、螟蛾等。此类蛀虫生长繁殖的旺盛期在6~8月份,最适温度28~30℃,相对湿度为70%~80%。

(5)仓库害虫的防治。商品中发生害虫如不及时采取措施进行杀灭,常会造成严重损失。

杜绝仓库害虫来源。要杜绝仓库害虫的来源和传播,必须做好以下几点:

◎商品原材料的杀虫、防虫处理。

◎入库商品的虫害检查和处理。

◎仓库的环境卫生及备品用具的卫生消毒。

药物防治。使用各种化学杀虫剂,通过胃毒、触杀或熏蒸等作用杀灭害虫,是当前防治仓库害虫的主要措施。常用的防虫、杀虫药剂有以下几种:

◎驱避剂。常用驱避剂药物有精萘、对位二氯化苯、樟脑精等。

◎杀虫剂。杀虫剂主要通过触杀、胃毒作用杀灭害虫。触杀剂和胃毒剂很多,常用于仓库及环境消毒的有敌百虫等。

◎熏蒸剂。常用的有氯化苯、溴甲烷、磷化铝、环氧乙烷和硫黄等。熏蒸方法可根据商品数量多少,结合仓库建筑条件,酌情采用整库密封熏蒸、帐幕密封熏蒸、小室密封熏蒸和密封箱、密封缸熏蒸等形式。但是,上述几种熏蒸均系剧毒气体,使用时必须严格落实安全措施。

仓库害虫的防治方法,除了药物防治外,尚有高低温杀虫、缺氧防治、辐射防治及各种合成激素杀虫等。

四、金属类商品的锈蚀与防治

1. 金属制品锈蚀的原因

金属锈蚀的原因很多,有的属于化学锈蚀,有的则属于电化学锈蚀。就金属锈蚀的原因分析,既有金属本身的因素,也有大气中的各种因素的影响。

(1)金属材料本身的原因。金属材料在组织、成分、物理状态等方面存在着各种各样的不均匀性,如热、冷加工产生的不均匀性,从而引起电极电位不均而影响或加速锈蚀。

(2)大气中的因素。金属制品锈蚀与外界因素有直接关系。如受温度、湿度、氧、有害气体、商品包装、灰尘等的影响。

2. 金属制品的防锈

金属制品的防锈,主要是针对影响金属锈蚀的外界因素进行的。

(1)控制和改善储存条件。金属商品储存的露天货场,要尽可能远离工矿区,特别是化工厂,应选择地势高、不积水、干燥的场地。

较精密的五金工具、零件等金属商品必须在库房内储存,并禁止与化工商品或含水量较高的商品同库储存。

(2)涂油防锈。在金属制品表面涂一层防锈油脂薄膜,金属制品就不会生锈。

防锈油分为软膜防锈油和硬膜防锈油两种。软膜防锈油防锈能力稍差,但容易用有机溶剂清除。硬膜防锈油防锈能力强,但油膜不易清除。软膜防锈油的使用有按垛油封、包油封、个体油封三种。硬膜防锈油多用于露天存放的钢材,方法以喷涂为佳。防锈油都具有易燃成分和一定的毒性。

(3)气相防锈。利用一些具有挥发性的化学药品,在常温下迅速挥发,并使空间饱和。它挥发出来的气体物质吸附在商品表面,可以防止或延缓金属制品的锈蚀。

3. 金属制品的除锈

目前除锈的方法大体有手工除锈、机械除锈和化学除锈三种。

(1)手工除锈。主要是进行擦、刷、磨,以除去锈迹。

(2)机械除锈。常见的有滚筒式除锈、抛光机除锈等。

(3)化学除锈。化学除锈是利用能够溶解锈蚀物的化学品,除去金属制件表面上锈迹的方法。

化学除锈液一般分成两部分,一部分是溶解锈蚀物,大多是采用无机酸,其中以磷酸使用得最多,因为它的腐蚀性较小。另一部分是对金属表面起钝化作用的铬酸等。金属制品的化学除锈主要是在各种酸液中进行,也称酸洗。

第12章　连锁企业连锁配送管理规范

第一节　物流配送管理基础

一、物流配送概述

1. 物流配送的概念

物流配送作业是指在经济合理区域范围内,根据各连锁店的要求,对商品进行分拣、加工、包装、分割、组配等作业,并按时送达指定地点的物流活动。

2. 配送作业的作用

(1)集中货物

集货是配送的准备工作或基础工作,决定了配送的成败。它包括筹集货源、订货或购货、集货、进货及有关的质量检查、结算、交接等,是集中连锁店的需求进行一定规模的集货。

(2)储存货物

配送的储存功能表现在有效地组织货源,调节商品的生产与消费、进货与销售之间的时间差,因而可以大大降低库存总量,增强促销调控能力。

(3)挑选货物

配送的分拣功能是指根据各个连锁店的订货单,将所需品种、规格的商品,挑选并集中。通过拣取克服了商品批次多、批量零星、门店要货时间很紧的困难。

(4)流通加工功能

在配送过程中,配送中心应该根据各连锁店的不同需求,按照销售批量大小,直接进行集配分货,对商品进行拆包分装、开箱拆零。这就是所谓的流通加工,它可以增加商品的功能。

在配送中心可设小包装生产流水线,对流通过程的储存、运输等环节进行温度管理,建造冷藏和冷冻供货系统。

(5)分拣货物

按照各连锁店的订货单,把库存商品拣取后分别集中。

(6)货物配送

配送功能是分货、配货、送货等活动的有机结合体。它通过集中库存使连锁企业实现低库存或零库存,从而完善了输送及整个配送系统,降低了供货的缺品率,提高了企业的整体经济效益。

(7)及时处理信息

配送的信息处理功能具体体现在四个方面:

◎能有效地为整个流通过程的控制、决策和运转提供依据。

◎在集货、储存、拣取、流通加工、分拣、配送等一系列过程中均可实现信息资源共享。

◎及时得到连锁企业的销售信息,有利于合理组织货源,控制最佳库存。

◎将销售和库存信息迅速、及时地反馈给制造商,以指导商品生产计划的安排。

二、配送中心的组成部分

一般的配送中心都是由信息中心与仓库构成的。信息中心起着汇集信息,并对配送中心进行管理的作用。仓库根据各部门不同的功能又可分为不同的作业区。

1. 信息协调中心

信息协调中心指挥和管理着整个配送中心,是配送中心的中枢神经。它的功能是:

(1)收集外部信息

负责收集和汇总各种信息,包括各超市的销售、订货信息,以及与部分供应商联网的信息,并根据这些信息做出相应的决策。

(2)协调指挥内部人员

负责协调、组织各种活动,指挥调度各部门的人员,共同完成配送任务。

2. 仓库区

因连锁企业的类型不同,配送中心的类型也有所不同,其仓库各作业区面积大小也不尽相同。

(1)收货区

◎收货区主要是完成接收货物任务和货物入库之前的准备工作的场所。因货物在收货区停留的时间不太长,并处于流动状态,因此收货区的面积相对来说都不算太大。

◎收货区的主要设施有:验货用的电脑和卸货工具。

(2)储存区

◎储存区是用来分类储存已验收货物的场所。有的储存区与收货区连在一起,有的与收货区分开。

◎由于货物需要在这个区域内停留一段时间,并要占据一定位置,因此相对而言,储存区所占的面积比较大。

◎储存区一般都建有专用的冷藏库(温度在 0℃ 以上)、冷冻库(温度在 −18℃ 左右),并配置各种设备,其中包括各种货架、叉车、起堆机等起重设备。

(3)理货区

◎理货区是进行拣货和配货作业的场所,其面积大小因零售卖场的类型不同而异。

◎理货区内配置的专用设备和设施一般有手推货车、货架等;如果采用自动拣选装置,其设施包括重力式钢架、皮带机、传送装置、自动分拣装置、升降机等。

(4)配装区

◎配装区是放置和处理待发货物的场所。因货物在配装区内停留时间不长,货位所占的面积不大,所以,配装区的面积比库存区小得多。

◎在配装区内,工作人员要根据各连锁店的位置、货物数量进行分放、配车,并确定单独装运还是混载同运。

◎由于配装作业主要是分放货物、组配货物和安排车辆等,因此在这个作业区主要配装计算工具和小型装卸机械、运输工具,没有特殊的大型专用设备。

（5）发货区

发货区是将组配好的货物装车外运的场所。在许多企业和配送中心,配货区和发货区往往是可以共用的。

（6）加工区

◎加工区是根据连锁企业的要求对采购的商品进行整理加工的场所。

◎加工区的大小与连锁企业商品的加工量有关,商品的加工量直接取决于其加工的深度、加工的品种及连锁企业的销售量。

（7）退货处理区

退货处理区是存放进货时残损或不合格或需要重新确认等待处理货物的场所。

（8）废弃物处理区

废弃物处理区是对废弃包装物(塑料袋、纸袋、纸箱等)、破碎货物、变质货物、加工残屑等废料进行清理或回收复用的场所。

（9）设备存放及简易维护区

这个作业区是存放叉车、托盘等设备及其维护(充电、充气、紧固等)工具的场所。

三、连锁企业的基本配送方式

1. 按配送商品的种类和数量分类

按配送商品的种类和数量划分,配送可分为少品种大批量配送、多品种少批量配送两种。

（1）多品种少批量配送

按要求,将所需的各种商品配备齐全,凑成整车后由配送中心送达。日用商品的配送多采用这种方式。

（2）少品种大批量配送

这种配送适用于需要数量较大的商品,单独一种或少数品种就可以达到较大运输量,可实行整车运输。

2. 按企业与供应商的关系划分

按企业与供应商的关系划分,配送可分直配、协配、授权自采和日常配送四种方式。

（1）直配

直配就是直接配送,指连锁企业配送中心向供应商订货,供应商将货物送到配送中心库房,卖场人员向企业提出补货申请,经企业审批通过后,配送中心向卖场配货,由连锁企业统一办理结算。

（2）协配

协配就是协力配送,连锁企业配送中心向供货商订货,门店向企业总部提出补货申请,经企业审批通过后,供货商将货物送到门店,企业统一办理结算。

(3)授权自采

连锁企业确定进货渠道后,授权企业管理价格,连锁店备案,并且自行补货,以备用金支付货款,定期到企业结算。

(4)日常配送

日常配送是指连锁企业自己进货,各个门店每日自行补货,由供货商送货到门店统一在连锁企业办理结算。

3. 按配送的组织形式分类

按配送的组织形式划分,配送可分为集中配送、共同配送、分散配送和加工配送四种。

(1)集中配送

集中配送就是由专门从事配送业务的配送中心对多个门店开展配送业务,集中配送的品种多,数量大,一次可对同一线路中几家连锁门店同时进行配送,其配送的经济效益明显,是配送的主要形式。

(2)共同配送

几个配送中心联合起来,共同制定计划,共同对某一地区的连锁店进行配送,具体执行时共同使用配送车辆,称为共同配送。

(3)分散配送

分散配送是由商业零售网点对小批量、零星商品或临时需要的商品进行的配送业务。这种配送适于近距离、多品种、少批量的商品的配送。

(4)加工配送

在配送中心进行必要的加工,这种将流通加工和配送两者一体化的方式,使加工更有计划性,配送服务更趋完善。

4. 按配送的职能形式分类

按配送的职能形式划分,配送可分为自营配送、供应配送、第三方配送和共同配送四种。

(1)自营配送

自营配送方式是指连锁企业通过独立组建配送中心,实现对内部各门店的物品供应,作为一种物流组织,配送中心是连锁企业的一个有机组成部分,服务于连锁企业的各个门店,通常不对外服务。由于自营配送模式在满足企业商品供应方面发挥了巨大的作用,因此目前已成为连锁企业普遍采用的一种配送方式。

(2)供应配送

供应配送是连锁企业为自己的卖场所开展的配送业务。通过自己的配送中心或与消费品配送中心联合进行配送,从而减少了许多手续,缓和了许多业务矛盾,各卖场在订货、退货、增加经营品种上也得到更多的便利。

(3)第三方配送

现在连锁企业普遍要求小批量、多批次或高频度的配送,而这往往导致车辆满载率低、运输成本高的问题,最好的解决方法就是利用第三方物流公司,实现配送共同化。它们的参与有助于小批量的补充存货变得更经济,因为这能产生简单供应关系下所不具有的一种经济规模。

第三方配送方式具体运作起来有两种形式:

◎物流配送公司直接向连锁企业的各个门店配货,或者直接向连锁企业总部配货,再由总部向各个门店配货,这种情况适用于同城连锁超市;

◎由配送公司的各地分公司直接向当地连锁企业各门店配货,这种情况适用于跨城市连锁经营的大型超市,并且物流配送公司具有较强实力,在各个城市设有分支机构。

(4)共同配送

共同配送方式是为了提高物流效率,对许多连锁企业一起进行配送。其运作形式有两种:

◎在送货环节上将许多家企业的待运送货物混载于同一车辆上,然后按照各个连锁企业的要求将货物运送到各个接货点,或运到多家企业联合设立的配送货物接收点上,这种运作模式需要各家企业签署联合协议,目的是共同节约配送成本。

◎若干配送企业开展协作,在核心企业的统一安排调度下改革配送企业分工协作、联合行动,共同对某一地区的连锁企业进行配送。

5. 按配送时间及数量分类

按配送时间及数量划分,配送可分为定时配送、定量配送、定时定量配送和即时配送四种。

(1)定时配送

按规定的时间间隔进行配送,配送品种和数量可根据要求有所不同。

(2)定量配送

按规定的批量进行配送,但不严格确定时间,只是规定在一个指定的时间范围内配送。

这种配送计划性强,集货工作简单,配送成本较低。

(3)定时定量配送

按规定的准确时间和固定的配送数量进行配送。

(4)即时配送

不预先确定配送数量,也不预先确定配送时间及配送路线,而是按要求的时间、数量进行配送。

四、配送工作基本操作流程

(1)集货

集货通常是指商品的采购、订货和验货。为了满足各连锁企业在任何时间都能够进到所需商品的要求,连锁企业配送部门必须从众多的供应商那里大批量地购进多种品类的商品。

(2)储存

为了取得购买价格上的折扣,配送中心一般对商品采取大批量购进。购进的商品需要在配送中心仓库中储存一段时间，然后分批出货。

与配送作业相关的储存有两种形式：储备和暂存。储备是按照一定时期内配送活动的需要，进行大量的、品类构成完整的、时间相对较长的储存活动；暂存是根据配送订单处理的情况及分拣、配载作业的要求，在非储存区进行的暂时性存放作业。

（3）订单处理

确切地说，商品配送是从接受订单之后才真正开始的。配送部门只有接到各连锁店提交的订单并进行适当的整理、输出，才能开始进行分拣、加工和配载、送货作业。

（4）拣选拣取

拣选拣取是从种类繁多的库存商品中，根据各连锁店提交的订单，将其所需要的不同品种、不同规格、数量各异的商品，从储存场所取出，放置在适当的位置等待后续处理的作业过程。

（5）流通加工

配送部门从供应商处购进的商品，在规格和组合方式上不一定都适合连锁店销售的需要，因此需要对准备配送的商品进行适当的加工处理。流通加工能提高商品的附加价值。

（6）分拣

分拣是按照每个订单所要求的品种、规格、数量，以订单提交单位为单元，进行分类和集中，等候配载和发货。

（7）配载与发运

在确定使用运送车辆后，需要对质量不同、外形各异的商品之间合理组合和适当的配装比例进行分析并确定合理的方案，使装载的商品尽可能达到车辆的额定载重和占满车厢空间，实现有效的运力利用。

（8）信息处理

为了使商品配送作业的各个环节能够连续地、有条不紊地进行，必须对整个过程的信息进行及时接收和反馈。在配送部门内部开展的拣选拣取、分拣、流通加工和配载等作业的信息，也需要有一套完整、高效且灵活的信息处理系统进行处置。在连锁企业和供应商之间，更应该建立起有效的信息交流途径。

第二节 配送设备、运输方式管理规范

一、搬运设备

连锁企业配送部门所使用的装卸搬运机械的种类非常多。这里仅对几种常用的较为典型的机具的结构、性能和使用特点等进行简单的介绍。

1. 搬运车辆

搬运车是用来在库房、货场内作短距离搬运或堆码作业的机具。装卸搬运车不需要设置固定的路线，在作业过程中灵活性很强。

搬运车主要有4类：无动力搬运车、电瓶搬运车、牵引车和自动导向车。

（1）电瓶搬运车

特点：

◎以电瓶（蓄电池）作为动力。

◎体积小、灵活和操纵方便。

◎一般载物量为2吨，行驶速度为8千米/小时。

适用范围：

适合于在平整的路面上运送零星杂货。

（2）牵引车

特点：

◎一般为内燃机驱动，一次可拖4～5台平板车。

◎可以进行较长距离的水平运输。

◎自身不能载货。

适用范围：

牵引载货车，可以将其拖到库区内、从码头拖到码头或者从码头拖到库场。

（3）无动力搬运车

特点：

◎以人力为动力。

◎结构简单、操作灵活、制造和维修方便、节能环保。

适用范围：

◎载物量通常在10千克以下。

◎搬运时的水平移动距离较短，多适合在平坦、坚实的路面上运行。

类型：

①双轮手推车

载物量在50～100千克以下，一般由木制或金属焊接而成。通过适当改型，适合搬运不同包装形式的货物，如立桶搬运车、卧桶搬运车和粮包搬运车等，对轮子进行改进后还可以进行上下台阶或楼梯的作业。

②平板车

三轮或四轮，常用于搬运纸箱或箱包包装的货物，有时也作为一种集装单元化工具，与货梯相结合使用，从而使搬运作业更方便，效率也大大提高。

③托盘搬运车

专用于搬运托盘单元货物，车体后外伸的两根插腿直接插入托盘铺板下，即可移动货物，载物量一般为0.5～2吨。

（4）自动导向车

特点：

◎通过自动控制系统进行无人驾驶。

◎可以自动导向、自动认址、自动完成规定程序动作。

◎节省劳动力，灵活性强，便于实现全自动化操作。

适用范围：

特别适合于在不适合人工驾驶车辆出入的噪声大、空气污染严重、存在放射性危害或者通道狭窄、黑暗的场所，常被用于自动化立体仓库内搬运作业。

2. 起重机

目前，在仓库、货场、码头和车站等场所，广泛使用起重机进行长、大、笨重货物的装卸搬运。按照结构和使用特点的不同，通常将起重机分为桥架类起重机和旋转类起重机。但超市的配送中心一般不使用起重机。这里不多做说明。

3. 输送机

输送机是配送中心最常用的设备之一，它的特点是：

（1）作业时沿着一定的输送路线，以连续、稳定的流动方式来输送商品。

（2）可以用来输送散状物料和质量不大的件货。

（3）由于大多数输送机不能自动取货，因此需要采用一定的装备将需要移动的货物放到输送机上。

4. 叉车

叉车是物流部门使用最广泛的一种装卸搬运机械，俗称铲车。叉车兼有起重和搬运两种性能，常用在仓库、码头、车站等货物运输或堆码场所进行装卸、短距离搬运和高度不大的堆码作业。

（1）根据作业方式和货叉位置的不同分为叉车为直叉式和侧叉式两种。其中直叉式又可分为平衡重式、插腿式和前移式。

①平衡重式叉车

它的货叉装在叉车前面，作业时货叉与承托货物都在前轮外侧，为了平衡货物的重量而不致使叉车翻转，需要在车身后面配装平衡重物。平衡重式叉车多用于场地作业。

②插腿式叉车

前面除了有货叉外，贴着地面的位置还有两条带轮子的叉腿，作业时将货叉连同叉腿一起插入货物底部，使货物整个位于叉腿形成的支承面之内，然后升起货叉，其特点是稳定性好。

③前移式叉车

特点是在插取货物和卸货时，货叉都随着门架伸出，需要举动时，货叉随门架退回到车身中间，所以行驶过程中稳定性很好。

插腿式叉车和前移式叉车多用于配送中心库房内作业。

（2）根据动力装置的不同可分为电瓶叉车和内燃叉车两种。

①电瓶叉车

电瓶叉车的特点是：结构简单、操作方便、动作灵活、维修保养容易、无污染等；需要相应配置充电设备；行驶速度低、起重量小、对路面要求高。

电瓶叉车的适用范围：主要适合于在平整坚实路面的仓库内和货场上进行作业。

②内燃叉车

其特点是：独立性较强、行驶速度快、对路面要求低和爬坡能力强；噪声及废气污染较大。

二、自动分拣设备准备

1. 自动分拣设备系统的组成

自动分拣系统一般由控制装置、分类装置、分拣道口和输送装置组成。

（1）控制装置

控制装置的作用是识别、接收和处理分拣信号，根据信号指示分类装置和输送装置进行相应的作业。

（2）分类装置

分类装置的作用是按照控制装置发出的分拣指令，当具有同类分拣信号的商品经过该装置时，能够改变其运行方向，使其进入其他输送机或分拣道口。

（3）分拣道口

分拣道口一般由钢带、皮带、滚筒等组成滑道，使货物脱离主输送机滑向集货区域的通道，最后入库或组配装车进行配送。

（4）输送装置

输送装置的作用是使要分拣的商品连续通过控制装置、分类装置，并沿着固定的路线运送商品。

2. 自动分拣系统的主要特点

（1）能连续、大批量地分拣商品。

（2）分拣误差率极低。

（3）实现了自动化作业。

三、各种运输方式的特点

1. 公路运输

公路运输主要承担中、小批量商品的近距离运输，以及铁路和水运难以到达地区的长途大批量货运。

（1）优势

◎ 机动灵活、运送速度快。

◎ 商品损耗小。

◎ 可以提供"门到门"服务。

◎ 投资少、短距离运费较低。

（2）劣势

◎ 运输能力小。

◎ 能耗高、长途运输成本高。

2. 水路运输

水路运输主要有沿海、近海、远洋以及内河运输四种主要形式。它的综合优势较为突出，适用于长距离、大批量、时间性不太强的各种大宗商品的运输。

（1）优势

◎运输能力大。

◎运费低。

（2）劣势

◎受自然条件影响大。

◎运输速度慢。

◎安全性和准时性较差。

3. 铁路运输

铁路运输是陆地长距离运输的主要方式，它适于在内陆地区运输中长距离、大运量、时间可计划性强的一般商品。

（1）优势

◎运输能力大。

◎运行速度较快。

◎通用性能好。

◎受自然条件限制小。

◎时间准确性较高。

◎安全平稳。

◎长距离运费低。

（2）劣势

◎投资大。

◎建设周期长。

◎短距离运费高。

◎灵活性差。

4. 航空运输

航空运输适用于价值高，运费承担能力强的贵重商品或紧急需求的商品。

（1）优势

◎速度快。

◎受地形因素影响小。

◎时间效益好。

◎对商品包装要求简单。

（2）劣势

◎运输能力小。

◎单位成本高、能耗大。

5. 多式联运

多式联运的组合方法有很多种，其中最常用的是铁路运输和公路运输的组合，以及公路和水路运输的组合。多式联运可以充分发挥不同运输工具的优势，提高运输速度，节约成本。

四、选择运输方式的基本依据

（1）商品的性质

所选择的运输方式，首先必须满足商品自身特性的要求。应当根据商品的形状、体积、单件重量、商品对运价的承担能力，以及商品在运输过程中有无其他特殊要求来选择运输方式。

（2）数量与距离

商品批量的大小和运输距离的长短对各种运输方式能否充分发挥其优势和效率有着重要的意义。

（3）运输时间的长短

运输的时间要求对选择运输方式所起的作用正日益显著。快速、准时的运输可以成为连锁企业实现精益化和准时制经营的有力支持。

（4）运输的成本

不同的运输方式具有不同的成本结构。在运量、运距及时间要求一定的情况下，可以根据运输方式的成本结构选择最合适的运输方式。

总的来说，选择运输方式应当在满足物流服务总体要求的前提下，达到成本最低的目的。

选择最佳的运输路线是实现运输服务合理化的重要途径，也是开展运输服务时应有的义务。通过选取最佳路线，可以有效地缩短运输时间，降低运输成本。

五、确定最佳配送路线

在配送车辆送货后又需要取货，或者连锁企业只允许在特定的时间到达等情况下，选择行车路线就变得更加困难。确定合理配送路线问题是选择运输路线问题的扩展，可以采取以下两种方法。

1. 节约里程法

（1）节约里程法是一种处理能力较强但是相对比较复杂的方法。它可以包含许多实际存在的重要约束条件，在获得行车路线的同时，还可以确定经过各站点的顺序。

（2）节约里程法的目标是使所有配送车辆的总行驶距离最短，同时使得配送车辆的数目最少。

2. 观察法

在对配送路线的最优性要求不很严格或需要在很短的时间内确定配送路线的情况下，可以运用一些基本原则，通过观察法直接在地图上找到较为合理的配送路线。观察法的基本原则有：

（1）在站点较多的条件下，尽可能使用运输能力大的配送车辆为多个站点进行配送，这样将减少总的行驶里程。

（2）避免时间窗口过短。时间窗口就是指配送站点只允许在一天当中特定的时间内开放。时间窗口开放过短会给确定合理的配送路线造成很大的困难,最好能够通过协商的办法放宽该限制。

(3)每辆车的行车路线应当呈水滴状,避免出现行车路线的交叉,同时应当兼顾取货和送货的混合安排。

(4)从距离最远的配送点开始划分站点群。划分的站点群应当使一辆车能够负责相互靠近的几个站点的配送。

(5)对配送量小且相对孤立的站点,可以采用其他的配送方式。

第三节 商品包装作业操作规范

一、商品包装标准

包装是指在流通过程中保护商品、方便运输、促进销售,按照一定技术方法而采用的容器、材料及辅助物的总体名称,也指为了达到上述目的而采用容器、材料和辅助物的过程中施加一定技术方法等的操作活动。

物流服务的包装设计应当依据商品品质特征和性能特点,针对物流活动的需要,以满足保护功能为基础,在实用和节约的指导原则下进行。所设计的包装应当满足以下要求:

1. 符合商品的特性

不同的商品由于种类、性质、状态及功能作用的不同,对包装有着不同的要求。

(1)包装的设计首先应当考虑商品的特性,满足商品在物流作业过程中不被损坏、不变质、不滴漏的要求,防止异物混入和被污染,通过包装实现对商品的保护。

(2)包装所用的材料也应当和商品的特性相适应,不致影响商品的质量和使用寿命,包装材料的寿命应当和商品的自然寿命相匹配。

2. 符合物流作业要求

包装的设计必须考虑物流作业的要求,包装内商品的有关信息(如品名、数量、重量、保管要求、装运方法等)应当清楚地标明,以便于查找和识别。包装应当有合适的尺寸和重量,既要有利于提高作业效率,又要考虑机械和人力的作业能力。

3. 符合标准化作业要求

包装形状式样应当规范化,外形尺寸应当符合模数,满足托盘、集装箱等容器和运输工具的要求,达到充分利用运输工具的空间,提高运输效率的目的。

4. 强度符合标准

在物流作业过程中,商品的包装会直接受到冲击、碰撞、震动、挤压等外力作用,尤其是在装卸、搬运和运输的过程中,这些现象是不可避免的。这就要求包装的结构必须牢固可靠,防止出现包装的严重变形和破损,保证商品不受破坏。

5. 易于操作,成本合理

包装的制作、加工和拆卸过程不能过于复杂,要便于操作,方便使用。应当选用合适的包装材料和包装方法,减少包装材料的消耗,尽可能地降低包装成本。

二、商品包装的基本方法

1. 一般包装方法

（1）内包装

内包装是将逐个包装的商品合并为两个或两个以上的较大单位，放进适当的容器中。

（2）外包装

外包装则主要是从运输作业的角度进行的再包装。

（3）逐个包装

逐个包装是交付给用户的最小包装。

（4）托盘包装

托盘包装可以采用平托盘和箱形托盘作为包装的主体，平托盘的四周是开放的，可以采用绳子、角柱、钢带或采用拉伸包装、收缩包装的方法将堆垛的商品固定起来。

（5）集装箱包装

集装箱包装是以集装箱这种特殊的刚性容器作为包装主体，它几乎适用于所有商品的包装与运输，能够与多种运输工具结合使用，具有安全、简便、节省等优点，已经被广泛使用。

（6）组成包装

组成包装是指将若干包装件或商品组合在一起，以形成一个适合运输的单元。

2. 几种比较典型的包装方法

（1）防潮包装

对有防潮要求的商品，必须使用防潮包装。防潮包装是为了防止商品在储运过程中吸收空气中的水蒸气而发生锈蚀、变质、潮解、凝结等现象的包装方法。通常是将商品用透湿度低的材料密封起来，如果有更高的防潮要求，还应当预先排除湿气或在包装中封入干燥剂。

（2）防虫包装

在包装中放入具有驱虫、灭虫作用的药物或利用经过特殊处理的防虫包装材料进行包装，以防止虫害。使用这种包装方法，应当尽量避免使有毒材料或药物直接接触商品。

选择的包装方法，必须满足商品自身的特点和对包装的内在要求，并在可能的范围内降低包装成本。

（3）防锈包装

防锈包装是为了防止被包装的金属制品发生锈蚀现象而采用的包装方法。典型的防锈包装方法是使用防锈油或气化性防锈剂，将金属表面与空气隔绝开，达到防止金属被大气锈蚀的目的。其余的防锈包装方法包括：可剥性塑料封存包装、干燥空气封存包装、茧式包装等。

（4）防震包装

防震包装是应用非常普遍的一种包装方法，它是为了防止在运输、保管、装卸及堆码过程中震动、冲击而造成内装物品机械性损伤的一种保护性包装。通常是在内装物与外包装之间填入各种防震材料，以减缓外力冲击。对于某些贵重易损的商品，还可以采用将商品用绳、带或弹簧等悬吊在坚固的外包装容器中的悬浮式防震包装方法。

（5）危险品包装

危险品可以分为易燃、易爆、有毒、有放射性、有腐蚀性等几个大类。每类危险品都有特殊的包装要求，必须按照国家相关的包装标准和有关规定进行包装。同时，必须在包装上标明不同类别和性质的危险品标志，危险品标志应当按照国家颁布的《危险货物包装标志》中的标准进行刷制。

三、进行合理化包装

（1）核对包装模数与物流模数

由于包装系统与物流系统二者的不同特点，因此就必须以托盘和其他成组包装的容器作为媒介，使包装模数与物流模数协调起来，提高物流运作效率。

（2）采用轻薄化包装技术

在满足包装的强度、寿命及成本的前提下，应当尽可能采用轻薄的包装材料，这样不但可以减轻重量，还可以在一定程度上减少废弃物。

（3）进行标准化包装作业

标准化的包装作业一方面包括包装作业流程的标准化，另一方面还包括包装材料的种类、规格应当尽可能地单一，以满足标准化作业的要求，提高包装作业的效率。

（4）进行机械化包装作业

进行机械化包装作业，可以提高包装作业效率，减轻人工包装作业强度，有利于保证和控制包装质量，降低包装成本。

采用大型化和集装化包装有利于在物流活动中使用装卸机械，节省装卸、搬运的时间，提高物流全过程的速度。同时，采用大型化和集装化包装还可以减少单位包装，节约包装材料。

（5）进行周转包装

如果连锁企业的商品有固定的流通渠道和一定的数量规模，就可以采用周转包装。一种较为常见的周转包装形式是连锁企业根据商品流通的速度、渠道和批量确定一定数量的周转托盘，通过对其进行多次反复的利用实现包装合理化，降低总的包装成本。

（6）循环利用包装材料

包装材料的循环利用是降低包装成本非常有效的方法。包装中使用的大量瓦楞纸箱、木箱、塑料容器等通用包装要消耗大量的自然资源，应当循环多次使用或实现包装材料的阶梯利用，以达到节约自然资源、降低包装成本的目的。

第四节　装卸、发货作业操作规范

一、装卸搬运作业流程

在平房库或楼层库底层进行装卸搬运作业时,由于没有货物系统或机械系统的垂直跨层移动,因此作业强度较小,作业要求也较低。常用的几种作业系统是:

1. 叉车—托盘系统

(1)平房库装卸搬运作业

平房库装卸搬运作业可分为库内的叉车—托盘系统和厂、库相结合的叉车—托盘系统两种形式。

①库内的叉车—托盘系统

这种搬运作业形式利用机械作业,劳动强度大大减轻;使用叉车和托盘相结合的方式,加快了搬运速度,减少了商品搬运环节,降低了货损。

作业流程如下所示:

商品运达→拼装小件商品、形成托盘单元→由叉车进行卸车→水平搬运→库内码放作业。

②厂、库相结合的叉车—托盘系统

这种搬运作业形式减少了物流环节,从而提高了作业效率,减少了货损;但只有在生产商与零售商具备密切协作条件的情况下,才能利用好这种方式。

作业流程如下所示:

成品生产后→形成托盘单元→暂存于成品库→接到超市订单后供货→由叉车进行装货→运到超市仓库后→用叉车卸货→存入库房。

(2)楼房库装卸搬运作业

作业流程如下所示:

人工卸货到托盘→由叉车将托盘货物送入电梯→运输到指定楼层→由叉车运至仓库→人工堆码。

这种方式适用于楼板承载能力较大的楼层库,存放轻而且批量大的货物。

2. 托盘—叉车—巷道机系统

(1)卸货流程,如下所示:

卡车运货到达→人工卸货到托盘→由叉车将托盘单元送到载货台→由巷道机将托盘单元提入库内→放置在货架上。

(2)发货流程,如下所示:

由巷道机将托盘单元货物取出→送到载货台→由叉车将托盘单元货物装到送货车上。

(3)托盘—叉车—巷道机系统的特点:

◎装卸效率和堆码效率较高。

◎便于进行自动化管理。

◎由于采用了货架,提高了库房空间利用率,增加了货物储存量。

◎由于巷道机在货架上进行码放时,严格遵循进出先后顺序,有利于实现商品的先进先出。

3. 平板车—堆垛机系统

(1)平房库装卸搬运作业,作业流程如下所示:

卡车将商品运至货场→人工卸到平板车上→推进库房内→升降机提升到一定高度→人工堆码。

作业流程特点:

◎人工、无动力、半动力机具结合作业,主要靠人工搬、推、堆。

◎要求通道一般为1.2米,库房面积利用率高。

◎堆垛机提升后需人工堆垛,有一定的劳动强度。

(2)楼层库的装卸搬运作业

作业流程如下所示:

商品卸到平板车上将货物送入电梯→运输到指定楼层→由平板车推入仓库→人工堆码。

这种方式适用于楼板承载力较小的楼层库,存放货物的重量较小,如零星存放货物。

二、装卸搬运操作规范

(1)集中搬运作业。从时间上、空间上,将零星、分散的装卸搬运作业集中到一起,由专门的作业人员采用专门的设备进行一次性的作业处理,从而提高作业效率,为实现机械化、自动化创造条件。

(2)选择合理的装卸搬运设备。

(3)使商品能依大小、数量、重量等方式进行标准化,并采取恰当的装卸搬运方式,以加快流通速度。

(4)增加装卸搬运设备的作业弹性,以适应各种各样商品的存取,而且还可以减少装卸搬运设备的额外投资。

(5)商品放置的状态要有利于下次装卸搬运,这种状态称为装卸搬运灵活性。

(6)选择最短的作业路线。在搬运作业时,可以选择直线或水平的路线,尽量缩短路径。

(7)尽量减掉或合并装卸搬运的某些作业环节,使固定装卸搬运设备能充分发挥其效能,以此减小货损的可能性。

(8)减少空间利用率,以降低储存成本,提升价格竞争力。

(9)任何装卸搬运设备或做法都必须符合安全原则。文明装卸,严格按照货物包装上的标志提示进行作业,保证货物、设备、设施和作业人员的安全。

(10)缩短车辆在装卸作业环节的停歇时间。

三、商品配载操作规范

1. 设计配送路线

在配送路线的设计中，需要根据不同企业的需求和特点，确定作业要达到的目标，结合各种限制因素，采取有效的方法设计和选择配送路径，最终达到节省时间、较少运行距离和运行费用的目的。常用的方法有三种：方案评价法、节约里程法和图上作业法。这在后面的章节会有具体的讲解。

2. 制定配送方案

可以采用统筹方法、排队论、图论法、系统仿真方法等。

3. 制定最佳配送步骤

（1）对订单进行初次分类

根据配送地点，通过 GIS 系统或者人工安排的配送路线，对订单进行第一次分类，划分出该订单的配送方向。

（2）对订单进行再次分类

根据配送到达期限对配送商品进行再次分类，使订单进入时间排队序列。根据配送的期限和配送系统的内部功能参数，自动产生拣货期限（系统通过数学模型计算）、装车期限。以上时间期限制定和建立应遵循两个原则：

◎提供优质服务。

◎优化配送时间，采用循序逼近的方法，根据一定时间内的配送结果，修正配送参数，最终达到理想状态。

（3）发出拣货通知

给出订单配送编号，向仓储中心发出拣货通知，该通知中除了存货的基本信息外，拣货期限是关键因素，提前拣货，可以加快装车速度，减少配送中心的装车阻塞。

（4）组织配送

根据订单的排队序列、配送期限、运输中心的当前和预测可调度车辆情况、配送成本控制、当前路线行车参数进行虚拟装车，达到配送参数的临界点或者达到配送成本的平衡点，开始组织配送。

4. 制作配送表

根据以上分析结果，制作配送表。

（1）向仓储中心发送装车通知单。单据是以订货单为单位分别发送，这样可以分散通知装货。

（2）向运输中心发送配送表。以订货单为单位批量发送，有利于运输中心归类和打印配送单。

5. 估算配送费用

配送费用主要包括：

（1）运输费用。

（2）仓储费用。

（3）装卸费用。

（4）管理费用。

6. 配送的确认与调整

根据仓储和运输中心反馈的情况及时调整配送计划，主要有两种情况：

（1）配送计划实施，接受仓储和运输中心的任务完成书，登记完成配送记录。

（2）配送出现意外，如存货不足、车辆故障、装车误时等问题时，及时反馈信息到配送中心可以重新生成配送单或者取消配送，给出事故处理意见，等待下次配送。

四、商品运输操作规范

（1）运输前应制订翔实周密的运输计划。

（2）根据运输货物的数量、品种等确定运输工具种类及数量。对运输工具进行优化选择，发挥所用运输工具的最大作用。

（3）熟悉各连锁门店的店址和运输路线。

（4）明确各运输工具的最长行驶里程限制。

（5）明确运输时间、运输货损、运费、车辆或船舶周转等运输的若干技术经济指标。

（6）避免迂回运输，缩短运输距离。

（7）如果满载运输距离超过 100 千米，最好使用较大的货车来减少空间的浪费和司机的人工成本。

（8）减少运输环节，长途运输时，可以在不同的地点卸货。偶尔在返回配送中心的途中去供应商那里提货，减少启运的运费和总运费，以及运输的附属活动，如装卸、包装等。

（9）按时发货，最大限度满足客户的需要。

（10）送货前要求与各连锁店事先约定送货的日期和时间。

（11）估算正常情况下装卸托板货物的时间。

（12）安排收货工作人员的工作时间、库存堆放人员及需要的设备。

（13）至少留有一个通道来应付不在计划之内的收货和特快专递货物。

（14）外送货物的能力必须与订单处理能力相协调，以确保发送货物的正确性及满足客户服务的要求。

（15）对进货和出货制定计划，要求计划人员了解配送中心自身能力所能达到的工作环境下的平均生产标准。

（16）与供货商和外包运输单位建立伙伴关系，协助配送中心管理运输需要。

（17）建立保安系统，防止没有得到授权的人接近装载。

（18）明确商品运输责任的划分。

商品运输责任的划分应该遵循以下几条原则：

（1）商品在承运单位承运前发生的损失，由发货单位负责。

（2）商品运达目的地、办完交接手续后发生的损失，由超市方负责。

（3）商品自办完承运交接手续时起，至交付给收货单位时止，发生的损失由承运方负责。但是，承运单位不予负责由于自然灾害、商品本身性质及发货、收货、中转单位工作差错造成的损失。

第五节　商品运输作业操作规范

一、商品发运操作规范

商品发运是商品运输的开始。加强商品发运的管理,使商品准确及时地发运出去,可以缩短商品的在途时间,是组织商品合理运输的一项重要内容。

1. 准备工作

连锁企业的商品发运是指企业将商品交付给承运单位,委托运往指定地点的业务活动。按业务性质的不同,商品发运可分为两类:一是采取提货制,将购进的商品从供货单位发往零售企业;二是采取送货制,将售出的商品从连锁企业发往购货单位。不管是哪一类型的商品发运,在选定运输工具和运输路线后,在发运商品之前都必须做好以下准备工作:

(1)确定相关人员

为及时处理运输途中可能发生的问题,商品运输必须配备押运人员,并加强与运输部门的联系,保证商品安全准确地运达目的地。

(2)准备好发运物资

为保证商品的合理装载和运输安全,可根据商品的性能和运输工具的特点实行定型装载,并按装载要求进行商品的运输包装,备齐绳索、苫布、罩网等运输物料。

(3)确定货场与进场日期

商品从专用线或专用码头装载启运时,要事先联系好货位场地和商品进入货场的时间,以便将商品及时运达启运站或码头待运。

(4)将商品按时装车启运

安排好短途搬运和装卸力量,处理好商品的待运和装车启运环节,将商品按时运入货场装车启运。

2. 发运程序

(1)发运商品时,必须按要求认真、准确、完整、清晰地填写商品运输单。

(2)为确保商品的运输安全,商品装车以前应检查运输工具的安全措施。托运易被污染的商品时,还应检查运输工具的卫生情况。

(3)交接商品。托运单位向承运方填交商品运单后,商品由承运部门负责装车的,应及时将商品运进车站、港口指定的货位,经承运方验收后,办理商品的交接手续。如果商品由托运方自行装车,待装载完毕,由托运方封车(船)后交给承运方。

(4)填制商品运输交接单。商品运输交接单是发货单位与收货单位或中转单位之间的商品运输交接凭证,也是收货方承付货款和掌握在途商品情况的依据。

(5)做好发货预报工作,及时通知收货单位,以便对方及早做好商品接收或中转分运的准备工作。

二、商品接收操作规范

商品接收是指商品运达指定地点后,连锁企业的收货部门组织人力、物力向运输部门领取商品的一系列业务活动。

1. 接收前的准备工作

收货部门接到商品到达预报或到货通知后,要做好接收前的有关准备工作,保证各项接收工作的紧密相连,做到环环紧扣、快而不乱。

(1)明确船号、车次、到货时间和商品的品名、数量,以便根据商品的类别、数量,组织相应的人力、物力,及时进行商品的接收工作。

(2)安排好短途搬运力量和仓库货位。连锁企业接收需要入库的商品时,一方面要组织好短途搬运的人力和工具;另一方面要安排好仓库货位,保证商品能够及时验收入库。企业自己卸货的,还要准备好卸货力量。

(3)做好商品就车站码头分运工作的连接。商品不可能完全实行直达直运,往往采取就车站码头分装直拨的办法来达到直达运输的目的。连锁企业接收需要分装直拨的商品时,应与各收货单位联系,确定分运的运输工具和商品装卸力量。

(4)安排好商品的运输中转。

2. 商品交接手续的办理

(1)凡是由承运方卸货的,在其仓库、货场交接验收。

(2)不是专用线或专用码头,又由收货方卸货的,收货方与承运方共同拆封监卸。

(3)在专用铁路线卸货的,棚车可凭铅封交接,敞车可凭外部状态是否完整交接。

(4)对船舶上的商品,收货方和承运方当面办理交接。

(5)交接手续办完后,要在5天内将运输交接单回执盖章后退回发货单位或中转单位,并持商品搬运证将商品运回。

(6)分清责任,及时处理运输事故。

3. 运输责任划分的基本原则

(1)商品在承运单位承运前发生的损失,由发货单位负责。

(2)商品运达目的地、办完交接手续后发生的损失,由收货单位负责。

(3)商品从办完承运交接手续时起,至交付给收货单位时止发生的损失,由承运单位负责;但是由于自然灾害、商品本身性质及发货、收货、中转单位工作差错造成的损失,承运单位不负责。

4. 接收商品时的注意事项

(1)凭货物领取通知单和有关证件,在规定的日期内提货,防止因延期提货被罚保管费。

(2)接收商品时应派专人到交接场地,与承运部门一同清点商品并做好接收记录。

(3)商品交接应清点验收,检查包装是否完好无损,做到详细清点如实记录,以便调查处理。

三、运输中转

运输中转是指商品在运输途中需要中途改换运输工具,进行换装和重新办理托运手续的业务活动。连锁企业接收商品后需要办理中转业务的,必须安排好运输计划,做好运输工具、装卸搬运力量、仓库、货场安排和补包换包等准备工作。

四、商品核查

商品核查与商品接收是两项性质完全不同的业务。商品从承运部门接收后,再通过短途搬运和验收手续,才能进入仓库待售。但是在本地购进业务中,连锁企业自行采购、自提自运,商品的接收和核查工作往往是在同一时间内完成的,两者之间并没有明显的界限和区别。

第13章 连锁企业连锁控制管理规范

第一节 物流质量控制体系

一、物流质量体系构成要素

1. 质量管理体系

质量管理体系是进行物流服务质量管理的基本框架。在这个框架中应当明确质量管理的层级关系,各部门的目标、职责和权限等,通过组织结构的形式将管理过程中的各个环节、各种资源协调起来,使其相互配合、相互协调,成为一个完整的质量管理体系。

2. 物流质量政策

质量政策是连锁企业进行物流服务管理的根本依据,应当为物流服务质量管理提供明确的宗旨和方向。质量政策应当明确连锁企业的物流服务水平、质量管理的方针和目标、质量保证措施、人力资源政策及激励制度等内容,同时应当采取有效的措施,保证其被企业的全体员工所理解。

3. 程序文本

物流服务质量管理的每一个环节都应当形成程序文本,程序文本既是对物流服务和质量管理过程的描述,又是进行质量保证和质量控制的依据。通过严格执行程序文本,可以使服务质量始终在受控状态,降低各环节出现质量问题的可能性。程序文本没有固定的格式,应当根据连锁企业的管理模式、连锁企业开展物流活动的具体特征及质量管理体系的结构形式制定。

4. 资源基础

构成物流服务质量管理体系的资源基础包括人力资源、物质资源和信息资源三部分。

（1）人力资源

能否实施有效的质量管理,人的因素是具有决定性的。要充分发挥人力资源要素的作用,应当特别注意以下几个方面:

◎必须发挥连锁企业最高层管理者的领导力,通过他们的决策和实际行动来体现对质量管理的决心。

◎员工的工作岗位,尤其是那些需要直接与顾客接触的岗位应当符合他们的个性。

◎不断向所有员工提供质量培训。

◎要给员工充分的授权,鼓励他们参与质量管理并解决质量问题。

（2）物质资源

进行物流服务质量管理离不开服务工具、通信设备、信息系统及其他基础设施和设备的支持。

（3）信息资源

以高质量服务著称的连锁企业通常很善于把握顾客的想法。物流服务质量管理应当有效地利用来自顾客、员工以及社会公众的质量反馈信息，并对它们进行必要的整理和分析，使之成为质量控制和改进的依据。

二、物流质量管理体系的评估

（1）全过程质量控制

连锁企业所构建的物流服务质量管理体系应当能够实现全过程的质量管理。以配送服务为例，全面的质量管理不仅应当包括从接受订单开始到将商品送交顾客进行费用结算的过程中，对订单处理、拣选、配货、包装、装车、配送等工序的质量管理，还必须包括对顾客调查、方案设计、制定标准、信息反馈等辅助过程的质量进行管理。

（2）全面的质量意识

全面的质量意识不仅要求重视物流服务提供过程中的质量保证和控制，还应当重视与之相关的所有工作的质量；要求各部门在为实现其个别的或局部的目标进行质量管理的同时，还要有从企业整体利益出发来实施控制全局的观念；要求对已经发现的服务质量问题进行妥善处理的同时，还要有分析原因、揭示联系、发现或预防潜在问题的能力和意识。

（3）强调全员参与

连锁企业的物流服务活动是涉及各个部门，由各项工作组成的整体，因此从连锁企业的负责人到与物流活动相关的具体操作人员、后勤人员都通过自己的工作直接地或间接影响着物流服务质量。开展质量管理工作应当在提高员工的基本素质和科技水平的基础上，强化他们的质量意识和责任感，形成全员参与的质量管理体系。

（4）以顾客满意为目标

让顾客满意不但是全面质量管理的目标，也是进行物流服务质量管理的指导思想。这就要求连锁企业不仅要提供满足顾客现有需要的物流服务，而且要不断地开发新的服务项目以适应顾客的需求变化；不仅要在物流服务设计和过程中为顾客着想，而且要为顾客提供良好的售后服务。

（5）进行数据化规范管理

对物流服务进行全面的质量管理是建立在数据统计的基础上的，应当尽量避免在分析和解决质量问题时凭直观、凭经验的做法。虽然服务本身的特点决定了有一些质量指标是很难或是无法量化的，但是仍然应当尽可能地设定必要的标准和绩效指标，通过从物流服务过程中收集到的数据进行质量管理。

第二节　物流质量控制管理规范

一、打造良好的物流环境

实现服务质量持续改进的首要前提是在连锁企业内部打造良好的物流环境。

(1)通过对员工的培训,使其明确物流服务质量改进的目的和目标,要让他们理解现代质量与质量管理的真正内涵,使他们知道服务质量是可以测量和评价的,是可以通过不断的学习、改进和创新而达到让顾客满意标准的。

(2)连锁企业也应当建立良好的企业文化,对员工的需求给予充分的重视。

(3)管理者要关心员工,与员工沟通,形成相互尊重、相互合作、融洽的工作氛围,要使追求更高品质的服务质量成为所有员工的"共同愿景"。

二、完善物流管理流程

1. 物流管理流程的基本内容

(1)流程负责制

完整的物流服务是由众多的流程构成的,质量管理者应当指派那些对流程的具体操作负有责任并有权改变流程状况的个人或群体对每一个流程负责。

(2)流程的解释

每一个流程都应当有明确的起点和终点,并且应当有确定的工作完成方式。

(3)设立控制点

控制点是对流程的阶段性确认或决策活动。它们是管理流程的手段,也是评估点。

(4)评估与反馈

对物流系统的运作效果进行综合评价与判断,并对之进行适当的调整与优化。

2. 流程升级

当局部的物流服务流程改善已经无法适应消费者的需求时,就需要运用业务流程再造(BPR)的思想对物流服务流程进行重新设计,对物流流程进行升级。

实施 BPR 是一项战略性的系统工程,需要制定周详的计划,并运用运筹学、管理科学、信息技术等手段,按照科学的步骤进行。

3. 改善服务方法

要实现让顾客满意的目标,不但要对物流服务的开发、设计、作业等全过程进行质量控制和改进,还应当寻找好的服务方法。要通过倾听顾客、员工、竞争对手及社会公众的声音,了解顾客喜欢或习惯的服务方式或方法,并努力使之成为现实。

三、物流绩效评估体系

准确、全面、及时的绩效评估是进行物流服务质量管理的基础,它能够有效地监督、控制和掌握连锁企业物流服务的全过程,判断物流服务目标的可行性和完成情况,分析零售企业物流服务资源的利用情况和发展潜力,并为连锁企业实施适当的激励机制提供必要依据。

1. 评估制度

连锁企业应当建立科学的物流服务绩效评估制度,明确开展绩效评估工作的指导原则和目的,从根本上保证这项管理工作能够多层次、多渠道、全方位、连续地进行,保证评估结果的客观性和有效性。绩效评估制度应当明确管理人员在绩效评估工作当中的责权范围,并有相应的奖惩措施。

2. 评估主体

物流服务绩效评估的主体包括连锁企业内部人员、顾客及社会公众。

(1)企业内部人员

企业内部人员可以实现对整个物流服务过程的绩效评估,是绩效评估工作的直接参与者。

(2)顾客

顾客对连锁企业物流服务绩效的判断是最真实的,更有利于发现服务过程中的薄弱环节。

(3)社会公众

社会公众的作用主要体现在对企业信用的评估上,也可以在一定程度上反映其绩效水平。

3. 评估指标

评估指标是对物流服务活动中关键控制因素的反映。

(1)绩效评估应当建立完善的立体评估指标体系,应当能够从不同层次、不同侧面反映物流服务绩效的总体水平。

(2)企业设计的每一个评估指标都应当有明确的目的,应当具有可操作性,并且是可以被理解和接受的。

(3)评估指标应当尽可能量化,对那些无法计量的关键控制因素,可以采用定性描述的方法设立指标。

4. 评价标准

进行物流服务绩效评估有以下四个常用的评估标准。

(1)计划标准

通过将企业所达到的绩效水平同计划目标进行比较,可以反映出计划目标的完成情况,为激励制度的实施提供依据。必要时,还可以根据绩效的实际水平对计划目标做出修订。

(2)历史标准

历史标准是将某个指标当前的绩效水平同企业的历史同期或历史最高水平进行纵向比较,从而掌握其发展轨迹和发展趋势。通过分析,找出绩效水平变化的原因,为进一步控制和改进奠定基础。

(3)顾客标准

顾客是物流服务最终结果的承受者,他们对连锁企业物流服务的满意程度和评价可以用来衡量物流服务的绩效水平,同时也是改进和提高物流服务水平的重要依据。

（4）竞争对手标准

将竞争对手的绩效水平作为绩效指标的评估标准，可以发现连锁企业的优势和劣势，了解企业所处的市场地位，为企业制定战略目标和发展规划提供依据。

5. 评价方法

设计绩效评估体系，应当对各指标的具体评估方做出说明，应当通过运用科学的评估方法，确保评估结果能够真实反映企业的物流服务绩效。

在绩效评估中常用的方法有：统计法、排列法、要素比较法、价值分析法等，各种方法都有其适用范围和优、缺点，企业应当根据指标的不同特点选用适合的评估方法。

6. 绩效分析

绩效评估的结果必须通过认真、细致、全面地分析，找到各控制因素之间的内在联系，从而对企业物流服务的现状和发展趋势做出分析和判断。分析的结果应当形成结论性报告，为管理者进行决策提供依据。

四、物流绩效评估实施规范

1. 企业内部绩效评估

连锁企业内部绩效评估是对企业运营状况及资源、赢利能力等的基础性评估，是企业物流服务绩效评估的重点。它侧重将企业现有绩效水平同历史或目标水平进行比较，从而为管理者决策提供依据。

（1）物流成本

成本是连锁企业绩效最直接的反映。物流成本按职能，大体可以分为商品流通费、信息流通费和物流管理费。

◎信息流通费

信息流通费是指收集、处理和传递有关物流活动的信息而发生的费用。

◎物流管理费

物流管理费是指零售企业开展物流活动所进行的计划、组织、监督、调查、控制所需的费用。

◎商品流通费

商品流通费是指为完成商品的实体流通而发生的各项费用。

连锁企业应当通过有效的成本管理，真实反映成本的发生情况，并通过对总成本构成情况的分析反映企业的绩效水平。

（2）资产评估

资产评估主要反映为实现连锁企业目标所投入的资本的使用和产出情况。

◎总资产报酬率

总资产报酬率是指连锁企业一定时期内获得的报酬总额与平均资产总额的比率。它能够反映出企业资本投入与产出的总体水平。

◎净资产收益率

净资产收益率是指连锁企业在一定时期内的税后净利润与平均净资产的比率。它能够反映企业自有资本获得收益的能力。

◎利润总额

利润总额是指连锁企业在一定时期内组织物流活动过程中收支相抵后的余额。它是评估企业物流绩效的基本指标。

◎资产负债率

资产负债率是指连锁企业在一定时期内的负债总额与资产总额的比率。它反映了企业的负债水平。

◎营业增长率

营业增长率是指连锁企业本年的营业收入总额与上年的营业收入总额的比率。它反映了企业的发展状况和发展潜力。

◎定额流动资金周转天数

定额流动资金周转天数是指连锁企业在一定时期内定额流动资金周转一次所需要的时间，通常以天为单位。它反映了企业资金的利用效果。

（3）作业衡量

作业衡量主要反映连锁企业经营情况和作业效果，可用下面几项具体指标进行评估。

◎事故差错率

事故差错率是指连锁企业在一定时期内出现事故或差错的业务数与该时期内执行业务总数的比率。它反映了企业的物流作业的总体质量水平。

◎全员劳动率

全员劳动率是指连锁企业在一定时期内完成的物流业务总额与平均人员数的比率。它反映了企业人力资源的总体绩效水平。

2. 企业外部绩效评估

（1）连锁企业内部绩效评估主要集中在对连锁企业作业情况和经营水平的监控上，而外部绩效评估则主要是对企业的形象、信誉及市场地位等情况做出评估。这对企业制定正确的发展战略，提高企业物流服务质量都是必不可少的。

（2）连锁企业外部绩效评估主要是通过收集和分析顾客或社会公众等评估主体的反馈信息来进行的，也可以采用设定标杆，通过与先进企业进行对比的办法实现。

（3）绩效评估对连锁企业的经营和发展来说是至关重要的，企业必须在经营活动中不断总结经验，逐步设计出符合自身特点的绩效评估体系，通过全面、真实的绩效评估推动企业的发展。

3. 物流服务的绩效评估

高质量的物流顾客服务可以有效地提升顾客价值、增加顾客的满意程度，是巩固原有顾客和开发新顾客的基础。顾客服务活动本身所固有的特性决定了作为服务对象的顾客总会或多或少地参与到服务过程当中，这就增大了顾客服务绩效评估的难度。

对物流顾客服务的绩效水平进行全面的评估，可以运用下面几个方面的指标：

（1）交易前各要素评估指标

物流顾客服务的组成要素可以分为交易前、交易中和交易后三大类，根据这些要素，可以构建出评估物流顾客服务绩效的各项指标。交易前要素评估指标包括：

◎库存可得率

库存可得率是指连锁企业及时满足顾客需求的能力，当需求超过库存可得率时就会发生缺货。

◎目标交付时间

目标交付时间是指连锁企业计划或承诺的商品交付时间。

◎信息能力

信息能力是指连锁企业满足交易前顾客咨询、运费洽谈、培训等需求的能力。

（2）交易中要素评估指标

交易中要素评估指标是对物流服务提供过程中可能影响顾客服务质量的关键环节的反映。具体包括：

◎下订单的方便性

下订单的方便性是指顾客通过多种方式进行订货的可能性和每种方式的方便程度。

◎订单满足率

订单满足率是指一定时期内满足订单的数量与订单总数的比率。

◎订货周期的一致性

订货周期的一致性是指订货周期的波动情况。

◎订货周期时间

订货周期时间是指顾客从下订单到接收商品、完成货款结算的实际时间。

◎订单处理正确率

订单处理正确率是指一段时期内无差错的订单处理总数与订单总数的比率。

◎订单跟踪

订单跟踪是指对订单商品所处状态进行跟踪的能力。

◎灵活性

灵活性是指满足顾客加急发货或延迟发货的可能性及连锁企业应付突发事件的能力。

◎货损率

货损率是指在物流服务作业过程中发生损坏或灭失的商品金额数与商品金额总数的比率。

（3）交易后各要素评估指标

交易后要素评估指标是对物流服务作业活动结束后，一些可能影响顾客服务质量的关键因素的反映。具体包括：

◎票据的及时性

票据的及时性是指回单、发票等票据的正确性和及时性。

◎退货或调换率

退货或调换率是指一定时期内退货或调换的商品总量与发送商品总量的比率。

◎顾客投诉率

顾客投诉率是指顾客投诉的次数与总的服务次数的比率。

◎顾客投诉处理时间

顾客投诉处理时间是指连锁企业对顾客投诉进行调查、采取补救措施,达到顾客要求的总时间。

(4)顾客满意度

顾客满意度是经常被提及的一项评估指标,这反映了连锁企业对顾客满意程度的重视。顾客满意度是一个概括的指标,虽然采用问卷调查、回访、座谈等方法可以获得顾客满意与否的相关信息,但是它在绩效评估当中的可操作性较差,不容易把握。在物流顾客服务绩效评估的过程中,应当尽量将这一指标分解为众多的分指标,同时结合企业的市场份额、零售企业的形象、声誉、顾客忠诚度等指标,力争能够从不同侧面全面、真实地反映顾客的满意程度。

第三节 物流成本控制管理规范

一、连锁企业物流成本控制的概念

(1)狭义的物流成本控制,是指在企业的物流活动中,对日常的物流成本支出,采取各种方法进行严格的控制,使物流成本降低到最低限度,以达到预期物流成本管理目标。

(2)广义的物流成本控制,则包括事前、事中和事后对物流成本进行预测、计划、计算、分析,也就是全面物流成本控制。

二、连锁企业物流成本控制的方式

1. 制度性控制与日常性控制

(1)制度控制,是通过制定相应的规章制度来约束物流成本支出,如制定费用开支范围和开支标准、商品采购的职责分工制度、成本费用的考核与评价制度等。

(2)日常控制是指利用反馈原理进行的日常或事后的物流成本控制,即把实际发生的成本与事前制定的标准成本进行比较,计算并分析差异,从而采取相应的措施来控制物流成本。物流企业标准成本的制定主要分为以下几种:

◎按物流环节制定成本标准

不论是运输、保管,还是包装、装卸成本,其水平的高低主要取决于物流技术条件、基础设施水平。因此,在制定物流成本标准时应结合企业的生产任务、流转数量及其他相关因素进行考虑。

◎按物流范围制定成本标准

按物流范围制定成本标准,是一种综合性的技术,要求全面考虑物流的每个过程,包括供应物流、配售物流、销售物流及退货物流。既要以历史成本水平为依据,同是又要充分考虑企业内外部因素的变化。制定这种成本标准需要多种技能的结合。

◎按成本项目制定成本标准

企业内部每一种物流成本项目,按其与货物流转额的关系,可以分为固定成本和变动成本。对固定成本项目(如折旧费、办公费等),可以以本企业历年来成本水平或其他企业(能力及规模与本企业相当)的成本水平为依据,再结合本企业现在的状况和条件,确定合理的成本标准。而对于可变项目,则着重考虑近期及长远条件和环境的变化(如运输能力、仓储能力、运输条件及国家的政策法令等),制定出成本标准。

2. 绝对控制与相对控制

(1)绝对控制,主要是通过制定严格的标准和进行严格的审核来压缩各项费用支出,杜绝浪费。这里除了按前面的方法制定相关标准时,还应形成多种标准的概念,一般包括以下三种:

◎理想标准。是指在最有利、最理想的作业情况下,达到的最优水平的物流成本指标。

◎正常标准。是指在目前的作业情况下,为节约成本,降低损耗,所应达到的物流成本水平。

◎过去业绩标准。是依据以前的业绩,经过一定的考核后,所制定的物流成本标准。

(2)相对控制,是通过成本与利润、服务质量等对比分析后,注意发挥人财物的潜能,用同样的人力、物力和财力,办更多的事情,提高整体经济效益。

3. 事前控制、事中控制与事后控制

(1)事前控制是对影响物流成本的有关因素进行事前规划,如进行预算管理、开展市场调查和销售预测、健全各项物流成本的管理制度等。

(2)事中控制是指日常对物流成本的控制,如成本差异的计算与分析。

(3)事后控制是物流成本形成之后所进行的核算、分析、考核与评价工作,主要是总结经验教训,搞好今后的物流成本控制工作。

无论事前控制,还是事中、事后控制,关键在于根据本企业的性质和管理的需求来确定一个物流成本控制对象。企业一旦选用一种物流成本为控制对象,就不要轻易改变,以保持前后各期的一致性和可比性。主要对象如下:

◎物流过程作为对象,可以计算供应物流成本、配送物流成本、销售物流成本及信息流通物流成本。

◎物品实体作为对象,可以计算每一种物品在流通过程中(包括运输、验收、保管、维护、修理等)所发生的成本。

◎以物流环节作为对象,计算运输、保管、包装、流通加工等多种物流功能所发生的成本。

◎以物流成本形态作为对象,计算各种物流项目的成本,如运输费、保管费、折旧费、修理费、材料费及管理费等。

三、构建物流成本控制体系

(1)参考本企业的历史成本数据或相关行业的物流成本数据,对企业物流成本进行严格预算,制定不同物流环节的物流成本标准。尤其是物流费用开支最多的项目及环节,要反复考证,保证预算的可行性、准确性。

(2)分解并执行物流成本指标。不同物流部门担负着不同的物流成本。按成本发生的地点将成本分解到一定的部门,落实其降低物流成本的责任,并按成本的可控性检查该部门物流成本降低情况,作为评价其成绩的依据。

(3)编制记录、计算和积累有关成本执行情况的报告。每一物流部门都应将其负担的物流成本进行记录、计算和积累,并定期编制出业绩报告,以形成企业内部完整的物流成本系统。对一些共同性的物流成本,则另行计算,最终由企业最高管理机构记入成本总额。

(4)建立成本反馈与评估系统。在一定期间结束后,应将每一部门发生的物流成本实际支付结果与预算(标准)进行对比,评价该部门在成本控制方面的成绩与不足。

四、物流成本控制实务

1. 配送中心成本的控制

配送中心功能与作用的正常发挥,是连锁企业经营成功的关键。配送中心选址是否合适将会直接影响物流效率、物流成本。随着配送中心数量的增减,储存费(包括运输费、出入库费、保管费)与配送费之间有着反方向变化的关系,总物流成本费用最初呈减少趋势,随后又转呈上升趋势,总物流成本费用的最低点就是配送中心最合适的数目。企业要从成本控制的角度加强配送中心的规范建设。

2. 运输费用的控制

(1)对各种运输工具和设施进行合理运用。运输工具、运输设施都属固定资产,原始投资额大,成本回收慢。这类费用同物流量成反比关系,即物流量增长时,分摊到每一单位物资上的这一类物流费用就会减少。在运输过程中,不但要考虑到加快物流速度,而且要充分利用装载空间,有效利用运输工具。

(2)选择恰当的运输路线。运输路线不合理,就会对运力造成浪费,增加不必要的运输费用。在实际运输过程中,不合理的运输形式主要表现在重复运输、迂回运输、过远运输等方面。在满足连锁企业物资需求的前提下,运输部门应参照线性规划等技术方法,合理安排运输路线,结合实际运营效果,不断总结,做出调整,优化企业的运输成本。

(3)运输业务外包还是内部完成,要考虑运输工具的满负荷运营及其采购、保管的复杂性等问题。企业对相关成本进行比较后,可以让专业运输公司承接企业的运输任务,从而节省人力、物力,专心做好物流其他过程的工作。

3. 储存费用的控制

储存费用控制的基本出发点是,在既能满足企业的经营需要,又能满足库存管理要求的前提下,尽量降低储存成本与订货成本,加强对经济订货批量和订货点的控制与管理。由于连锁企业经营商品品种繁多,对其实施全面的、精细的管理,必然会加大储存成本,从而可能违反成本效益原则,因此,在储存成本的管理中,作为一项基础性的工作,可采用 ABC 分类法将购进商品分为 A、B、C 三类,区别对待,以做到主次分明,抓住成本控制的关键方面。

4. 装卸、搬运费用的控制

在实际作业中,要注意减少机械设备的无效运营,提高装卸过程的标准化作业水平,尽量减少装卸次数和装卸作业的距离。装卸作业现场的平面布置直接影响装卸搬运次数和距离,装卸机械要与货场长度、货位面积互相协调,场内的道路布置要为装卸、搬运创造良好的条件,有利于加速货物的周转,避免无效作业。

5. 包装费用的控制

(1)从寻找有代替性的廉价材料开始,采用合理的包装工艺及包装设备,在包装功能不变的情况下,从品质、适用性、耐用性等方面考虑降低包装成本的可能性。不断开发新材料,采用新工艺,代替那些质次价高的旧包装材料。

(2)选择包装形态时,要结合运输工具及储存设施的空间特点,实现包装规格尺寸的标准化。在特殊情况下,还可以考虑组织散货物流,有些货物采用无包装时所造成的损失有时比实际使用包装花费的费用还要少,最理想的包装费用是零。

(3)要注意包装物回收和旧包装利用,通过各种渠道和方式收集商品包装使用过的商品容器和包装辅助材料,然后由有关部门进行处理,重新利用,以节约包装材料及包装加工劳务开支。

6. 流通加工费用的控制

为了更好地控制流通加工的相关费用,要制定能反映流通加工特征的经济指标,如用反映流通加工后单位产品的增值程度的增值率、反映流通加工在材料利用方面的材料出材率和利用率等进行考核。

7. 物流信息费用的控制

第一,要分析数据采集、加工、传输等过程导入电子设备的必要性和可行性。是物流各环节信息处理自动化,还是某些重要过程信息处理自动化,这些都会影响相关设备投资数额的变化。

第二,要权衡物流综合成本的减少和局部信息成本增加的问题。由于自动化设备的导入,企业实现了配送中心机械化作业,节省了人力资源,简化了订发货作业,促进了物流过程的相互协调。尽管局部运营成本加大了,但从整体效益的角度考虑,企业最终降低了物流成本的开支。

第三,连锁企业要加强物流信息处理设备的运营成本控制,对其后期运营开支要制定相关制度进行规范化管理,并不断加强物流信息处理设备的运营效率分析。

第14章 连锁企业连锁配送管理制度与表格

第一节　连锁企业物流配送人员岗位职责

一、配送经理岗位职责

（1）在总经理领导下，全面负责企业的物流配送工作。

（2）认真负责本部员工的工作、业务学习，督促检查考核各岗位职责、工作制度的履行和执行情况。

（3）负责起草配送工作各项规章制度。

（4）负责组织商品运输和商品储存工作。

（5）负责审查批准各种车辆及其他设施的购置、使用、维修和保养。

（6）负责组织处理各种日常的行政业务工作，保证质量，完成仓储运输工作。

（7）完成总经理交办的其他工作。

二、仓管员岗位职责

（1）对连锁企业物资的保管和收发负有重要责任，严格审查各部门物资领用计划表，与库存物品核对后，缺口物品报采购主管。

（2）按照采购单内容和数量，办理验收手续。

（3）认真执行物资管理制度，加强对库存物品的管理、检查，把防火、防盗、防蛀、防霉烂等安全措施和卫生措施落在实处，保证库存物资的完好无损，物品存放做到有条理，美观大方。

（4）在办理验收手续后，应及时通知有关部门取货。

（5）定期抽查物品是否达到了账、物、卡相符的标准。

（6）管理好连锁企业的财产物资，做好物资的收、发、存、报损等手续，每月报出物品盈亏情况，做到日清月结。

（7）协助采购部经理跟踪和催收应到而未到的物品。

（8）服从分配，按时完成领导指派的工作。

三、仓库值班员岗位职责

（1）熟悉业务，认真钻研，提高业务水平。

（2）积极妥善地处理好职责范围内的一切业务。

（3）坚守工作岗位，不做与值班无关的事项，不得擅离职守。

（4）重大、紧急和超出职责范围内的业务，应及时向上级业务指挥部门、企业领导汇报和请示，以便把工作做好。

（5）加强安全责任，保守机密，不得向无关人员泄露有关超市内部的情况。

（6）维护好室内秩序和环境，严禁他人在工作时间大声喧哗。

（7）禁止无关人员随便进入仓库值班室。

（8）按规定时间交接班，不得迟到早退，并在交班前写好值班记录，以便分清责任。

（9）遇有特殊情况须换班或代班者必须主管同意，否则责任自负。

（10）坚持批评与自我批评。

（11）团结互助，互相尊重。

（12）完成仓储主管交办的临时工作。

四、商品入库验收员岗位职责

（1）商品入库前，入库验收员必须对照《采购单》，对物料名称、规格、数量、送货单和发票等一一进行清点核对，确认无误后，将到货日期及实收数量填入《请购单》。

（2）负责对进货车辆温度与卫生的检查。

（3）负责核对进货单与送货的内容。入库验收员一定要详细检查进货商品的品名、规格、数量、重量。

（4）负责依商品标示规定检查商标。

（5）负责检查商品的标示日期是否即将过期或已过期。

（6）负责对入库商品的外观进行检查。

（7）拒收仿冒商品、违禁品。

（8）负责对即将入库商品的品质进行检查。

五、车队队长岗位职责

（1）在部门经理领导下负责全车队的日常工作，保证运输工作的安全进行。

（2）协助调度做好派车工作，保质保量完成运输任务。

（3）遇有紧急任务，组织全体运输人员突击抢运商品，保证及时完成运输任务。

（4）负责办理通行证，协助安全员解决车队各种交通事故及有关问题。

（5）组织运输人员学习交通法规和业务技校，做好车辆保养维修工作，做到安全运输。

（6）认真完成领导交办的其他业务工作。

六、车队调度岗位职责

（1）负责连锁企业各车组人员的调配，掌握各车辆的经济技术指标和完成任务情况，合理安排车辆。

(2)负责发放车辆通行证和各车辆证件。

(3)根据各单位用车情况和行车路线、装卸地点填制派车单,提高运营效率。

(4)负责查询车辆执行任务情况,发现问题及时采取措施,并予以妥善解决。

(5)负责核算各单位登记用车的运量,按月统计,年底进行总结。

(6)负责统计车辆用油量,做好司机和装卸工的考勤工作。

七、车辆安全员岗位职责

(1)按上级部门规定的车辆安全管理制度做好交通安全宣传工作,定期组织交通法规及有关业务学习。

(2)检查车辆的各种机件、设备及保养情况,发现问题及时采取措施,并予以解决。

(3)负责各种交通事故、违章、罚款、扣证等问题的解决,协助交通部门处理善后事宜。

(4)负责组织好本部门机动车的年审、年检工作。

(5)完成领导交办的其他工作。

八、驾驶员岗位职责

(1)服从调度指派,严格遵守交通法规,做到"三检、四勤、五不开"。

(2)负责车辆的保养、检查,提高车辆完好率。

(3)负责保养、检查及正确使用车上的灭火器。

(4)负责保管、使用车辆的一切工具及各种证件。

(5)严格遵守驾驶操作规程,根据不同的路况和气象条件,合理掌握车速,确保行车安全。

(6)负责车辆安全检查,协助仓储人员做好商品装卸、垛码工作。

(7)了解车辆机械性能,能够进行简单的小修。

(8)完成运输任务后,负责清洗车辆并安全停放车辆。

(9)认真完成领导交办的其他工作。

九、押运员岗位职责

(1)负责贵重物品、易燃易爆危险品、易碎商品等的装卸运输工作。

(2)乘车执行任务时,必须听从司机的安排,严格遵守乘车纪律。

(3)对商品件数、包装认真验收,核对无误后方可装车。

(4)根据所运商品的不同性质、特点,合理装车,按规定要求规范装载。

(5)了解和掌握灭火知识及灭火器材的使用方法,确保商品在运输途中的安全。

(6)认真完成领导交办的其他任务。

十、接货人员岗位职责

(1)汇总要货订单,确定配送所需要的货物种类和数量。

(2)查询现有库存货物内容(如果有现成的货物可供配送,则专人分拣作业环节)。

(3)生成缺货清单并组织订货。

(4)组织人力、物力接收供应商送达的货物。

(5)负责对货物的验收工作。

(6)与储存部联系,组织入库作业。

十一、保管人员岗位职责

(1)及时整理和清理储位,留足进货空间。

(2)配合进货部组织入库作业。

(3)堆码货物,确订货位并编号。

(4)随时点验货物,掌握货物储存动态,做好保管养护,确保质量完好和数量准确。

(5)配合加工部开展加工作业,或配合组配部对出库货物进行分拣。

十二、加工人员岗位职责

(1)负责对货物进行分装、组合和贴标志、刷条码等加工作业。

(2)负责为特殊商品在流通中保鲜及适于搬运装卸而采取的低温冷冻加工作业(这种加工方式也用于某些液体商品、货品等)。

(3)负责对不合一定规格的农副产品或质量离散较大的产品采取人工或机械分选加工(广泛用于果类、瓜类、谷物、棉毛原料等)。

(4)负责对农、牧、副、渔等产品进行精制加工。

(5)负责对一些商品按所要求的零售起点进行新的包装,即大包装改小包装、散装改小包装、运输包装及销售包装。

十三、配货人员岗位职责

(1)在储存部的配合下对出库货物进行分拣作业。

(2)按客户要求或方便运输的要求,将分拣出的货物进行分开放置。

(3)按照货物本身特性、订货单位分布情况和送货车辆状况,对货物进行组合配装。

十四、车队调度岗位职责

(1)负责物流配送中心各车组人员的调配,掌握各车经济技术指标和完成任务情况,合理安排车辆。

(2)负责车辆通行证和各车辆证件的发放工作。

(3)根据各部门的用车情况和行车路线、装卸地点填制派车单,提高运营率。

(4)负责查询车辆执行任务情况,发现问题及时采取措施,妥善解决。

(5)负责核算各部门登记用车的运量,按月统计,年底进行总结。

(6)负责核算车辆用油量,司机装卸工的考勤工作。

十五、运输人员岗位职责

(1)负责商品运输工作,包括提货及送货,保质保量地完成商品运输任务,将货物送达各连锁店。

(2)对完成的配送任务进行确认,对配送绩效进行实时监控。

(3)在主管的领导下,负责配送中心机动车辆的购置、使用、维修和保养。

(4)负责不定期检查车辆保养及维修情况,杜绝车辆安全隐患,做到安全运输无事故。

(5)负责机动车辆的年审年检工作。

十六、配送中心主管岗位职责

(1)直接对经理负责。

(2)按物流配送中心要求对配送中心人员进行监督和管理,并与他们搞好协调关系。

(3)负责筹划和控制配送中心的具体工作。

(4)负责贯彻落实配送中心的各项规章制度。

(5)负责配送中心的工作规程和管理制度的审订和修改。

(6)负责配送中心员工的工作进度和工作绩效的检查和审核。

(7)根据本中心商品流转程序的有关规定,对配送中心相关单据进行审核。

(8)负责配送中心设备操作和业务流程的培训工作。

(9)负责配送中心的商品安全。

(10)配送中心主管要了解配送卡登记的情况,提高本中心配送车辆的配送效率。

(11)负责申购及保管配送中心办公用品。

(12)按时完成领导交办的其他事项。

十七、配送中心录入员岗位职责

(1)直接对配送中心主管负责。

(2)负责对配送中心相关单据的录入、审核、确认及传递等。

(3)录入单据要求规范、准确。

(4)要将单据归类存放,保持办公环境整洁。

(5)按时打印业务单据。

十八、配送中心验收员岗位职责

(1)要根据国家有关规定及企业物流配送中心的商品验收标准,认真对商品进行验收。

(2)对配送中心商品安全负责。

(3)配合供应商卸货,并按规定对商品进行摆放。

(4)根据供应商的预送货量做好货位调整。

(5)对所验收商品的数量和质量负责。

(6)负责商品的退换工作。

第二节　连锁企业物流配送管理制度

一、仓库管理制度

1. 仓库的分类

连锁企业的仓库包括:鲜货仓、干货仓、蔬菜仓、肉食仓、冰果仓、烟酒仓、饮品仓、百货仓、工艺品仓、食品仓、山货仓,动力部的油库、石油气库,建筑、装修材料仓,清洁剂、液、粉、洁具仓,绿化用的花盆、花泥、种子、肥料、杀虫药剂仓,机械、汽车零配仓,陶瓷小货仓,家具设备仓等。

2. 物品验收

(1)仓管员对采购员购回的物品无论多少、大小等都要进行验收,并做到:

◎发票与实物的名称、规格、型号、数量等不相符时不验收。

◎发票上的数量与实物数量不相符,但名称、规格、型号相符可按实际验收。

◎对购进的物品已损坏的不验收。

(2)验收后,要根据发票上列明的物品名称、规格、型号、单价、单位、数量和金额填写验收单,一式四份,其中:一份自存;一份留仓库记账;一份交采购员报销;一份交材料会计。

3. 入库存放

(1)验收后的物资,除直拨的外,一律要进仓保管。

(2)进仓的物品一律按固定的位置堆放。

(3)堆放物品要有条理,注意整齐美观,不能挤压的物品要平放在层架上。

(4)对于库存物品,要逐项建立登记卡片,物品进仓时在卡片上按数加上,发出时按数减出,结出余数;卡片固定在物品正前方。

4. 保管与抽查

(1)对库存物品要勤于检查,防虫蛀、鼠咬,防霉烂变质,将物资的损耗率降到最低限度。

(2)抽查

◎仓管员要经常对所管物资进行抽查,检查实物与卡片或记账是否相符,若不相符要及时查对。

◎材料会计或有关管理人员也要经常对仓库物资进行抽查,检查是否账卡相符、账物相符、账账相符。

5. 领发物资

(1)领用物品计划或报告

◎要领用物品,需要根据规定提前做计划,并及时报库存部门,以便做好准备。

◎仓管员将报来的计划按每天发货的顺序编排好,做好目录,准备好物品,以便取货人领取。

(2)发货与领货

◎各部门、各单位的领货一般要求专人负责。

◎领料员要填好领料单(含日期、名称、规格、型号、数量、单价、用途等)并签名,仓管员凭单发货。

◎领料单一式三份,领料单位自留一份,单位负责人凭单验收;仓管员一份,凭单入账;材料会计一份,凭单记明细账。

◎发货时仓管员要注意物品先进的先发、后进的后发。

(3)货物计价

◎货物一般按进价发出,若同一种商品有不同的进价,一般按平均价发出。

◎需调出连锁企业以外的单位的物资,一般按原进价或平均价加手续费和管理费调出。

6. 盘点

(1)仓库物资要求每月月中小盘点,月底大盘点,半年和年终彻底盘点。

(2)将盘点结果列明细表报财务部审核。

(3)盘点期间停止发货。

7. 记账

(1)设立账簿和登记账,账簿要整齐、全面、一目了然。

(2)账簿要分类设置,物资要按品种、型号、规格等设立账户。

(3)记账时要先审核发票和验收单,无误后再入账,发现有差错时及时解决,在未弄清和更正前不得入账。

(4)审核验收单、领料单要手续完善后才能入账,否则要退回仓管员补齐手续后才能入账。

(5)发出的物资用加权平均法计价,月终出现的发货计价差额分品种列表一式三份,记账员、部门、财务部各一份。

(6)直拨物资的收发,同其他入库物资一样入账。

(7)调出本连锁企业的物资所用的管理费、手续费,不得用来冲减材料成本,应由财务部冲减费用。

(8)进口物资要按发票的数量、金额、税金、检疫费等如实折为单价人民币入账,发出时按加权平均法计价。

(9)对于发票、税单、检疫费等尚未到的进口物资,于月底估价发放,待发票、税单、检疫费等收到、冲减估价后,再按实入账,并调整暂估价,报财务部材料会计调整三级账。

(10)月底按时将材料会计报表连同验收单、领料单等报送财务部材料会计。

(11)与仓管员校对实物账,每月与财务部材料会计对账,保证账物相符、账账相符。

8. 建立档案制度

(1)仓库档案应有验收单、领料单和实物账簿。

(2)材料会计的档案有验收单、领料单、材料明细账和材料会计报表。

二、仓库物资管理制度

(1)连锁企业物流中心仓库的管理人员应严格检查进仓物料的规格、质量和数量,发现与发票数量不符,以及质量、规格不符合使用部门的要求,应拒绝进仓,并立即向采购部递交物品验收质量报告。

(2)需要办理验收手续进仓的物料,必须填制"商品、物料进仓验收单",仓库据以记账,并送采购部一份用以办理付款手续。物料经验收合格、办理进仓手续后,所发生的一切短缺、变质、霉烂、变形等问题,均由仓库负责处理。

(3)为提高连锁企业领料工作的计划性,加强对仓库物资的管理,采用隔天发料的办法办理领料的有关手续。

(4)各部门领用物料,必须填制"仓库领料单"或"内部调拨凭单",经使用部门经理签名,再交仓库主管批准方可领料。

(5)各部门领用物料的下月补给计划应在月底报送仓管部,临时补给物资必须提前三天报送仓管部。

(6)物料出仓必须严格办理出仓手续,填制"仓库领料单"或"内部调拨凭单",并验明物料的规格、数量,经仓库主管签署,审批发货。仓库应及时记账及送财务部一份。

(7)仓管人员必须严格按先办出仓手续后发货的程序发货。严禁白条发货,严禁先出货后补手续。

(8)仓库应对各项物料设立"物料购、领、存货卡",凡购入、领用物料,应立即作相应的记载,以及时反映物资的增减变化情况,做到账、物、卡三相符。

(9)仓库人员应定期盘点库存物资,发现升溢或损缺,应办理物资盘盈、盘亏报告手续,填制"商品物料盘盈盘亏报告表",经领导批准,据此进行列账,并送财务部一份。

(10)为配合供应部门编好采购计划,及时反映库存物资数额,以节约使用资金,仓管人员应每月编制"库存物资余额表",送交采购部、财务部各一份。

(11)各项材料、物资均应制定最低储备量和最高储备量的定额,由仓管部根据库存情况及时向采购部提出请购计划,供应部根据请购数量进行订货,以控制库存数量。

(12)仓库管理部门因未能及时提出请购而造成供应短缺,责任由仓库管理部门承担。如仓库按最低存量提出请购,而采购部不能按时到货,责任则由采购部承担。

三、仓库安全管理制度

（1）严格执行连锁企业安全保卫的各项规章制度。仓库安全工作要贯彻预防为主的方针，做好防火、防盗、防汛、防工伤事故的出现。

（2）建立健全各级安全组织，做到制度上墙、责任到人、逐级把关、不留死角，本着谁主管谁负责，宣传教育在前的原则，坚持部门责任制。

（3）如果库区配备各种消防器材和工具应按场内规定执行，不得私自挪用。

（4）严禁各种生活用危险品、车辆、油料、易燃品进入库区。

（5）仓库区域内严禁烟火和明火作业，确因工作需要动用明火，按企业的有关安全保卫规定执行。

（6）加强用电管理，建立班前班后检查记录制度，做好交接检查的详细记录。

（7）加强对连锁店内门、窗、锁的管理，出现问题及时向有关部门汇报，及时采取措施。末班人员下班后，将钥匙交到保卫部门，方可离去。

（8）做好来宾登记工作，严禁夜间留宿，特殊情况须报零售企业保卫部备案。

四、商品在库保管制度

（1）安全、方便、节约

安全，是指确保商品的安全，使商品在保管期间不变质、不破损、不丢失；方便，是指方便商品的进出库工作，提高劳动效率；节约，即尽可能节约保管费用。

（2）科学堆码、合理利用仓容

科学堆码、合理利用仓容就是在贯彻安全、方便、节约原则的基础上，根据商品性能、数量和包装形状，以及仓库条件、季节变化的要求，采取适当的方式方法，将商品堆放得稳固、整齐，留出适当的墙距、垛距、顶距、灯距和通道，充分利用仓库的空间。根据商品的包装条件和包装形状，零售企业在库商品的堆码方法通常有三种，即散堆法、垛堆法和货架堆码法。

（3）分区分类、货位编号

分区分类、货位编号就是根据商品的自然属性和仓库设备条件，将商品分类，仓库分区，按货区分列货位，并进行顺序编号，再按编号确定商品的存放地点。对在库商品分区分类管理时，注意不要把危险品和一般商品、有毒商品和食品、互相易串味的商品、理化性能互相抵触的商品放在一起，以防影响商品质量。

（4）定期盘点核对

商品盘点是财产清查的一项重要内容，也是进行商品管理的重要手段。通过商品盘点，可以掌握库存商品的具体品种和数量；可以保证账实相符；可以检查商品库存结构是否合理；还可以检查商品库存定额及商品保本保利储存期的执行情况。为了方便商品的盘点，必须对库存商品建立保管账卡，并对商品出入库及库存情况做好记录。商品盘点除按规定于每月末定期进行外，还可根据商品的堆垛，采取售完一批清理一批的办法，并在必要时突击抽查有关柜组。商品盘点前,应注意做好必要的准备工作。将未验收、代管、代购、代销的商品与自有商品分开;将已验收的商品全部记入保管账;校正度量衡器;对商品分别归类。商品的实地盘点,一般先清点现金和票证,后清点商品。清点商品时,为防止出现重盘或漏盘现象,应采取移位盘点法,划清已盘商品和未盘商品的界限,并认真填制"商品盘点表",做好商品盘点记录。商品清点结束后,除做好商品整理外,还要及时计算实存金额,核实库存,上报处理长短商品及发现的有关问题。

(5)加强商品养护

商品养护,是指商品在储存过程中的保养维护工作。加强商品养护,可以维护商品的使用价值,保持商品质量的完好。商品质量是由商品的自然属性决定的,而这些自然属性,又往往在日光、温湿度等外界因素的作用下发生变化。因此,商品养护工作应在"以防为主,防治结合"的方针指导下,在充分了解商品特性,研究影响商品质量变化的因素,掌握商品质量变化规律的基础上来进行。

五、物品保管与记录管理制度

(1)设置专职仓管人员,保管所管物品、记录物品明细账、验收进仓物品和出仓物品的发货。

(2)存仓物品要贯彻执行"先进先出,定期每季翻堆"的规定。

(3)要节约仓容,合理使用仓库,不得混乱堆放重载物品与轻抛物品。

(4)仓管员对所保管物品和物资应经常检查,对滞存时间长的物品,要主动催请售货场出仓摆卖或向采购部反映滞存情况。库存物品发现霉变、破损或超过保管期时,应及时提出处理意见,并列"物品残损处理报告书"送采购部处理。

六、物品、原材料损耗处理制度

(1)物品及原材料、物料发生变质、霉坏,失去使用(食用)价值,需要作报损、报废处理。

(2)保管人员填报"物品、原材料变质霉坏报损、报废报告表",据实说明坏、废原因,并经业务部门审查提出处理意见,报部门经理或财务部审批。

(3)对核实并获准报损、报废的物品、原材料的残骸,由报废部门送交废旧物品仓库处理。

(4)报损、报废由有关部门会同财务部审查,提出意见,并呈报总经理审批。

(5)在"营业外支出"科目处理报损、报废的损失金额。

七、商品查询制度

1. 商品查询的范围与期限

(1)凡实际收货与厂方提供凭证中的品种、数量、规格、花色等不一致时,必须向供货单位作商品查询。

(2)外埠进货发生整件短少或原包装长、短、残、损及质量问题,需当天履行查询手续,最迟不得超过 5 天。

(3)对有损耗率规定的商品,应查询超耗部分。

(4)需严格履行购销合同,接收进口商品和外贸库存内销商品,查询不超过 5 天。

(5)本市进货、收货时发生整件不符,应于当天履行查询手续,最迟不超过 3 天。

2. 查询手续及责任划分

(1)凡与商品查询有关的各环节人员,必须注意将进行商品查询的装箱单、原箱、原货保存完好,以提供商品查询的物证依据。

(2)对外查询一律填制查询单,哪一环节发生问题,就由哪一环节经手人负责填报。

(3)本市进货查询需填制催查单,按要求传递。

(4)外埠进货查询,由企业保管员填制查询单交储运业务部,由收单人按程序传递。

(5)凡在 30 天内未收到供货单位查询答复,储运部须协助企业采购员,作第二次查询。

八、商品出库管理制度

1. 凡有出库或并倒垛动态的货垛,应坚持动碰复核的原则,及时核对商品、货垛的实存数与商品在账数量是否相符,如不符要及时查明原因。

2. 商品出库与要求商品出库包括本市内销、外调、移库、返厂、提取样品等。

(1)必须按规定凭正式出库票办理商品出库手续,不得白条出库,并根据商品性能变化,掌握先进先出、易坏先出的原则。

(2)商品出库必须经复核员复核,根据出库单仔细检验库别、印鉴、品名、产地、规格、数量是否清楚,发现问题及时与有关部门联系、妥善解决。

(3)验单合格后,先进行销账后出库。

(4)商品出库必须有编号,以单对账、以账对卡、以卡对货,付货时必须执行先盖章、销账、销卡,后付货的操作规程。防止漏盖"货已付讫章"造成财产损失,复核员并于货票上签字盖章,以明责任。

(5)商品出库时,仓库管理人员要二人仔细清点出库数量,做到人不离垛,件件过目,动碰复核,监搬监运,要及时对搬运不符合要求的现象予以纠正,防止商品损坏。

(6)商品出库要严把货票审核关、动碰制度关、加盖货已付讫章关。

(7)应按财务制度办理商品储存中所涉及的票流等有关财务方面事宜。

(8)有下列情况之一的,企业保管员可以拒付商品:

◎凭证字迹不清,单货型号不符或涂改。

◎提货人与付货凭证抬头所列单位不符。

◎白条出库,任何人开的白条都不能视同付货凭证。

◎提货单未盖商店的出库章及储运出库章。

九、标准仓库评定制度

1. 服务达标

（1）文明管库，礼貌待人，服务周到，努力为柜台提供一流的服务。保管人员要加强学习，提高业务素质。经常主动征求和虚心听取小组意见，不断改善经营管理，提高服务质量。

（2）坚持送货到柜台制度，新入库的商品两天之内送到柜台，做到散仓有货，柜台必须有货，外库有的商品散库有（下站直接入外库的商品，在接到到货通知单后三天之内办完手续，不完备的及时报商店经理）。

坚持每天到柜台收要货单，提前备货，次日开门前送到柜台。

（3）收发商品及时、准确，不准无故压票、顶票，不准刁难顶撞柜组人员。严禁白条出库和付人情货。

（4）坚持催调制度。每月定期和会计对账，向门店经理提供商品结存单，每季末向经理室、业务经营部上报残冷、滞背商品催调单，以促进商品销售。

2. 安全生产达标

（1）认真执行连锁企业内各项安全管理制度和各项操作规章制度，坚持班前、班后，风、雨、雪前、中、后的检查，做好记录。

（2）坚持双人出库、双人复校及动碰制度，做到无盗窃、无损失、无差错（每天下班之前，对全天出入库的商品进行登记，并重新核对结存数）。

（3）商品堆码"五距"要合理，通道必须保持畅通，唛头正确，严禁无垫存放货物。

（4）搞好并保持库内外责任区清洁卫生，消防器材要经常检查，保持灵敏有效。保管人员要做到会报警、会使用消防器材、会灭小火，严禁携带火种和易燃物品进入库房。

3. 保管养护达标

（1）把好入库验收关、出库复核关及在库保养关，做到安全、准确、无差错事故。

（2）根据安全、方便、节约的原则，合理堆码商品，做到安全、整齐、牢固、美观、无倒置，遇有破箱要及时清点，整理好包装。还要做到分区分类，货位编号，层批标量，垛段号准确，动碰复核，账、货、卡三相符。

（3）设置专人负责记录库内温湿度，做好温湿度管理，积极改善仓库储存条件，使库房达到通风、防潮、防尘等要求，经常保持库内外清洁卫生。

（4）保管人员要熟悉商品特性，精心养护商品，做到商品无霉变、无残损、无锈蚀、无虫蛀、无鼠咬及其他变质事故（经常保持库内外清洁卫生）。

（5）商品出库做到先进先出，易坏先出，接近失效期先出。根据本企业仓库的特点，销售量平稳的商品要求储备两星期以上的商品库存，积极调整库存结构，保证商品供应不断档；散仓单一品种，商品储存量不超过一个月。

4. 完成任务达标

据现有的散仓属于前店后库的实际情况，不适于做保管费用和人均劳动量两项指标评比，只要求每月计算出以下四项指标。

（1）单位面积储存量。根据本库储存的商品品种多、数量小、堆码难度大的特点,单位储存量应在0.40/件/平方米。要求保管员坚持"三勤"制度,即勤倒垛、勤开垛、勤整理,每天坚持一小时以上整理货位时间。

（2）账货相符率。保管账的记载必须及时、准确、完整。坚持日记日清,账页上的栏次正确,字迹端正清楚,不得涂改,做到品名、规格、等级、产地、编号、数量等账货相符率达99.5%。

（3）收缴差错率,要求差错率不超过万分之五。为了鼓励保管人员及时挽回差错损失,在差错发生后的5天内,能积极查清,并没造成损失的,不列入差错率。

（4）平均保管损失,要求不超过万分之五。商品保管损失包括:因保管养护不善而造成的商品霉变、残损、丢失短少、超定额损耗,以及不按规定验收,错收、错付而发生的损失等。

十、配送管理制度

（1）建立健全商品账目,按类别分账进行管理,认真填全账上的所有项目。

（2）库存商品按类别分区码放,标志货区,便于货物查找,提高工作效率。

（3）所有商品入库时均要求检验机身、核对配件、登记机号,出库时对随机赠品需随机发放。

（4）库存商品分类别由专人负责,责任落实到人。

（5）库房保持整洁卫生,做到地面无杂物、库区无垃圾。

（6）完善防火、防盗工作,库区严禁烟火,保证商品的安全。

第三节 连锁企业物流配送常用管理表格

一、商品库存登记表（1）

日 期：　　　　　　　　　　　　　　　　　　　　　　　　编 号：

序号	品名及规格	材料编号	生产量数量	生产量单位	单位用量	用量小计	损耗率(%)	总用量	库存量库存	库存量数量	计划用量	单价	金额	需要日期	订购单号码	需要日期 5	10	15	20	25	30	备注

二、商品库存登记表(2)

商品名称：   部 门：

货物编号：   主 管：

日 期	数 量	签 名	日 期	数 量	签 名
/1			/6		
/2			/7		
/3			/8		
/4			/9		
/5			/10		

三、商品入库日报表

编 号：   日 期：

名 称	单 位	数 量	原库存量	现库存量	供应商	备 注

制 表：

四、商品交货日报表

编 号：   日 期：

出货编号	出货地点	货品样式	类别	件数	商品内容			数量	交货地点	保险	备注
					大分类	中分类	小分类				

五、原材料库存登记表

编 号：   日 期：

序号	名称	规格	存放仓库	材料编号	最低存量	凭证号码	订单号码	本期收料	本期发出	结存量	滞存量说明

六、存货月报表

编号：　　　　　　　　　　　　　　　　　　　　　　　　　　月 份：

序 号	存货名称	期初存货		本期进货		本期出库		本期结存	
		数 量	金 额	数 量	金 额	数 量	金 额	数 量	金 额
	合　计								

七、商品出入库登记表

月　日	商品概述	入　库		出　库		备　注
		数 量	单 价	数 量	单 价	

八、商品残次登记表

编 号	类 别	规 格	数 量	原单价	原金额	现单价	现金额	损失金额	原 因	备 注

九、货物仓储登记表

货物编号		名　称		规　格		部　门	
储存位置			使用范围		数　量		

日期	单据编号	制造编号	收入	发出	结存	日期	单据编号	制造编号	收入	发出	结存

十、滞销商品报告表

商品编号	品 种	规 格	数 量	购进数量	现有库存量	总销售额	销售天数	周转率（%）	处理意见	备 注

十一、滞销商品处理登记表

商品编号	名 称	规 格	请购部分	滞存库	单 位	数 量	账面单价	金 额	本单编号

处 理 记 录				
方 式	期 限	数 量	具体方案说明	滞货处理人

处 理 记 录						
时 间	方 式	单 价	数 量	金 额	概 要	备 注

十二、货物仓储日报表

编号	等级	规格	昨日结存	缴 库		发 送		退 回		本月结存	备注
				本日	本月累计	本日	本月累计	本日	本月累计		

十三、货物仓储明细表

货物编号	类别	规格	单位	仓储数量	账存数量	盈亏情形		盘存日期	盘存人	备注
						数量	百分比			

十四、常见商品控制表

商品名称	预订			实际			差异	备注
	数量	单价	金额	数量	单价	金额		

十五、商品收支日报表

商品编号	名称	单位	数量	上期仓储量	本期收入	本期支出	本期结存	供应厂商	备注

十六、补货申请表

□经销					□代销		
部门：				日期：			
商品编号	商品名称	单位	数量	供应商编号	供应商名称		条形码
合　计							
总经理审批			责任部门处理意见				

采购部主管：　　　　　　　　　　　　　　　　经办人：

十七、仓库提货申请表

商品编号	商品条码	商品类别	品　名	规格型号	单　位	补货数量			经办人	备　注
						件　数	件含量	细　数		
营业主管					收货人					

十八、领用材料登记表

编　号：

材料号码			材料型号			领料人姓名		
领用日期	预订用料量	领用材料规格	领料数量	退料数量	实际领料量	实际用量	备　注	
合　计								

十九、物料欠发登记表

编　号：　　　　　　　　　　　　　　　　　　　　日　期：

领料部门					
材料编号	名　称	规　格	单　位	欠发数量	备　注
欠发原因					

主管部门：　　　　　　　采购部门：　　　　　　　填表人：

二十、商品进库登记表

品名	供应商		单位	数量	单价	原进货数									验收入库数									备注
	规格及型号					金 额									金 额									
						十万	万	千	百	十	元	角	分		十万	万	千	百	十	元	角	分		

制表人：

二十一、商品出库登记表

提货部门：　　　　　　　　　　日　期：　　　　　　　　付货部门：

编　号	品　名	单　位	数　量	零售单价	金　额							
					十万	万	千	百	十	元	角	分

付货人：　　　　　　　　　　　　　收货人：

第一联:仓库留存　　　　　　　　第二联:财务记账　　　　　　　　第三联:营业组留存

二十二、运输委托合同

发货日期：　　　　　　　　　　发　站：　　　　　　　　到达站：

发货方	姓　名		收货方	姓　名	
	电　话			电　话	
	地　址			地　址	

货物名称	件　数	包　装	货物价值	计费重量	计费单价	运　费	保价费(40‰)	合　计

金额(人民币大写)：　　　　　　　　　　　　　　　　　　　　¥

付款方式:发货人付款□　收货人付款□　已付□　未付□　回执□

续表

约定事项		经办人:
		特别提示:签字前注意本合同(单)约定事项
		托运人(签章)
		提货人(签章)
		证件名称:
		证件号码:
备　注:		提货日期:

二十三、物流货运表

到　站：　　　　　　　　　　　　　　　　　　　　　　日　期：

托运人		地　址		托运人电话	
收货人		地　址		收货人电话	

货物名称	包　装	货号/件数	运　费	短途运费		中转费	保价费 3‰	付款方式
				提货费	送货费			

运费合计金额	万　仟　佰　拾　元整　　　¥_____元
代收货款金额	万　仟　佰　拾　元整　　　¥_____元
备　注	

二十四、车辆行驶登记表

编　号：

车　号		发动机号		部门编号	
使用地区				使用人	
				驾驶员	

汽油使用记录									

年		加油数量	金　额	加油时路码表		行驶里数	行驶累计数	使用人	驾驶员
月	日			起　数	止　数				

第五篇

连锁企业经营策略管理

第15章 连锁企业战略管理规范

第一节　连锁企业经营战略管理

企业经营战略问题要解决的是企业与销售市场之间的结合问题,是企业环境管理的核心问题。有了正确的战略选择,其他经营活动才有现实意义。战略上的失败是企业最根本性质的失败。

一、经营目标

企业经营目标,是在分析企业外部环境和内部条件的基础上确定的企业各项经济活动的发展方向和奋斗目标,是企业经营思想的具体化。

企业经营目标不仅是一个单纯的目标,而且是一个综合的体系。一般而言,企业的基本目标由经济收益和企业组织发展方面的内容构成。经济收益或利润是企业生存发展的基本条件,是衡量企业经营活动效果的基本尺度,也是企业满足各方面要求,实现其他目标的前提。企业组织的价值及社会的价值,在于激励组织人员为此努力拼搏。通常表现为销售量、总资产、规模等。对于管理者,它是事业成功的标志;对于职工,它能带来工作机会的增加和报酬的提高;对于所有者,则意味着原有资产的增值。企业组织的发展,特别是连锁企业总部组织职能逐步完善,加盟店日益扩大增多,社会影响逐步扩大,既反映了企业完成基本职能的水平,又有利于国民经济发展,也提高了企业本身的地位。

除了基本目标本身外,企业还必须满足所有者、经营管理者和职工这三个基本方面的目标或要求。这些目标必须与基本目标相一致,要与基本目标结合起来,形成一个具有内在一致性的目标体系。

企业的社会责任,并不属于企业目标的组成部分,而是企业正常经营、实现企业经营目标的一个基本约束条件。

经营目标在企业组织中主要有下述几个方面的重要作用:

(1)目标反映一个组织所追求的价值,是衡量企业各方面活动的价值标准,也是企业组织生存和发展的意义所在。

(2)为企业各方面活动提供基本方向,是企业一切经济活动的目标和依据,对企业经营活动具有指导、统率作用,可以使企业有选择、有针对性地部署各种资源,发挥企业优势。

(3)实现企业与外部环境的动态平衡,使企业获得长期、稳定、协调的发展。企业在反复权衡内部条件和外部环境,科学预测和把握外部环境发展趋势的基础上确定的经营目标,既能在一定时期、范围内适应环境趋势,又能使企业的经营活动保持稳定性和连续性。

二、经营战略及其类型

经营战略是企业为实现经营目标,通过对企业的外部环境和内部条件的分析而制定的较长期的全局性的重大决策。它是企业组织活动的基本设计图,主要解决企业组织与市场环境结合的问题。

1. 经营战略的特征

经营战略有以下几方面特征:

(1)经营战略是根据企业总体发展的需要而制定的,追求的是企业的总体效果。

(2)经营战略阐述的是企业与市场环境相联系的方针。战略的要点并不在于企业内部管理,而主要是考虑环境对企业的要求。

(3)经营战略不限于短期的利益,它是企业为谋求长期生存和发展而进行的统筹规划。

(4)经营战略是与行动有关的设计,不是简单的口号和观念,它注重与现实的结合。

(5)经营战略不仅仅是无生命的财和物的设计图,它是有生命的人类组织活动的设计图。战略设计最重要的内容就是人。

根据以上定义,企业经营战略大致可以分为两类,即竞争战略和事业范围战略。

2. 竞争战略

竞争战略是在市场上,企业与竞争对手竞争的基本方针。它的目标是使企业的经营活动能在所有竞争对手中技高一筹,使企业在与竞争对手的竞争中占据有利的位置。竞争战略是企业环境管理最基础性的东西,从小零售店到大企业集团,都离不开竞争战略。因为企业的事业范围一经确定,那么在这个范围内企业开展活动就必须遵循一定的方针,而这个基本方针就是企业的竞争战略。

3. 事业范围战略

但是,企业的活动并不一定限于一个市场或一种事业,事业范围选择本身也是企业的一种战略。虽然企业在考虑扩大事业范围时,通常都会把企业发展及降低成本作为目标。事业范围战略,也称多种经营战略。连锁企业的多种经营战略主要体现在:

(1)在物流过程中,商品附加值的生产,如对商品进行加工、包装、组合等,进一步形成连锁企业自身的商品开发体系。

(2)通过不同的商品组合取得不同的顾客群。

(3)通过各种业态的连锁加盟店的加盟实现多样化,连锁企业旗下可以有专卖店、超市、便利店等以迎合不同的市场。

事业的选择,需要综合考虑市场与技术两方面因素。将这两方面选择结合起来,企业的事业范围也就确定了。

企业活动是否有效主要取决于被市场接受的程度,因此在图15-1中将市场范围作为主轴(横轴),而把技术作为纵轴。这样,竞争战略就是在市场范围基本确定之后,在市场上如何展开竞争行动的战略。

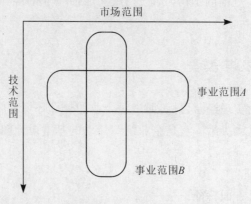

图 15-1　事业范围

竞争有时要求企业必须扩大技术范围,因此企业在考虑竞争战略时有时需要考虑企业技术范围的扩大。如对商业企业来说,过去并没有采用计算机技术,但现在随着计算机技术在商业中的普及和应用,企业为了在市场中继续竞争,保持自己在市场上的优势地位,必须引进计算机技术,这样企业的技术范围也就扩大了。

扩大企业市场范围,一方面是指扩大市场的地理范围;另一方面是指向新的顾客层发展。扩大市场范围的战略是企业竞争战略的一部分,也是事业范围扩大战略的核心。

一般情况下,事业范围扩大战略同时包括技术范围扩大和市场范围扩大两方面内容。对连锁企业而言,市场范围的扩大则意味着不断发展加盟店,以加盟店为扩张点,覆盖目标区域,抢占目标市场。市场范围和技术范围同时扩大,即多元化经营或多种经营战略。当连锁企业锁定目标市场后,就必须制定相应的经营战略来开拓目标市场。

三、连锁经营的战略观念

连锁经营的战略观念包括顾客满意战略、商业化战略、规模经营战略、标准化战略和专业化战略五种。

1. 顾客满意战略

顾客满意战略简单地说,就是必须站在消费者、使用者立场上,而不是站在生产者、销售者立场上考虑和处理问题。而且这种顾客第一、顾客至上的理念必须始终贯穿于连锁企业从商品采购到最终销售的全过程。

（1）顾客的价值

顾客的价值不在于他一次购买的金额而是他一生能带来的总额,其中包括他自己和对亲朋好友的口碑效应。顾客的价值,可先用某位顾客的购买总额除以交易频率,得到顾客平均购买的价值,然后估计顾客在 10 年或终生购买的次数,计算其购买总量,加上该顾客口碑效应,即该顾客宣传后有几个人成为公司顾客,又需用顾客个人购买量乘以放大乘数 $N+1$,所得的结果,就是一个顾客的价值。这种计算方法科学与否并不重要,重要的是它给企业一个启示,留住一个顾客会产生乘数效应,失掉一个顾客也会使损失扩大。

（2）顾客满意的价值

顾客满意与企业利润存在着线性因果关系，而且忠诚顾客与企业利润之间存在正向相关关系。实践表明，有90%以上的厂商的利润来源，1/10 由一般顾客带来，3/10 由满意顾客带来，6/10 由忠诚顾客带来。

（3）获取顾客满意的价值的方法

获得顾客满意的价值的方法主要有以下几点：

①走进客户的心，探求顾客的期望。首先，必须站在顾客的立场上，使用最直接深入顾客内心的方法，找出顾客对公司、商品及员工的期望。有效的探求要靠三个因素：焦点放在最重要的顾客身上；找出顾客和公司对服务定义的差异；利用质胜于量的研究方法，找出顾客真正的期望。实践表明这种探求结果都会使管理者为之一惊，因为依据长期经验判断顾客心目中的优良服务，是与事实相悖的。

需要提及的是，由于服务很难标准化，顾客对服务的判断也会因为提供服务者和他本人的参与程度而产生偏差，因此，找出顾客对服务的期望远比找出他们的需求困难得多。但是，这种探求所带来的收获，却是实质性的业绩与利润。

其次，要消除企业—顾客之间信息的不对称性。有许多经营者总是抱怨，顾客越来越挑剔，但从顾客角度看，顾客觉得自己得不到公司尊重，这种企业—顾客之间信息不对称，一个重要的根源在于企业者是站在它自身的立场来看问题，而缺乏一种"换位"的思考。

②顾客满意始于重视"关键时刻"。"关键时刻"是一个重要的服务管理学术语，就是当顾客光顾公司任何一个部门时发生的那一瞬间，经过这样的短暂接触，顾客对服务质量，甚至潜在地对产品质量有所了解。"关键时刻"存在于顾客购买的时候，也存在于送货的时候，既存在于顾客抱怨的时候，也存在于进行售后服务的时候，关键时刻存在于任何与顾客打交道的时候。企业文化、企业形象、企业信誉，就在许许多多的关键时刻中形成。

重视"关键时刻"，首先，树立员工第一的观念。第一线员工是服务的化身，员工与顾客接触程度最高，员工的行为会直接影响到顾客所感受到的服务品质，进而影响整个公司的信誉。服务卓越的公司有一句警语：那些不直接为顾客提供服务的人最好为做这种事的人提供服务，以此凝聚全体员工，提高顾客满意度。

其次，服务背景、消费者行为模式、员工行为模式要协调一致。即顾客与员工的态度、价值观、感受、期望等，以及两者之间在关键时刻所发生的社会、身体和心理的某些共鸣，才能赢得关键时刻的成功。因此需要把企业与顾客的认知缺口找出来，让大家比较清楚地了解顾客，认知与实际情况的落差，找出服务盲点以待克服。同时，要求员工必须具备良好的职业道德素质，以适应不同层次服务需求，为顾客营造良好的购物环境，以保持三者之间的协调一致。

最后，需要培养一支训练有素的职工队伍。企业运作始于"人"，也终于"人"，人的问题占企业总问题的80%以上，因此，员工教育训练处在核心地位。教育的内容不在于机械地理论说教，而在于员工的心理建设，"训练"应偏重于实践，两者缺一不可。这是因为服务是一种交往过程，一种员工与顾客的互动关系；服务是一种情绪劳动式的辛苦工作,服务也是一种态度,一种店内每一位员工都关心的态度,需要锲而不舍的教导和领导。训练应从纵向的商业采购、运输、储存、销售,到横向经营不同商品的技能、技巧,以及桌案作业等方面,来提高员工的综合应变能力和独立处理问题的能力。企业一旦拥有了一支服务技能全面的员工队伍,就等于拥有了最重要的资产,每一位员工都会成为公司形象的"代言人"。

(4)顾客第一的经营理念

事实上,很多连锁企业都在踏踏实实地贯彻顾客需要战略,像大型连锁集团 IGA 总裁有三个承诺,这三个承诺集中地反映了顾客第一的经营理念。

①以诚相待。我们不再需要更多的超市,我们需要的是能提供产品或服务的社区中心。你还记得童年时代的商店是你们社会生活的中心吗? 可笑的是,商业的发展使我们的社会变得没有人情味,世界被因特网迅速地联结起来,以百万倍的速度增长。我们可以与全世界联系,但是我们很难有沟通的感觉,技术伤害了人们,与 Home DePot 之间不同的是,我们的店主就在商店,我们的店主和经理在社区内生活,我们在与顾客的交往中应强调以下这些方面:

◎面带微笑地注视着出入商店的顾客;

◎如果顾客询问商品的位置,要亲自把他们带到商品的位置;

◎每天营业前要做到一尘不染,清洁是购物的前提;

◎商店的设计要与顾客购物的方式方法一致;

◎征询顾客的意见,采纳好建议,使他们感到连锁店是为他们设立的;

◎要有孩子们玩耍的场所和老人休息的地方;

◎积极参与社区活动,多做公益事业。

我们鼓励店主要支持教师、民间俱乐部、运动员和政府。顾客的利益就是我们的利益。重利忘义的商店将无法生存。我们还须努力地去推销自己,虽然我们在社区长大,几代之前,就在这里生活,你觉得他们会买你的东西,你会赢得他们的生意,你是应得的。错了,他们没有义务到你那儿购物。你必须每天努力做生意,大型商店不是剧院。

实际上我们的店主每年应把赢利分为三部分:三分之一用于新技术的应用;三分之一用于至少每 7 年更新一次商店;三分之一用于发工资。许多国际零售商联盟的店主们在成功之后,把利润转移到了其他生意上,为此而消耗了精力,使他们不论如何努力,也无法使超市发展,并逐渐失去了往日的激情。这也是家庭式经营的一个大忌。

②合作伙伴。成熟商店如何通过合作精神换得竞争的先机,这需要把加工厂和配送中心联合在一起,从而使商店更好地为顾客服务。只有把货架、货箱、冷柜和冰箱都摆满质优价廉的商品,才能使商店具有竞争力。现在还有许多人的收入是有限的,商店的定位就是为他们服务。让他们相信商店的质量和价格。所有的食品厂商都希望这种家庭式经营取得成功。虽然他们面对所有的零售商,但是家庭式经营在他们的心里有特殊的位置。我们应该使合作伙伴也获利,应该让消费者从中受益。

③热情周到。无论在哪个国家,讲何种语言,保持成功的秘诀是:店主要热情周到。举例来说,你希望你的商店成为最好的购物场所,因此,这个场所也应该是职工工作的最佳场所。

2. 商业化战略

必须以商业为主导,完全按市场规则来运作,这对处于生产领域技术变革和近代化之后的背景下,把顾客满意作为自身经营宗旨的连锁企业显得更为重要。商业化的标准有:

(1)明晰的产权,连锁企业内部权责利必须明确。

(2)按市场运行规律运作,讲求实用和效率。

(3)市场为主导,即一切跟着市场走,紧紧把握市场的脉搏才能使企业立于不败之地。

(4)追求利润,努力扩大销售,降低成本。

3. 规模经营战略

虽然同一资本拥有 11 个分店以上,就算作是连锁经营了,但要达到规模经营,11 个分店远远是不够的,在美国,要实现规模经营,起码要达到 200 个分店以上。

达到规模经营的手段是多地区、多分店方式,通过不断地扩张来实现一定的规模,以求降低经营成本,同时增强连锁企业自身实力,以便在竞争中处于优势。

4. 标准化战略

连锁商店标准化的经营,是连锁企业适应市场需要而采用的新的形式,随着市场竞争的加剧,顾客需求的多样化,顾客从对商品的认可转移到对商店的认可,所以标准化的经营可以树立商店的形象,进而赢得更多的消费者。

连锁商店经营中心标准化,主要表现为商品服务的标准化和企业整体形象的标准化。

5. 专业化战略

专业化是指连锁经营的各个环节根据不同的生产经营过程分成几个业务部门,并使其固定下来。在连锁经营中,所有的商业活动都具有详细而具体的分工,以保证连锁经营的良好运作。

第二节　连锁企业发展战略管理

一、连锁经营发展途径选择

连锁经营作为商业零售领域一种集团化、规模化生存和发展的经营组织形式,发展和扩张是它生存的动力,连锁经营技术和战略体系的很多方面都体现了发展。

制定连锁企业的发展战略,首先必须对连锁企业和外部环境进行评估。不同的连锁企业选择的发展方法、发展的模式都是不同的。如日本某一连锁集团发展的模式就是通过在一些地价较低但又有发展潜力的地区发展分店,而它开设的分店都是超一流的,配套设施都非常完备,以此推动周围地区经济资源的集中,逐渐成为新的商业中心,地价迅速上升,连锁企业也从中获得了极高的收益。

1. 发展的资本支持

连锁店要扩张,首先必须有一定数量的资本,其次要解决扩张的资本来源。扩张的第一步,连锁店可以用自己创业经营的积累作为扩张资金来源。但仅靠创业者自身积累和企业积累,扩张的步子难以迈大。

扩张资本来源有以下两种来源,一是扩大资本金通过股票集资;二是举借外债。这两个关于筹资的问题在财务管理章节中已有论述,此处略去。

2. 扩张发展方向

扩张发展方向,即业态的选择和区域的选择,如果创业业态市场已高度饱和,如果成长已无潜力,则可以考虑向其他领域扩张。向什么区域扩张,这里取决于两个因素:一是所要扩张区域的市场情况与竞争水平;二是连锁总部分店的分布与其扩张区域联系是否紧密。

3. 扩张发展方式

有三种扩张方式供选择。

第一种扩张方式是自身不断开出分店;第二种是兼并,通过对小型连锁商店或独立零售商实施兼并以扩大连锁规模;第三种是特许加盟。

4. 扩张速度

连锁扩张速度不宜过快,否则会出现资金供应紧张,债务负担过重,如果扩张过快会使新开店质量下降,而且规模的迅速扩大,会引起企业一系列不良反应,所以最好选择稳扎稳打的、开一家成功一家的策略。

二、连锁经营发展要注重质量

连锁企业在高速发展的同时,要十分重视企业发展的质量。因为扩大规模并不是企业追求的主要目标,企业的主要目标是赢利。华联超市连续四年资金回报率都在31%以上,之所以能够做到这一点,就在于很好地控制了各项指标。比如每平方米的营业面积,每个员工每年的销售额是多少,每百元销售额各项费用的开支是多少。他们的标准是:人均劳效不低于48万元,按这个标准配备人员;平均地效(元/m²)不低于10元,按这个标准衡量店铺经营业绩,公司的销售利润率一直保持在1.6%~1.7%。他们始终把质量指标放在首位,对每个人的每个过程都进行质量控制,绝不马马虎虎。

成本控制是质量管理中的重要一环。成本控制是提高企业赢利能力、提高市场竞争力的重要问题。如果不能有效地控制成本,所赢利的钱就会被浪费掉。如何控制成本呢?我们举几个例子,比如我们在配送中心地点选择上,不仅考虑租金高低,还看是否能适应企业发展的需要,以避免配送中心搬家所造成的浪费。又如公司每人有4万箱商品送到各个门店,同时要把店铺中的箱子带回配送中心,统一进造纸厂回收,仅此一项全年收入的资金就是400多万元。公司每千元销售额使用的塑料是3.14元。电话费、汽油费、物料费都和销售额有一定的比例。

连锁超市是一个需要精打细算的行业,不然几千万元的利润就会在不知不觉中流失了。企业利润的来源:一是发展增加的利润;二是成本控制节省的费用,也就是净利润;三是物流规模扩大创造的利润,企业在高速发展的同时,要做到既大又好,这是最难的。

第三节　连锁企业竞争战略管理

现代市场经济必然存在竞争。从社会角度来看,社会资源的分配形式有两种:一种是通过市场竞争来实现;另一种是通过计划来完成。由于在全社会范围内按计划分配资源很难取得满意的效果,因此必须考虑市场竞争机制的引入,注意通过市场竞争来实现社会资源的分配。但对企业内部资源的分配来说,尽管竞争也在起作用,但基本上是按计划进行的。这说明市场竞争有其优势,但也有一定的局限性。

一、市场竞争战略的决策和运用

竞争是企业发展的动力。受价值规律的支配,商品生产者和经营者为了获取更多利益,必须相互竞争。通过相互的竞争,可以使企业更好地提高生产率,提高适应市场需求的能力,增强企业活力。市场竞争的意义主要表现在以下几个方面:

(1)最大限度地确保企业活动的自主性。企业在平等条件下参与竞争,不受任何组织指示、命令的控制,自主地开展经营活动。

(2)合理分配资源。在满足一定条件基础上,市场竞争能带来合理的资源分配。

(3)充分调动经营者的积极性和主动性。优胜劣汰是市场竞争的规律,市场竞争的结果必然会产生失败者。企业要想在竞争中获胜,必须付出加倍的努力。另外,竞争本身所具有的挑战性,也可以激发经营者的上进心和成就意识,激发经营者努力奋斗。

二、基本的竞争战略

美国哈佛商学院的教授迈克·波特(Michael E. Porter)认为:在一个产业中,企业的竞争优势有两种基本形式:成本领先和标新立异。企业为获取竞争优势,可以采用的基本竞争战略分为三类。

1. 总成本领先战略(overall cost leadership)

追求成本优势,不是在吸引顾客这一点上进行差别化。在一般情况下,微妙差别化和个性差别化是以企业间没有显著差别为前提的。成本优势战略考虑的是,使企业的成本低于竞争对手的成本,在市场上以低成本取得领先地位,形成优势。成本优势战略要求企业必须确保以低价购进原材料,采用先进的技术设备,建立高效率的生产经营体制,努力降低各种费用。对于连锁企业,成本控制关键在物流体系中。商品采购在物流中心的整合,存在于管理商品配送的每一个环节,都是成本控制的目标。根据木桶原理,在竞争近似于残酷的市场中,只要有一个环节成本降不下来,就会影响整体成本优势的发挥,所以,追求成本的优势必须做到每一个可控制的环节中都要将成本降到最低。

2. 差别化战略(differentiation)

差别化战略是回避直接竞争的基本手段。差别化战略中最主要的问题是确定在哪些方面,或把哪些要素差别化。差别化战略已逐步发展为企业与竞争对手竞争的武器。

如何选择,需要从以下三方面综合考虑:

◎顾客有什么需求。

◎找出竞争对手。

◎评估持续比较优势的能力。

前两点决定了企业在市场中的竞争状态,第三点主要是考虑企业经营资源和经营能力。差别化不是短期的策略,而是需要长期使用、不断战胜对手的手段,所以要保持长期比较的优势。

实行差别化战略,首先要了解市场竞争是围绕什么进行的,这是实行差别化的出发点,也是差别化的要点所在。

顾客是感觉企业间差别、识别企业优势的主体。所以,企业实行差异化战略,必须着眼于顾客的需求,把顾客需求作为差别的关键。

顾客的需求是多方面的,我们称之为需求束。需求束包括:

◎价格。

◎产品(性能、质量、设计、连带性服务等)。

◎服务(支付条件、售后服务等)。

◎形象(社会对产品和企业的认同程度)。

需求束会因产品特性和顾客特性的差异而有所不同,即使在同一需求束中,顾客关心的焦点也是不一样的。例如,人们不会过多地注意化妆品的价格,而对日用消费品的价格却格外关心。对于经营日常消费品的便利店来说,实行低价策略能吸引更多的顾客,相反则会引起顾客的抱怨,而导致顾客的流失。高薪阶层注重的是产品的品牌和性能,对此,档次比较高的专卖店则应注重产品的品牌和高品质,而不用担心商品定位偏高引起顾客流失。

如果企业将顾客多样化需求作为差别化的基点,即将需求束全盘差异化,那么这种差异化战略肯定是要失败的,它会导致企业资源分散。差别化必须围绕需求束中顾客需求最集中的部分进行。如果我们把需求束中顾客最敏感的部分称为需求核心,那么企业实行差别化战略的关键,就是把顾客的需求核心作为差别化的要点。例如,企业如果认为价格是需求束中顾客最关心的因素,就可以在价格上实行差别化,即价格差别化。也可以围绕产品本身实行差别化,即产品差别化。产品差别化可以具体反映在性能差别化、质量差别化、设计差别化等多种形式上。另外,企业围绕服务和形象实行差别化,也会取得同样的效果。

以顾客需求核心为中心的差别化战略很容易取得成功。具体情况有两种:

第一种情况是,把市场上的顾客按需求核心的不同分为几个不同的顾客群。企业选择一个顾客群,寻找需求核心进行差别化,而竞争对手则以其他顾客群的"需求核心"为中心进行差别化。

市场不是由购买行为完全相同的顾客构成的。有的人关心品牌,有的人关心价格,有的人也许更注重商品的质量与设计。这样,市场就可以分为几个不同的部分。这些不同部分称为细分市场。例如,服装市场可以分为高档市场和中、低档市场;还可以按顾客年龄层次分类为中老年服装市场、青年人服装市场和童装市场。各个细分市场中顾客的需求核心是一致的。对企业而言,对市场整体实行差异化比较困难,而与竞争对手分别在不同的市场上实行差异化,成功的可能性就较大。为此企业就需要有规律地进行市场细分化。在日本的汽车市场上,丰田与本田实行差别化战略就是一个成功的范例。丰田将服务作为差别化的要点,为此建立了强有力的销售网和服务网;本田则将产品本身,特别是设计和技术特性作为差别化的中心,努力树立良好的企业形象。由于两者实行差别化所面对的顾客群不同,结果在汽车市场的竞争中都取得了成功。

第二种情况是,企业在满足顾客需要方面具有其他竞争对手无法抗衡的优势。在这种情况下,顾客的购买兴趣完全被吸引到自己企业上来。这种优势实际上成了顾客的需求核心,可以说企业加深了需求核心的差别化程度。

3. 目标集聚战略(focus)

目标聚集战略即确定企业的重要目标,然后通过长期集中地资源投入来追求主要目标的实现,带动企业整个经营活动的开展。

一个企业如果能够成功地贯彻其中一种基本战略,或者成为产业中的低成本领导者;或者在产品或服务的某些方面取得独树一帜的经营差异性;或者集中资源在某一特定的细分市场取得成本优势或新异性,那么它就能获得高于产业平均利润的超额利润。如果企业同时追求多种基本竞争战略,并能同时获得成本领先和差异化的竞争优势,那么它就能获得更高的收益。

第16章 连锁企业形象战略管理规范

第一节 连锁企业形象战略的作用

一、企业形象概述

CI(Corporate Identify,企业识别)对国内企业而言,并不是个陌生的名词。由最近几年的经济发展,可以多少看到 CI 在国内业界的过程和效益。不论是国营机构还是民营企业,都很热衷于 CI 的导入。姑且不论其成效如何,但对国内企业而言,CI 毕竟引导了一些新的观念与经营手法,使得国内的企业运作,出现生机蓬勃的现象。

企业透过 CI 传达其理念与文化特性,博取消费大众的认同,是目前企业导入 CI 的共同目标。

这里所谈的 CIS(Corporate Identify System,企业识别系统)包含了所谓的 MI(Mind Identify)理念识别、BI(Behavior Identify)行为识别、VI(Visual Identify)视觉识别。即运用 VI 视觉设计将企业的理念识别 MI 及行为识别 BI 等具体化,展现企业形象,并加以管理。不过,原则上仍是以 MI 为基础,透过有形或无形的 BI 来表达,进而使消费者对企业的形象有整体的 VI 系统感觉。

在同质化与国际化的趋势里,所谓的 CIS 在连锁店系统中比较容易发挥,因为连锁店是属于规格化、系统化的管理,制度上的完整,有利于 CI 的整体运作。

但是,连锁店的经营,还包括了行为表现、活动内容、软硬件等,皆可能成为企业形象表现的手法。因此,另有所谓的另一层意义的 CI(Corporate Image),即"企业形象"的形成。

在这股强而有力的企业形象背后,还必须包括连锁店的全员教育、沟通及共识形成,也就是 CIM(Corporate Image Management,形象管理)的出现,意即透过 CI 强化企业应有的生命力及形象力。尤其是连锁店在面临同质化与强烈竞争压力之下,如何使消费大众产生新形象、新感受,进而达到连锁经营的营运目标,是现阶段连锁店极力表现的重点。

同样是 CI 的导入行为,可是要造成彼此间的差异化,并提升消费认同度,不仅是外观包装、员工行为,甚至商品陈列等,皆成为 CI 导入规划展现的重点。

其中最为重要的是,应如何将 CI 与连锁店的经营理念结合,成为行销诉求的利器,才是连锁店 CI 表现的首要内涵。因为,如果只是一味地要求外在的表现,那么,纵然是经营者阶段性的占尽地利之便,但那也不过只是一种短暂的 CI 经营现象,经不起消费者对连锁店持续要求的挑战,当然也就更谈不上连锁店的永续经营。

因此,连锁店的 CI 展现,不论是有形或无形,都必须令消费者清楚地感受到该连锁店的理念与文化特质,方能称得上展现了 CI 的引入面貌。

二、CI 对连锁企业的重要性

CI 其实是一种感觉,不论是可见的层次或不可见的精神,两者皆有其共通面,那就是给予观看者的感觉如何。

如果把一杯冷水倒在我们身上,最直接的感觉就是"好冷",但是如果把一杯水倒在大海中,那可能连"感觉"都谈不上了。

因此,连锁店如果要使消费大众不但"看得到",而且更要能"感觉得到",才算符合连锁店的 CI 精神。

CI 的作用如下:

1. 降低连锁店的经营成本

CI 是整体性且规格化的设计与制作,即由基本设计延伸至广泛的应用系统,要求造型、色彩与组合上的统一化和规格化。因而可以有效降低连锁商店的经营成本。

将这些有系统性的设计,应用在连锁店的 CI,就可以节省各连锁店另行设计与制作的费用,而且由于各连锁店都采用共同的材料与施工工程,亦可大量节省分别采购或施工的程序与沟通成本。

正因如此,如果在宣传公关、教育训练、或其他共同行为上,也能规格化及标准化,那么单位成本将更加低。

2. 加深消费者对连锁店的印象

既然属于整体性,这些规格化的造型、色彩、组合等,透过连锁店的外观和陈列,再配合广告宣传,给人一致性的感觉,日积月累下来,对消费者的印象会产生强有力的移植作用。

3. 未来消费需求的因素

人是情感动物,自然也会有其感性的需求面。况且,在现时的生活领域中,物质享受早已不成问题,重点在于所谓的精神需求,这也将成为未来的主流消费趋势。

探究我国民族性,讲究的是社会的情、理、法,在同样都可以很方便买到货品的情况下,如果过程中缺乏被尊重与亲和力的感觉,是很难普遍获得大众认同的。这种讲求精神层面的购物享受,却是连锁店 CI 最重要的传递内容。

基于上述的观念与趋势,连锁店在 CI 的表现上,除了考虑其长久性与持续性外,还要能随时反映社会消费意识,只有这样才能达到连锁店 CI 的整体使命。

第二节 形象战略的观念与内涵

买到一个好产品或学习一些新观念,是每个人都想达到的目标,企业也是如此,例如新技术的引进、新的观念等,都是提升个人或企业成长的重要方法。

连锁店 CI 既然如此重要,也如此具有出人意料的功能,故不论企业或个人如何运用,都必须先行了解 CI 的本质,才有利于 CI 的运作与发挥。

尽管任何企业都可能了解 CI 的功效,但是如果对其本质不加以探讨,则可能在未来导入 CI 的过程中,形成有始无终,甚至执行上的窒碍点,例如沟通、教育或整合等问题,因为只知其表却不知其里的最终结局就是不了了之。

由一些企业导入 CI 的实际案例来看，也不乏初期即大量投入时间、经费和人力的情况，但最后的结局却仍然是结束营业，这证明了任何企业导入 CI，都必须在具有内涵的前提条件下自然地表现。

CI 的本质、内涵与其沿革如下。

一、何谓 CI

如前所述，CI 应该不只限于企业的识别领域，同时也包括整体形象的塑造与管理，亦即 Corporate Image 的"企业形象"及 CIM 的"形象管理"了。

同样地，企业或连锁店对于 CI 的看法，也应该提升到所谓的管理层次，如此才能塑造优良的连锁店形象。

总体而言，"运用企业的经营理念，在整体视觉设计与内外行为意识上加以发挥，建立企业文化，并使消费大众认同的管理"，即是所谓的 CI。

二、CI 的缘由与发展

就理论而言，CI 是第二次世界大战期间，由德国境内的一家公司所发展出来的。

当时，希特勒将之引用于军事策略，产生了极大的成效，后来才陆续被美国通用公司、福特汽车等国际企业引用在企业发展上。20 世纪 70 年代日本的伊势丹百货、西武集团和 TDK 等企业对 CI 的重视和导入，俨然形成了一股不小的 CI 旋风。

由于世界各地对 CI 的运用、组织及评价各有不同，也因为各国民族性及企业体质的差异，对整个 CI 的认知也就各有其貌，形成了诸多的解释与发展。

三、CI 的内涵与精神

前面曾提及 CI 的定义，但就 CI 的内涵而言，CI 是根据企业的理念，作为传达、整合及管理的形象管理工具。有了这些行为表现，才能进一步传达出企业的精神、特征与文化。

因此，由企业经营者的眼光和使命及成立企业动机开始，融合社会需求和环境需求、消费需求，并结合企业全体员工的观念与期许，方可凝聚成企业的"经营理念"。而在形成过程中，还必须配合主客观因素，才能制定出有效、有前瞻性的企业经营理念。

通过企业经营理念，对内在的全员施以教育训练、专业训练，并在制度、组织及活动方面，加以改变与调整，借此提升企业的全员向心力，才能建立连锁店的企业文化。

有了这股内在强而有力的文化，才有利于扩展连锁店的外在表现，如沟通、广告宣传、行销及公益等活动。

因为 CI 的内涵与精神，是由内而外的总体表现，如果缺乏内在明确的经营理念，那么行为意识就难以表现，也就更无法完整而一致性地塑造其持续的形象诉求了。

第三节　连锁企业形象战略的应用

任何行业或个人都需要借重 CI 加以表现,但是,毕竟企业的体制不同、管理的人也不同,而消费对象更不一样。以连锁企业而言,CI 的应用范围相当广泛,故而必须更用心、深入地去经营。因为连锁企业 CI 属直接性诉求,是直接面对消费者的,而且又有多点的设置,如果在整体 CI 的应用不足时,也相对容易引起消费者的连锁反应。

连锁企业的 CI 应用可大可小,这完全取决于企业经营者的眼光、魄力,以及全员的需要。

不论其范围的大小如何,连锁企业的 CI 应用,终究必须具备以下基本步骤。

一、整体理念意识的应用

连锁企业是由多数连锁店形成的通路,不论各店店长属直营或者加盟,理念意识的整合都是最重要的。有了理念意识,才能凝聚整体行为,并塑造整体形象,因此,连锁店的理念意识,应主动积极地传达给社会大众。而且最好能有具体的说明文字、图形,甚至是透过歌曲等,以求达到活跃连锁企业气氛的目的。

此外,也可透过征文、绘画及表演等活动的举办,使大众能轻松且自然地融入其中。

二、整体行为意识的应用

经营者必须具备园丁般的耐心、慈母般的爱心,才能将连锁店的理念,传达给直营或加盟的连锁店长,透过定期的教育训练是必要的,虽然效果有时会不如预期,因为毕竟每个人价值观不同,所以在方法之外,还得再加上耐心与评估才能奏效。

此外,任何地方都是教室,任何地方都是训练场所的观念也必须加以建立。在连锁店的卖场里,任何一位员工的笑容,行为举止、问候语及主动积极的态度,都很容易为消费者留下深刻的印象,所以很可能因为自己一时疏忽的行为表现,就造成对连锁企业形象的伤害。

三、整体活动意识的应用

除了要求全员的行为表现之外,在其背后的鼓励和安慰也必须同时进行。因为人是互动的,事情也是互动的,不能只一味地要求别人付出,更何况是持续性的文化塑造。

连锁企业的活动意识,应具备定期的联谊及成长机会等功能,如比赛、各连锁店或同业之间的访问观摩、经验分享,或通过消费者的评语,以及其他社团活动的配合等,都是很好的互动方式。

将其中表现好的给予鼓励,表现不佳的作为经验分享,从人性管理的角度出发,对连锁店的员工而言,也是一次很好的成长机会,以此建立企业凝聚的心,整体连锁企业的士气也会由此获得提升。

四、整体视觉意识的应用

一般而言,连锁企业店面的外观都是一致性的,如果规划不当或者是维护不良,反而易引起不良印象,因此平时的维护应予以强化。

在连锁企业的视觉意识里,应该是主动而积极地传达本店的特性,通过媒体、展销等方式,活化连锁店的视觉美学,包括海报的张贴、音乐的播放、陈列的布置及角落的美化等,都可算是视觉意识的应用范围。特别是硬件设备、色彩、造型方面,不能只为了要突出连锁店的特性,而忽略了产品的结合效果及商业需求。

第四节　连锁企业形象战略的实施技巧

一、明确的经营理念

很多企业之所以无法继续经营,其原因之一就在于经营理念的不明确。没有明确的理念,就没有强而有力的文化,缺乏强而有力的文化,就缺乏了企业的竞争力,更谈不上生存了。连锁企业也是如此,如果连锁企业缺乏具体又明确的经营理念,就无法进行有力的促销活动,也无从建立全员的共识与价值观。连锁企业内全员缺乏了共识与价值观,就难以提升全员的服务品质。尤其在未来的消费趋势中,连锁店的经营根本——服务品质,将成为一项重大的影响因素,由不得连锁企业疏忽或怠慢。

二、重视顾客的反应

顾客前来消费,自有其特定的需求目的,但是当顾客的需求无法获得满足时,抱怨就会出现,如果此时店内的服务员,能为顾客圆满解决其需求,那么就能建立起顾客对连锁企业的良好印象。反之,如果服务员未能妥善处理顾客抱怨时,那么顾客下次就不见得会光临了。

所以说,不论顾客的需求及反应如何,店内的服务人员都必须谨慎处理,并使之有更好的感觉,如此就已经成功一半了。在重视顾客反应的背后,连锁企业全员的学习、教育、训练等,都必须随时且长久性的进行,才能落实这个功能。

三、整体的广告宣传策略

由每个点的结合而成线,再由线组合而成面,就能有利于连锁企业整体视觉的印象积累。

连锁企业的广告宣传策略也是如此,不论透过何种媒体,最好能作统一的诉求,包括统一的重点及统一的布置呈现,才能引起消费者的持续注意,进而累积深刻的印象。不论对象是谁,都有其特定的应用媒体,哪怕是一张海报亦然,因此在设计及诉求上,都必须加以讲究。

同时,广告宣传策略也必须注意民族性,若能配合节庆与商品的结合,以利于促销与形象的累积,比较易于连贯与持续。

四、强化商品的结构与布置

不论连锁企业是应用所谓"三角窗"的地点哲学,或是"三好一公道"的商誉诉求,满足顾客是最为基本且是最高的原则。由此必须随时评估来店顾客的需求商品、数量及陈列方式。

消费者期望买到陈列优雅、整齐的商品,而不是紊乱的商品,纵使在前面已经有顾客购买且翻动过了,但对于后来的顾客,可能会有商品随意堆放的感觉,因此,服务员必须定期整理,使商品陈列整洁,令每一位顾客都受到相等的礼遇,才能把形象建立在每一位顾客的心目中。

五、"5S"的展开与推广

一般人常误认"5S"为一般工厂的管理手法,其实这是一种狭义的想法。事实上每个人或每家连锁店内,都可以运用"5S"的观念,并由此给人好的印象。

从整理、整顿、清洁、清扫到纪律,是"5S"的主要内容。

连锁店内的商品,应经过陈列架及柜台的整理,或是其他展示设备的清洁整顿,依人体工学、购买习惯动作等作整理、整顿,以提升顾客购买享受与品质。

要落实上述的感觉,就必须有赖于纪律的维持,而且不但是要求自己,也可以同时教育顾客,共同达到享受优良的购物环境;在连锁店的展望里,不能一味要求内部全员的付出,应有员工与顾客彼此成长的互动观念,彼此尊重,才能真正创造双方的共同利益基础。

六、对社会的回馈

连锁企业必须回馈社会,才能获得社会大众的认同。

而所谓的回馈,不尽然是在物质方面,也包括了精神及心理层面。因此,连锁企业展现应以整个社会、消费者利益为导向,投入一些相关性,凭借着连锁企业能力范围内的公益活动,以降低消费大众对连锁企业商业行为的利益印象,突出连锁企业对社会的贡献功能,才是 CI 体现的根本意义。而连锁企业的回馈也必须因人、因地、因时的不同,有不同的内容及方法,否则很可能使活动石沉大海,甚至形成反效果。

七、展现技巧

在连锁企业 CI 展现之前,流程是非常重要的。因为任何一种的 CI 展现,都必须有其实质性、具体性及魅力,因此就必须在流程上加以准备及发挥,所展现出来的形象才能达到精准与富有魅力,不致虚有其表、缺乏内涵。

连锁企业的 CI 展现流程应包括下列陈述。

1. 信息收集

不论是同业,还是周边相关业种的信息、消费者习惯、经济指标、趋势及国外相关信息等,都是必须涵盖的范围。再加上连锁企业本身的经营动机、使命和期许,都可以在日后作为参考。

2. 市场调查

根据收集的资讯,设计内、外部的问卷调查,并考虑消费阶层、对象、地区属性及相关生活习惯等因素,同时依数量、调查方法、人员等数据,客观地进行市场调查。

3. 确立经营理念

根据市场调查所得结果,再配合内部的 CI 策略,形成连锁企业经营理念的确立与表达,它必须是能够易懂、生活化且具亲和力的理念,切忌言不由衷。

4. 全员 CI 共识训练

所拟订的经营理念,必须先求得内部的共识,才有利于外在的展现,否则给人的感觉是缺乏活力与内涵的。

5. 成立 CI 委员会

达成全员共识之后,可进一步成立相关的 CI 委员会,方能更有利于全员的参与和推广。

6. CI 计划研拟

不论是连锁店自行导入 CI,还是委托外部进行,都必须依据所得资讯对 CI 导入作一完整的计划。

7. CI 委员会组织分工

CI 计划拟订之后,即可依据 CI 委员会委员的专长进行职能分工,每位委员能量才适用,发挥 CI 导入功能。

8. CI 展开

分工之后的委员们,必须在共同的计划下,依时效、阶段,各自展开 CI 导入行动,而这时期的协调、沟通及成本等都必须加以注意,否则易导致各自独立作业,到最后却难以整合的现象。

9. 追踪评估

CI 执行到某一阶段之后,必须加以追踪评估,以了解所投入的资金、人力、时间,是否合乎理想成效。

10. 后续推动计划

CI 执行、展现到一定阶段之后,必须再持续,将成效较好的项目,趁热打铁再使之扩散;而成效差者,可以检讨是否继续,或调整方法及内容后再予以进行。

连锁企业 CI 展现的原则是不变的,但在方法、技巧上则可以加以互动,保留整体手法的运用弹性。

第17章　连锁企业开店流程管理规范

第一节　店面开发管理基础

一、房产开发人员的组成与架构

筹设开发人员的主要目的在于提供有关不动产方面的专业服务,其中包括了中长期的环境预测和一些相关的文件资料研究,对不动产进行各种评估,包括财务分析、成本分析等,并汇总出市场调研报告,确实了解各种城市计划的使用及营业执照申请办法,以期能使新点的选择获得较佳的条件。

1. 商业区预估的作业标准

(1)对于商业区内某些特定区域的市场调查资料的收集。

(2)对于竞争者的评估。

(3)评估商业区的市场需求与供给。

(4)选出有潜力的地点。

(5)完成选点评估报表。

2. 市调研究及调查的评估标准

(1)收集商业区的人口普查资料及中介商、经营者、产权人、政府等的资料。

(2)进行商业区的观察,对营业项目相关的机关、团体、学校或其他零售店,做出数量及发展性评估报告。

(3)制作商业区分析图、交通流量及竞争者的资料。

(4)对预设地点的竞争冲击研究。

(5)于商业区图中,圈选出较具潜力的可设地点,并分别标号。

(6)取得商业区内的经济背景、发展资料或历史相关资料。

3. 不动产评估及评核标准

(1)收集具有可信度的市场价格,以便决定公平市价。

(2)取得工程建造及设备设施成本,以进行可行性调研。

(3)预估店面营业额及计算租金的承担能力。

4. 协商谈判的基本框架

(1)熟悉谈判的时机及要点。

(2)推展谈判策略。

(3)协商两方合约内容,进行签约程序。

5. 辅助内容

此外,有些辅助考虑的工作内容,也是开发人员必要的考虑因素,其中包括:

(1)实际了解商业区调查资料的内容及重点。

(2)确知通往预设点的主要交通干道及到达方式。

(3)研究未来三至五年的市场动态预测及计划。

(4)对招牌设置的规定及可设位置的了解。

(5)如何利用过多土地或节省投资的方法。

(6)寻找相关单位的支援及研讨可行性对策。

(7)观察同业所在商业区的生存状况及商业区环境。

(8)参考既有店面管理人员的营业经验。

(9)参加定期的开发会议及分享经验。

(10)邀请相关单位一同巡视新点,了解彼此观点。

(11)增加协调谈判的能力及提高谈判技巧。

二、市场形态的分类与背景

以国内市场而言,可设店面的方式主要有以下各项:

(1)独立式。这在都市中较为少见,但在郊区及小城镇最多,其特色为可放置较大型而醒目的招牌,且可设停车场和较具弹性的活动空间,但是必须具备独立吸引客源的能力。

(2)街道式。此类商店大部分位于商业区的街道上,有可能承租或承购整栋大楼,或某商业大楼的一、二楼层,也可以与其他相关行业共同承租店面分担使用,其特色为缺乏停车空间且顾客多半以骑车及逛街方式光临。

(3)百货公司。譬如较具规模的开放式购物中心,其缺点是无法设立明显的独立招牌,但可拥有较为固定的客源,节假日的人潮也较多,因此交易次数较高,营业额也会相对随之提升。

(4)大专院校。这类连锁店大部分均设于学校活动中心内,主要顾客主要也是学生及教职员工,营业时间和学校上课时间也相适应。

(5)商业街。形态上可能会与许多他种商店一起营业,如餐饮、精品店、服饰品等,店与店之间以间墙加以分隔,公交车停靠站较多,是下班及节假日人潮聚集的地点之一。

(6)休息站。为服务长途旅行的顾客,除了以游览方式为主的顾客群外,初步可认为以中、老年客层居多,且淡旺季分明。

(7)商业大楼。多半设立于其一楼的商业或服务业,吸引大楼本身及过往行人为主,必须配合大楼外观及与管理委员会协商,来规划店面,因属商业区域,故店面面宽尤为重要。

(8)医院。速度、品质、卫生等是医院内店面必须要具备的条件。因拥有固定客源,较不易产生同业竞争的情形,但需考虑产品配合顾客导向的需求问题。

(9)军区。由于军人无法常常擅离营区,生活上较为枯燥乏味,此类商店对设施的品质保养及水准定位较难控制,另外在产品的运送方面,也应列为考虑重点。

（10）火车站。交通运转中心会有固定的客源，但就像前述休息站一样，必须权衡店面面积较小、客源流量大、停留时间短等。

（11）公园及动物园。由于此地点属非常封闭式的商业区形态，驱车前往的占大多数，但是淡旺季区别很大，而且多半以儿童市场为主，强调家庭组合的产品较符合此一特定性诉求。

（12）博物纪念馆、游乐区、古迹区。犹如前项公园及动物园的情形。

（13）机场。由于客源量大，所以多采用招投标的方式取得经营权，且必须考虑产品与店家组合的市场影响程度。

（14）特殊地点。此项尚待开拓的市场形态包括加油站、购物区、多功能休闲综合区等，相信在未来的一两年里将陆续出现。

三、房产行销计划

开发人员可进行约三年期的行销计划，并对预定开设的潜力区域及发展地点，作详细的调研。企业本身必须对市场行销投入软件资金，以分析人力资源的架构、计算机系统组合、更新电脑软件等，评估作业及对业务量与利润做出较为合理的安排。

市场行销计划里必须明确每个预设地点的地址、联络人员、交易记录、建物形态、成本、预期租金涨幅比例，可签约及开店、交店时间，动工时间等项目，并逐年检测计划表中个案的进展情形，因为一年后的房产状态十分难掌握，所以这份计划表将有助于进行年度检测的参考。

店面开发方面的市场行销功能，大部分是建立在既有店面与未来可能发展形态上，对于店面设置的位置环境、业务来源、发展潜力、渗透能力等加以检测，以确定减少连锁店之间的冲击程度，然后才能投入开发工作。

第二节　市场评估策略与执行流程

一、市场评估的作业程序

市场评估可概略划分为以下八个步骤，这套作业逻辑将有助于房产开发人员，能以合理而有系统的方式，累积市场重要资讯，是思考模式中极重要的一环。

1. 开车绕行

准备完整的街区全图，并预留备份，若能有空拍摄图面更佳，携带如摄影机、相机、录音机、笔记本等工具，以开车绕行方式，在地图上采用一条街、一条街的方式观察及标注各种状况；口述录音所看到的街道形态、人流、店号名称。营业项目、外观、道路方向性、红绿灯位置、建筑种类、天然障碍（如桥梁、立交桥或河流等）及附近住家情形。在此还必须熟记的四大原则为：用眼睛观察；用录音机记录陈述内容；反复细听录音内容；在道路图上标注属性资料。

2. 收集各项资料

在开车绕行商业区区域的同时，最好能先行取得统计资料，如已出版资料对该区域市场动态的报道，包括所在地的对外交通、人口数、零售业家数、住户人口、银行数、车辆数、主要商业行为、平均消费额、气候、报纸发行量、电视的占有率等，然后为各协会及都市计划单位的统计资料。此外，了解既有店面对此区的市场占有率、销售比率、对企业商品的接受程度及同行的占有率等数据，都将提供给决策者更有力的资料背景。

3. 产权资料

这项资料可以有助于我们了解顾客群所产生的业务容量有多大，并可进而建立客层的消费水准及额度。

4. 区域访谈对象

应包括既有店面的营业人员、学校、派出所、水电煤气公司、百货及超市、都市计划单位、相关协会等，帮助我们充分了解各种资料的准确性及各方面的反应程度，也同时增加自己本身对区域的洞察能力，这种以聊天方式来进行的访谈模式，必须在专业档案里翔实记录其对象、时间及内容，是很好的样本调查资料。譬如询问学校单位目前的入学人数、学校上下课时段、供餐状况、学生住宿情况，以及每年的学生人数等，而对交通警察单位，则可询问最近交通流量，对政府计划了解程度、车行方向等看法。

5. 对既有店面状况加以确认

是为了了解在该商业区或邻近区域的既有店面获利情形、合约到期期限，以及重新整修前后的营业差异度等，由此获得建设性的意见，并作为是否应立即再设新点的考虑。

6. 可能据点的开发计划

无论是否已经拥有可设地点的交易资料，还是可先行圈选出适宜开店的最佳位置，分出一、二、三级的选用程度，一旦已决定要在该商业区内设点，则必须考虑地点的能见度、外露面、通路及顾客容量，对于建筑物本身如结构、采光、颜色、造型、材质等，也需一并考量，当然这就是为什么三角窗或道路交叉口最具设店价值的原因，因为四方所汇聚而来的机会较大，加上路口红绿灯变换时，驾驶人在等候的同时将优先看到路口的店面而可能前往消费，因此具有多项有利的要件。

7. 人口与交通资料

除了找出人口统计资料外，最重要的还有人口密度及聚集区，尤其是区域越小、人口越密的地方，这才是发展连锁店面的绝佳区域，也才能确实发挥连锁的功能。

8. 营业额与投资成本预测

在进行第二次游览后，即可开始预估营业额，除了利用房产资料及顾客轮廓，来模拟营业额大小之外，也必须对建筑物本身所能提供的实际产能，做一检测与平衡。一般来说，假如附近已有大型的人口产生实体（如大型办公大楼），那么基本上就能猜测八成左右的预估准确值，了解消费的平均额度，并采用类似地点、类似店面形态的市场比较法，也将有助于营业额的预测，经验的累积是能够预测准确的法门。

最后经由简报会议，会同企划、财务、营业、工程等相关单位与管理部门，共同判断投入该据点的可行性。其次，时间的掌握是签约的要点，但如果不是十分合宜的开店地点不宜贸然决定，应再多些时日考虑与观察。

二、新店开发注意事项

无论资料的来源是从外界电话询问、中介业者还是开发人员本身的个别探查,我们必须建立如下的相关资料,作为佐证依据:

(1)详细的区域道路及店面位置图。

(2)与土地所有者谈话的内容重点。

(3)都市计划资料及该地区现况报道。

(4)公平市价的定位。

(5)最近的土地所有权状复印本、税单和水电资料。

(6)关于土地产权人背景的资料。

(7)过去相同地点的存查资料调阅或原使用者情形。

(8)土地兴建物的相关法令依据。

运用中介商是拓展新店的好方法,合理的中介费用及训练,有助于节省总管理处的人事及时间,保持良好的中介关系才有先机可寻。当房主以中介方式交付予中介业者处理其建筑物的第二租售机会时,可在中介的掌控下顺利取得目标物,当然也必须对中介所陈述的物件价值,做较详尽的检测,才能稳操胜券,但是切莫透露租金的计算标准及营业额的预测值,以免让中介商乘机抬高租金,而影响协商谈判。

三、市场价值与比价资料鉴定

市场是由买方而非卖方所控制的,尽管卖方处于垄断性立场,但市场最后还是由买方来决定物件当时的价值。对买方而言,能影响出价高低的因素包括:是否有相当的替代产品、该产品的竞争性、对市场的了解、是否对产品本身有特别的诉求与足够的购买力,甚至连讨价能力都是相当重要的。

企业的成长,像连锁店的扩充及市场占有率,开发单位都是时时肩负着第一线的压力,虽然多少也造成调研与评估过程的艰辛,但却丝毫大意不得。透过合约来取得法律上的保障,同时也必须确保以合理的价钱买下,虽然多半中介业者是从卖方那里取得其应有利益,即根据合约直接从卖方赚取佣金,但却又必须让我们觉得对方是可以信赖的,因此开发人员必须对市场具备专业性的了解,才不会失去判断的立场,也才能好好地掌握心目中的理想据点。

第三节　店面开发策略与协商技巧

一、制定严谨的连锁店面开发政策

开发连锁店须有严谨的开发政策,以下是这些政策中的主要方面:

(1)合约执行时,必须先取得各项执照。

(2)除非在类似的百货公司里设点,否则较不宜采取提成方式计算租金。

(3)合约中不支付任何佣金。

(4)明确各项房产赔偿的权利。

(5)使用者有权决定房产的使用方法。

(6)合约中允许签约者转让。

(7)协商优先承租续约权。

(8)分期上涨的租金幅度宜于合约期限内决定。

(9)押金的给付时间及可进入建筑物的有效时间。

(10)如采用预付租金方式,则需同时有折扣条件。

(11)尽量避免订金交易方式,以免变生枝节。

二、协商谈判的技巧

谈判是一种高深的艺术,任何谈判都必须掌握以下三项要素:

(1)资料——身为谈判者,应充分了解对方及自身的长处。

(2)时间——必须考虑对方与自身的时间压力是否一致。

(3)权限——谈判双方人员的职权范围,究竟能达到的上限如何。

成为一个成功的谈判专家,资料的融通了解是相当重要的。我们必须先分析谈判的敌我局势,评估对手的能力与作风,以及对方所想达成的条件内容,以此拟订谈判策略,并对此模拟演练,以便掌握手中筹码,同时也必须对我方的退让限度加以确认。谈判会议必须有专责人员作会议记录,以下是会议中的注意事项:

(1)事先准备一切所需要的文件,例如合约书。

(2)彼此介绍其职权及协同签名对象。

(3)了解该地区的公平市价及预估可供谈判的合理价位。

(4)充分了解对方的意图及交易方式。

(5)必须控制愉悦的谈判气氛。

(6)用我方的模式制作合约书。

(7)不要将私人情绪导入会议。

(8)保密我方的开店时限。

(9)以自信保持企业的专业形象与作风。

(10)设法不要让对方的律师涉入合约的谈判。

(11)详细阐明合约中的用字用语,避免混淆。

(12)在不可侵犯的权利方面,必须坚持到底。

(13)合约签订后,详加检测装潢工程进度及时效。

三、建立完整的开发评估报告

一个成功的个案有赖于完整而组织健全的评估工作程序,以及周详记录各个环节所

应注意的要点,无论是管理部门或相关发展单位,也可以据此考虑开设地点的可能性,因此评估报告内容应包括:

1. 房产合约

合约书必须经由买卖双方或出租、承租者彼此签字,并认定其所述内文,一般建议至少需备 4 份正本,以便甲乙双方各执 2 份存查。

2. 工程评估及大量现场

除了绘制一张新方案的计划图之外,对于当地的特性、建筑物外观、合法性、适用性、能源供应情形、预定投资成本架构及对方所开立的条件等,均应详细列出。这份调研资料,除了有助于新方案规划参考外,也得以作为日后重新装修或重新投资时的依据。

3. 取得相关执照

例如营业执照的取得及合法性问题。

4. 过户或移转证

假如有过户或转让的记录,我方必须事先取得最后一份转让记录,以兹证明协谈对方确实为持有人,在权利义务方面,必须详细查看是否载入优先承租承购权的规定。

5. 税单

找出最后一期房屋税及地价税单,将有助于了解房产的价值,并可作为未来税额核定及交易谈判的参考。

6. 权益平衡分析

根据商业区调研及租金试算而界定出合理的投资成本,并进而决定出营业额的预设标准及逐年成长目标,以便保障赢利的稳定,损益平衡点的掌控也是关乎该点是否合理承租的必要条件。

7. 全景照片

取得实际现况照片,了解商业区的现况,以及各主要人口产生区情形或相关位置。而全景照片则有助于记录如街区的成熟度、地点的易见度、交通流量及未来都市计划的目标设施等。

8. 计算机档案的建立

建立好的档案系统——计算机化作业,将是知己知彼、百战百胜的利器,可以避免被中介商、房地产公司混淆事实的客观性及自主性,并有助于在协商谈判中,公平市价的标准制定,并且对于未来再取得该点的可行性,有追踪的机会。

另外,对于既有店面的评估或再投资考虑,必须先做成"店面诊断"方可进行。根据所有的营运数据及历年成长率,做出分析表。实际深入店面,进行至少三次的软硬件诊断,包括房产价值、设施折旧、店面产能、商业区变迁及流动,等等,以便分析程序,此为时下连锁店重新开发店面的必备要件,而且诊断的时间最好能在合约期前一年实施,以便有重新寻点及再续约的准备。

第四节　连锁企业开店流程

一、展店布点战略

展店布点战略是开店策略的执行方针,年度开店数、再开店范围界定、设店条件制定、商业区选择、立地选择及零售网联结五方面,都是重要的战术定位。有了以下的战略及战术,才能进一步规划实际的执行步骤。

1. 年度开店数

根据公司的各项资源及市场的需求分析,可以订立出一个年度展店目标,如本年度展店 10 家。有些展店数只是一个宣言(或宣传),实际展店数必须扣除关闭店面的数量。年度开店数是一个目标,由年度开店数的多寡可以看出本企业开店策略是保守或是开放。

2. 范围选择战术

开店范围的选择有两大类,一类是全面性的选择;另一类是部分性的选择。全面性的选择就是所谓的全市场概念,随着顾客群的发展而扩展。部分性的选择又分为三类,第一类是选择城市繁华区;第二类是选择都会乡镇间的交通线附近(也就是交界区);第三类是选择乡镇结合部。

3. 开店条件及需求的制定

连锁店铺的发展,对所开店铺的面积、交通、招牌、内外卖场设计、装潢设计要有一定的标准规格,不同的店铺规格会影响到展店各项策略的选择。有的公司具有 3 ~ 5 种不同面积的店铺设计;也有的公司仅有基础标准设计,完全依照取得店面的大小来做弹性设计。除了面积外,各类店铺内部设施及条件称为需求,如楼层、店宽、水电的需求等。

4. 商业区选择战术

依店铺、商品、服务内容、客层来寻找有特定功能或属性的商业区。如美容沙龙应选在商住混合区,位于次干道或交通方便、立地指标明显、停车方便的地区,消费者容易到达,并锁定上班族、中年妇女为首要的目标。

5. 立地布点战术

当找到理想的开店场所,并确定设立店铺,就称这个场所是这个店的店铺立地。哪些立地条件最适合开店,哪种开店布点的顺序最适合公司的经营形态呢?

开店布点顺序指各项立地条件的优先顺序。主要有三种顺序:全面布点、中心放射及包围布点。全面布点多半在强攻据点或各类立地条件差异不大时使用;中心放射是以一个特定区域为范围,成中心点后再分别扩展至边区,进驻城市繁华地段就是代表方式;包围型布点的典型做法就是"以乡镇包围都市"。

立地条件指店铺所在地的周围环境条件,如交通状况、公共设施、停车空间、商店集结、办公室、住宅密集等。店铺的最佳立地条件必须确立。

唯一的例外是"政策性布点","政策性布点"一般不考虑盈亏。所谓政策性布点指具宣传或形象塑造的店铺,如在具宣传效果的地点开店,虽然持平或略为亏损也会考虑经营。另外,所谓"卡位"开拓,是指避免其他同业进驻的好地点,虽然有商业区重叠的缺陷,但是以商品结构区别特色,再加上垄断商的效益考虑的布点。

6. 零售网联结战术

有仅经营单一店铺通路的策略,如仅做直营店或只做百货专柜,也有综合开发的实例,如专柜、门市、加盟店并重。

对于多连锁店或连锁经营的业者,特别是同时具备多种店铺经营通路的公司,除了单一店铺的考虑外,更要考虑到整体销售网相互支援呼应的效果,所以对同商业区中客源重叠的店铺,或政策性布点都要有一定的规律,以免失去连锁的优势及产生布点不均的现象。

传统的连锁企业,初期只要能找到店面就开张,似乎都没问题。可是随着门市店铺数量增加到某一定数额时,却会衍生许多的问题,如物流配送无法有效的运用、店铺商业区重叠、彼此拉扯客源等。优良的零售网联结战术有宣传效果增强、形成网络及 Image 建立(提高曝光率)的效果。

设定经营圈的大小是第一步,然后必须制定发展范围的顺序。先设立门市,再发展加盟店或进驻百货公司或购物中心。

二、执行要点

1. 店铺设立

当找到一个合适的店铺地点,并经过评估认可后。有一连串的设店事务必须一一完成。

(1)租约签订

租金与租期的确定、与房东签订租约及与房东或大厦管理委员会的各类协调及约定事项。

(2)商场规划设计

依照店铺的大小进行卖场及店铺设计,包括招牌、交通、橱窗、灯光等各类设计。

(3)营运计划

包括人员招募及培训、商品计划、营业额粗估、开张规划等。

(4)投资计划与损益分析

根据基本的财务数据,计算出损益平衡点,并根据各项成本及预估营业额计算出最佳的投资形态(人员数、设备种类等),计算出 3～5 年的投资回报率。

(5)法律税务事项

执照、发票的申请,消防法规的项目,其他设备的安全性及合法性等事务。

(6)施工验收

厂商依设计完工后的验收。

2. 新店开张

当所有的设立项目都完备后,就是开张的各项工作及活动准备完成,一定要等到开幕后,一家店铺的开店流程才算结束,进入正式营运。

(1)开张广告

一般以媒体广告(包括报纸、收音机、宣传车)、传单发放、开张活动(赠品或折扣)等为代表活动,如果顾客以周围商业区及办公室为主,也有以商家或公司拜访的方式为主要活动。

（2）店铺内演出

横幅、POP、橱窗、商品的规划及演出，甚至于有动态活动及剪彩等的配合。

三、商业区立地调查评估表

1. 填表依据标准

（1）商业区特性

◎住宅区：指附近大都为住宅，如社区型。

◎居住商业区：指附近以住宅区为主，部分为商业区。

◎居住办公区：指附近以住宅区为主，部分为办公区。

◎商业区：指附近大多为商店街，其他则零星分布。

◎商住区：指附近以商业区为主，部分为住宅区。

◎商办区：指附近以商业区为主，部分为办公区。

◎办公区：指附近大都为办公室，其他则零星分布。

◎办公居住区：指附近以办公区为主，部分为住宅区。

◎办公商业区：指附近以办公区为主，部分为商业区。

（2）消费水准

◎高级：指附近大楼采用电梯，餐饮消费高，精品名店多。

◎中级：指附近大楼大多采用电梯式，餐饮消费中等，新旧商店杂陈。

◎大众化：指附近大楼大多为楼梯式，传统商店多，餐饮消费便宜。

（3）车辆进出停留

◎容易：指附近有停车场（位）。

◎普通：指门前可临时停车。

◎困难：指车辆完全无法停靠。

（4）人员进出

◎容易：指门前道路 2 线以下，店面宽度 6m 以上。

◎普通：指门前道路 3～4 线以下，店面宽度 4～6m。

◎困难：指门道路 4 线以上，店面宽度 4m 以下。

（5）上下班路线

上班路线是指由住宅区到公司上班、工作场所经过的路线，下班路线则指由工作场所返回住处所经过的路线。

（6）招牌明显度（指与商店同一方向）

◎佳：50m 外即可看到招牌。

◎普通：30m 左右才可看到招牌。

◎差：10m 才可看到招牌。

2. 商业区调查范围设定

（1）实际距离

以预定地半径 2 000m 以内为假设商业区。

（2）时间距离

步行在 10 分钟以内,骑车或开车在 15 分钟时程以内的范围为假设商业区。

（3）剔除范围

在上述假设商业区内,若有铁轨、桥梁,20m 以上大马路或有安全岛马路等阻隔另一端,则属剔除调查范围。

四、消费者调查计划

1. 调查目的

（1）了解预定商业区内消费者目前的需求构成。

（2）目标市场消费需求发掘。

（3）消费潜力预估。

2. 调查对象

预定地 1 000m 半径内办公人员、住户及过路行人,共计 1 000 份有效样本。

3. 调查时间

工作日及节日的早、午、晚。

4. 抽样方法

（1）在预定地 1 000m 半径内的办公大楼、机关、住户,依路段分隔的区域住户比例配额抽样 500 份有效样本。

（2）在预定地 1 000m 半径内的主要道路或行经已开立的本类商场,抽样 500 份有效样本。

（3）样本分配,工作日、节日各一半,早、午、晚再均分。

5. 调查方法

人员面访方式。

五、流量调查计划

1. 调查目的

（1）了解预定地交通道路人流、车潮流量与分布时段。

（2）作为推算入店率的依据。

2. 调查对象

（1）人流量

通过预定地店门口的人流（如果道路宽度在 12m 以下,无安全岛阻隔,且车不快,对街行人易于穿越者,可并入计算）。

（2）车流量

通过预定地店门口车流,要区分大型车、摩托车、小汽车。

3. 调查时间

（1）工作日、节日各一次。

（2）早上 9 点至晚上 9 点。

4. 调查方法

人员观察记录。

六、竞争店调查计划

1. 调查目的

（1）了解预定地 1 000m 半径内商业区,现有其他相关行业零售业分布状况及特色。

（2）竞争力分析（包括主力商品、服务产品及价格等）。

2. 调查对象

其他相关行业及相关产品的零售情况。

3. 调查时间

工作日或节日之高峰时段。

4. 调查方式

人员观察、记录方式。

5. 调查表格见表 17 - 1、表 17 - 2

表 17 - 1　立地评估表

编　号：　　　年　月　日		评估人：　　　复核人：			
店　址：		产权人：　　　　电　话：			
项目	店　面(15分)		租金(15分)		人流 住户(20分)	
一	净面积比例	□ 4 分 81% 以上 □ 3 分 71% ~ 80% □ 2 分 61% ~ 70% □ 1 分 60% 以下 （净面积/虚面积）	隔邻租金比例	□ 4 分 100% □ 3 分 100% 以上 □ 2 分 110% 以上 □ 1 分 120% 以上 （租金/隔邻租金） （元/平方米）	人流	□ 10 分长期有人流 □ 6 分偶尔有人流 □ 2 分人流少
二	卖场比例	□ 4 分 81% 以上 □ 3 分 71% ~ 80% □ 2 分 61% ~ 70% □ 1 分 60% 以下 （实场面积/净平方米）	付款方式	□ 4 分 月付 □ 3 分 季付 □ 2 分 半年付 □ 1 分 年付	住户	□ 10 分半径 100m 3 000 户以上 □ 6 分半径 1 000m 2 000 户以上 □ 2 分半径 1 000m 2 000 户以下
三	卖场形状	□ 3 分 方正或横 □ 2 分 狭形 □ 1 分 不规则	押金	□ 3 分 两个月以内(含) □ 2 分 三个月 □ 1 分 四个月以上		
四	商店门面	□ 4 分 7m 以上 □ 3 分 6m □ 2 分 4 ~ 5m □ 1 分 3.6m 以下	调整幅度	□ 4 分 三年内不调整 □ 3 分 第二年起调 5% 以下 □ 2 分 第二年起调 6% ~ 8% □ 1 分 第二年起调 9% ~ 12%		
小计						

表 17 - 2　立地调查表

项次	项　目	10分	8分	6分	4分	2分	评定基分	50分
1	近便性	人车俱方便	人车尚方便	仅行人方便	仅车辆方便	人车俱不便		
2	发展性	发展迅速	发展稳定	具潜力	持平	衰退		
3	商业区性质	住商办	住办	住商	纯住	住户不密集		
4	商业区水准	高级	中上	中下	下	极低		
5	商店集结	很多具知名度	多但不具知名度	少且为传统店				
	合　计							
	总　分：							

注:81分以上,承租;71~80分,再评估;70分以下,不予考虑。

第五节　连锁企业扩展策略管理

在日趋激烈的市场竞争中,零售企业要想仅靠一家店就取得经营的成功越来越难,许多企业已认识到发展多家店铺的重要性。20世纪90年代在我国发展起来的连锁企业正是适应了时代发展的要求,具有强大的生命力,对现代社会消费习惯和生活方式产生了深刻的影响。而连锁企业之所以能够迅速发展,就在于其强大的繁殖力。它通过分店的快速复制,从无到有,由点到线,并汇集成面,由原有的单店扩展到多店并辐射至国内外各地。由此可见,分店开发是连锁店经营中发展战略的核心部分。

一、分店开发的原则

通过对国外著名连锁企业的考察,可以看到多种分店开发方式:凯玛特的分店一般相对独立,周围没有什么辅助商店;西尔斯则主要在大型购物中心内租赁店铺;而有的专卖店连锁企业由于分店本身没有能力吸引足够的客流,就将店址设在购物商城中或繁华的商业街上。若仅从表面上看,连锁企业的分店开发令人眼花缭乱,但究其实质,就会发现其中有一定的原则可以遵循:

1. 方便顾客购买

无论哪种类型的连锁企业,或哪一行业的连锁企业,贴近顾客都是基本要求。连锁企业可以通过分店开发来扩大经营网点,从而增加企业与顾客联系的窗口,以更好地满足消费者需要。接近顾客就是赢家,要实现该目的,企业分店开发中必须满足方便顾客消费的原则。这主要体现在两个方面:一方面是所开分店应能最大限度地节省顾客的购物时间。例如,快餐店开在购物中心、车站、码头、公园内、办公区旁边、闹市口旁边等地,显然是为顾客、游客、办公人员提供就餐方便。又如,以普通居民为目标的连锁店最好设在居民小区里,同时还要考虑居民工作的需要,适当调查营业时间,以方便居民上下班前后购买。这里的关键是要求连锁企业在分店开发时能争取直接面对自己的目标顾客。另一方面分店开发还应充分把握顾客的购物心理。

2. 有利于配送中心供货

一般连锁企业在经营中设置配送中心,统一采购,集中供货。这样可以获取批量折扣,降低采购成本,能合理规划运输路线,降低运输成本,从而达到获取规模效益的目的。因此企业在开发分店时,必须充分考虑分店与配送中心之间的相互关系。这里首先要考虑配送中心是否有能力为分店供货。配送中心一方面要保证周围各家分店的货源供应;另一方面还要在各分店间调剂商品余缺,任务十分繁重。每开一家分店都要增加配送中心的工作量。因此应考虑以配送中心的供货能力范围为半径,作一圆圈,所开分店应均匀散布于圆圈之内。还要考虑配送中心向分店供货的运输路线是否合理。例如,分布在运输干线上的分店显然优于非干线沿线的分店。这不仅可以节约运输成本,还可以保证缺货商品的及时供应,甚至给相邻分店间余缺商品的调剂都带来方便。

3. 适应长期规划

连锁企业的分店开发必须具有长期规划性。因为连锁企业要不断地发展壮大,扩大市场占有率,必然需要不断在新区域开拓新网点。如果新开分店布局杂乱无章,无统一规则,将不利于企业长期发展,甚至削弱企业竞争力。例如,同一连锁企业的成员在区域内不宜相距太近,否则易引起分店之间的商圈重叠。如果下属各分店在同一地区内分布过于紧密,分店之间就会形成竞争,最终会对整个连锁企业的发展产生不利影响。因此,为确保本身的利益,应在连锁店发展规划中附加"不得在方圆 X 公里以内开设第二家分店"的条文。但对非同一连锁企业的商店,尽管在新区域内已有同行业企业开设分店,同样也可以在该地区选择开店,开展竞争。只要自己经营有特色,同样能占领市场。

4. 配合业态类型

不同经营业态的连锁企业在开发分店时,各有不同的要求。连锁经营企业应该结合自己的业态类型特点谨慎开店。例如,快餐店就需要设在流动人口密集的地方;洗染店就需设在固定人口密集的地方;等等。再如出售大众日用品和副食品的超市连锁就不宜设在闹市地区,而应设在缺少商业网点的新村居民区内。另外,连锁分店在保证连锁专业化、统一化的前提下,应结合本身业态类型、区域特色有所变通。如上海联华超市的"联华超市就在您身边",将其目标顾客定位于市区工薪阶层,以日用消费品为主要经营特色。但它并没有机械地选择工人新村,而是考虑到了日用消费品的层次。位于商品房聚集地田林新村的田林分店,与田林宾馆对面而设,并适当开发较高层次的消费品,如精装饼干、礼品饮料等适应当地的高收入阶层。而在居民区新曲阳新村,则以尽可能多品种、规格的日用消费品来吸引周围居民一次购齐消费。同样的超市连锁,由于不同的特色,均做了大生意。

二、分店开发的一般性战略

连锁企业为实现企业长期发展的目标,必须在对内外环境分析的基础上对连锁企业发展的关键——分店开发进行较长期的基本设计,这就是分店开发战略。它是连锁企业为谋求长期发展而进行的统筹规划。

分店开发一般有两种基本战略:一是地区头号大店战略,即在一个商业地段开设该地区最大的店铺,实现小商圈高市场占有率;二是集中成片开发战略,即在一个区域密集开店,在该地区形成绝对优势,由面上展开。

前一种战略,往往为较大规模的店铺所采用。通常设在一个商业中心或购物中心,当作该中心的核心店铺定位。大型百货、综合超市、家居中心等规模较大的业态多采取这种战略。此类业态需要较大商圈范围,具有不宜在一地密集开设店铺的特点。

店铺规模较小的业态,如果经营的是大众日常生活用品,适合于采用第二种战略。因为集中成片开发,企业可以形成在该地区的绝对优势,提高配送效率。如果在大范围内像撒芝麻一样均匀开店,单独店铺力量有限,容易被竞争对手挤垮,物流配送、信息传递、管理上都会带来一系列困难。大店可以自成气候,小店只能依靠群体的力量。有时也可以两种战略综合起来使用。

低成本也是连锁企业开发新店时经常采用的策略。连锁店之所以能够兴起,必然有其优越之处,能够实现低成本就是其一。这里的低成本是指在分店开发中努力紧缩开支降低营业成本。

三、分店开发的两大要素及业务流程

不断开发出具有全新个性的分店,是连锁经营企业实现长期发展的关键。每年都有大量的新店铺开张,但是也有相当多不必要的店铺关门,这大多要归咎于新店开发时的不谨慎。由此可见分店开发是一项很复杂的工作。分店开发业务至少应该包括两个主要方面:一是选址开发业务;二是店铺开发业务。

有关选址开发业务,就是从分店店址选定到制定开店计划这一过程。详细来说,就是根据企业的分店开发方针,对具体的分店开发选址候补地做选定、调查、分析等工作,并在确定好店址的基础上做好开发计划,还要准备好相关的物料设施。选址开发业务主要以店址选择为中心,其业务流程是:

分店开发方针—位置选定—商圈调查—开店计划—物料保证。

有关店铺开发业务,就是根据上述分店开发计划以及物料等情况做出具体的计划(包括店内布局、内外装修、收费设施、设备等),向工商行政部门申报设立,然后进行分店的基本建设施工,直到最后独具个性的分店建成开张。店铺开发业务侧重于店址选定后报批、施工等具体工作,其流程是:

开店计划—店铺设计—申请报批—施工—开业。

连锁企业的分店开发包括很多烦琐、细致的工作,但基本上可归结为上述两个方面的业务,并且这两个方面在业务流程上相互连接。

四、分店开发方针

连锁企业分店的选址开发要从制定分店开发方针做起,这是整个分店开发工作的第

一步。所谓分店开发方针就是为实现企业发展的长期目标,以企业整体经营计划为基础,对分店开发业务制定的行动准则。制定出分店开发方针后,开发分店诸活动都必须受其指导。

分店开发方针的制定因所在行业、业态、规模以及经营方针等的不同而有所区别。例如,超市连锁企业的分店展开形态就可采用单店出击、复合开店或超市连锁化开店,不管拟开设分店定位于都市中心、郊外住宅区,还是住宅小区,分店开发方针都应该包括商圈、业态及规模、营业对策、标准化、选址、竞争店对策、投资及开发方式等多项内容。当然企业也不能光为了开分店而开分店,打江山后还必须保江山。为确保在一定商圈内的企业基础,在持续设立适当规模分店的同时,积极推进现有分店的灵活经营,也应是分店开发方针有益的补充。

<table>
<tr><td>第
18
章</td><td></td></tr>
</table>

连锁企业价格定位管理规范

第一节　连锁企业定价管理基础

一、连锁企业定价管理概述

企业生存的根本在于其所提供的商品或劳务,而顾客乐于支付的代价,便是该商品或劳务的售价。在企业的各种经营活动之中,仅有价格能直接创造利润,其他的任何努力都是成本或费用的发生。

定价政策在任何企业都是最重要且又最敏感的课题,虽然它所呈现出来的仅是一些数字符号的代表,但每一个数字的背后却意味着错综复杂的决策意义,定价成功代表了下列几层意义:

(1)顾客认知他(她)所获得的价值大于其所支付的售价。

(2)商品的价格范围符合目标客户群需求。

(3)价格水准与商店的定位、格调一致。

(4)具有竞争弹性。

(5)带来收入与利润。

(6)代表新的业态经营方式。

零售业的商品来自制造商或批发商,大多无须加工即可贩卖,故其进价成本极易被得知,假若在定价时仅考虑成本因素,那定价就不是什么高深的学问或克敌制胜的利器了。

二、总部与分店在定价中的角色分配

每一家连锁分店就像是驻扎在外地的战斗军队一样,它既得遵循中央指示,依策略指导作战行动,又要拥有某些程度的自主权(对那些连锁加盟店而言,更是强烈要求)。因此,连锁店的价格策略执行与管理尤其困难。

售价的形成可分为三个阶段,第一阶段是设定价格目标;第二阶段是维持价格水准;第三阶段是调整售价。这三个阶段并无时间期限,在实际运作中,总部与连锁店扮演着密不可分的角色。

首先,在设定价格目标时,先前曾提及,定价时不但要考虑成本面,还要考虑竞争面。

零售业是立地产业,各连锁分店的商业区特性均不完全相同,其各自面临的竞争对手也不相同,故总部价格决策单位,有必要从各店收集价格资讯,作为定价的重要判断

因素。

其次,在维持价格水准时,总部一方面要考虑到"公平法"的限制,不得强制各连锁店统一售价。但又不能任由各店自行定价,以免扰乱市场行情,否则不但可能损失销售利润,还会招致顾客的不满,故有必要依据区域特性或区隔目标市场,订出几种价格模型。

最后,在价格调整时,总部的授权非常重要,授权太大,固然有弹性较大相对灵活的优点,但也会相对地造成市场价格的紊乱,造成总部无法控制的局面;授权太小,虽然易于控管,但前线作战单位往往将之推卸为业绩不振的因素,且此举可能导致总部实战应变能力的削弱。

因此,在价格的形式过程中,总部与各连锁分店间要不断维持"适当的授权""充足的情报收集""时效掌握"等良性又迅速的互动。

三、商品的分类与构成分析

在探讨价格政策之前,还有一项课题须先行说明。零售业的特点是商品繁杂,小至数百种,多至几十万种,又各有其不同特性及角色扮演。若将每一项商品皆评估考虑之后再予定价,往往不切实际且缺乏效率,故较有效的做法,是予以分门别类,由不同部门管理。同一类别的商品,其特性较一致,定价原则也相近,对于商店经营者而言,也易于管理并掌握业绩、利润。经营者要运用重点管理的原则,仅对重要性或异常性较大的部门,进行分析探讨其个别品项。

商品如何分类,是商店经营者非常重视的课题,分类得当,则易于销售管理控制,故分类时,应多方面慎重考虑。一般而言,分类时要同时考虑经营者及顾客双方的立场。

站在业者立场,其分类应能达到"易于陈列、展示、推广、销售""易于管理""易于统计、分析、决策"等;站在顾客立场,其分类应能提供"选择购买的方便""消费或使用的方便"等,故分类的原则可从商品来源、生产方式、处理方式、保存方式、使用方式、用途、功能、规格、成分、口味、价格带等着手。

当商品分类完成后,便可由预定的销售目标或实际业绩,分析各分类的销售构成比,再依每一类别商品的特性,拟订其价格政策,以预估毛利率水准,如此可将毛利率调整至合理满意的程度,再执行个别商品的定价。有关此方面的运作,将在后文中探讨。

第二节　连锁企业定价决策程序

一、选择定价目标

连锁业通过定价可达成的目标有:
(1)维持生存——即售价可负担可变成本及部分的固定费用。
(2)求取当期利润最大——即求取最多的毛利(可能低价也可能高价)。
(3)求取当期收入最大——即采低价薄利多销。

（4）求取最大利润率——即采高价策略。

（5）求得高品质的声誉。

这些目标可配合连锁店的定位、商品分类特性、地区差异等，灵活搭配运用。

二、确定需求

零售业无法像制造业一样事先预估购买者需求函数，但是了解"需求"对价格的影响又必不可少，基本上必须要了解以下各项：

1. 需求与供给的关系

若需求大于供给，这是卖方市场，零售业者在定价时可采取较高姿态，但要注意此一状态究竟是临时性还是持续性，若是临时性，切勿予人以趁火打劫的形象；若需求小于供给，则是买方市场，零售店在定价时要采取较低姿态。

2. 需求弹性

需求弹性大，则代表商品需求变动受价格影响大，顾客的价格敏感度高；需求弹性小，则代表商品需求受价格影响小，顾客对价格敏感度低。以下是几种影响需求弹性大小的原因：

（1）替代品了解度效果（Substitute Awareness Effect）。买者对替代品所知越少，对价格越不敏感。

（2）比较困难效果（Difficult - Comparison Effect）。买者对替代品的品质越不易比较，对价格越不敏感。

（3）总支出效果（Total - Expenditure Effect）。当支出和所得为一比率时，支出人越低，买者对价格越不敏感。

（4）价格与品质效果（Price - Quality Effect）。若商品具有较佳的品质、声望或排他性，买者对价格较不敏感。

（5）存货效果（Inventory Effect）。若商品无法保存，买者对价格较不敏感。

三、计算成本

零售业的商品成本主要来自采购进价，所以其成本估算较制造业来得容易，但仍须考虑下列因素：

（1）进价成本变动的计算，一般采用加权平均法以舒缓成本波动的幅度。

（2）是否有现金折扣。

（3）是否有数量折扣。

（4）正常损耗的比率如何。

（5）是否会有过时、过期的坏品。

（6）是否会失重（某些食品以重量为销售单位）。

四、分析竞争者的价格

在自由经济的工商社会中,消费者可充分掌握市场商品资讯,尤其对于价格敏感性高的消费者而言,更是可以多方比较,再予以取舍,故零售业者在决定售价或调整售价时,不得不考虑竞争对手现状或其可能的反应。在分析竞争的价格时,要注意下列因素:

(1)竞争的意识与观念,不仅仅限于同业。消费者由于时间有限、金钱支出有限,往往造成异业间有竞争替代的情况。

(2)同样的商品在不同的零售业态中,售价往往不同,这是因为价格并非消费者考虑的唯一要素。

(3)售价高或低,并不代表何者有利,而要看追求的目标客层需求而定。

(4)对于商店内贩卖的众多商品而言,顾客仅对较常购买的畅销品或必需品等少数品项有所谓的价格敏感性或熟悉度。

(5)除少数敏感性商品外,以价格带分析比个别商品单价分析更易掌握重点。

(6)由于零售业者常作变价促销活动,故调查分析竞争者时,要了解其目前商品售价,哪些是常态的,哪些是短暂变动的(如促销活动),才可避免误导。

五、选择定价方法

零售业常用的定价方法有下列几种:

1. 成本加成法(Markup Pricing)

这是大多数零售业者普遍采用的方法,既简单又实用,即依照商品进价成本加上一固定百分比为利润计算取得。例如,A 商品的单位成本进价为 80 元,商店为获利 20% 的毛利加成,则加成价格为 80/(1 - 0.2) = 100 元(此处暂不考虑营业税),但实施成本加成法时须注意:

(1)商店内的所有商品并非得依照同一比率来加成,要以该商品的需求弹性、流行性(季节性)、竞争状况等,设定不同的加成比率。

(2)成本加成法要考虑负担的固定及变动费用,而设定毛利目标,在计算时不是以成本乘上目标毛利率,而是以除法计算(如上例说明),若采用乘式计算,实际毛利率低于预期毛利率。

2. 目标报酬定价法(Target Return Pricing)

此法主要在估计出到达特定报酬时的价位,例如 A 商品单位成本进价为 80 元,商店预期在当年度可卖出 A 商品 1 000 个单位,获利目标为 20 000 元,则其零售价为:

单位成本 + 目标报酬比销售量,亦即为 80 + 20 000 ÷ 1 000 = 100(元)。

3. 认知价值定价法(Perceived - Value Pricing)

此法是以顾客心目中对商品的认知价值,作为定价的基础,运用此法定价较复杂,但却可摆脱受限于进价成本的限制。影响认知价值定价法的售价高低因素有:

◎商店的声誉。

◎商店内硬件设施与气氛。

◎附加的服务。

4. 现行价格定价法(Going Rate Pricing)

此法是依据目前市场主要竞争者的价格来决定售价,而不考虑商店本身的成本或利润目标。

六、选定最后的售价

在连锁店经营者决策定价时,要再一次审视下列各项:

(1)成本与品质的一致性。

(2)消费者的接受性。

(3)有效的心理诉求方式。

(4)售价与其他行销组合要素协调性。

(5)经营政策。

(6)主要竞争对手可能的反应。

(7)不同区域的差异性。

第三节　连锁企业定价技巧

一、成本技巧

1. 数量折扣法

此法是回应近几年来大卖场出现之后,中小型商店对店内某些商品采取"一物二价"的贩卖方式,如该商品一个单位的售价不变,但顾客一次购买整打整箱时,则给予折扣特价,其能特低销售的主因是:

(1)处理成本降低,如不必拆装、标价、搬运容易等。

(2)提高回转率。

(3)增加采购量,可获得更多的议价空间。

(4)带动来客人潮。

2. 时效(时段)定价法

此法是应某些商品有流行性、时效性或新鲜度,在该商品刚上市(流行时装、节庆应景商品等)时,可采取较高利润定价方式,而随着时效或时段产生效用递减,为了回收部分成本,定价自然随之滑落。

二、心理技巧

1. 诱饵法

商店内所贩卖的商品有数百种甚至数万种,对消费者而言,再称职也仅能记住经常购买的一二十种畅销品价格,业者只要将这些商品的售价调整至比竞争对手稍低或一样,这就是吸引顾客上门的秘诀了。

2. 尾数定价法

商品售价的尾数采用某些数字,会令顾客喜欢,例如:

(1)有曲线的数字:0,2,5,8。

(2)便于记忆的数字:0,5。

(3)便宜的感觉:9,8。

3. 价格带定价法

在商店内同一种商品,有不同的品牌、不同的成分,其售价亦不一定相同。在其最低售价到最高售价之间的价格范围,称为价格带(Price Zone)。而在售价上下限之间,销售量或陈列量最多的某一价位,称为中心价(Price Point)。价格带运用得当,可使商业区内或目标消费群乐于惠顾,例如,A 价格带适合以高价位为主的消费群,B 价格带则适合大众化价位为主的消费群,而 A、B 价格带所卖的商品及售价完全相同,只在陈列上做出不同的凸显。

4. 价值定价法

某些商店内的商品要较其他商店贩卖同样的商品贵,这些高价定位的商店,因为提供了更多的方便、额外的服务、舒适的购物环境或商店的品牌等,而乐于上门惠顾的顾客,其主要着眼点也在于这些非价格因素。

5. 超低价定价法

某些商店为了塑造大众化平价的印象,故打出"Every Day Low Price"的口号,强调每天上门来找寻惊喜,如美国的沃尔玛、日本的大荣都是极为成功的例子。

三、竞争技巧

商店的定价是针对主要竞争对手而定,以凸显与竞争对手之间的差异,其方式有:

(1)率先采取低价领导,如以往的高峰、大批发等均为此例。

(2)采取价格攻击,即紧盯竞争对手的定价变动而作调整。

四、政策技巧

1. 商品组合定价法

在同一商店内的商品,并非都要采取同样的定价方法,此因不同的商品,其特性不同,扮演的角色也不同。有些商品具集客效果,有些商品是做展示的,有些商品则是负责产生利润的,因此,只要妥善规划,依照商品的特性来定价,其组合而成的毛利水准应能达到令人满意的成绩。

2. 差别定价法

某些连锁店在定价时,为了达到最大的营业额目的,往往在不同的时段,或不同的地区,或不同的顾客间,采用不同的定价。例如,餐厅在中午及晚上即使推出同样的菜式,售价却不同;又如连锁店的西式自助餐,在三个不同的地方售价均不相同。

3. 均一售价定价法

某些连锁店为了顾客购物的方便,同时也为了简化管理及作业效率,故对同一类商品,不论其进货成本如何,均采用同一价格销售。

第四节　连锁企业总部价格定位管理

价格管理是指从"价格设定"到"价格维持""价格调整"等一系列管制流程,连锁总部对所属连锁店的价格管理,须遵守下列原则:

（1）主权的原则。即连锁总部要能掌握主导权、决策权。

（2）弹性的原则。即针对不同商业区或不同区域的连锁店,要有不同的弹性。

（3）授权的原则。即在某些程度或某些状况下,可授权给连锁店应变的权限。

连锁系统要能有良好的运作,有赖于总部政策的彻底传达与执行。然而,分布在不同地区的连锁店,又须能灵活应付随时的挑战,才能生存发展,因此,价格政策的执行,除了最初要慎重定价之外,在持续经营过程中的管理,如"价格维持"与"价格调整",也是非常值得重视的课题。

一、价格维持

价格维持并非指所有的连锁店都要维持一定的售价,而是指总部当初针对不同地区、不同商品设定的售价,在正常营运过程中,不应擅自更改售价,故连锁总部应有一套维持售价的程序。

（1）连锁店所售卖的每一种商品,均得由总部编订唯一的商品编号,并设定其售价。

（2）若采用 POS 系统,商品主档（含售价）可由总部直接下发到各店。

（3）在商品陈列处的价格标示卡上标明售价。

（4）监督人员经检查价格标示是否与价格标签一致。

（5）各连锁店在授权范围内的价格变动,应依照规定填写变价表报备;在授权范围外的价格变动,则依授权程序申请。

二、价格调整

在持续经营过程中,灵活地调整价格,不但是重要的策略,亦是对连锁总部管理能力的挑战。价格调整可视情况分为短期性（临时性）及长期性两种。

1. 适合短期性的状况

（1）商店举办特价促销活动。

（2）商品流行季节将至。

（3）商品有效期限将至或新鲜度变差。

（4）商品破损（或包装受损）。

（5）对应竞争者的做法。

2. 适合长期性的状况

（1）采购进价成本调整。

（2）进口关税调整。

（3）政府开放或管制进口。

（4）新的竞争者进入市场。

（5）调整价格政策。

3. 价格调整需要考虑的因素

许多连锁店在新商品定价时非常慎重，但对于价格调整却未赋予同样的关心。实际上，每次调整价格时，都应像第一次定价一样，甚至要考虑更多因素，以避免不良后遗症，这些因素主要有以下几点：

（1）消费者是否会接受或有更多的惠顾，对销售量增减影响如何，对利润影响又如何。

（2）竞争者会采取哪些应对措施，对我方的影响如何。

（3）商品供应者的反应如何，赞同还是阻止。货源是否能充分掌握。

三、应对价格挑战

"价格战"是经营企业最直接且危险的竞争手段，而连锁店在遭遇竞争对手的价格挑战时，应如何自处呢？我们可从下列几种层面来探讨：

（1）了解价格挑战是来自整体性还是区域性，连锁店则要以整体性或以局部区域性来回应。一般而言，价格回应仍以局部地区为宜。

（2）商店所贩卖的商品是以日常用品还是奢侈品为主。以日常用品为主的商店，其替代性较高，"价格"影响性较大，而连锁店的回应措施可为：

◎不动声色，维持原价。

◎维持原价，增加其他服务。

◎相同商品降价。

◎选择其他不同商品降价。

◎不贩卖相同的商品或品牌。

而以奢侈品为主的商店，"价格"相对影响性较低，连锁店的回应措施可为：

◎维持原价。

◎维持原价，增加其他服务。

◎维持原价，提高相对认识品质。

（3）连锁店要考虑回应降价的损失金额是多少，持续期间会有多长，竞争对手或其他潜在对手是否有下一轮的反制活动。

（4）对于连锁店的企业定位及企业形象是否有影响。基本上，连锁店在面对"价格挑战"时，其策略出发点，仍以"非价格竞争"的手法回应为宜，采用"价格竞争"应是万不得已的险招。只有以价格诉求形成的业态，如平价店、折扣商店、减价商店等，不在此限。

第19章　连锁企业经营管理规范

第一节　连锁企业经营的规模效益

一、连锁经营利润来源

1. 经营利益

经营利益是指因本连锁运作所提供的商品与服务，能提供合乎客户需求、满足客户所需，并广受客户认可，经由直营店的营运，而获得的经营利益。

2. 供货利益

总部开发商品与采购力、采购量的提升，使本连锁系统内的商品进货毛利的提升，或商品耗材成本的降低，甚至开发自有品牌OEM生产（代工生产）或由国外自行进口，供应本连锁系统销售，增加供货利益，进而提升整体企业经营毛利率。

3. 品牌利益

由于公司的金字招牌已建立，连锁系统的知名度与信誉，深受客户认同，且因经营运作系统化、标准化，进而开放拓展加盟店，而可向加盟者收取加盟权利金、商誉费等收入，进而增加企业经营获利。

4. 衍生利益

因连锁系统规模效益不断成长，而供应商愿意提供的促销配合、试卖、上市带来的市场调查收入（上架费）、代发DM（Direct mail，快讯商品广告）或门市灯箱广告收入、供应商愿意延长票期等，使企业周转金可做其他投资或利息收入等。

二、获利的次序

对商店经营运作成长模式而言，由单店成为多店，再由多店进而连锁店，这是商店经营的成长路程，所以通常的获利次序为：

◎经营管理利益。

◎供货利益。

◎品牌利益。

◎衍生利益。

但可能因为连锁运作策略不同，而使其获利次序产生变动，下面将进行具体的说明。

1. 建立标准运作模式后即开放加盟

即指该连锁企业总部建立其系统的运作步骤，初期以一家直营店测试其商品运作管理、人员管理、客户服务、单店收款金钱管理、营业表单运作等,待建立标准运作系统模式后,即开始全面拓展加盟店,此时其获利顺序为:品牌利益、供货利益、经营利益、衍生利益。

2. 成立连锁企业的目标是为了供货

即指该连锁建立其企业的主要目的,在于销售拓展企业本身生产的产品,或自有品牌商品的市场占有率,此主要运作步骤是先由总公司建立一示范店后,即开始全面拓展加盟店,此时可能收取较低或不收加盟者加盟权利金,故其获利顺序为:供货利益、品牌利益、经营利益、衍生利益。例如,软片、相纸厂牌、轮胎业等连锁运作。

3. 投入大笔资金快速展店

即指该连锁建立企业的主要目的,在于看好该产业市场未来潜力与获利性,主要运作步骤为总公司不断拓展直营店,使其企业本身达到经济规模且开始获利后,再开放外来加盟店加入经营,通常其加盟权利金较高,且总部在营业运作主控力较强势,获利顺序为:经营利益、品牌利益、供货利益、衍生利益。

第二节　规模经济与规模不经济

一、损益平衡法

损益平衡法以正统经营运作的标准会计原则计算,依照企业体实际产生的费用、成本与永续盘存制来计算。但可依各连锁企业体区分为无自有产品及拥有自有产品两类。说明与计算公式、方法如下。

1. 无自有产品时,损益平衡点店数的计算公式

$$各单店损益平衡点 = \frac{各单店的每月费用}{该店的平均毛利率}$$

各单店的费用 = 固定费用 + 变动费用(注一)

各店平均毛利额 = 各单店的平均营业额 × 各店的平均毛利率

* 注一:各单店的固定费用为房租、人事薪资、折旧费;变动费用为水电费、邮电费、奖金、税捐及广宣费用等,但除广宣费外,其变化数不大,而广宣费用也可以转为预算制,每月固定提列定额。

各店平均获利额 = 各单店的平均毛利额 - 各店平均费用额

平均总部每月费用 = 固定费用 + 变动费用(注二)

$$损益平衡点店数 = \frac{总部之每月费用}{各店平均获利额}$$

* 注二:总部每月费用中,其固定费用为租金、折旧费,而变动费用中的人事费用、邮电费、广告费用、杂项费用等为变动费用,但公司任营运一段期间后费用金额变动不大(其中以广告费用变动最大,但其为公司年度预算的编列,可事先提拨或以预估营业额固定百分比提列出来,因此可分摊到单店作为每月平均费用)。

例一:某一连锁企业各单店平均营业额 15 万元,平均毛利率为 30%,其各店每月平均费用额为 3.5 万元,而总部费用为人事费用 2 万元、租金 0.5 万元、邮电费 500 元、广宣费用 1 万元、杂项费用 250 元、折旧费用 0.2 万元等,总计 4 万元,而且只有直营店,如何求其损益平衡点店数?

计算过程如下:

各店平均毛利额 = 15 万元 × 30% = 4.5 万元

每店每月平均获利额 = 4.5 万元 − 3.5 万元 = 1 万元

损益平衡店数 = 4 万 ÷ 1 万 = 4 家

例二：同例一各单店之平均营业额为 13 万元时，而加盟店的平均业绩为 12 万元，总部每月向加盟店收取其营业额 2% 作为商誉月费，如何求其损益平衡点店数？

计算如下：

各店平均毛利额 = 13 万元 × 30% = 3.9 万元

每店每月平均获利额 = 3.9 万元 − 3.5 万元 = 0.4 万元

全部直营的损益平衡点店数 = 4 万 ÷ 0.4 万 = 10 家

12 万元 × 2% = 0.24 万元

全部加盟的损益平衡点店数 = 4 万 ÷ 0.24 万 = 17 家

若直营店为 5 家时，加盟店的损益平衡点店数 = 〔4 万 − (4 × 0.5)〕÷ 0.24 万 = 9 家

2. 无自有产品时，损益平衡营业额的计算公式为

企业整体每月费用总额 = 所有直营店的每月费用 + 总部费用

$$整体损益平衡营业额 = \frac{企业整体每月费用总额}{本公司的总平均毛利率}$$

$$各单店损益平衡营业额 = \frac{整体损益平衡营业额}{直营店数}$$

例一：某一连锁企业各单店的整体平均毛利率为 30%，而其各店每月平均费用为 3.5 万元，而总部费用为人事费用 2.5 万元、租金 0.5 万元、邮电费 1000 元、广宣费 1 万元、杂项费用 0.3 万元、折旧费 0.3 万元等，总计 4.7 万元，且有两家直营店无加盟店的情况，求其损益平衡营业额。

计算如下：

企业整体每月费用总额 = 7 万元 + 4.7 万元 = 11.7 万元

$$整体损益平衡营业额 = \frac{11.7 万元}{30\%} = 39 万元$$

$$各单店损益平衡营业额 = \frac{39 万元}{2 家直营店} = 19.5 万元$$

例二：同例一，总体平均毛利率 35%，而其加盟店的平均业绩为 12 万元，总部每月向加盟店收取定额每月每家 2 000 元之商誉月费，求其损益平衡营业额。

直营店为 5 家时

总公司每月可收取月费总数 = 2000 元 × 5 家 = 1 万元

$$整体损益平衡营业额 = \frac{11.7 万元 − 1 万元}{35\%} = 30.57 万元$$

$$各单店损益平衡营业额 = \frac{30.57 万元}{2 家直营店} = 15.285 万元$$

3. 拥有自有产品时

拥有自有产品时，由于连锁企业本身拥有自有产品或自有品牌商品，尽管门市营运获利点都在平衡点上下间，但因其销售量使自有品牌生产能充分发挥，从而获利，此时门市的平衡店数与损益平衡营业额也将随之而改变，其损益平衡店数计算公式如下：

$$各单店损益平衡点 = \frac{各单店每月费用}{该店平均毛利率}$$

$$各店平均毛利额 = 各单店的平均营业额 \times 各店的平均毛利率$$

$$各店平均获利额 = 各单店的平均毛利额 - 各店平均费用额$$

$$平均附加毛利率 = \frac{总供货额 - 总进货额}{总供货额}$$

$$每月供应商品获利额 = 每月生产工厂的获利$$

$$= 每月供应商品总额 \times 平均附加毛利率$$

$$损益平衡点店数 = \frac{总部的每月费用 - 供应商品的获利额}{各店平均获利额}$$

$$= \frac{总部的每月费用}{各店平均获利额 + 各店供应商品平均获利额}$$

例：某一连锁企业各单店月平均营业额约为 12 万元,平均毛利率为 30%,其各店每月平均费用额为 3.5 万元,而其总公司每月费用为人事费用 2.5 万元、租金 0.5 万元、邮电费 500 元、广宣费 10 万元、杂项费用 2 500 元、折旧费 0.3 万元等,总计费用每月为 4.6 万元,其总部供货之商品附加平均毛利率为 5%,自有商品比率为营业额的 50%,全部为直营店时,其损益平衡点店数为多少家?

计算过程如下：

$$各店平均毛利额 = 12 \, 万元 \times 30\% = 3.6 \, 万元$$

$$每店每月平均获利额 = 3.6 \, 万元 - 3.5 \, 万元 = 0.1 \, 万元$$

$$总部每店每月供应商品获利额 = 12 \, 万 \times 5\% \times 50\% = 0.3 \, 万元$$

$$每店获利额 = 0.1 \, 万元 + 0.3 \, 万元 = 0.4 \, 万元$$

$$损益平衡点店数 = 4.6 \, 万元 \div 0.4 \, 万元 = 12 \, 家$$

二、投资回报法

投资回报法是以企业总投资额为基础,计算每年若以同样的金额存放于银行所应回收的利率,或依同业获利率与企业规模加计损益平衡点后,得其经济规模点,其计算公式如下：

1. 无自有产品时,目标平衡店数计算公式

$$投资月回收目标 = \frac{投资金额 \times 银行年利率}{12 \, 月}$$

$$各单店损益平衡点 = \frac{各单店每月费用 + 投资月回收目标}{该店的平均毛利率}$$

$$各店平均毛利额 = 各单店平均营业额 \times 各店平均毛利率$$

$$各店平均获利额 = 各单店平均毛利额 - 投资月回收目标$$

$$- 各店平均费用额$$

$$整体目标毛利额 = 总部每月费用 + 投资月回收目标$$

例：某一连锁企业各单店月平均营业额为 13 万元,平均毛利率为 30%,其各店每月平均费用额为 3.65 万元,而其总部费用为人事费用 2 万元、租金 0.5 万元、邮电费 500 元、广宣费 1 万元、杂项费用 2 500 元、折旧费 0.2 万元等,每月费用总计 4 万元,企业投资额为 30 万元,直营店平均每店投资额为 18 万元,银行放款年利率为 11%,且现只有直

营店运作,求其目标平衡店数。

计算过程如下:

$$总部投资回收目标 = 30\ 万元 \times 10\% \div 12\ 月 = 0.25\ 万元$$

$$单店投资回收目标 = 18\ 万元 \times 10\% \div 12\ 月 = 0.15\ 万元$$

$$各店平均毛利额 = 13\ 万元 \times 30\% = 3.9\ 万元$$

$$每店每月平均获利额 = 3.9\ 万元 - 3.65\ 万元 = 0.25\ 万元$$

$$整体目标毛利额 = 40\ 万元 + 2.5\ 万元 = 42.5\ 万元$$

$$目标平衡点店数 = 4.25\ 万元 \div 0.25\ 万元 = 17\ 家$$

2. 无自有产品时,目标平均营业额计算公式

$$投资月回收目标 = \frac{投资金额 \times 银行年利率}{12\ 月}$$

$$整体月目标毛利额总额 = 所有直营店的固定费用$$
$$+ 总部月费用 + 投资月回收目标$$

$$目标平均营业额 = \frac{整体月费用总额 + 投资月回收目标}{本公司的总平均毛利率}$$

$$各单店目标平衡营业额 = \frac{整体损益平衡营业额}{直营店数}$$

例: 某一连锁企业各单店月平均毛利率为35%,其各店每月平均费用额为3.5万元,总部费用为人事费用2.5万元、租金0.5万元、邮电费0.1万元、广宣费1万元、杂项费用0.3万元、折旧费0.3万元等,总计4.7万元,且有两家直营店、无加盟店的情况,总部目标企业总部投资额为30万元,直营店平均每店投资额为18万元,银行年利率为10%,且现只有直营店的运作,求其目标平均营业额与各单店目标平衡营业额。

计算过程如下:

$$总部投资月回收目标 = 30\ 万元 \times 10\% \div 12\ 月 = 0.25\ 万元$$

$$单店投资月回收目标 = 18\ 万元 \times 10\% \div 12\ 月 = 0.15\ 万元$$

$$整体月目标毛利总额 = 7\ 万元 + 4.7\ 万 + 0.55\ 万 = 12.25\ 万元$$

$$整体目标平衡营业额 = \frac{12.25\ 万元}{35\%} = 35\ 万元$$

$$各单店目标平衡营业额 = 35\ 万元 / 2\ 家直营店 = 17.5\ 万元$$

3. 总公司拥有自有产品时,损益平衡店数计算公式

$$单店投资月回收目标 = \frac{投资金额 \times 银行年利率}{12\ 月}$$

$$总部投资月回收目标 = \frac{投资金额 \times 银行年利率}{12\ 月}$$

$$各单店目标平衡点 = \frac{各单店的每月费用 + 投资月回收目标}{该店的平均毛利率}$$

$$各店平均毛利额 = 各单店的平均营业额 \times 各店的平均毛利率$$

$$各店平均获利额 = 各单店平均毛利额 - 各店平均费用额$$
$$- 投资月回收目标$$

$$平均附加毛利率 = \frac{总供货额 - 总进货额}{总供货额}$$

$$每月供应商品获利额 = 每月生产工厂的获利额$$
$$= 每月供应商品总额 \times 平均附加毛利率$$

$$目标平衡点店数 = \frac{总部月}{费用} + \frac{总部投资}{回收目标} - \frac{供应商品}{获利总额}}{各店平均获利额}$$

$$= \frac{总部的每月费用 + 总部投资月回收目标}{各店平均获利额 + \frac{各店供应商品}{平均获利总额}}$$

例:某一连锁企业各单店平均营业额为 12 万元,总平均毛利率为 30%,其各店每月平均费用额为 3.65 万元,而总部每月费用为人事费用 2.5 万元、租金 0.5 万元、邮电费 500 元、广宣费 1 万元、杂项费用 2 500 元、折旧费用 0.3 万元等,总计费用每月为 4.6 万元,商品附加平均毛利率为 5%,自有商品比率为营业额的 50%,企业总部投资额为 30 万元,直营店平均每店投资额为 18 万元,银行放款年利率为 10%,目前只拓展直营店,求其目标平衡店数。

计算过程如下:

总部投资月回收目标 = 30 万元 × 10% ÷ 12 月 = 0.25 万元

单店投资月回收目标 = 18 万元 × 10% ÷ 12 月 = 0.15 万元

各店平均毛利额 = 12 万元 × 30% = 3.6 万元

每店每月平均获利额 = 3.6 万元 - 3.65 万元 = -0.05 万元

总部每店每月供应商品获利额 = 12 万 × 5% × 50% = 0.3 万元

$$目标平衡店数 = \frac{46\ 万元 + 0.25\ 万元}{-0.5\ 万元 + 0.3\ 万元} = 19.4 \approx 20\ 家$$

三、经营图标法

经营图标法是以企业的经营获利目标或同业获利率加计损益平衡点后,求得其经济规模点,其计算公式如下:

1. 无自有产品时,目标平衡店数的计算公式

$$各单店损益平衡点 = \frac{各单店的每月费用 + 目标获利额}{该店的平均毛利率}$$

各店平均毛利额 = 各单店平均营业额 × 各店平均毛利率

各店平均获利额 = 各单店的平均毛利额 + 目标获利额

整体目标毛利额 = 总部的每月费用 + 目标获利额

$$目标平衡点店数 = \frac{总部的每月费用 + 目标获利额}{各店平均获利额}$$

例:某一连锁企业各单店月平均营业额为 12 万元,平均毛利率为 30%,其各店每月平均费用为 3.5 万元,而总部费用为人事费用 2 万元、租金 0.5 万元、邮电费 500 元、广宣费 1 万元、杂项费用 2 500 元、折旧费 0.2 万元等,每月费用总计 4 万元,企业每月获利目标为 10 万元,且现只有直营店运作,求其目标平衡店数。

计算过程如下:

各店平均毛利额 = 12 万元 × 30% = 3.6 万元

每店每月平均获利额 = 3.6 万元 - 3.5 万元 = 0.1 万元

整体目标毛利额 = 4 万元 + 1 万元 = 5 万元

目标平衡点店数 = 5 万元 ÷ 0.1 万元 = 50 家

2. 无自有产品时,目标平衡营业额计算公式

$$企业整体月目标毛利总额 = 所有直营店的固定费用 + 总部月费用 + 目标获利额$$

$$目标平衡营业额 = \frac{整体月费用总额 + 目标获利额}{本公司的总平均毛利率}$$

$$各单店目标平衡营业额 = \frac{整体损益平衡营业额}{直营店数}$$

例:某一连锁企业各单店整体平均毛利率为 35%,而其各店每月平均费用费 3.5 万元,总部费用为人事费用 2.5 万元、租金 0.5 万元、邮电费 0.1 万元、广宣费 1 万元、杂项费用 0.3 万元、折旧费 0.3 万元等,总计 4.7 万元,且有两家直营店、无加盟店的情况,总部目标获利为每月 1 万元,求其目标平衡营业额与各单店目标平衡营业额。

计算过程如下:

$$整体月目标毛利总额 = 70 万元 + 4.7 万元 + 10 万元 = 12.7 万元$$

$$整体目标平衡营业额 = \frac{12.7 万元}{35\%} = 36.285 万元$$

$$各单店目标平衡营业额 = \frac{36.285 万元}{2 家直营店} = 18.143 万元$$

3. 总公司拥有自有产品时,损益平衡店数计算公式

$$各单店损益平衡点 = \frac{各单店的每月费用}{该店的平均毛利率}$$

$$各店平均毛利额 = 各单店的平均营业额 \times 各店的平均毛利率$$

$$各店平均获利额 = 各单店的平均毛利额 - 各店平均费用额$$

$$平均附加毛利率 = \frac{总供货额 - 总进货额}{总供货额}$$

$$每月供应商品获利额 = 每月生产工厂的获利额$$
$$= 每月供应商品总额 \times 平均附加毛利率$$

$$目标平衡点店数 = \frac{总部月费用 + 目标获利额 - 供应商品获利总额}{各店平均获利额}$$

$$= \frac{总部的每月费用 + 目标获利额}{各店平均获利额 + 各店供应商品平均获利总额}$$

例一:某一连锁企业各单店月平均营业额为 12 万元,总平均毛利率为 30%,其各店每月平均费用额为 3.5 万元,而总部每月费用为人事费用 2.5 万元、租金 0.5 万元、邮电费 500 元、广宣费 1 万元、杂项费用 2 500 元、折旧费 0.3 万元等,总计费用每月为 4.6 万元,商品附加平均毛利率为 5%,自有商品比率为营业额的 50%,月目标获利额为 1 万元,若全部为直营店时,其损益平衡店数是多少家?

计算过程如下:

$$各店平均毛利额 = 12 万元 \times 30\% = 3.6 万元$$

$$每店每月平均获利额 = 3.6 万元 - 3.5 万元 = 0.1 万元$$

$$总部每店每月供应商品获利额 = 12 万元 \times 5\% \times 50\% = 0.3 万元$$

$$目标平衡店数 = \frac{4.6 万元 + 1 万元}{0.1 万元 + 0.3 万元} = 14 家$$

例二:同例一各单店的月平均营业额为 13 万元时,且加盟店每店每月向总部进货额

平均为营业额的 30% ,而加盟店之平均业绩为 12 万元,总部每月向加盟店收取其营业额的 2% ,或定额每月每店 0.2 万元的商誉月费时,损益平衡店数应该是多少家?

①收取营业额 2% 的商誉月费时,计算如下:

全部为直营店时:

$$各店平均毛利额 = 13 万元 \times 30\% = 3.9 万元$$

$$每店每月平均获利额 = 3.9 万元 - 3.5 万元 = 0.4 万元$$

$$总部每店每月供应商品获利额 = 13 万元 \times 5\% \times 50\% = 0.325 万元$$

$$目标平衡店数 = \frac{4.6 万元 + 1 万元}{0.4 万元 + 0.325 万元} = 8 家$$

若直营店为 3 家时:

$$直营店获利额 = 0.4 万元 + 0.325 万 = 0.725 万元$$

$$直营店获利总额 = 0.725 万元 \times 3 = 2.175 万元$$

$$总部每店每月供应商品获利额 = 12 万元 \times 50\% \times 5\% = 0.3 万元$$

$$加盟店每店获利 = 12 万元 \times 2\% + 0.3 万元 = 0.54 万元$$

$$加盟店目标平衡店数 = \frac{5.6 万元 - 2.175 万元}{0.24 万元 + 0.3 万元} = 6.4 \approx 7 家$$

②收取每月每店定额 2 万元的商誉月费时,计算如下:

全部为加盟店时:

$$总部每店每月供应商品获利额 = 12 万元 \times 50\% \times 5\% = 0.3 万元$$

$$加盟店每店收益 = 0.2 万元 + 0.3 万元 = 0.5 万元$$

$$全部为加盟店的目标平衡店数 = 5.6 万元 \div 0.5 万元 = 11.2 家$$

若直营店为两家时:

$$加盟店的目标平衡营店数为 = (5.6 万元 - 1.45 万元) \div 1.45 万元 = 8.3 \approx 9 家$$

第三节　规模不经济的规避管理

一、单店利润提升

1. 业绩的提升

业绩主要的提升方向有三个:新客户的开发;顾客购买额的提升;客户来店频率增加等。其具体做法如下:

(1)明确的经营定位。企业的重新经营定位,明确企业的主力客户层与主力商品、服务品项,确立客户的认同。

(2)完善的年度促销计划。由年度促销计划的制订与执行,来活跃各单店的气氛、提升人员士气、增进企业知名度,进而以客户的认同,提升平均顾客购买额与来店客数。

(3)组合商品开发。组合式、套装式商品的开发设计,重新赋予商品或服务项目新生命与面貌,使商品能更迎合客户需求,并与客户的生活能更切合,增进客户的认同,提升顾客购买额。

(4)新商品开发。不断地开发与引进合乎企业定位与更受客户喜欢的新商品,使客户进入本连锁系统门市时,能更满意,从而增加新客户。

（5）商品品质再提升。总部与各单店能对销售商品作最严密的管理，不断提升本公司销售商品的品质，确立客户对本公司商品或服务的信赖与认同。

（6）服务流程的再检讨。针对本企业内商品管理与服务作业流程再简化，以符合顾客导向为基本原则，让客户到本连锁店消费能更满意，以加深其对本企业的印象，提高来店消费频率，并能主动为连锁店宣传。

（7）商品的陈列更人性化。商品陈列管理，采用生活形态化的陈列设计，使客户消费时能更人性化、丰富化、系列化，以便利客户的选择与购买，可提高顾客购买额与来店客数。

（8）人员服务应对训练再加强。针对各级门市人员，客户服务与销售应对技巧，定期实施在职训练来提升商店服务品质，使客户对本公司的服务质量能更满意，提升客户的来店消费额度。

（9）团体、会员客户组织系统的建立与运作维系。强化企业与客户关系，对已购买本公司商品的客户，建立完善的售后服务系统，使客户购买本公司的商品无后顾之忧。针对老客户、团体客户、会员客户给予特别的回馈或服务，并建立客户推介的折扣或分红制度，使客户主动介绍新客户或提高消费金额。

（10）企业形象与识别系统的再促进。有关公司企业形象与识别系统的制作物，经过整体的整合并强化，使客户对本企业能留下更好、更深刻的印象。

由上述方法提升各单店的营业额，使各单店营业额增加，提升毛利额，让各单店获利提升，使连锁企业整体营运营业额获得全面性的提高。

2. 毛利的提升

毛利的提升，可区分为平均毛利率与经营毛利额的提升，具体方法有如下几种：

（1）新商品开发。总部不断开发高回转的商品，可提高单店运作效率，开发高毛利商品，加强高附加价值服务性商品的开发引进，都可以提高平均毛利。

（2）淘汰低回转低毛利商品。依照各单店单品的营业回转率单品毛利率＝贡献力的公式，对商品进行计算排行，排行在最后5%的为准备淘汰的商品，淘汰贡献力低的商品后，可使各单店引进较高贡献力的商品，同时可提高商品平均毛利额与商品回转率，进而使各单店营运效率提高。

（3）商品进价的降低。对销售量高、回转快的商品，公司建立总库或于各单店建立库存，一方面可减少缺货情况发生；另一方面可使每次采购量提升。总部经统计后，以该商品的年度销售总量与供应厂商进行协商议价，可降低商品的进货成本或获得较佳付款条件。

（4）自有商品的开发。对销售情况好、回转快或毛利低的商品，自行开发自有品牌或国外同级名牌商品在国内代理权的取得，可提升各商店的平均毛利。

采用上述方法可有效提升各单店经营毛利额与平均毛利率，使整体总平均毛利率提升，进而提升总部获利总额。

3. 获利额的提升

各单店因来客数的提升、顾客购买额的提升、毛利率的提升后，可使得单店毛利额大幅提升，进而使企业整体获利大幅的成长，因其获利额提升数＝来客数的提升数＝顾客购买额提升数＝毛利率提升数,使连锁企业总部能快速地达到其规模经济点。

二、费用成本的降低

1. 总部费用的降低

(1)内部管理系统健全化。总部管理运作系统的制度化,简化人员作业程序、表单流程,降低行政管理费用。

(2)促销、广告规划效益化。企业整体年度促销、广告提前规划执行与制作物规格化、统一发包制作、配合厂商提前洽谈与寻找可联合本业上下游或异业共同促销,以降低促销广告、赠品费用与毛利的损失等,可进一步提升广告与促销的运作效益。

(3)整体议价可降低进价。明确年度新店布点计划与新店家数,有利于对供应厂商或找寻其他替代厂商的多家比价,或可以一次议价,但依展店计划分次送达,可使议价空间加大,降低开店装潢、设备成本,使各单店每月的折旧费用再降低。

(4)作业计算机化。对已标准化或已运作顺畅的作业系统予以计算机化,减少人员作业时间、人员培训养成时间,降低人员薪资、费用成本等。

(5)转化费用单位为营利单位。对已开放拓展加盟店的总部行政单位、商品部门、财会部门等,可开放对加盟店提供税务、财务、行政等的服务协助,也可以收取一些费用而由此产生收入,例如总部可为加盟店提供会计、税务的协助处理,所以加盟店不用再花钱雇用会计人员,但总部相对可以一个人力协助 5 ~ 10 家店的会计、税务事项,并每家收取适当的费用,如此加盟店与总部都可获益。

由上述各要点可降低总部运作费用,相对即提升总部经营获利额。

2. 单店费用的降低

(1)服务作业流程的标准化。降低服务作业时间的人员薪资成本与人员养成培训时间。

(2)人员管理系统化降低人员流动率。减少人员流动率,可降低人员培训、招募费用与人员不成熟的作业损耗成本,或因得罪客户造成本公司的营业损失。

(3)减少投资损失风险。确立新店选址评估标准,减少展店投资风险与缩短开店前期的亏损时间。

由上述方法,使单店不断降低费用,进而提升各单店的获利,经过总部与单店费用的降低,使企业整体因费用降低,企业获利快速提升,以达到"规模经济"的目的。

三、店数的增长

1. 直营店的拓展

(1)高获利直营店数的提升

累积建立单店经营商业区的位置评估标准,拓展增设较高获利、地点较合适本行业的直营店,因获利店数的提升,使获利总额提升,进而达到规模经济店数。例如,原有 10 家店但是有 8 家每家的平均获利为 10 万元,但有一家达到了损益平衡点,另一家为亏损

10万元,如果再增开5家高获利店,则每月相对可由亏损店比例8:2转为13:2,获利总额由70万元增至120万元。

(2)亏损店的迁移和关闭

迁移已亏损且经业绩提升救店计划后,仍无法再提升的商业区退化店,使总部不再因负担亏损店而降低获利总额。如同上述不再增设新门市,将原亏损店迁移或结束,则可使总部原获利总额由70万元提升至80万元或100万元。

2. 加盟店的拓展

开放拓展加盟店,可增加加盟权利金收入、商品供货收入、每月月费收入、促销费用分摊等,使总部获利提升。例如,每开发一家店可收取1万元权利金,每月可收取5 000元,若拓展10家加盟店则可增加总部加盟权利金收益10万元,每月5万元的收入,总部虽然也因而增加了人力的成本,但扣除其费用后,还可增加总部的总收益,而且最重要因拓展加盟店后,可令总部知名度相对提升,商品的总销售量增加后,总部的采购议价力也会相对提升。

3. 向员工让股

(1)原直营店的开放

开放损益平衡点边缘的直营店给资深店长或员工经营,一方面可回收单店的投资资金;另一方面因员工投资自己当老板的心态,会更卖力地全心投入经营,可提升该单店经营绩效,使总部因单店获利增加而提升获利总额。

(2)新开店的开放

开店时即让员工入股,一方面可降低总部投资总额;另一方面可减低经营风险,总部对该店的掌握度,亦如同直营店管理模式,这样就可以加快开店速度。

第六篇

连锁企业财务管理

第20章 连锁企业财务管理规范

第一节 连锁企业财务管理的特点

连锁企业财务管理的特点是同连锁经营的特点分不开的,它包括四个方面。

一、财务管理是一项综合性的管理工作

(1)由连锁企业总部进行统一核算是连锁经营众多统一中的核心内容。区域性的连锁企业,由总部实行统一核算;跨区域且规模较大的连锁企业,可建立区域性的总部,负责对本区域内的店铺进行核算,再由总部对分部进行核算。

(2)连锁企业统一核算的主要内容是:对采购货款进行支付结算;对销售货款进行结算;进行连锁企业的资金筹集与调配等。

(3)企业管理在实行分工和分权的过程中形成一系列专业管理:有的侧重一系列专业管理,有的侧重于价值管理,有的侧重于对劳动要素的管理,有的侧重于信息管理。社会经济的发展,要求财务管理主要运用价值形式的管理,通过价值形式把企业的一切物质条件,经营过程和经营结果都合理地加以规划和挂钩,达到企业效益不断提高,财政不断增加的目的。

二、票流、物流分开的特点

由于连锁企业实行总部统一核算,由配送中心统一进货,统一对门店配送。从流程上看,票流和物流是分不开的,这与单店经营中现货同步运行差别很大,因此,连锁企业中财务部门必须同进货部门保持紧密的联系。财务部门在支付货款以前,要对进货部门转来的税票和签字凭证进行认真核对。同时,在企业制度中要对付款金额相对应的签字权限做出限制。

三、资产统一运作,资金统一使用,发挥规模效益的特点

连锁经营的关键是发挥企业的规模效益,主要体现为:

(1)连锁企业表面上看是多店铺的结合,但由于实行了统一的经营管理,企业的组织化程度大大提高,特别是统一进货、统一配送,使资本的规模优势得到充分发挥。

(2)由总部统一核算,实行资金的统一管理,提高企业资金的使用效率和效益,降低

成本、减少费用、增加利润。

（3）实行资产和资金的统筹调配，统一调剂和融通。总部有权在企业内部对各店铺的商品、资金和固定资产等进行调动，以达到盘活资产、加快商品和资金周转、获取最大的经济效益的目的。

四、地位平等，利益均衡的特点

财务管理能迅速反映企业现时的生产经营状况，在连锁企业中，决策是否得当，经营是否合理，技术是否先进，销售是否顺畅，都可以迅速地在企业财务指标中得到反映。例如，连锁企业购进的商品适销对路，质量优良可靠，则可使企业购销两旺，资金周转加快，赢利能力就增强，这一切都可以通过各种财务指标反映出来。财务部门应通过自己的工作，向企业领导及时通报有关财务指标的变化情况，以便把各部门的工作都纳入到提高经济效益的轨道，努力实现财务管理目标。

第二节　连锁企业财务管理的内容

连锁企业的财务管理主要包括资金管理、资产管理、成本管理、利润管理、税金管理和商品的折扣折让管理等。

一、连锁企业的资金管理

1. 资金管理原则

（1）总部统一使用与授权使用相结合的原则

连锁企业资金由总部统一筹措、集中管理、统一使用。店铺采购的产品和其他保管期短的商品，经请示总部同意后或在总部授权的范围内可动用银行存款，否则不能动用银行存款；店铺存入银行的销货款，未经总部批准不得自行动用。

（2）总部统一控制费用的原则

连锁企业总部、店铺及其他部门的费用由总部统一核定、统一支付。部门、店铺的工资等日常费用的支出，由总部统一开支。店长有节约费用开支的责任，总部有审查费用使用情况的权力。

（3）统一登记注册、统一缴纳税款的原则

连锁企业应是享有独立法人资格的企业，总部和所属店铺在同一区域内的，由总部向税务及工商部门登记注册，统一缴纳增值税、所得税及其他各种税赋，统一办理法人执照及营业执照，店铺只办理经营执照，国家对企业在税收上的优惠政策，也由税务部门直接对连锁总部。在特殊情况下，总部和所属店铺不在同一区域内，店铺一般处于委托法人的地位，实行本地纳税。

（4）统一银行存款和贷款的原则

店铺在总部指定的银行办理户头、账号，只存款不出款，店铺每日必须将销售货款全额存入指定银行,不得作为支销货款,同时,店铺应向总部报送销售日报具体体现,它的核心内容是发挥企业的规模效益,以低于社会的平均成本取得社会的平均利润。

2. 资金管理办法

(1)提高资金的运营效率和效益,积极采取措施盘活资金存量,加快资金周转

财务部门要同信息、配送等部门密切合作,通过 POS 系统对企业的进、销、存实行单品管理,要从调整商品结构入手,分析哪些是畅销商品、平销商品、滞销商品,哪些是增值库存和不良库存,加强财务对企业经营的指导、监督和制约作用。

(2)引进现代化预算等管理制度,加强管理,提高投资回报率

在财务管理上要积极引进现代化的预算管理制度、成本核算制度和投入产出分析制度,要加强投资决策和投资项目的经营管理,建立投资责任制,提高投资回报率。财务部门要同规划开发部门紧密合作,在确定建立店铺、配送中心、计算机系统的规模、投入等问题上要力求取得一致意见,使投资更加合理化、制度化、科学化。

(3)完善内部的审计监督机制

由于连锁企业在资金上采取统一与授权相结合的管理办法,在内部资金运转过程中要严格执行各项结算制度,同时,完善企业内部审计制度,形成有效的监督机制。

(4)从实用出发,勤俭办企业

树立勤俭办企业的精神,开源节流,在店铺的装修、计算机设备的投入及其他方面的投资上切忌相互攀比,华而不实,脱离实际。

二、连锁企业流动资产的管理

连锁企业的流动资产主要指存货部分(即由总部配送和店铺自采的商品)和低值易耗部分。

1. 流动资产的管理原则

(1)总部和店铺分级负责的原则

连锁企业应实行总部与店铺分级管理的办法。总部配送到各店铺的商品由总部设置总账控制管理,在进入店铺以前,一切损失由总部负责;店铺自采的商品,由店铺自行管理,商品在店内被盗、短缺由店铺负责。

(2)合理设置库存的原则

对进入连锁企业配送中心的商品加强管理,加快对各店铺的配送,减少装卸损失,降低商品损耗率;对进入各店铺的商品加强管理,一要统一管理店堂和后场的商品,二要按照"二八"比例原则对商品结构进行调整,对骨干商品的经营要形成系列化保证不缺货。

(3)分类指导的原则

总部对各店铺的流动资产进行分类指导,例如,总部要对各店铺的订货数量、品种进行监测审核;总部要定期督促各店铺及时根据销售情况调整商品结构;总部有责任督促各店铺对超过保质期的商品进行清理,并在规定的商品范围和期限内由总部负责退货处理。

2. 流动资产管理的具体内容

(1)加强存货管理

企业存货占流动资产比重较大,一般约为40%~60%,而对于商业企业这个比例可高达80%。存货利用程度的好坏,对企业财务状况影响极大,因此加强存货的规划与控制,使存货保持在最优水平上,已成为财务管理的一项非常重要的内容。

要想保持一定量的存货必定有一定的成本支出,而备存货的有关成本主要包括:

第一,采购成本,指从供应商那里获得商品而支出的成本。包括订货成本和购置成本。订货成本主要是信息收集、交流的成本。先进的连锁企业一般都采取 EOS 系统,大大降低了订货成本,提高了效率,当然还有一个与供应商谈判的成本。而购置成本则是购入商品本身的价值,同时要注重商品品质的保证。

第二,储存成本,指为对存货保存、加工等的成本,还包括存货占用资金所应计的利息、仓库费用、保险费用、存货破损等。

第三,缺货成本,指由于存货供应中断而造成的损失。当不确定的因素发生后,供应之间的某些环节出现问题,缺货造成货商和丧失销售机会的损失(还包括需要主观估计的商业损失)。

为了降低存货成本,必须根据企业实际做出最优的存货决策,存货的决策涉及四项内容:决定进货的项目、选择供应商、决定进货时间和进货批量。前两项内容是产品部的职责,而财务部门要决定进货时间和进货批量,按照存货管理的目的需要通过合理的进货批量和进货时间,使存货的总成本降为最低,这个批量叫作经济订货量。有了经济订货量,就可以很容易找出最适宜的进货时间。对保管期长、销售量大且长期稳定的商品由总部统一采购、统一配送到各店铺;对一部分保管期较短的商品和一部分产品由总部配送不合算时,可委托社会化配送中心或其他供应商供应,本企业的配送中心直接向各店铺配送并由总部统一进行结算。店铺也可以在总部授权的商品品种及数量金额范围内自行采购。无论是总部和店铺在结算时都应严格根据结算规定,将购销合同、采购单、仓库验收单进行核对,相符合后再结算付款。各店铺要根据商品销售情况及时调整商品结构,对接近保质期的商品要积极开展促销,对超过保质期的商品要及时进行清理。

(2)加强商品销售管理

总部对配送中心及店铺的全部商品要设置商品管理总账,对店铺自采的商品一般实行按商品种类管理,有条件的要逐步过渡到实行单品管理,并建立实物负责制,以保证账实相符。各店铺要定期对商品进行盘点,由总部核定商品损耗率,超过部分由总部从店铺的工资总额中作相应扣除。

三、连锁企业的成本管理

连锁企业的成本管理主要是通过商品毛利率、费用开支标准及范围、销售费用率三大指标进行控制。由总部统一进行成本核算,统一管理。

成本管理的具体内容是:

(1)总部要严格控制自身的费用开支(如宣传广告费、人工费及其他费用开支等)。

（2）总部统一整个企业的资产折旧，统一支付贷款利息。

（3）总部对各店铺基本上采用先进先出法按商品种类计算毛利率。

（4）总部要建立毛利率预算计划管理，对店铺实行计划控制。总部对各店铺的综合毛利率进行定期考核，对影响效益大的骨干商品的毛利率进行重点考核。

（5）总部规定各店铺的费用项目范围及开支标准，原则上不允许随意扩大和超标。

（6）总部对一些费用（如水电费、包装费等）要进行分解，尽量细化到各店铺和商品种类。能直接认定到各店铺和商品种类的，要直接认定；不能直接认定到各店铺和商品种类的，要参考各店铺占企业工资总额的比例、资产的比例或按各店铺的人数、经营面积分摊到店铺和商品种类。

（7）总部对各店铺的费用通过下达销售费用率进行总体控制，要建立费用率预算计划管理。各店铺的直接费用（如业务招待费、人工费等）要同店长的利益直接挂钩。对达不到预算计划的店铺，总部通过督导制度，帮助其分析造成费用增长、费用率上升的原因，并提出调整改进措施。

一般情况下，每个店铺在开张初期的销售费用率可能会高一些，应尽快通过加强管理使之降到企业平均、合理的水平。

四、工资奖金和奖罚管理

（1）企业对员工工资、奖金的分配办法应在现行的政策法规下，结合连锁经营的特点和企业的实际情况，本着调动职工积极性的合理分配原则制定。

（2）实行提成工资制的店铺，其提成比例应根据各店铺的实际情况确定。可以按店铺的销售额确定工资奖金提取比例，实行百元销售工资奖金含量提成；也可以按店铺实现的利税确定工资奖金提取比例，实行百元利税工资奖金含量提成。总部有权根据各店铺客观条件的优劣对其工资提取比例进行调整。

（3）为了保证企业员工的基本收入，可由总部规定职工的月基本工资，月提成工资低于职工基本工资的，其差额部分由总部负责补足。

（4）总部的管理人员和各店铺店长的工资，按各自职位由总部确定其基本工资，根据不同月份的效益情况确定奖金数额；对部分岗位的管理人员可实行津贴管理的办法。

（5）连锁企业雇用临时工人，其工资发放办法由总部自定。

（6）各项奖罚规定由财务部门根据不同岗位人员的职责、业绩、过失等因素制定。

五、连锁企业的筹资决策

1. 筹资动机

企业筹资的基本目的，是为了自身的维持和发展。企业具体的筹资活动通常受特定的动机驱使。企业筹资的具体动机是多种多样的，例如连锁企业为了装备信息系统，或者进行商品开发或为了资金周转临时需要而筹资等不一而足。在实践中，这些筹资动机有时是单一的，有时是结合的，但归纳起来主要有三类，即扩张动机、偿债动机和混合动机。

（1）扩张筹资动机

扩张筹资动机是企业因扩大生产经营规模或追加对外投资的需要而产生的筹资动机，处于发展时期的连锁，企业通常会产生这种筹资动机。连锁企业为了追求规模效益，需要把企业发展成一个最优的规模，所以需要发展加盟店，对于正规连锁而言，连锁企业总部需资金投资，需要的资金量比较大，所以筹资的愿望就比较迫切，而对于特许连锁和自由连锁，其加盟店则是由加盟者自己投资，并不需要总部追加投资，相反，能得到加盟者的加盟费。

（2）偿债筹资动机

偿债筹资动机是企业为了偿还某项债务而形成的借款动机，即借新债还旧债。偿债筹资有两种情形，一是调整性偿债筹资，即企业虽有足够的能力支付到期旧债，但为了调整原有的资本结构，仍然举债，从而使资本结构更加合理，特别是连锁企业固定资产比重不高，而流动资产中存货的比重的调整，往往是偿债筹资动机的动因之一。二是恶化性偿债筹资，特别是市场形势恶化时，企业现有支付能力不足，被迫举债还债。

（3）混合筹资动机

混合筹资动机是以上两种动机的混合。

2. 筹资的要求

（1）合理确定资金需要量，努力提高筹资效果

无论通过什么渠道，采用什么方式筹集资金，都应预测资金最优需要量，防止筹资不足而影响生产、经营或筹资过剩而降低筹资效益。

（2）周密研究投资方向，努力提高投资效果

投资决定是要筹资和筹资多少的重要因素之一。连锁企业一般以扩大自身规模、增加属下的连锁分店为投资方向。

（3）认真选择筹资来源，最大限度降低投资成本

企业筹集资金可以采用的渠道和方式多种多样，所以必定存在着一个在一定条件下最优化的选择，因此，要综合考察筹资渠道和筹资方式，并结合企业自身特点，求得最优化筹资组合，以便降低综合资本成本。

3. 企业筹资的渠道和方式

企业筹资需要通过一定渠道，采用一定的方式，并使两者有效配合。

（1）筹资渠道

筹资渠道是指筹借资金来源的方向与通道，认识筹资渠道的种类及各自的特点，有利于企业充分开拓和正确利用筹资渠道。

一般来说，企业筹资渠道有如下六种。

◎国家财政资金。现有国有企业的资金来源大部分是过去由国家以拨款方式投资，今后，仍然是国有企业筹资的重要渠道。由于国家财政资金来源稳定，国有商业企业可以用于网点改造和技术改造这些资金需要量比较大的项目。

◎银行信贷资金。贷款方式多样，可以适应各类企业的多种资金需要。

◎非银行金融机构资金，这种筹资渠道财力比银行小，但具有广阔的发展前景，值得

商业企业关注。

◎其他企业资金。

◎企业自留资金。

◎外商资金。

（2）企业筹资方式

筹资方式是指企业筹措资金所采取的具体形式,体现资金属性,企业筹资方式有下列七种。

◎吸收直接投资。

◎发行股票(对股份有限公司适用)。

◎银行借款。

◎商业信用。

◎发行债券(有一定条件限制)。

◎发行融资券。

◎租赁筹资。

六、连锁企业投资决策

1. 企业投资的意义

企业投资是指企业投入财力,以期望在未来获取收益的一种行为。在市场经济条件下,企业能否把筹集到的资金投放到收益高、回收快、风险小的项目上去,对企业的生存和发展是十分重要的。财务管理中的投资与会计中的投资含义不完全一致。通常,会计上的投资是指对外投资,而财务管理中的投资既包括对外投资,也包括对内投资。

（1）企业投资是实现财务管理目标的基本前提

企业财务管理的目标是不断提高企业价值,为此,就要采取各种措施增加利润,降低风险。企业要想获得利润,就必须进行投资,在投资中获得效益。

（2）企业投资是发展生产的必要手段

在科学技术、社会经济迅速发展的今天,企业无论是维持简单再生产还是实现扩大再生产,都必须进行一定的投资。要维护简单再生产的顺利进行,就必须及时对所使用的机器设备进行更新,对产品和生产工艺进行改革,不断提高职工的科学技术水平等;要实现扩大再生产,就必须新建、扩建厂房,增添机器设备,增加职工人数,提高人员素质,等等。企业只有通过一系列的投资活动,才能创造增强实力、广开财源的不可缺少的条件。

（3）企业投资是降低风险的重要方法

企业把资金投向生产经营的关键环节或薄弱环节,可以使企业各种生产经营能力配套、平衡,形成更大的综合生产能力。企业如把资金投向多个行业,实行多角化经营,则更能增加企业销售和盈余的稳定性。这些都是降低企业经营风险的重要方法。

2. 企业投资管理的基本原则

企业投资的根本目的是为了谋求利润,增加企业价值。企业能否实现这一目标,关键在于企业能否在风云变幻的市场环境下抓住有利的时机,做出合理的投资决策。为此,企业在投资时必须坚持以下原则。

(1)认真进行市场调查,及时捕捉投资机会

捕捉投资机会是企业投资活动的起点,也是企业投资决策的关键。在商品经济条件下,投资机会受到诸多因素的影响,最主要的是受到市场需求变化的影响。企业在投资之前,必须认真进行市场调查和市场分析,寻找最有利的投资机会。

(2)建立科学的投资决策程序,认真进行投资项目的可行性分析

在市场经济条件下,企业的投资决策都会面临一定的风险。为了保证投资决策的正确有效,必须按科学的投资决策程序,认真进行投资项目的可行性分析。投资项目可行性分析的主要任务是对投资项目技术上的可行性和经济上的有效性进行论证,运用各种方法计算出有关指标,以便合理确定不同项目的优劣。

3. 投资环境分析的调查判断法

调查判断法是一种定性分析法,它主要是借助有关专业人员的知识技能、实践经验和综合分析能力,在调查研究的基础上,对投资环境的好坏做出评价。这种方法主要有以下几个步骤。

(1)调查。为正确预测有关投资环境,必须认真进行调查,收集有关信息资料。调查可分为直接调查和间接调查。直接调查是指调查人员直接与被调查单位接触,由调查人员通过当面采访、询问、观看、记录等方式获取有关资料的一种方法。间接调查是以有关单位保存的各种数据资料为基础,通过加工整理获得投资信息的一种方法。

间接调查的资料来源主要包括:

◎各种书籍、杂志、报纸。

◎各种统计报告。

◎各种财务报表。

◎各类银行、投资公司的调查报告。

◎其他,如财税部门、工商管理部门、消费者协会等掌握的各种资料。

(2)汇总。通过各种调查得到的信息是大量的、杂乱无章的,必须对这些信息进行加工、整理和汇总。进行由此及彼、由表及里、去粗取精、去伪存真地分析,以便提高信息质量,抓住事物本质。

(3)判断。判断是根据调查和汇总后的信息,对投资的好坏做出判断。从事判断的人员主要有工业经济专家、市场分析专家、精通与投资项目有关的技术专家、财务管理专家、生产管理专家、机械设备专家及建筑工程技术专家。

第21章 连锁企业财务管理制度与表格

第一节 财务管理部门人员岗位职责

一、财务部经理岗位职责

(1)在企业总经理的直接领导下,具体领导企业的财务政策和财务管理制度的实施,合理支配资金。

(2)组织贯彻执行《会计法》等法规和旅游财务制度及财经纪律,健全财务管理的各项制度,发现问题及时纠正,重大问题及时报告领导。

(3)加强财务管理,分月、季、年编制和执行财务计划,正确合理调度资金,提高资金使用效率,指导各部门搞好经济核算,为企业的发展积累资金。

(4)做好资金管理,组织各营业部门收银员、出纳员按规定程序、手续及时做好资金回笼,准时进账、存款,保证日常合理开支需要的正常供给。

(5)组织企业内部各个环节的财务收支情况,遵守国家外汇管理条例,加强对外汇收支的管理和监督。

(6)组织企业的经济核算工作,充分发挥财务工作的预算和监督作用,组织编制和审核会计、统计报表,并向上级财务部门报告工作,按上级规定时限及时组织编制财务预算和结算。

(7)领导财会人员搞好会计核算,正确、及时、完整地记账、算账、报账,并全面反映给企业领导,及时提供真实的会计核算资料。

(8)负责与财政、税务、金融部门的联系,协助总经理处理好与这些部门的关系,及时掌握财政、税务及外汇动向。

(9)负责办理银行贷款及还贷手续。

(10)遵守、维护国家的财政纪律,严格掌握费用开支,认真执行成本物资审批权限和费用报销制度。

(11)审查各部门的开支计划,审查对外提供的财务资料,并转报总经理。

(12)参与重要经济合同和经济协议的研究、审查,并负责对新产品、新项目的开发、技术改造及商品价格和工资奖金方案的审核,及时提出具体的改进措施。

(13)参与企业经营管理和经营决策,提高企业的管理水平和经济效益,为总经理当家理财、把关,做好经营参谋。

(14)合理制定各部门的生产指标、成本费用、专项资金和流动资金定额,尤其应做好对三大成本费用(即用具成本,劳动费用成本,能源成本)的控制,精打细算,确保经济效益。

(15)负责检查企业的固定资产、低值易耗品、物料用品等财产、物资的使用、保管情况,注意发现和处理财产、物资管理中存在的问题,确保企业财产、物资的合理使用和安全管理。

(16)督促有关人员重视应收账款的催收工作,加速资金回笼。

(17)监督采购人员做好工程、办公及劳保的物料、用品的采购工作。

(18)负责审查各项开支,密切与各部门的联系,研究并合理掌握成本和费用。

(19)组织财务人员,定期开展财务分析工作,考核经营成果,分析经营管理中存在的问题,及时向领导提出建议,促使企业不断提高管理水平。

(20)每季度全面检查一次库存现金和备用金情况,并不定期抽查各业务部门、收款岗位的库存现金和备用金。

(21)保存企业关于财务工作方面的文件、资料、合同和协议,督促本部门员工完整地保管企业的一切账册、报表凭证和原始单据。

(22)负责本部门员工的思想教育和业务学习,定期组织、召开本部门的业务会议,抓好本部门内部管理工作,不断提高财会人员的素质和财务管理水平。

(23)负责本部门员工业务培训工作,使属下员工熟练掌握业务知识、操作程序和管理制度,并使各员工对本部门其他岗位的业务环节有所了解。

(24)组织建立财务人员岗位责任制,负责对财务人员的考核。

二、总会计师岗位职责

(1)全面管理企业日常财务会计工作。

(2)控制预算案,指导制定连锁企业财务管理政策及工作程序,负责经济合同的制定与执行。

(3)管理现金流量,管理贷款、货币兑换及监督信用部,负责管理会计事务、出纳、收入核数业务等。

(4)在企业经营活动中控制成本、定价和现金流量,并控制财务预算。

(5)建立会计系统,进行内部控制,定期检查财务工作。

(6)监督编制预算表、现金流量报告。

(7)提议薪金工资率的增减及财务部人员的编制。

(8)负责与各个部门进行业务沟通。

(9)制定每个岗位的工作职责、工作程序,建立各种物资、资金管理制度。

(10)审批财务收支,审阅财务专题报告和会计报表,对重大的财务收支计划、经济合同进行会签。

(11)负责下属员工的培训,不断提高员工的业务能力和综合素质。

三、主管会计岗位职责

（1）根据国家财务会计法规和行业会计规定，结合企业特点，负责拟订企业会计核算的有关工作细则和具体规定，报经领导批准后组织实施。

（2）参与拟订财务计划，审核、分析、监督预算和财务计划的执行情况。

（3）在财务经理的领导下，准确、及时地做好账务和结算工作，正确进行会计核算，填制和审核会计凭证，登记明细账和总账，对款项和有价证券的收付，财物的收发、增减和使用，资产基金增减和经费收支进行核算。

（4）正确计算收入、费用、成本，正确计算和处理财务成果，具体负责编制企业月度、年度会计报表、年度会计决算及附注说明和利润分配核算工作。

（5）负责企业固定资产的财务管理，按月正确计提固定资产折旧，定期或不定期地组织清产核资工作。

（6）负责企业税金的计算、申报和结缴工作，协助有关部门开展财务审计和年检。

（7）负责会计监督。根据规定的成本、费用开支范围和标准，审核原始凭证的合法性、合理性和真实性，审核费用发生的审批手续是否符合公司规定。

（8）负责社会集团购买力的审查和报批工作。

（9）及时做好会计凭证、账册、报表等财会资料的收集、汇编、归档等会计档案管理工作。

（10）主动进行财会资讯分析和评价，向领导提供及时、可靠的财务信息和有关工作建议。

（11）协助财务经理做好部门内务工作，完成财务经理临时交办的其他任务。

四、成本会计岗位职责

（1）在财务经理的领导下，按照国家财会法规、企业财会制度和成本管理有关规定，负责拟订企业各处成本核算实施细则，由上级批准后组织执行。

（2）主动会同有关人员对企业重大项目、产品等进行成本预算、编制项目成本计划，提供有关的成本资料。

（3）当企业推行全面成本核算管理和内部银行等制度时，协助有关主管制定总体方案和实施办法，确定各类成本定额、标准，并协助各部门和下属企业的推广培训。

（4）不断监督、调查各部门执行成本计划情况，并就出现问题及时上报。

（5）学习、掌握先进的成本管理和成本核算方法及计算机操作，提出降低成本的控制措施和建议。

（6）做好相关成本资料的整理、归档和数据库建立、查询、更新工作。

（7）完成财务经理临时交办的其他任务。

五、核算会计岗位职责

（1）在财务经理的领导下，按照企业财会制度和核算管理有关规定，负责企业各种核算和其他业务的记账工作。

（2）根据会计制度规定，设置科目明细账和使用对应的账簿，认真、准确地登录各类明细账，要求做到账目清楚、数字正确、登记及时、账证相符，发现问题及时更正。

（3）及时了解、审核企业原材料、设备、产品的进出情况，并建立明细账和明细核算，了解经济合同履约情况，催促经办人员及时办理结算和出入库手续，进行应收应付款项的清算。

（4）负责依税法规定做好印花税贴花工作及相应的缴纳记录。

（5）负责固定资产的会计明细核算工作，建立固定资产辅助明细账，及时办理记账登记手续。

（6）负责企业的各项债权、债务的清理结算工作。

（7）正确进行会计核算电脑化处理，提高会计核算工作的速度和准确性。

（8）协助主办会计等做好会计原始凭证、账册、报表等会计档案的整理、归档工作，就职责范围内的问题提出工作建议。

（9）完成财务经理临时交办的其他任务。

六、明细账会计岗位职责

（1）熟悉和掌握有关财会会计法规，登记、填写企业各营业部门的各种会计明细账、会计报表和装订会计凭证等工作。

（2）对各经营科目的经济事项办理收支结算时，按财务管理制度和开支标准等有关规定严格进行审查，包括内容、用途、审批手续和原始单据金额的大小等，并填制相对应的会计科目的记账凭证。

（3）认真按照记账规定和审定的会计凭证进行登记，做到数字真实、内容完整、账物相符，并定期结账。

（4）账务记载必须日清月结，不得积压，借贷发生额每页账上均须有累计数，余额必须及时结出，月终必须做账上的月结工作。

（5）经管财产账务的人员，每季按账核对实物，做到账物相符，发现不符时必须查明情况并向上级报告。

（6）经营的各科目明细账，每月终结时，均须做出科目余额表。

（7）记账凭证的摘要一栏必须抓住重点，简明扼要又能说明问题。

（8）严格执行企业的财务管理制度，遵守财经纪律，按照规定，填写各种明细账簿账目。

（9）严格遵守企业的各项规章制度，工作时不擅离职守，业务上精益求精，不断提高工作水平和工作能力。

（10）参与企业财务部的清查盘点工作。

七、工资核算员岗位职责

(1)负责核算连锁企业工资基金的使用情况,每月对人事培训部提供的工资核算原始资料进行审核,包括加班工资和员工工伤、探亲、事假的按比例扣款计算是否准确,负责督促新员工的现金工资计算、离店员工的工资消除、员工各时期的工资增减变动等是否准确无误。

(2)将审核无误的工资原始资料经主管领导签章后输入计算机,编制员工"工资通知单"、"工资汇总表",按时将工资输入软盘送交主管,并开具现金支票,经领导审阅后送交银行,以保证工资的及时发放。

(3)根据"工资汇总表"填制、发放工资,结转部门工资及代扣款项的记账凭证,根据上级规定的提取比例,以工资总额为基数,正确计算工会经费、员工福利基金,按列支科目填制记账凭证。

(4)负责代扣员工房租、水、电费(数据由综合办公室提供),核算个人所得税及其他应扣款项。

(5)配合人事培训部做好人工费用的统计工作,提供奖金计算依据。

(6)定期核对各部门实发奖金数,还应核对发人数和发出数是否一致,并妥善保管当年工资、奖金发放资料。

(7)掌握非在册人员的劳务费支出情况,严格按支付手续支出。

(8)每月月底按时分摊各部门待摊、递延费用及各项预提费用。

(9)每月负责整理、装订、发送财务报表及填制经济活动资料手册,认真保管好计算工资的各种会计凭证、报表、工资晋级表等。

(10)打印工资转账数据、报表(一式两份),一份送财务部,一份送人事培训部存档。

八、支出核算员岗位职责

(1)负责核算预付购货款、预付购货定金、应付货款、应付税金、应付利润等,并编制会计凭证和报表。

(2)货币资金的收入和支出,负责日记账簿的登记和结账。

(3)认真审核原始凭证所反映的经济内容是否符合国家的方针政策和连锁企业财务制度规定,内容是否完整,大小写金额是否正确等,有实物收入的凭证应把"收货单"作为制表的依据之一,并编制会计凭证和报表。

(4)正确使用会计科目和科目编号,摘要简明,内容真实、清楚,金额准确无误。

(5)熟悉会计科目及明细科目的核算内容和编号,能正确使用会计科目核算货币资金支付业务。

(6)编制会计凭证时要分别按货币资金币别、不同银行单位的资金,分别制单编号。

(7)审核原始凭证,包括审核原始凭证的名称、日期、规格、数量、单价、金额的填写是否齐全,"收货单"填制的内容和原始凭证的要求是否完全一致,还应审核负责人的签字情况和票据的合法性。

（8）按照会计核算的"权责发生制"的原则，如实反映、记录受益期内应付未付款、预提费用、待摊费用等会计业务，及时做出会计处理。

（9）及时登记各种货币资金的收支业务的日记账簿，每日结算余额，每月结算本月发生额累计金额的余额。

（10）记账凭证填制要及时，做到当日事当日清。

（11）按时完成上级主管临时安排的其他各项任务。

（12）上班时间不得做与工作无关的事情。

九、资产核算员岗位职责

（1）了解并掌握资产管理制度和核算办法，负责对有关财产使用部门进行财产管理和核算。

（2）负责编制财产的领用分配表，进行会计核算，按资产使用责任制，实行分口、分类管理。

（3）参与固定资产的清查盘点和物品的月末盘点工作，零售企业在财产清查中盘盈、盘亏的固定资产，要分别情况进行不同的处理。

（4）分析财产和物品的使用效果，提高固定资产的利用率。

（5）每月计提固定资产折旧，登记账簿，月末结出资产净值余额，编制固定资产折旧汇总表，做到账表相符、账账相符。

（6）正确划分固定资产和低值易耗品的界限，编制固定资产目录，对固定资产进行分类核算，按照财务制度的有关规定，负责固定资产的明细核算。督促有关部门或管理人员对购置、调入、内部转移、租赁、封存、调出的固定资产办理会计手续，如实反映其全部会计核算内容，包括正确计算固定资产的记账价值，正确计划固定资产的折旧。

（7）年底进行资产清查盘点，对报废处理和出售不使用的资产，按"财产管理责任制"规定办理手续，编制会计凭证，并登记固定资产账户。

（8）负责低值易耗品和物料用品的出库分配，对物料用品中的服务用品、清洁用品、印刷和文具用品、棉织品、玻璃器皿、瓷器、办公用品等，分别按领用日期和项目分类，并按领用部门分别编制分配表以及编制会计凭证。

（9）对物品的领用，做到事先有控制，事后有监督，月底对领用物品的消耗情况进行分析，分别同预算及去年同期进行对比分析，并定期组织分析固定资产的使用效果。

（10）接受和完成主管临时安排的其他工作。

十、审计员岗位职责

（1）在财务经理的领导下，按照国家审计法规、企业财会审计制度的有关规定，负责拟订企业具体审计实施细则，在上级批准后组织执行。

（2）监督企业各部门及下属单位对各项财经规章制度的执行。

（3）控制、考核、纠正下属单位偏离企业整体财务目标计划的行为。

（4）负责或会同其他部门查处企业内滥用职权、有章不循、违反财务制度、贪污挪用财物、泄密、贿赂等行为和经济犯罪的情况。

（5）协助政府审计部门和会计师事务所对企业的独立审计活动。

（6）定期或不定期地进行必要的专项审计、专案审计和财务收支审计。

（7）负责或参与对企业重大经营活动、重大项目、重大经济合同的审计工作。

（8）负责对所有涉及的审计事项，编写内部审计报告，提出处理意见和建议。

（9）负责做好有关审计资料的原始调查及收集、整理、建档工作，按规定保守秘密和保护当事人合法权益。

十一、营业收入核查员岗位职责

1. 日常性工作内容

（1）核对每日的应收账款和发票单位是否一致。

（2）根据核对无误的有关资料，认真完成每日营业收入转账凭证。

（3）核对由收银处交来的收银员交款单和每日银行交款单。

（4）及时核对支票（银行）回单并做好收入凭证。

（5）登记信用卡备查账。

（6）填报当天收入外币金额报表。

2. 周期性的工作内容

（1）负责对每周信用卡、银行回单和信用卡登记表进行核对并做收入凭证。

（2）负责每周检查单位挂账支票及银行支票回单，发现问题及时同收银处联系，并妥善解决。

（3）负责每十天登记各部门外币收入报表，汇总小计，并与有关现金结算进行核对。

（4）负责每五天做信用卡汇总单，认真填写信用卡签购单、银行进账单及交单表送出纳员。

3. 月终性的工作内容

（1）做好企业外币收入报表的月计登记工作，并与全月货币结算进行核对，完成外币转账凭证。

（2）对全月所有的信用卡做好月度登记工作，与全月货币结算表进行核对。

（3）负责信用卡余额的核对工作。

（4）将全月收票户账和明细账、全月支票户账和明细账进行核对。

（5）清理全月应收账款单位的单据并进行归类，用计算机打印全月应收账款明细账和单据，并进行全面细致的核对。

十二、收银出纳员岗位职责

(1)在总出纳的领导下,负责连锁企业的现金收支工作,直接对财务部经理负责。

(2)按照现金管理制度,认真做好现金和各种票据的收付、保管工作。

(3)收付现金准确,在交款人面前点数,如有异议及时解决,保持适当的库存现金限额,超额的库存现金要及时送存银行。

(4)每日及时登记现金日记账,并结出金额,现金的账面额要同实际库存现金相符,对于现金和各种有价证券,要确保安全和完整无缺,如有短缺,应承担后果。

(5)出纳人员保管的印章要严格管理,按照规定用途使用,但签发支票所使用的各印章,应由两人保管。

(6)严格把好现金支付关,根据领导审批,责任会计盖章后的合法凭证,经审批后办理付款,并加盖"现金付讫"戳记。

(7)每日盘点库存现金,做到账款相符,收入的现金、票据必须与账单核对相符并按不同币种、票证分别填写营业日报表,交稽核签收审核。

(8)每日收入现金,必须切实执行"长缴短补"的规定,不得以长补短,发现长款或短款,必须如实向领导汇报。

(9)督促各营业收款点收款后,按时上交营业款,收款完毕后认真核对缴款凭证,并清理现金,将当天营业收入及时送交银行。

(10)备用周转金必须天天核对,不得以白条抵库,一切营业收入现金不准坐支,未经财务经理批准,不能任意挪用现金,也不得将营业现金借给任何部门或个人。

(11)不准套取外汇,也不得私自兑换外币,要切实执行外汇管理制度。

(12)保存好现金支票,并专设登记簿登记,认真办理领用注销手续,不得将空白现金支票交给外单位及个人签发,对于填写错误或作废的支票,必须加盖"作废"戳与存根一并保存。

(13)编制和发放员工工资、奖金,办理工资结算,编制现金记账凭证和有关报表。

十三、会计师岗位职责

1. 负责与收银有关账目来往的会计师职责

(1)制定会计操作规程,控制及平衡预付定金,计算一切应付的佣金。

(2)编制每月的会计应收账款报告书。

(3)处理会计争端及疑问,与信用部经理解决逾期已久而未付账目,并处理乱账。

(4)负责保存零售企业内顾客需按时支付的账目记录。

(5)负责审阅合同中有关的协议、价格及安排,审查或参与拟订经济合同、协议及其他经济文件。

2. 担负企业日常所有费用(薪金除外)支出的会计师职责

(1)核对及处理连锁企业内支付的费用,编制支出分析及其他有关供货单位和个人发票的月结单。

（2）根据企业的支付情况做出分析报告供领导参考，以便控制费用开支，搞好平衡，不超出预算。

（3）对企业日常所支付的费用进行统计和控制，掌握银行存款余额的记录。

（4）处理订单、收入及支出的记录。

十四、资金主管岗位职责

（1）严格遵守财务管理制度，忠于职守、坚持原则、工作认真、钻研业务、严格管理、团结协作。

（2）负责财务部资金运作方面的管理与操作。

（3）负责企业的现金和转账票据的收付工作，当天收入的现金和转账票据要在当天下午下班前送往银行，不得积压和延迟。

（4）按规定结出每天借款发生额累计总数和当天余额，并做到日清日结。

（5）每月核对银行对账单，并做出"未到账调整表"，调整账目，与总分类账核对。

（6）管理和督导日常的外币兑换储蓄业务，包括对每个员工具体的检查、督导、培训，发现问题及时向财务部经理汇报。

（7）每天根据账簿的发生额和余额，编制"现金及银行存款收付日报表"，送财务部经理审阅。

（8）对办理报销的单据，除按会计审查程序重新审核外，还需经财务部经理审批后才予付款，凡不按规定程序签批的单据，一律拒绝付款。

（9）严格遵守现金管理制度和支票使用制度，库存现金按规定限额执行，不得挪用库存现金，不得以白条抵库。

（10）严格执行外汇管理制度，不得违章代办兑换手续，也不得私自套换外币。

（11）与银行外汇管理部门联系，办理有关结算事项，承担出国人员外汇领取的有关手续事项。

（12）抽查各部门出纳员的库存现金和各收款员、售货员的业务周转金，并做出检查报告呈报经理审阅。

（13）做好每天的业务预测，以准备足够的备用金，必要时向经理提供资料，申请暂借备用金。

（14）不定期检查各出纳员的尾箱库存，确保钱账相符。

（15）严格遵守企业的各项规章制度，以身作则，带领所属员工努力做好财务工作，并加强对所属员工的业务培训，提高业务工作水平和工作质量。

第二节　财务管理制度

一、资金管理制度

（1）为加强对连锁企业系统内资金使用的监督和管理，加速资金周转，提高资金利用率,保证资金安全,特制定本办法。

（2）企业应设立资金管理部,在财务总监领导下,办理企业内部独立部门的结算、贷款、外汇调剂和资金管理工作。

（3）特殊情况需专题报告,经批准同意后,各分支机构方可保留其他银行结算业务。

（4）连锁企业的各分店除在附近银行保留一个存款账户办理小额零星结算外,必须在资金部开设存款账户,办理各种结算业务,同时在资金部的结算量和月末余额的比例不得低于80%,10万元以上的大额款项支付必须在资金管理部办理。

（5）各分店应在每年年初根据总经理下达的利润任务编制资金计划。

（6）资产计划编制完成后,报资金管理部,资金管理部根据连锁企业的年度任务、经营发展规划、资金来源及连锁企业的资金效益状况进行综合平衡,报总经理审批后下达执行。

（7）年度中,资金管理部将严格按照限额计划控制连锁企业各分店借款规模。各分支机构如因经营发展需要,贷款或担保超限额的,应专题报告说明资金超限额的原因,以及新增资金的投向、投放量和使用效益,经资金管理部审查核实后,提出意见,报总经理处审批追加。

二、筹资管理工作制度

（一）总则

1. 为规范企业经营运作中的筹资行为,降低资本成本,减少筹资风险,以提高资金运作效益,依据相关规范,结合企业具体情况,特制定本制度。

2. 本制度适用于企业总部、各子公司及各分公司的筹资行为。

3. 本制度所指的筹资,是指权益资本筹资和债务资本筹资。

权益资本筹资是由企业所有者投入以及以发行股票方式筹资;债务资本筹资指企业以负债方式借入并到期偿还的资金,包括短期借款、长期借款、应付债券、长期应付款等方式筹资。

4. 筹资的原则

（1）遵守国家法律、法规原则。

（2）统一筹措,分级使用原则。

（3）综合权衡,降低成本原则。

（4）适度负债,防范风险原则。

5. 资金的筹措、管理、协调和监督工作由企业财务部统一负责。

（二）权益资本筹资

1. 权益资本筹资通过吸收直接投资和发行股票两种筹资方式取得。

（1）吸收直接投资是指企业以协议等形式吸收其他企业和个人投资的筹资方式。

（2）发行股票筹资是指企业以发行股票方式筹集资本的方式。

2. 企业吸收直接投资程序

（1）吸收直接投资须经企业股东大会或董事会批准。

（2）与投资者签订投资协议，约定投资金额、所占股份、投资日期及投资收益与风险的分担等。

（3）财务部负责监督所筹集资金的到位情况和实物资产的评估工作，并请会计师事务所办理验资手续，企业据此向投资者签发出资报告。

（4）财务部在收到投资款后应及时建立股东名册。

（5）财务部负责办理工商变更登记和企业章程修改手续。

3. 吸收投资不得吸收投资者已设有担保物权及租赁资产的出资。

4. 筹集的资本金，在生产经营期间内，除投资者依法转让外，不得以任何方式抽走。

5. 投资者实际缴付的出资额超出其资本金的差额（包括企业发行股票的溢价净收入）及资本汇率折算差额等计入资本公积金。

6. 发行股票筹资程序

（1）发行股票筹资必须经过股东大会批准并拟订发行新股申请报告。

（2）董事会向有关授权部门申请并经批准。

（3）公布公告、招股说明书和财务会计报表及附属明细表，与证券经营机构签订承销协议。定向募集时向新股认购人发出认购公告或通知。

（4）招认股份，缴纳股款。

（5）改组董事会、监事会，办理变更登记并向社会公告。

7. 企业财务部建立股东名册，其内容包括股东姓名、名称、住所及各股东所持股份、股票编号及股东取得股票的日期等。

（三）债务资本筹资

1. 债务资本的筹资工作由企业财务部统一负责。经财务部批准分支机构可以办理短期借款。

2. 企业短期借款筹资程序

（1）根据财务预算和预测，企业财务部应先确定公司短期内所需资金，编制筹资计划表。

（2）按照筹资规模大小，分别由财务部经理、财务总监和总经理审批筹资计划。

（3）财务部负责签订借款合同并监督资金的到位和使用，借款合同内容包括借款人、借款金额、利息率、借款期限、利息及本金的偿还方式及违约责任等。

（4）双方法人代表或授权人签字。

3. 企业短期借款审批权限

短期借款采取限额审批制，投资限额标准如下（超过限额标准的由企业董事会批准）：

（1）财务部经理审批限额：10万元。

（2）财务总监审批限额：50万元。

（3）总经理审批限额：100万元。

4. 在短期借款到位当日，企业财务部应按照借款类别在短期筹资登记簿中登记。

5. 企业按照借款计划使用该项资金，不得随意改变资金用途，如有变动须经原审批机构批准。

6. 企业财务部及时计提和支付借款利息并实行岗位分离。

7. 企业财务部建立资金台账,以详细记录各项资金的筹集、运用和本息归还情况。财务部对于未领取利息单独列示。

8. 企业长期债务资本筹资包括长期借款、发行企业债券及长期应付款等方式。

9. 企业长期借款必须编制长期借款计划使用书,包括项目可行性研究报告、项目批复、企业批准文件、借款金额、用款时间与计划及还款期限与计划等。

10. 长期借款计划由企业财务部经理、财务总监和总经理依其职权范围进行审批。

11. 企业财务部负责签订长期借款合同,其主要内容包括贷款种类、用途、贷款金额、利息率、贷款期限、利息及本金的偿还方式和资金来源、违约责任等。

12. 长期借款利息的处理

(1)筹资期间发生的应计利息计入开办费。

(2)生产期间发生的应计利息计入财务费用。

(3)清算期间发生的应计利息计入清算权益。

(4)购建固定资产或无形资产有关的应计利息,在资产尚未交付使用或者虽已交付使用但尚未办理竣工决算之前,计入购建资产的价值。

13. 企业发行债券筹资程序

(1)发行债券筹资应先由股东大会做出决议。

(2)向国务院证券管理部门提出申请并提交企业登记证明、企业章程、企业债券募集办法及资产评估报告和验资报告等。

(3)制定企业债券募集办法,其主要内容包括企业名称、债券总额和票面金额、债券利率、还本付息的期限和方式、债券发行的起止日期、公司净资产、已发行尚未到期的债券总额及公司债券的承销机构等。

(4)同债券承销机构签订债券承销协议或包销合同。

14. 企业发行的债券应载明公司名称、债券票面金额、利率以及偿还期限等事项,并由董事长签名、公司盖章。

15. 企业债券发行价格可以采用溢价、平价、折价三种方式,公司财务部保证债券溢价和折价采用直线法合理分摊。

16. 公司对发行的债券应置备公司债券存根簿予以登记。

(1)发行记名债券的,企业债券存根簿应记明债券持有人的姓名、名称及住所、债券持有人取得债券的日期及债券编号、债券总额、票面金额、利率、还本付息的期限和方式及债券的发行日期。

(2)发行无记名债券的,应在企业债券存根簿上登记债券的总额、利率、偿还期限和方式及发行日期和债券的编号等。

17. 企业财务部在取得债券发行收入的当日,即应将款项存入银行。

18. 企业财务部指派专人负责保管债券持有人明细账,并组织定期核对。

19. 企业按照债券契约的规定及时支付债券利息。

20. 企业债券的偿还和购回在董事会的授权下由企业财务部办理。

21. 企业未发行债券必须由专人负责管理。

22. 其他长期负债筹资方式还包括补充贸易引进设备价款和融资租入固定资产应付

的租赁费等形成的长期应付款。

23. 由企业财务部统一办理长期应付款。

（四）企业筹资风险管理

1. 企业应定期召开财务工作会议，并由财务部对企业的筹资风险进行评价。

企业筹资风险的评价准则如下：

（1）以企业固定资产投资和流动资金的需要决定筹资的时机、规模和组合。

（2）筹资时应充分考虑企业的偿还能力，全面衡量收益情况和偿还能力，做到量力而行。

（3）对筹集来的资金、资产、技术具有吸收和消化的能力。

（4）筹资的期限要适当。

（5）负债率和还债率要控制在一定范围内。

（6）筹资要考虑税款减免及社会条件的制约。

2. 企业筹资效益的决定性因素是筹资成本，这对于选择评价企业筹资方式有重要意义。公司财务部采用加权平均资本成本最小的筹资组合评价企业资金成本，以确定合理的资本结构。

3. 筹资风险的评价方法采用财务杠杆系数法。财务杠杆系数越大，企业筹资风险也越大。

4. 公司财务部应依据企业经营状况、现金流量等因素合理安排借款的偿还期及归还借款的资金来源。

（五）附则

1. 本制度由财务部编制，解释权、修改权归财务部。

2. 本制度经企业董事会审核批准后，自公布之日起实施。

三、资金预算制度

1. 为提高连锁企业的经营效益，配合财务部门统筹并灵活运用资金，以充分发挥经济效用，特制定本制度。

2. 本制度所称资金是指库存现金、银行存款及随时可变现的有价证券。为编表计算及收支运用方便，预计资金仅指现金及银行存款，随时可变现的有价证券则归属于资金调度之列。

3. 资金提供部门除应在年度经营计划书编写时提送年度资金预算外，应于每月 24 日前逐月预计后三个月资金收支资料，并送会计部门，以便汇编。

4. 连锁企业的会计部门应于每月 28 日前编妥后三个月的资金来源运用预计表，按月配合修订，并于下月 15 日前编好上月实际与预计比较编制资金来源运用比较表。表格一式四份，呈报总经理审阅后，一份自存，一份留存总经理室，一份送财务部，一份送总部管理处。

5. 收入。

（1）内外销收入。营业部门依据各种销售条件及收款期限，预计可收（兑）现数编列。

（2）劳务收入。营业部门收受同业产品代为加工,依连锁企业收款条件及合约规定预计可收(兑)现数编列。

（3）退税收入。

◎退税部门依据申请退税进度,预计可退现数。

◎预计核退营业税虽非实际退现,但它能抵缴现金支出,应视同退现。

6. 其他收入。凡无法直接归属于上项收入者皆属其他收入,包括财务收入、增资收入、下脚收入等。其数额在 30 万元以上者,均应加以说明。

7. 资本支出。

（1）购地支出。依土地管理小组或特定经办部门依据购地支付计划提供的支付预算数编列。

（2）房屋。营建部门依据兴建工程进度,预计所需支付资金编列。

（3）设备分期付款、分期缴纳关税等。会计部门依据分期付款偿付日期予以编列。

（4）机械设备、各项设备、预付工程定金等。总务部门依据工程合约及进度,预定支付预算及资材部门依据外购 L/C（信用证）开立计划,预计支付资金编列。

8. 资材部门依请购、采购、结汇作业,分别预计内外购原材料支付资金编列。

9. 会计部门依据产销计划等资料及最近实际发生数,斟酌预计支付数编列。

10. 经常费用。

（1）委托加工费用。委托加工经办部门应参照委托加工厂商约定付款条件等资料,斟酌预计支付数编列。

（2）制造费用。会计部门依据生产计划,参考制造费用有关资料及最近实际发生数,并斟酌预计支付数编列。

（3）推销费用。营业部门依据营业计划,参照以往月份推销费用占营业额的比例推算编列。

（4）管理费用。会计部门参照以往实际数及管理部门工作计划编列。

（5）财务费用。会计部门依据财务部门资金调度情形,核算利息支付编列。

11. 凡不属于上列各项支出的皆属其他支出,包括偿还长期贷款、股息、红利等;其数额在 30 万元以上的,均应加说明。

12. 异常说明。连锁企业应按月编制资金来源运用比较表,以了解资金实际运用情形;其中实际数与预计比较每项差异在 10% 以上的,应由资料提供部门填列资金差异报告表,列明差异原因,于每月 10 日前送会计部门汇编。

四、企业投资管理制度

（一）总则

1. 为加强企业投资管理,规范企业投资行为,提高资金运作效率,保证资金运营的安全性和收益性,根据外部规范与企业具体情况,特制定本制度。

2. 本制度适用于企业总部、各分店的投资行为。

3. 本制度所指投资分对外投资和对内投资两部分。

（1）对外投资指将货币资金及经济资产评估后的房屋、机器、设备、物资等实物及专利权、商标权和土地使用权等无形资产作价出资，进行各种形式的投资活动。

（2）对内投资指利用自有资金或从银行贷款进行基本建设、技术更新改造及购买和建造大型机器、设备等投资活动。

4. 投资目的

（1）充分有效地利用闲置资金或其他资产，进行适度的资本扩张，以获取较好的收益，确保资产保值增值。

（2）改善装备水平，增强市场竞争能力，扩大经营规模，培育新的经济增长点。

5. 投资原则

（1）遵守国家法律、法规，符合国家产业政策。

（2）符合公司的发展战略。

（3）规模适度，量力而行，不能影响自身主营业务的发展。

（二）对外投资

1. 对外投资按投资期限可分为短期投资和长期投资

（1）短期投资包括购买股票、企业债券、金融债券或国库券及特种国债等。

（2）长期投资包括：

◎出资与企业外部企业及其他经济组织成立合资或合作制法人实体。

◎与境外企业、企业和其他经济组织开办合资、合作项目。

◎以参股的形式参与其他法人实体的生产经营。

2. 投资业务的职务分离

（1）投资计划编制人员与审批人员分离。

（2）负责证券购入与出售的业务人员与会计记录人员分离。

（3）证券保管人员与会计记录人员分离。

（4）参与投资交易活动的人员与负责有价证券盘点工作的人员分离。

（5）负责利息或股利计算及会计记录的人员与支付利息或股利的人员分离，并尽可能由独立的金融机构代理支付。

3. 企业短期投资程序

（1）企业财务部应根据公司资金盈余情况编报资金状况表。

（2）证券资金部分分析人员根据证券市场上各种证券的情况和其他投资对象的赢利能力编报短期投资计划。

（3）企业的财务部经理、财务总监和董事会按短期投资规模大小和投资重要性，分别依照各自的职权审批该项投资计划。

4. 企业财务部按照短期证券类别、数量、单价、应计利息及购进日期等项目及时登记该项投资。

5. 企业应建立严格的证券保管制度，至少由两名以上人员共同控制，不得一人单独接触有价证券，证券的存入和取出须详细记录在证券登记簿内，并由在场的经手人员签名。

6. 企业购入的短期有价证券须在购入当日记入公司名下。

7. 有价证券的盘点工作应由企业财务部和证券资金部负责组织实施。

(1)证券保管员和会计人员应在每月结束时进行月终盘点,并完成下列程序:

◎盘点前必须将截止到当月最后一天的证券登记入账并计算出结存额。

◎实地清点实物,核对卡片。

◎月终编制"有价证券盘点表"。

(2)财务部根据"有价证券盘点表",认为必要时,可以抽样核对,复核盘点表。

(3)年终时,根据公司盘点指令,组织人员,全面清点,编制"有价证券盘点表",并由企业财务部负责人(或聘请注册会计师)参加监盘。

8. 企业财务部应对每一种证券设立明细账加以反映,每月还应编制证券投资和盈亏报表,对于债券应编制折、溢价摊销表。

9. 企业财务部应将投资收到的利息、股利及时入账。

10. 应由财务部经理、财务总监及董事会按其职权批准处置公司短期投资。

11. 企业对外长期投资按投资项目的性质分为新项目和已有项目增资。

(1)新项目投资是指投资项目经批准立项后,按批准的投资额进行的投资。

(2)已有项目增资是指原有的投资项目根据经营需要,在原批准投资额的基础上增加投资的活动。

12. 对外长期投资程序

(1)财务部协同投资部门确定投资目的并对投资环境进行考察。

(2)对外投资部门在充分调查研究的基础上编制投资意向书。

(3)对外投资部门编制项目投资可行性研究报告并上报财务部和总经理办公室。

(4)财务部协同对外投资部门编制项目合作协议书。

(5)按国家有关规定和本办法规定的程序办理报批手续。

(6)对外投资部门制定有关章程和管理制度。

(7)对外投资部门项目实施运作及其经营管理。

13. 对外投资权限

(1)所有对外长期投资项目,均由总公司批准或由总公司转报董事会批准,各子公司、分公司无对外投资权,但享有投资建议权。

(2)总公司应在受理对外长期投资项目立项申请后一个月内做出投资决策。

14. 经批准后的对外长期投资项目,一律不得随意增加投资,如确需增资,必须重报投资意向书和可行性研究报告。

15. 对外长期投资兴办合营企业对合营合作方的要求

(1)要有较好的商业信誉和经济实力。

(2)能够提供合法的资信证明。

(3)根据需要提供完整的财务状况、经营成果等相关资料。

16. 对外长期投资项目必须编制投资意向书。项目投资意向书的主要内容包括:

(1)投资目的。

(2)投资项目的名称。

(3)项目的投资规模和资金来源。

（4）投资项目的经营方式。

（5）投资项目的效益预测。

（6）投资的风险预测（包括汇率风险、市场风险、经营风险、政治风险）。

（7）投资所在地（国家或地区）的市场情况、经济政策。

（8）投资所在地的外汇管理规定及税收法律法规。

（9）投资合作方的资信情况。

17．国（境）外投资项目还应提供如下资料：

（1）有关投资所在国（地区）的现行外汇投资的法令、法规，税收规章及外汇管理规定。

（2）投资所在国（地区）的投资环境分析、合作伙伴的资信状况。

（3）投资外汇资金来源证明及投资回收计划。

（4）本国驻外使馆对项目的审查意见。

（5）本国外汇管理部门要求提供的其他资料。

18．投资意向书（立项报告）报总公司批准后，对外投资部门应委托专业设计研究机构负责编制可行性研究报告。项目可行性研究报告的主要内容包括以下内容。

（1）总论

◎项目提出的背景，项目投资的必要性及其经济意义。

◎项目投资可行性研究的依据和范围。

（2）市场预测和项目投资规模

◎国内外市场需求预测。

◎国内现有类似企业的生产经营情况的统计。

◎项目进入市场的生产经营条件及经销渠道。

◎项目进入市场的竞争能力及前景分析。

（3）投资估算及资金筹措

◎项目的注册资金及其生产经营所需资金。

◎资金的来源渠道、筹集方式及贷款的偿还办法。

◎资金回收期的预测。

◎现金流量计划。

（4）项目的财务分析

①项目前期开办费以及建设期间各年的经营性支出。

②项目运营后各年的收入、成本、利润和税金测算，可利用投资收益率、净现值及资产收益率等财务指标进行分析。

（5）项目敏感性分析及风险分析。

19．财务部和对外投资部门应在项目可行性研究报告报总公司批准后，编制项目合作协议书（合同）。项目合作协议书（合同）的主要内容包括：

（1）合作各方的名称、地址及其法定代表人。

（2）合作项目的名称、地址、经济性质、注册资金及其法定代表人。

（3）合作项目的经营范围和经营方式。

（4）合作项目的内部管理形式、管理人员的分配比例、机构设置及实行的财务会计制度。

（5）合作各方的出资数额、出资比例、出资方式及出资期限。

（6）合作各方的利润分成办法和亏损责任分担比例。

（7）合作各方违约时应承担的违约责任以及违约金的计算方法。

（8）协议（合同）的生效条件。

（9）协议（合同）的变更、解除的条件和程序。

（10）出现争议时的解决方式及选定的仲裁机构和所适用的法律。

（11）协议（合同）的有效期限。

（12）合作期满时财产清算办法及债权债务的分担。

（13）协议各方认为需要制定的其他条款。

项目合作协议书（合同）由总公司法人代表签字生效，或由总公司法人代表授权委托代理人签字生效。

20. 对外长期投资协议签订后，公司协同办理出资、工商和税务登记及银行开户等工作。

21. 确定对外投资价值及投资收益的原则

（1）以现金、存款等货币资金方式向其他单位投资的，按照实际支付的金额计价。

（2）以实物、无形资产方式向其他单位投资的，按照评估确认或者合同、协议约定的价值计价。

（3）企业认购的股票，按照实际支付款项计价。实际支付的款项中含有已宣告发放但尚未支付股利的，按照实际支付的款项扣除应收股利后的差额计价。

（4）企业认购的债券，按照实际支付的价款计价。实际支付款项中含有应计利息的，按照扣除应计利息后的差额计价。

（5）溢价或者折价购入的长期债券，其实际支付的款项（扣除应计利息）与债券面值的差额，在债券到期以前，分期计入投资收益。

（6）企业以实物、无形资产向其他单位投资的，其资产重估确认价值与其账面净值的差额计入资本公积金。企业以货币资金、实物、无形资产和股票进行长期投资，对被投资单位没有实际控制权的，应当采用成本法核算，并且不因被投资单位净资产的增加或者减少而变动；拥有实际控制权的，应当采用权益法核算，按照在被投资单位增加或者减少的净资产中所拥有或者分担的数额，作为企业的投资收益或者投资损失，同时增加或者减少企业的长期投资，并且在企业从被投资单位实际分得股利或者利润时，相应增加或者减少企业的长期投资。

（7）企业对外投资分得的利润或者股利和利息，计入投资收益，按照国家规定缴纳或者补缴所得税。

（8）企业收回的对外投资与长期投资账户的账面价值的差额，计入投资收益或者投资损失。

22. 对外长期投资的转让与收回

（1）出现或发生下列情况之一时，企业可以收回对外投资。

◎按照章程规定,该投资项目(企业)经营期满。

◎由于投资项目(企业)经营不善,无法偿还到期债务,依法实施破产。

◎由于发生不可抗力而使项目(企业)无法继续经营。

◎合同规定投资终止的其他情况出现或发生时。

(2)出现或发生下列情况之一时,可以转让对外长期投资:

◎投资项目已经明显有悖于企业经营方向的。

◎投资项目出现连续亏损且扭亏无望没有市场前景的。

◎由于自身经营资金不足急需补充资金时。

◎总公司认为有必要的其他情形。

投资转让应严格按照《公司法》和企业章程有关转让投资的规定办理。

(3)对外长期投资转让应由总公司财务部会同投资业务管理部门提出投资转让书面分析报告,报总公司批准。

(4)对外长期投资收回和转让时,相关责任人员必须尽职尽责,认真做好投资收回和转让中的资产评估等项工作,防止企业资产流失。

23. 企业累计对外投资不得超过企业净资产的50%。

(三)对内投资

1. 企业对内投资程序

(1)编制投资项目可行性研究报告。

(2)编制投资项目初步设计文件。

(3)编制基本建设及技术更新改造年度投资建议计划。

(4)按本制度规定的权限办理报批手续。

2. 企业对内投资权限

对内投资采取限额审批制,超过限额标准的由企业董事会批准。

3. 可行性研究报告的编制

(1)企业项目承办单位要在进行充分的调查研究和必要的勘察工作以及科学实验的基础上,对建设项目建设的必要性、技术的可行性和经济的合理性提出综合研究论证报告。

(2)承担可行性研究工作的单位必须是有资格的工程勘察设计单位或科研单位。

(3)建设项目可行性研究报告的编制办法和内容及深度按国家有关规定执行。

(4)建设项目可行性研究报告由企业财务部按本办法规定的权限报批。未经批准不得擅自改变建设项目的性质和规模及标准,如需改变必须报原审批机构审批。

4. 初步设计文件的编制

(1)企业项目承办单位根据批准的可行性研究报告委托有资格的勘察设计或科研单位进行工程初步设计。

(2)初步设计必须以批准可行性研究报告为依据,不得任意修改、变更建设内容,扩大建设规模或提高建设标准,初步设计概算总投资一般不应突破已批准的可行性研究报告投资控制数。概算总投资如超过已批准的可行性研究报告投资控制数的10%,必须重新报批可行性研究报告。

（3）经批准的初步设计文件,如确需进行设计修改和概算调整,必须由原初步设计文件编制单位提出具体修改及调整意见,经建设单位审查确认后报原批准单位批准。

5. 年度计划和统计

（1）各分支机构所有新建、续建基本建设及技术更新改造项目,必须编报基本建设及技术更新改造年度投资建议计划。

（2）年度投资建议计划于每年9月底前报总公司审批。总公司于每年1月底前下达当年基本建设及技术更新改造年度投资计划。

（3）凡列入企业基本建设及技术更新改造年度投资计划的投资项目,不需再行办理审批手续,当年新增加的基建及技改项目,必须按规定的投资限额办理报批手续,并增补列入当年投资计划。

（4）编制年度计划,除认真填报有关的计划表外,还要有必要的文字说明,数字要准确,文字要精练。

（5）各分支机构必须严格执行总公司下达的年度投资计划,无权自行调整,如确需调整,必须履行报批手续。

（6）各分支机构必须及时、准确地向总公司报送基本建设及技术更新改造统计报表。

6. 竣工验收

（1）基本建设和技术改造工程完工后,项目承办单位应及时办理竣工验收手续。一般由企业财务部协同项目承办部门组织竣工验收。

（2）工程竣工验收参照有关国家标准执行。

（3）对于工程竣工资料及验收文件,财务部和项目承办单位应及时归档。

（四）投资管理机构

1. 企业有关归口管理部门或分支机构为项目承办单位,具体负责投资项目的信息收集、项目建议书及可行性研究报告的编制、项目申报立项和实施过程中的监督、协调以及项目竣工后的评价工作。

2. 企业财务部负责投资效益评估、技术经济可行性分析、资金筹措、办理出资手续及对外投资资产评估结果的确认等。

3. 对专业性较强或较大型投资项目,其前期工作应组成专门项目可行性调研小组来完成。

4. 企业法律顾问和审计部门负责对项目的事前效益审计、协议、合同及章程的法律主审。

5. 企业分支机构的对外投资活动必须报总公司批准后方可进行,各分支机构不得自行办理对外投资。

（五）附则

1. 本制度由财务部编制,解释权、修改权归财务部。

2. 本制度经企业董事会讨论决定后,自公布之日起实施。

五、现金管理制度

1. 为了加强连锁企业的现金管理,健全现金收付制度,严格执行现金结算纪律,特制定本制度。

2. 财会部门

（1）收付现金必须根据规定的合法凭证办理，不准白条顶款，不准垫支挪用。

（2）库存现金不准超过银行规定的限额，超过限额要当日送存银行。如因特殊原因滞留超额现金过夜的，必须经部门领导批准，并设专人看守。

（3）库存现金必须每日核对清楚，保持账款相符；如发生长短款问题要及时向领导汇报，查明原因按"财产损益处理办法"进行处理，不得擅自将长短款相互抵补。

（4）因公外出或购买物品需借用现金时，出纳人员一律凭领导审批的借条方可付款。

（5）外出人员返回后三日内应主动向财会部门报账；如因手续没有办完，可将所剩现金先行交回，于七日内必须办理转账手续。

（6）购买物品所借现金必须当日报账；如因一时购买有困难，次日需向财会部门说明原因，三日内不报账的，出纳人员有权收回所借现金。

（7）出纳人员不得擅自将部门现金借给个人或其他部门，不准谎报用途套取现金，不准利用银行账户代其他部门或个人存入或支取现金，不准将部门收入的现金以个人名义存入银行，不准保留账外公款。

（8）会计室收到售货员或收款员交来的现金时要经双人清点复核后在缴款单上签字盖章，并于当日全部送交银行，不得滞留和坐支。送款要用专车，同时应坚持双人送款制度。

（9）外埠客户购货余款原则上退汇原部门，不得支付现金或转入其他部门账户（如因特殊情况报财务审计部研究解决）。

（10）财会部门收到货场人员交来拣拾的现金后应开收据，转做收溢处理。如顾客找回来后，应如数冲回，退还本人。

保管现金的部位要有安全防范措施，门要安装保险锁，存放现金要用保险柜。保险柜钥匙要有专人保管。下班时要检查窗户、保险柜是否关闭，门锁好后，方能离开。

3. 收款台、柜台

（1）现金的管理

◎连锁企业收款员、售货员收到顾客现金时要看清面值，按规定放进钱箱。对大面额现钞（50元以上）要经验钞机验证，以防假币。

◎售货员、收款员拣、拾、找给顾客的零钱要及时登在备查簿上，单独保管。营业终了后交给会计室，不得挪作他用。

◎因业务需要换零用款时，必须双人经手，交叉复核，防止丢失、短少或发生其他问题。

◎当日销货现金必须经双人交叉复核、填写交款清单签字或盖章，双人送交会计室；柜台、收款台不得存放现金过夜，以免发生意外事故。

◎每日业务终了，业务周转金要经双人清点复核后，进行封包，注明数额，加封盖章或签字，交会计室出纳员统一保管。次日启封时，也要经双人清点，数额相符后再进行使用。

（2）收受支票

◎收受顾客支票、汇票要坚持三天后付货的原则，防止收受空头支票或无效支票。

◎收到顾客支票时，要审查支票内容有无涂改、是否在有效期内、大小写数字是否相符、印鉴是否清晰。收到后应及时交门店会计室送交银行,待银行收妥入账后再付货,以防发生诈骗或冒领。

◎建立收受支票登记本,记清签发部门的电话号码及联系人、收款日期、金额,以便发生退票或者其他问题时进行查找。对于已挂失支票不能收,同时应追究其来源。

◎在退款中,要坚持交现金退现金、交支票退支票,不得以支票换取现金。

◎连锁企业各职能部室及所属各门店处理废旧物品所得现金及其他收入的现金,必须送交财务部门转账,经办人员不得长期存放,或以个人名义、集体名义存入银行。严禁私设小金库。

六、零用金管理制度

1. 有关零用金的支付和管理权利划分如下。

(1)财务部负责本企业零用金的支付。

(2)总务组负责设置零用金管理人员。

2. 企业每月零用金要经常保持固定数目,将来视实际状况或减或增,可另做规定。

3. 企业零用金借支程序。

(1)企业零星费用开支,如需预备现金,应填写零用金借(还)款通知单,交零用金管理人员,即凭单支给现金。

(2)零用金的暂支,不得超过规定数目,特别情况应由相关部门经理核准。

(3)零用金的借支,经手人应于七天内取得正式发票或收据,并加盖经手人与主管的费用章后,交零用金管理人员冲转借支;如超过七天尚未办理冲转手续时应将该款转入经手人私人借支户,并于当月发薪时一次扣还。

4. 连锁门店零用金保管及作业程序。

(1)零用金的收支应设立零用金账户,并编制收支日报送呈经理核阅。

(2)零用金管理人员每星期应将收到的发票或收据,编制零用金支出传票一次,送交企业财务部。

(3)企业财务部收到零用金支出传票后,应于当天即行付款,以保持零用金总额与周转。

(4)企业财务部收到零用金支出传票,补足零用金后,如发现单据有疑问,可直接通知经手人办理补正手续;如经手人延迟不办应按照企业有关规定办理。

(5)零用金账户应逐月结清。

5. 零用金由保管人出具保管收据,存企业财务部,如有短少由保管人员负责赔偿。

6. 本规定自批准后实施。

七、固定资产管理制度

(1)凡有关固定资产的分类编号、添置改良、验收、保管、调拨、出售、报废、盘点等手续,均要按照本制度办理。

（2）本制度所称固定资产包括土地、房屋及附属设施、机器设备、运输设备及其他设备等，其使用年限在两年以上，购价在 500 元以上者。小型工具其耐用年限在两年以上，而价值在 500 元以下者，虽不必编号设卡，但必须设簿登记列入管理。

（3）财务部为本企业固定资产管理部门，负责统一编号、资产调配，并责成各部门对其资产作妥当管理。

（4）财务部除在总分类账中设置统一科目外，并应设置固定资产分类账，记载各项资产的价值，各部门主管负责本部门固定资产的管理工作。

（5）固定资产编号目录由财务部编印分发到各部门，新购置的固定资产由财务部编号后填入《固定资产验收单》内。

（6）固定资产的请购由请购部门填请购单，先送财务部查核无相应资产可供调配时，再按权责规定呈核后交采购人员实施采购。

（7）应在请购单中详细填写请购设备的中英文名称、规格、型别、性能、质量等资料，以作为采购及验收的依据。

（8）各部门除依年度经营计划编列设备购置计划外，因特殊需要的添购，应说明其添购的效益。

（9）自制设备前，应先与制造部门议定价格，按权责规定呈核后制造。制造费用按成本转账，如有差价则做内部损益处理。

（10）固定资产使用部门应随时注意保养各类固定资产，并尽保管之责，至于改良其增加资产效能在两年以上者，应填《固定资产（改良）验收单》，并入原固定资产余额内计算。

（11）请购的固定资产到货，或自制完工后，由使用部门验收，并填写《固定资产验收单》一式三联送请财务部将该项固定资产编号。第一联由使用部门留存；第二联连同发票及请购核准文件由财务部编制传票付款或转账后存查；第三联则由财务部送资料中心供计算机处理作业。

（12）凡经验收合格并由财务部编妥号码的固定资产，使用部门应即以喷字或其他方式将编号印记于该项固定资产上。

（13）各部门指定的固定资产负责人应妥善保管验收单的第三联，并在其背面记载资产的增减及调拨，随时与财务部核对资料，保持资料一致。

（14）各部门间固定资产的调拨，应填写《固定资产调拨单》。

（15）非经理级以上主管的批准，固定资产不得外借。

（16）固定资产损耗无法修理，或修理不合经济原则，以及废弃不用的固定资产，应填写《固定资产报废出售单》，拟具处理意见送财务部，呈上级核准后，会同各部门指定的负责人及企业管理部门出售。出售时应开具发票办理发货手续，并在第二联上附记栏注明报废单号，以便核对。

（17）出售后的财产，固定资产管理人应将该项固定资产的验收单送财务部存查。

（18）报废的资产无法出售时，应将其移交选用的企业管理部门。

八、固定资产计价、折旧管理制度

1. 固定资产的计价就是按照一定的原则,用货币来表现的固定资产价值。

2. 在会计核算工作中,固定资产统一按以下规定计价。

(1)新建、购入和调入的固定资产,分别按造价、购价和调拨价入账。

(2)购入和调入固定资产的运杂费不计入固定资产的原价之内,直接在费用支出中列支。

(3)自制的固定资产,按所开支的工料费计价入账。

(4)原有固定资产增添零配件(不包括维修消耗用品),按开支金额计入固定资产原值。

(5)无价调入和旧存的固定资产,不能查明定价的,可以按重置价估价入账。

(6)调出、变卖和报废的固定资产,都按账面原价注销。

(7)原有的固定资产,有下列情况之一的,需相应增减其原值。

◎因加工改制而增加其数量或提高质量时,要按新开支的成本费增加其原值。

◎成套设备,因毁损或拆除其原有一部分时,应减少其原值。

◎大修理、修缮和维修新开支的费用,均不增加固定资产的原值。

◎收受捐赠的固定资产,按重置完全价值估计价格。

3. 固定资产需要变价处理时,应报请主管部门审查批准。

4. 固定资产变价处理后,根据批准的书面证明,由财产管理部门按账面原值销账,并在批准的书面证明上注明财产变价,送交财务会计部门结算和记账。

5. 固定资产在使用过程中,由于逐渐磨损而减少的价值,称为固定资产折旧。

6. 用货币形式转移到产品成本中去的那一部分损耗价值,称为固定资产折旧费。

7. 随着产品销售的实现,从销售收入中收回相应一部分货币资金,并积累起来用于固定资产更新、改造。

8. 固定资产的折旧额是按照固定资产的原始价值及其预计使用的时间平均计算的。

9. 由于固定资产在报废、清理时,会有残值发生,其价值应预先估计,在计算折旧额时从固定资产净值中减去。

10. 在清理固定资产时,还会发生一些拆卸、搬运费用,在计算折旧额时也应预先估计,加到固定资产原值中去。

11. 固定资产年折旧额计算公式如下。

(1)按年折旧的。年折旧额计算公式如下。

$$年折旧额 = (固定资产原价 - 预计残值 + 预计清理费用) \div 预计使用年限$$

(2)固定资产折旧额的计算,一般是分月进行的,所以在实际运用中,应将年折旧额化为月折旧额。月折旧额的计算公式如下。

$$月折旧额 = 年折旧额 \div 12$$

(3)固定资产折旧额对固定资产原始价值的比例,就是固定资产的折旧率。折旧率通常是以百分数来表示的。其计算公式如下。

$$年折旧率 = (年折旧额 \div 固定资产原值) \times 100\%$$
$$月折旧率 = 年折旧率 \div 12$$

九、财产溢余、损失管理制度

1. 为规范财产溢余、损失的管理,特制定本制度。

2. 连锁企业员工在工作中由于未按手续制度和操作规程办事或因责任心不强等因素而造成的错收、错付商品或现金,错记账卡,商品丢失短少、残损霉变,低值易耗品短缺损失,以及商品价格问题而使企业遭受不可挽回的损失,均列为责任事故损失范围。

3. 连锁企业主管有权处理一次价值在 100 元以下的商品损溢,超过 100 元的上报企业财务审计部。

4. 行政部有权处理一次价值在 300 元以下的低值易耗品、材料物资的损溢,超过 300 元的上报企业财务审计部。

5. 财务审计部负责人有权处理一次价值在 100 元以上 500 元以下的财产损益,超过 500 元的上报企业经理处理。

6. 现金短少损失一律由责任人赔偿。

7. 发现大面值伪钞一律上报企业经理处理。

8. 商品残损变质削价处理损失权限应按照物价部门的有关规定处理。

9. 购进商品溢余的账务处理。发生商品溢余时,先通过核算,待查明原因后分别不同情况处理。

(1)属于自然溢余的,作为营业外收入。

(2)属于供货部门多发商品,连锁企业同意补做购进的,应补付货款。

(3)属于供货部门多发商品,连锁企业不同意补做购进的,应按溢余金额减少库存商品,同时将溢余商品作为代管商品处理。

10. 购进商品损失的账务处理。尚待查明原因和需要报经批准转销的商品损失,先通过核算,待查明原因后分别不同情况处理。

(1)属于应由供应部门、运输机构、保险公司或其他过失人负责赔偿的损失,在"应收账款"或"其他应收款"中核算。

(2)属于自然灾害造成的损失,应将扣除残料价值和保险公司赔款后的净损失转为"营业外支出"。

(3)属于无法收回的经济损失,报经批准后列为"经营费用"。

11. 库存商品溢余的账务处理。

(1)在发生商品盘点溢余时,先通过"待处理财产损溢"核算。

(2)报经企业经理批准后,做冲减"经营费用"处理。

12. 库存商品损失的账务处理。发生商品盘点损失时,先通过"待处理财产损溢"核算,查明原因后,分情况进行处理。

(1)属于应由保险公司或其他过失人赔偿的损失,在"其他应收款"核算。

(2)属于自然灾害造成的损失,应将扣除残料价值和保险公司赔款后的净损失转为

"营业外支出"。

（3）属于无法收回的其他损失，报经批准后列为"经营费用"。

13. 低值易耗品、材料物资损失的账务处理。发生低值易耗品、材料物资盘点损失时，先通过"待处理财产损益"核算，查明原因后，分别情况进行处理。

（1）属于应由保险公司或其他过失人赔偿的损失，在"其他应收款"核算。

（2）属于自然灾害造成的损失，应将扣除残料价值和保险公司赔款后的净损失转为"经营费用"或"管理费用"。

（3）属于无法收回的其他损失，报经批准后列为"经营费用"或"管理费用"。

第三节　财务管理常用表格

一、财务管理调查表（一）

区　分	调查项目	主要检讨事项	记　事
会计组织	1. 规格	会计组织与经营规模是否配合	
	2. 结算体系	分类账及辅助账对总结算的关系	
	3. 账簿	辅助账簿与总控制账簿的关系	
	4. 传票	会计单位与其他单位的联络状态	
处理手续	1. 速度	结算的迅速程度 迟延的原因	
	2. 传票的流动	开发、检证、出纳等记账程序及手续如何 传票的流通及内部牵制是否确立	
	3. 账簿的样式	会计部门的账簿传票与其他部门的类似 及重复情形 传票样式的改善与简化 传票类的样式的标准化	
项　目	1. 余额	应付账款与应收账款的差额 票据的利用方法是否适当	
	2. 存活资产	评价存货的方法是否适当 账目上的存量与实际存量的差异如何处理 存货是否过多	
	3. 固定资产	账簿记录情形 账面价格与实际价格的差额 资本支出与费用支出的区分是否适当	
	4. 准备金	坏账、价格变动、退职金等准备是否提存	
	5. 其他	火灾保险等的处理是否适当	

二、财务管理调查表(二)

区　分	调查项目	主要检讨事项	记　事
会计资料的利用	1. 预算	资金表的编制 综合预算的编制 实际绩效及计划的考虑 预算与绩效的比较检讨	
	2. 成本计算	成本计算的方式是否适当 标准成本的计算 各部门收支的计算	
	3. 利润计划	固定费用与变动费用的区分是否适当 能量利用率的计算是否适当 各项费用的预测 适应经营条件的变化、损益平衡点的计算及经营目标的制定 能量利用率提高与成本降低的关系	
	4. 加工费用	现行加工成本是否过高 现行加工成本与人工成本的比较 加工成本变化的原因	
	5. 经营统计	经营统计的重要性的检讨 不同期间的比较 经营统计的有效应用	
税　务	1. 凭证	外部凭证与内部凭证的整理	
	2. 公告	企业决算的公告与调整是否适当	
	3. 缴税	缴税计划书与资金计划书的配合 缴税准备金	

三、财务状况变动表

编制单位:×××企业　　　　　　年　月　日　　　　　　单位:元(月表)

流动资金来源和运用	行次	金额	流动资金各项目的变动	行次	金额
一、流动资金来源:			一、流动资产本年增加数:		
1. 本年净利润	1		1. 货币资金	41	
加:不减少流动资金的费用和损失:			2. 短期投资	42	
(1)固定资产折旧	2		3. 应收票据	43	
(2)无形资产、递延资产及其他资产摊销			4. 应收账款净额	44	
(减其他负债转销)	3		5. 预付账款	45	
(3)固定资产亏(减盘盈)	4		6. 应收补贴款	46	
(4)清理固定资产损失(减收益)	5		7. 其他应收款	47	

流动资金来源和运用	行次	金额	流动资金各项目的变动	行次	金额
(5)递延税款	6		8. 存货	48	
(6)其他不减少流动资金的费用和损失	7		9. 待摊费用	49	
			10. 一年内到期的长期债券投资	50	
小计	12		11. 待处理流动资产净损失	51	
2. 其他来源：			12. 其他流动资产	52	
(1)固定资产清理收入(减清理费用)	13				
(2)增加长期负债	14				
(3)收回长期投资	15		流动资产增加净额	55	
(4)对外投资转出固定资产	16				
(5)对外投资转出无形资产	17		二、流动负债本年增加数：	56	
(6)无偿调出固定资产净损失	18		1. 短期借款	57	
(7)资本净增加额	19		2. 应付票据	58	
			3. 应付账款	59	
小计	22		4. 预收账款	60	
流动资金来源合计	23		5. 其他应付款	61	
二、流动资金运用：			6. 应付工资	62	
1. 利润分配：			7. 应付福利费	63	
(1)提取盈余公积	24		8. 未交税金	64	
(用盈余公积补亏用"-"表示)			9. 未付利润	65	
(2)应付利润	25		10. 其他未交款	66	
(3)单项留用的利润	26		11. 预提费用	67	
			12. 一年内到期的长期负债	68	
小计	32		13. 其他流动负债	69	
2. 其他运用：					
(1)固定资产和在建工程净增加额	33				
(2)增加无形资产、递延资产及其他资产	34				
(3)偿还长期负债	35				
(4)增加长期投资	36				
小计	38				
流动资金运用合计	39		流动负债增加净额	77	
流动资金净增加额	40		流动资金增加净额	78	

四、财务费用表

单位:元

	行次	本月数	本期累计数	上年同期数
一、利息支出净额	1			
1. 利息支出	2			
(1)国内长期借款利息支出	3			
其中:本分子企业并表单位借款利息	4			
股份企业其他并表单位借款利息	5			
企业及所属单位借款利息	6			
其他关联单位借款利息	7			
银行借款利息	8			
其他借款利息	9			
(2)外资长期借款利息支出	10			
(3)应付债券利息	11			
其中:应付本分子企业并表单位债券利息	12			
应付股份企业其他关联单位债券利息	13			
应付集团企业及所属单位债券利息	14			
应付其他关联单位债券利息	15			
应付其他债券利息	16			
(4)短期借款利息支出	17			
其中:本分子企业并表单位借款利息	18			
股份企业其他所属单位借款利息	19			
集团企业及所属单位借款利息	20			
其他关联单位借款利息	21			
银行借款利息	22			
其他借款利息	23			
2. 利息收入	24			
(1)本分子企业并表单位利息收入	25			
(2)股份企业其他并表单位利息收入	26			
(3)集团财务企业利息收入	27			
(4)其他集团企业及所属单位利息收入	28			
(5)其他关联单位利息收入	29			
(6)其他外部单位利息收入	30			
二、汇兑净损失	31			

续表

	行次	本月数	本期累计数	上年同期数
1. 汇兑损失	32			
2. 汇兑收益	33			
三、其他费用	34			
1. 银行手续费	35			
2. 担保费	36			
3. 承诺费	37			
4. 现金折扣	38			
5. 其他支出	39			
财务费用合计	40			
备注:资本化利息小计	41			
其中:本分子企业并表单位借款利息	42			
股份企业其他并表单位借款利息	43			
集团企业及所属单位借款利息	44			
其他关联单位借款利息	45			
银行借款利息	46			
其他借款利息	47			

五、企业资产负债表

日　期	期末总资产	应收账款	应付账款	折　旧	备　注

六、费用分配表

项目＼部门	租赁费	折旧费	水电费	广告费	印花税	工资	福利	办公用品	业务招待费	修理费	差旅费	交通费	电话费	会议费	保险费	餐费	培训费	坏账损失	低值易耗品摊销	顾问费	递延资产摊销	邮寄费	计算机耗材	促销员
总经办	√								√		√			√	√	√	√			√		√		
行政人事部	√		√	√		√	√	√	√	√	√	√	√	√	√	√	√							

续表

项目 部门	租赁费	折旧费	水电费	广告费	印花税	工资	福利	办公用品	业务招待费	修理费	差旅费	交通费	电话费	会议费	保险费	餐费	培训费	坏账损失	低值易耗品摊销	顾问费	递延资产摊销	邮寄费	计算机耗材	促销员
财务部		√			√				√		√	√			√	√		√	√		√			
拓展部				√					√		√	√				√								
采购部				√					√		√	√				√								
门店管理部								√	√		√	√			√	√								
信息部											√	√	√			√							√	
客户服务部											√	√	√			√							√	
电子商务部	√			√							√	√	√			√								
营销中心				√							√	√	√			√								√
防损部											√	√				√								
管理中心											√	√				√								
物流配送中心	√		√			√	√	√		√	√	√				√								

七、配送中心月度费用预算表

月 份：   单位:元

序 号	项 目	金 额	备 注
1	租赁费(仓租)		
2	水电费		
3	工 资		
4	福 利		
5	办公用品		
6	修理费		
7	交通费		
8	差旅费		
9	电话费		
10	餐 费		
11	固定租车费		
12	临时租车费		
13	过桥费、过路费		
	合 计		

八、门店月度财务预算表

月　份：　　　　　　　　　　　　　　　　　　　　　单位:元

项　　　　目	金　　　额
销售收入(收现)	
划卡收入	
批发收入	
专柜收入	
采购附属收入	
1. 预计现金收入总额	
减:货款结算支出现金	
总部管理费用	
营运费用	
配送中心营运费用	
本月应付工程、设备款	
2. 预计现金支出总额	
3. 现金净收入	
加:期初现金余额	
4. 本期现金余额	
减:现金安全余额	
5. 预计现金溢缺额	

九、月度销售预算表

单位:万元

门　店 项　目								总　计
预计销售收入								
合　计								

十、部门费用月度预算表

部 门：　　　　　　　　　　　　　　　　　　　月 份：

序 号	项 目	金 额	备 注
1			
2			
3			
4			
5			
6			
7			
合 计			

十一、贷款支付情况月度预算表

编 号：　　　　　　　　　　　　　　　　　　　月 份：

预算项目	金 额	备 注
结算期应付货款		
即结货款		
合 计		
填表人：		部门主管：

十二、应缴税金额月度预算表

编 号：　　　　　　　　　　　　　　　　　　　月 份：

序 号	预算项目	金 额	备 注
1	应缴增值税		
2	应缴营业税		
3	城建税		
4	教育费附加		
5	个人所得税		
6	企业所得税		
7	印花税		
合 计			

十三、月份财务分析表

资产项目	上月价值	本月价值	净增加	负债净值	上月金额	本月金额	净增加		
现 金				应付账款					
银行存款				应付票据					
应收账款				暂收款					
应收票据				其 他					
制品库存				小 计					
在制品价值				借 款					
原料库存				股 本					
物料库存				本期盈余					
				累计盈余					
其 他				合 计					
小 计				存货类别	原 料	物 料	在制品	制成品	
固定资产				上期结存					
折 旧				本期进库					
存出保证金				折 让					
暂存款				本期结存					
其 他				本期出库					
小 计				生产耗用					
合 计				其他耗用					

十四、营业收入日报表

单位:元

序 号	日 期	营业项目	上期余额	期末总额	净营业额	备 注

十五、总部各部门费用月度明细表

编　号：　　　　　　　　　　　　　　　　　　　　　　　月　份：

部门 项目	总经办	行政人事部	财务部	采购部	拓展部	信息部	大宗客户服务部	管理部	营销部	电子商务部	管理中心	防损部	合计
工　资													
福利费													
办公费													
业务招待费													
修理费													
差旅费													
交通费													
电话费													
会议费													
广告费													
保险费													
租赁费													
水电费													
折旧费													
本期合计													
上期合计													
增减变动率													

十六、各门店经营费用月度明细表

编　号：　　　　　　　　　　　　　　　　　　　　　　　月　份：

门店 项目	××门店	××门店	××门店	××门店	××门店	××门店	××门店	××门店	××门店	××门店	××门店	总计
办公费												
修理费												
交通费												
工　资												
福利费												
水电费												
租赁费												

门店 项目	×× 门店	×× 门店	×× 门店	×× 门店	×× 门店	×× 门店	×× 门店	×× 门店	×× 门店	×× 门店	×× 门店	总计
公关费												
保安清洁费												
损　益												
电话费												
低值易耗品摊销												
业务招待费												
本期合计												
上期合计												
增减变动率												

十七、企业财务月度结算表

编　号：　　　　　　　　　　月　份：　　　　　　　　　　单位:元

项　目	××门店	××门店	××门店	合　计
商品销售收入				
划卡收入				
专柜收入				
预订单收入				
采购附属收入				
分店回款项				
其他收入				
1. 实际现金收入总额				
减:货款结算支出现金				
代子公司支付货款				
管理费用				
商场营运费用				
财务费用(利息支出、手续费)				
本月应付工程、设备款、资产类				
纳税支出				
其他支出				
2. 实际现金支出总额				
3. 现金净收入				
加:期初现金余额				
4. 本期实际现金余额				
减:现金安全余额				
5. 实际现金溢缺额				

十八、门店财务月度预算表

编　号：　　　　　　　　　　月　份：　　　　　　　　　　单位:元

项　　目	金　　额
商品销售收入	
划卡收入	
专柜收入	
预订单收入	
采购附属收入	
1. 实际现金收入总额	
减:货款结算支出现金	
管理费用	
营运费用	
本月应付工程、设备款	
2. 实际现金支出总额	
3. 现金净收入	
加:期初现金余额	
4. 本期实际现金余额	
减:现金安全余额	
5. 实际现金溢缺额	

十九、单据(冲账)签收登记表

编　号：

日　期	借款人	金　额	签　收	日　期	借款人	金　额	签　收
合　计				合　计			

二十、供应商费用汇总登记表

编　号：　　　　　　　　　　　　　　　　　　　　　　　　　日　期：

编　号	供应商名称	协议号	缴费期限	金　额	签订时间	交　费	备　注

二十一、费用收取情况登记表

编　号：　　　　　　　　　　　　　　　　　　　　　　　　　日　期：

收款日期	供应商编号	供应商名称	费用项目	金　额	期　限	分　店	备　注

二十二、现金收支情况日报表

编　号：　　　　　　　　　　　　日　期：　　　　　　　　　　单位:元

项目期间	概　要	本日发生	本月累计
期初余额			
一、收入			
1. 货款补差			
2. 供应商费用			
3. 押金			
4. 其他			
二、支出			
1. 货款			
2. 费用			
3. 退货款			
4. 请款			
5. 其他			
三、本日余额			

结算经理：　　　　　　　　　　　　　制表人：

二十三、银行存款情况签收表

编　号：

序　号	日　期	借:银行存款收入	笔　数	贷:银行存款支出	笔　数	签收人	备　注

二十四、财务档案保管登记表

编　号：　　　　　　　　　　　　　　　　　　　　　　　　日　期：

序　号	档案名称	期　限	存放起点	管理员	备　注

二十五、财务印章领用登记表

印章类别：　　　　　　　　　　　　　　　　　　　　　　　日　期：

序　号	领用时间	事　由	领用人	归还时间	签收人	备　注

二十六、发票月度使用情况登记表

编　号：　　　　　　　　　　　　　　　　　　　　　　　　月　份：

部门	期初库存			本月领入			本期使用			本期库存			备注
	数量	号　码		数量	号　码		数量	号　码		数量	号　码		
		起	止		起	止		起	止		起	止	

二十七、现金流量表

单位:千元

项　目		金　额					
		年	年	年	年	年	年
营业	现金来源 净 利						
	折 旧						
	营业收入资金额						
	应收账款增加额(减少额)						
	应收票据增加额(减少额)						
	其他应收款项增加额(减少额)						
	小 计						

续表

项　目		金　额					
		年	年	年	年	年	年
营业	现金用途 应付账款增加额(减少额)						
	应付票据增加额(减少额)						
	其他应付款项增加额(减少额)						
	存货增加额(减少额)						
	小　计						
	营业现金净额						
非营业	现金来源 现金增加						
	长期借款增加额						
	短期借款增加额						
	出售固定资产						
	小　计						
	现金用途 资本支出						
	现金股息						
	长期借款增加额						
	短期借款增加额						
	对附属或关系企业抽资或垫款						
	非营业现金净额						
现金及银行存款增加额(减少额)							

二十八、财务状况控制表

单位:元

应收账款:		应付账款:	
昨日余额		昨日余额	
本日销货		本日发票付账	
本日退货折让		折让退回	
现金销货		支付票据	
货款收回		支付现金	
本日余额		本日余额	

续表

应收票据：		应付票据：	
昨日余额		昨日余额	
本日收入		本日支付票据	
本日兑现		本日到期	
其 他		其 他	
本日余额		本日余额	

银行名称	昨日结存	本日存入	本日支出	本日结存	明日应付额

二十九、财务部工资表

月分 页

编号	姓名	工作日数	日薪	月薪	生产奖金	假日津贴	全勤奖金	加班津贴	本期工资	扣除部分				实发工资
										福利金	伙食费	所得税	借 支	
合 计														

三十、借款登记表

序 号	日 期	借款人	所属部门	借款事由	归还日期	经办人	备 注

三十一、现金收支情况月报表

日 期		收入金额									结 存
月	日	销售	其他	合计	资本收入	原物料	管理费用	人力成本	其他	合计	

三十二、预算申报表

编 号：   日 期：

预算编号	预算名称	用 途	说 明	单 价	数 量	申请金额	备 注
合 计							
批 示							

申请人：   主 管：

三十三、预算控制表

日 期	预算编号	凭证号码	预算项目	概 要	预算金额	支付金额	累计金额	超出金额	备 注

三十四、预算统计表

日 期	预算编号	预算科目	预算金额	实际支出	差 额	追加预算	备 注

部 门：   审 核：

三十五、出纳管理日报表

项 目		本日收支额			本月合计	本月预计	备 注
		现 金	存 款	合 计			
前日余额							
收入	销售账款						
	分店汇款						
	票据兑现						
	抵押借款						
	私人借款						
	预收保险费						
	进账合计支出						
支出	偿还借款						
	材 料						
	采购品						
	费 用						
	设 备						
	其 他						
	材料购入						
	采购品支付						
	费用支付						
	人事费						
	广告费						
	各项费用						
	支付费用						
	购买固定资产						
	分店小额款项						
	支出合计						
现金存款							
存款提款							
本日余额							

三十六、员工工资、奖金核算表

本月营业收入			本月净利润			利润率			
可得奖金			调整比率			应发奖金			
部 门	姓 名	职 别	奖 金	单 位	姓 名	职 别	奖 金		
奖金核定									

三十七、财务部采购预算计划表

编号	申购物品名称	用途及原因	单位	数量	型号	规格	单价	合计金额	使用日期	使用周期	备注
1											
2											
3											
4											
5											

总经理	副总经理	财务部经理	采购部主管	仓库主管	部门经理	制表人
签署日期						

三十八、支票领用申请表

序号	申请人	部门	用途	核准额	审核签发	签发人	支票号码	主管签章	报销金额	报销审核	报销人	报销日期	备注

三十九、财产管理登记表

使用部门						登记时间				
财产名称	编号	类别				使用人	取得日期	取得价格	修理记录
		家具	仪器	电器	其他				

四十、财产减损登记表

管理部门：　　　　　　　　　　　　　　　　　　　　　　　　使用部门：

编号	名称	规格	购置时间			单位	数量	单价	总价	残余价值	耐用年限	已使用年限	折旧金额	备注
			年	月	日									

四十一、财产移交登记表

日　期：　　　　　　　　　　　　　　　　　　　　　　　　　　编　号：

项　目	规格及说明	移出部门		移交部门		数　理	备　注
		主　管	经　办	主　管	经　办		

四十二、财产投保情况登记表

日期	编号	名称	数量	保险公司	保单号码	保险期间	保险金额	费率	保险费	保管部门	抵押情形	备注

四十三、财产报废登记表

日　期：　　　　　　　　　　　　　　　　　　编　号：

管理部门						
使用部门						
名　称	中　文		规　格		寿命年限	
	英　文		厂　牌		已使用年数	
购置日期		数　量		取得价值	账面价值	
废损原因					估计废品价值	
					处理使用	
					实际损失额	
拟处理办法					使用人	
					填报人	

总经理	财务部	使用部门			管理部门	
		经　理	主　管	主(协)办	主　管	主(协)办

◁◀ 微信扫一扫：获取连锁企业管理新颖实用的表格范本

注：关注公众号，回复
"连锁企业管理"，下载精彩内容